本業2024

水道橋博士

青志社

まえがき

ボクは自著の中で、50歳をすぎれば、人生には「予告編」があると再三、書いてきたが、一切、その予兆もなく信じられないことも起こる。

２０２４年の元日の午後、自宅で下血が止まらなくなり、血の気が失せた。眼の前が回り始めたのは、先に起きた能登地震の余震が続いているものと思っていた。救急車が呼ばれて東京医大のＥＲに緊急搬送された。

「1時間でも遅れていたら死んでいた」と医師に言われた。

とにかくボクが生き返ったのは間違いない。

15年前に出版した『本業』はロッキング・オン社から単行本に、そして5年後に文春文庫で息を吹き返した。

『本業』は単行本、文庫でも良く売れてくれた著者孝行の一冊ながら、時の経過と共に忘れ去られて絶版になったままだった。

しかし、この本が再び、蘇生したのである。

この本のコンセプトは流行りと共に読み捨てられていくタレント本の書評であった。

だからこそネタは時流ものだとボクも思っていたのだが、読み返してみたら月日の移ろいと共に、タレント本人も本も加齢して、渋く濃く熟し、興趣を増していた。

それにしても他人の人生をああでもない、こうでもないと俯瞰し、分析、考察して、そして結論づけているのは我ながら余計なお世話だ。

こんな本にうつつだと時間を費やすよりも、もっと人生は豊かであり、ギャンブルとかゴルフや異性と酒を酌み交わすクラブも麻雀もテレビゲームもボクと共に歩めたはずだ。

しかし、「飲む、打つ、買う」が芸人の三拍子だとしたら、ボクは「鬱」だけを極め、鬱病の再発でタレント議員の職をスピード辞職したり、最高裁でスラップ訴訟を争う予定の裁判の被告であったり、本業以外が忙しく、本以外の趣味の持ちようがなかったのだ。

そんなボクが老人となり、人生を通しての趣味は読書だったのに、もはや老眼でほとんど文字が読めないのも実に皮肉なことだったと思う。

長い人生をくよくよと本を読み、くよくよと文字を綴ってきた。

本はボクの子供だ。

昔の子供を引きとり、違う形に育て上げ、61歳にしてボクの新しい子供が産まれた。

この本は、『本業』で綴ったタレント本に加えて、一般の本の書評、インタビュー、対談なども含めて、全83作の本の書評大全として新たに『本業２０２４』と題して編み直した。

正月に人生の終わりに手をかけたボクとしては、必然的にその後の人生は余生であり、その後の著作は人生の集大成であり、〝本書く派〟タレントに復帰したボクの「遺書」シリーズのはじまりが記念すべき「２０２４年」なのだ。

『本業2024』タレント本83冊、怒涛の誉め殺し！

目次

［ボーナストラック］

序章「タレント本とは?」

今回から、この『日経エンタテインメント!』誌に『本と誠』と題し、タレント本への「愛」ある書評を、「誠」を尽くして連載することにした。

と書いている俺もまたタレントの一人である。

本来、タレントにとって「余技」であるべき執筆活動ではあるが、言葉遊びをすれば、タレント本こそ、実は「本業」である——。

さて、タレントはいかにして、何を動機に、タレント本の著者と成り得るのか?

この連載で追って解明していきたい。

では、本題に入る前に、

「タレント本とは何か?」——。

今回は、「日経」風にズバリ定義させていただく。

俗にタレントは一般人より、植木等が歌うところの「♪気楽な稼業ときたもんだ~」と思われる一方で、一般人にはありえ無い、「有名税」を払うものだとされている。

果たして、その「有名税」とは何か?

具体的に挙げれば……。

街を歩けば、あからさまに後ろ指差され、ひそひそと囁かれ、ぶしつけにカメラを向けられるのが、「有名税」。

素性も知れない輩に、根も葉もない噂話を垂れ流されるのも、また「有名税」。いざ、事件ともなると、世間の視線に晒され、市中引き回しの刑になるのも、これまた「有名税」である。

出演料をいただけることもなく、連日、大々的、一方的に報じられるスキャンダル報道などは「有名税」の最たるものである。

この、度が過ぎる人権侵害にも「気にしない、気にしない！」と一休さんの如く冷静さを装いつつ「まぁ、それも有名税、有名税！」と慰めあうのが、芸能人の常なのである。


さて、タレントと名乗った瞬間より源泉徴収される、この「有名税」——。

そのシステムは、タレントの地位がビッグであればあるほど累進課税されるものである。

しかし、この一方的に搾取される「有名税」によって、大衆に産み出された「偶像」と本人がみんなにこう見て欲しいと願望する実像とのギャップが生じるのも、これまた当然のこと。

そのギャップにこそ、タレント本出版のモチベーションがあるのではないか。

そこで「有名税」として片づけられたスキャンダルに、自らペンを執ることにより、必要経費控除の機会を与え、独り歩きしてしまったパブリック・イメージに還付請求を行う作業こそが、タレント本なのではないだろうか。

これは、一般のサラリーマンには無縁なことだが個人事業主が毎年、否が応でも手間隙かけて行う、税金の申告のようなものとも言える。

よってタレント本とは、「膨大で払いきれない有名税に対するタレント本人による青色申告書」であり、自ら世間から換算して欲しい、自分への価値そのものなのだ。

つまりタレントの『本業』とは芸能人の「本分」であり芸人の「本寸法」と言いたいのである。

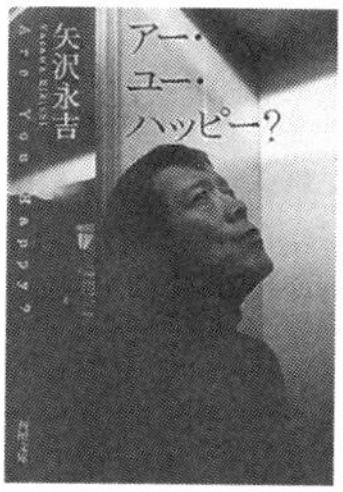

▼第1回 矢沢永吉『アー・ユー・ハッピー?』（角川文庫）

さて、『本と誠』の記念すべき、第1回でとりあげるのは——。

『アー・ユー・ハッピー?』

きら星の如くスターひしめく芸能界で、ひときわ眩《まぶし》く輝く超一等星、矢沢永吉の著書である。

これをタレント本として語ることすら、おこがましい。

なにしろ出版2カ月で早くも30万部を超えるセールスを記録。

矢沢信者にとってはまさに経典であり、ファンにとっては矢沢の神々しい語り口に、自分で旋律を伴奏すべき矢沢の新作アルバムの一つであるだろう。

しかし、この本は矢沢ファンでない人にとっても、読後に「アイ・アム・ハッピー!」と、その面白さを呟ける〝ボス〟・オブ・タレント本である。

なにしろ前作、矢沢永吉激論集『成りあがり』の出版は、今から20年以上前のこと。

今なお絶版されることもなく、若者のバイブルとして読み継がれ、のべ100万部を超えるロングセラーなのである。

そして今回、人生で2作目の出版が本書。

驚くべし、20年にたった2冊！

まったく、執筆ペースも、永ちゃん流の〝時間よ止まれ！〟なのである。

著作を「本業」にしないにもかかわらず、職業作家よりも圧倒的に売り上げ、読者に絶対的影響を与える、その威力。

これぞ、タレント本の極みである。

序章に「膨大で払いきれない有名税」と書いたが、『ハッピー？』は冒頭から、98年に発覚し、世間をあっと驚かせ、詐欺事件としては「オーストラリアの犯罪史上2番目の大きさ」である、30億円横領事件（最終的には35億）の顛末《てんまつ》から語られる。

これこそ、前代未聞の〝有名税〟である。

前著、『成りあがり』の中で、矢沢は「五十になってもケツ振ってロックンロールを歌っているような、かっこいいオヤジになってやる」と宣言している。

あれから20年の年月を経た今、公約以上に、「かっこいいオヤジ」は実現されてはいたが、まさか信頼する仲間にケツをかかれて、ケツ振るどころか、ケツに火が付く事態になるとは思ってもみなかったことだろう。

既に日本では「成りあがり」を十二分に果たし、「ゴールを走り抜けたような」スーパースターとなった矢沢だったが、好事魔多しのたとえどおり、新たな拠点のためにオーストラリアにスタジオや音楽学校用の26階建ての高層ビルを建てるべく投資した資金を、信頼していた部下2名の〝共犯者〟によって「詐欺、横領、公文書偽造、私文書偽造、起訴件数73件」もの大犯罪を仕掛けられ、10年にわたって30億円もの大金が騙し取られていたことが発覚する。

まさに、♪Why～なぜに!?　と歌いだしたくなるような最悪の事態であり、無数の札束が〝♪止まらないAh～HA〟のYAZAWAタオルのように宙を舞ったかと思うと、羽根をつけて飛んでいったのである。

しかし、矢沢は、「普通あれだけの事件に遭うと、飛び込み自殺をするかもしれない」と自ら書くほどの窮地に、かつてのキャロルのメンバー、ジョニー大倉を超えるような大ジャンプを決めることなく「一歩も引かない」と宣言したのである。

しかし、この矢沢の決意にもかかわらず、当初、この横領被害報道に対し取引銀行は慌て、「血相を変えて取り立てに来た」とのこと。

それに対し、矢沢は言った。

「来月から倍返しにしてやれ！」

まさに〝キザな野郎〟である。

なんと、ケツをまくることなく、30億もの負債を、自分でケツを拭こうというのである。

そして、この大難を、「オレは運命に愛されていると思う」と振り返り、「無くしたものは、もしかしたら、何ひとつ無かった」とまで言い切るのだ。

このように、いつ、何時も〝ゴールドラッシュ〟な男が矢沢なのである。

こんな離れ業が可能なのも、矢沢の〝シンガーソング・ライター・CEO〟と言うべき卓越した経営感覚にある。

もともと「音楽を書きながら経営者になるアーティストがいないんなら、オレが成ってやるよ」との決心から始まったことだが、矢沢の成りあがりの過程は、「矢沢はみんな教えてもらった、オレから盗もうとするヤツらから」と言うほどに、日本のロックビジネスに於いてアーティストの権利を確立する歴史である。

しかも、そこには、「矢沢が管理するのは商売だけじゃない。矢沢のプライドもそこに入っている」

つまり才能と、そのクオリティーの経営者であり、自分で自分の値札が貼れる男なのである。

芸能界のパワー・オブ・バランスに占める著作権ビジネスの割合が肥大化した今から振り返れば、矢沢は偉大なる時代の先駆者であり、ロックの経済革命家、つまり、多くの人が学ぶべき〝金持ち父さん〟である。

そういう意味で、この本が日本経済新聞社系列から出版されることも象徴的なことであり、将来、日経新聞本紙で『私の履歴書〜矢沢永吉編』が連載される日も近いであろう。

『成りあがり』は、当時の若者にとって「不良の教科書」と言われたが、20年を経て『ハッピー?』では、その趣が大きく変わっている。

成り上がりの果てのスーパースターの精神的孤独などを期待すれば、完全に裏切られる。

下積み時代を支えてきた前妻との別れを懺悔し、今や子供の送り迎えを務める良きパパぶりを晒し、「サラリーマンをバカにするな」と社会的ルールを説く。そして、自らの人生を振り返り、「矢沢は矢沢王国の王様として自立しています」と書きつつ、広島の幼少時代、草を刈って日当を貰い、それで自分で酒を飲んでいた祖母を、「おばあちゃんもまた、自立していた」と引き、「誰もが自立したら堂々と振舞える」と正論を導く。

それは、音楽家ばかりでなく、全ての人にとって、「ハッピー＝自立」とも言うべきメッセージだ。

「不良の教科書」どころか、これぞ道徳の「新しい教科書」に採用しても良いくらいだろう。


さて最後に税務調査的に言えば、この本は明らかに〝過少申告〟なのである。

と、言えば、30億円の詐欺の額のことと思うでしょう?

ノーノー!　そんなことじゃない。

矢沢の輝ける栄光について矢沢自身が〝過少申告〟なのだ。

ちなみに、この本の数あるエピソードの白眉は、矢沢のデビューの頃、スタジオで出くわし、初対面のショーケンに向かって言い放つ一言――。

「そういうあんたもかっこいいね！」

どういう状況、どういう心理で、この台詞が発せられたかは、ぜひ、この本を買って確かめて欲しい。

本のデフレ化が進む中、この1行を読むだけでも、単行本の定価1300円はお釣りがくる。なぜなら、この本代は、「成りあがり」の矢沢に「ぶらさがり」で過ごしてきた、我々、国民が、矢沢の支払い続けてきた数々の有名税に対し、感謝を込めて還付すべき、お金なのだから。

（2001年8月号より）


その後、矢沢永吉氏は、本書の文庫版で、約束通りファンに対し、この横領事件の裁判の結審を報告。そして04年、長年住みなれたロスから帰国し、35億の借金を7年で完済したことを公表、それどころか赤坂に総工費15億円の〝音楽御殿〟を建ててみせ、「リベンジという気持がなかったと言えばウソになる。ここから新しい音楽を生み出したい」と発言。

見事過ぎる、〝ハッピーエンド〟を決めてみせた。

〈24年近況〉ＹＡＺＡＷＡは２０２４年でも岩の頂にいる。「アーティストとしての権利を主張することは、これからの時代、絶対必要だとオレは信じた。でも当時の芸能界でそんなこと言うヤツ、誰もいなかった。だからオレ、浮いてたよ。〝にぎりの矢沢〟って言われてた。にぎりってのはドケチね。守銭奴扱いよ」。CDからサブスクに視聴環境が移行して音楽ビジネスが激変した今、キャロル解散直後に自らの音楽出版社を設立し、肖像権管理やコンサートの自社制作まで敢行してきた矢沢永吉の先見の明に再び注目が集まっている。10年6月6日、日経ホールで開催された糸井重里とのトークイベント『お金のことを、あえて。』ではそうした思いを赤裸々に告白し、話題に。14年には若手ミュージシャンを集めてロックバンド「Z's」を結成。地方に住むファンに間近で本物のロックンロールを魅せることをコンセプトに全国ツアーを開催。19年9月、アルバム『いつか、その日が来る日まで…』が初登場1位を獲得し、最年長1位獲得アーティストに。そして23年12月14日、東京・日本武道館で前人未到の通算150回目のライブを達成。77年8月26日、初めて同会場に立った日から46年。我々は常にその背中に励まされている。

▼第2回 いかりや長介

『だめだこりゃ いかりや長介自伝』（新潮文庫）

「芸は一流、ギャラは二流」と自分を称したのは上岡龍太郎師匠である。

もちろん、この言葉は世間の評価に対して「俺の価値がわからんか！」という芸人の衿持《きょうじ》マンマンの台詞に他ならない。

芸人とは本来、自己顕示欲と独りよがりの自信を持つのが自然だ。

が、このところ、タレント本の世界では、自称二流、三流を自らバカ正直に名乗り出るのが一つの流れになっているのである。

今回紹介する『だめだこりゃ』は、今やその渋い演技から、「日本のモーガン・フリーマン」と呼ばれるドリフターズのリーダー、いかりや長介さんの自伝であり黄金のドリフ懐古録である。

しかし、この本、タレント本にありがちな豪快なる半生、大いなる自慢話など一切無い。

なにしろ「誰一人、ずば抜けた才能を持つメンバーはいなかった」と最後まで語り「音楽に関しては二流から四流の集まりで、笑いに関しては素人の集まり」と自分を含めてドリフのメンバーの「だめだこりゃ」ぶりを連綿と書き連ね、コメディアンにはあるまじき、芸無し、不器用ぶりを延々と申告しているのである。

しかしながら、その淡々と悟りきった筆致が、文章家として一流だったりするのである。その「全ては成り行きだった。偶然だった」と語る、名前通りの漂流（ドリフ）ぶりを本に沿って振り返れば——。

中学卒業後、静岡の製糸工場の工員から、「女にもてたい一心」で当時ブームであったハワイアンのバンドマンを志す。

最初はスチールギターを担当したが、「メロディーを演奏すると仲間に迷惑をかける」という実に後ろ向きな理由からウッドベースに転向（とはいえ、その後、「日本で最初にチョッパーを始めた」とか「モノホンのフェンダーのエレキベースを手にした最初の日本人」など、日本の音楽史に伝説を残すプレイヤーになってしまうのだ）。

その後、ハワイアンからロカビリーへ、ロカビリーからカントリーへと短期間にジャンルも変えるが、しょせんは米軍キャンプが主な仕事場の平凡なバンドマンであった。

そんな、ある日、演奏先で進駐軍の将校から、その仏丁面を「見ているこっちまで憂鬱になってくる」と言われショックを受け、その後、バンドのショーアップを心掛け、ギャグを工夫し始める。

そして、ジャズ喫茶の常連となり、ひょんなことから音楽ギャグを中心にした『ドリフターズ』に「ごく軽い気持ちで」移籍することになる。

ドリフターズの不動のリーダーという今のイメージからすると意外なことだが、「私はドリフターズの結成メンバーではない」にもかかわらず、当時のボーカルの小野ヤスシに、まるで〝どっきり〟の如くバンドの解体を仕掛けられ、なんと4人のメンバーがクーデター的に脱退。

そのなりゆきから、必然、自分がバンド・リーダーに就任してしまうが、メンバーはドラムの加藤茶と、わずか2人きりに。

この時、いかりや三蔵法師が「わずか15日間で寄せ集めた」、ロクに楽器も出来ない、猿、豚、河童の類いのポンコツが、あの黄金のドリフターズであり、しかも、結果的に、このメンバーが芸能界の理想郷、天竺を目指すこととなるのだ。

その後、「クレージーさんが忙しくなったので渡辺プロが穴埋めのためにドリフを拾ってくれた」おかげで「もう一人のドリフ」である敏腕・井澤健マネージャーに出会い、「ポスト・クレージーキャッツ」としてテレビに抜擢されコメディアンへと転進する。

ここで初めて、碇矢長一、加藤英文、荒井安雄……といった固苦しい名前が、事務所の先輩・ハナ肇によって、長介、茶、注、ブー、工事と、後に日本中が愛する芸名へと変えられるのだが、しかしその命名法たるや、単に酒席の思いつきでつけたものであり、名だたる悪名揃いの我々「たけし軍団」となんら変わらないのである。

その後、『全員集合』がテレビ史に残る一大ブームを迎え、さらにドリフの全盛期が過ぎると、コメディアンから役者へと転進し、すぐさま『踊る大捜査線』の老刑事の演技で日本アカデミー賞助演男優賞を受賞する。

こうして列挙しても分るように、図らずも全ての流れが己の欲以上に好転していく人生なのである。

タレント本の書き手として、この本の「成功」も不本意にも、流された先に必ず黄金を見出す、これまたドリフ（＝漂流）伝説の一つであろう。

つまり、ドリフのイカリヤとは必ず漂流先にそのイカリを下ろす存在なのである。

有名な1966年のビートルズ来日、武道館公演の前座をつとめた実績すらも、出演依頼を当初は断り、「私はビートルズに格別興味もなく、まして共演するのを光栄とも思わなかった」と言い切るほど、本人は無関心、むしろ大迷惑だったのである。

しかし、これまた結果的には、日本で最初に、かの武道館で演奏したバンドとして記録されるのだから、全てが好転に向かう運命なのである。

そして、日本のテレビ史上にとってもエポックとなった『8時だヨ！　全員集合』――。

渋谷公会堂での子供たちの熱狂は、日本武道館での婦女子のビートルズへの絶叫を遥か上回り、お茶の間では、テレビの前に日本人を〝全員集合〟させることとなる。

なにしろ、この番組、最高50％を超える記録的視聴率を叩きだす怪物番組に化けていくのだ。

しかし、その一方ではＰＴＡが選出する俗悪番組の常連でもあった。

されども本書を読めば、土曜日の夜、一時間の公開生放送というスタイルを16年間も貫くため、自称「才能の無い凡人たち」が「全員集合」して、たゆまぬ会議、準備、練習と努力を続けることによって生まれた、健全極まりない勤勉の賜物であったことにあらためて驚かされる。

これは、俗悪どころか、むしろＰＴＡ、日教組推奨番組であり、ＮＨＫの『プロジェクトＸ』的題材であり、♪ホントに、ホントに、ホントに、ご苦労さん！　の掛声と共に、中島みゆきの唄声さえも聞こえてきそうなほどの偉大な足跡と呼ぶべきだろう。

また、この本の記述のなかでも個人的に興味深いのは、リーダーの「趣味・アフリカ」である。

これは、「出身地・アフリカ」の誤植ではない。

もちろん、週間単位で生放送に追われる激務の中で、はるばるアフリカまで出かけるのはプレッシャーからの逃避行でもあっただろう。それにしても「27年間で26回！」、その回数は尋常ではない。

アフリカに現地妻がいるのでは？　との噂も頷けるほどである。

若かりし頃のあだ名は「ゴリラ」で、誰もがその風貌を、ネイティブなアフリカンに重ねて見ていた、長介さん——。

もともと芸など何も出来ないにもかかわらず流され続け、それが次々と思いの外に「笑い」を生み、本人の知らぬ間に思わぬブームを迎え、果てには映画俳優へと辿り着く。

この経歴から一人の世界的ムービースターを思い起こすのは、俺ばかりではないだろう。結論！　いかりや長介とは「日本のモーガン・フリーマン」と言うよりも「日本のブッシュマン」なのである。

（２００1年9月号より）

その後、いかりや長介氏は、04年３月、ガンの転移により死去。享年72歳。奇しくもブッシュマンことコイサンマンことニカウさんも、03年７月に死去。ちなみに享年は不詳である。04年１月には、『８時だヨ！　全員集合』のＤＶＤが30万セットを超える大ヒットを記録した。きっと天国でも、「後半戦、いってみよう！」と、元気に号令されていることだろう。

〈24年近況〉いかりやが逝って20年が過ぎた。長男のいかりや浩一氏が06年に著書『親父の遺言』（幻冬舎）、08年『いかりや長介という生き方』（幻冬舎）を出版。誰も知らなかった素顔を息子の視点で綴り、話題となった。20年3月29日、志村けんが新型コロナウイルス感染症（ＣＯＶＩＤ-19）による肺炎で死去（70歳没）。22年10月19日、仲本工事が交通事故による急性硬膜下血腫のため死去（81歳没）。ザ・ドリフターズのメンバーは高木ブー、加藤茶となったが、21年からは二人に加え、ドリフを愛してやまない芸能人が「もしもシリーズ」などドリフの名作コントの再演に挑む『ドリフに大挑戦スペシャル』（フジテレビ系）が放送スタート。おなじみ「雷様」コントでは、いかりや役の肥後克広（ダチョウ倶楽部）、高木ブーに加え、高城れに（ももいろクローバー

Z）、ジェシー（SixTONES）が参加。いかりやによる当時の前フリ映像も健在で、時を経ても色あせぬ笑いを人々に届けている。番組エンディング曲こそ「さよならするのはつらいけど」だが、令和の世になれどドリフの人気は健在ゆえに、まだまだ「バイのバイのバイ」とはいかないようだ。

▼第3回 長嶋一茂『三流』（幻冬舎）

『三流』は〝日本の金正男〟こと長嶋一茂の自伝本である。

おそらく読書好きの多くが思うことではあるが、あの一茂くんの自伝（正確には、一茂くんがライターの石川拓治に語り、まとめた「評伝」）に、果たして充実した中身があるのだろうか?

バラエティー番組でも、その天然ボケと言うよりも、「田園調布で育った自然児」の無意識過剰な言動はお馴染みである。

ちなみに、俺が初めて一茂くんに会ったのは、4年前、フジテレビの格闘技番組『SRS』であった。

この日、K－1グランプリの優勝者予想に呼ばれた俺たちは、出演者のなかでも、お笑い担当としてボケにボケまくった。

当然、スタジオは時ならぬ大笑いに包まれた。

その時である。

一茂くんは、おもむろに立ち上がると、

「皆、そんなに笑っちゃ失礼だよ！　彼らはウケようと思ってやってんだよ。冗談で言ってるんだよ！　失礼だよ！　そんなに笑うなよ！」

当然、スタジオの出演者もスタッフも呆然……。

このあまりにも、不条理な大悪送球発言に呆気に取られ〝何故の嵐〟に包まれた。

この本のなかにも多々、そんな一茂くんらしい、実に大人気ないエピソードが登場する。

高校時代から本格的に野球を始めた一茂くんは、立教大学からヤクルトに鳴り物入りのドラフト1位で入団したわけだが、大学通算記録、本塁打11本は、偉大なる父の当時の六大学新記録の8本を上回るが、打率2割2分5厘は即戦力としてプロに進むには、あまりに凡庸すぎる成績であった。

にもかかわらず、ヤクルトの人気戦略的な理由から一軍スタートを切った一茂くんは、プロ初安打をホームランで飾り、「ミスター2世」として注目を集めたものの早速のスランプに陥り、一人で苦悶する日々を送った。

そんな時に、一茂くんは、

「俺のところにベーブ・ルースの精霊が降りてきて、ホームランが、ばかすか打てるようになるとか、そしたらボールが止まって見えるようになるんじゃないかとか、そんなことを夢想するようになったのだ」

と20歳を超えた大人とは思えぬ妄想に浸り、

「暇さえあれば心の中でＵＦＯに俺のところに飛んできてくれって、必死に呼びかけるのだ。それもＵＦＯに遭遇して超能力がついたとかいう記事を何かで読んだからだ。ＵＦＯに会って超能力を身につければホームランが打てるようになるかもしれない」

とヤクルトならぬ、オカルトチックな願望に駆られたことを赤裸々に告白する。

しかし、この尋常ではない思い込みは、父・長嶋茂雄の監督解任時の無念さに始まるのである。

それは、一茂くんが、多感な中学3年生の時に起こった。日本中が震撼した、あの大騒動の中、親父を解任した、汚い大人たちのやり方に、息子として憤怒するのだが、

「鉛筆にも、筆箱にも、カバンにも、それでも飽き足りなくてカッターナイフで、部屋の窓枠や、廊下の壁にもリベンジの文字を彫った」

これでは、かのミスターの田園調布の大豪邸も台無しだ。

さらにこの時の広がった妄想がふるっている。

「世界一の野球選手になり……型破りのスーパースターとなり巨人に入団……逆転優勝を決める最後の試合、4対0で負けているような試合の9回の裏、満塁という場面で……ホームランを放つ……」

と、本に書いてあるままに引用したが、この時点で4点差では、満塁ホームランを放っても同

点ではないか？　と誰もが突っ込むところだが、それは一茂くんらしいボーンヘッド、フィルダースチョイスとして、さておき……「大切なのはこれからだ、俺はホームベースを踏まずに、くるりと向きを変え、球場から消えてしまう。そして、そのまま引退してやるのだ。そこで初めて巨人軍の経営陣は俺の怒りの大きさを思い知るというわけだ」

と、まるで『侍ジャイアンツ』の番場蛮もビックリな、巨人軍への復讐のシナリオを心密かに描いていたのである。

そして「俺、メジャーリーガーになりたいんだ」と、突然、言い出したのは、4年目のキャンプのことである。

確かに、その発想は、「その当時、野茂や佐々木ですら、そんなことを考えていなかった時期だ」と書いてはいるが、彼らと少々違うのは、もちろん一茂くんには実力的な裏づけはないという点である。

もはや〝早すぎた新庄〟と言うか、野球人を超えた宇宙人的発想力なのである。

結果はご存知の通り、渡米はしてみたものの、2Aにも上がれず仕舞いであった。

そして、結局、96年、成績不振で巨人軍の方から自由契約を通告され、寂しく現役を引退した。

この本で繰り返されるモチーフは、誰にも負けない父への憧れ、強い思い込みにもかかわらず、自分は、三流でスーパースターではなかった、その哀しき現実を知る、凡人のほろ苦い諦観《ていかん》なのである。

まるで映画『A.I.』である。

どんなに願ってみても人間になれないロボットの哀しみを描いた、この映画と同じく、本作は、偉大なる長嶋茂雄の息子に生まれ、いつか自分も「日本人にとってベーブ・ルースとジョー・ディマジオを足した位のヒーロー」である、父に生まれ変わる見果てぬ夢を見続けた、「三流」の「二代目」、哀しき「一茂」くんの、美しき寓話なのである。

しかし、あの見るからに無神経そうな一茂くんが、現役時代から野球に真剣に取り組み、もがき、苦しみ、心労による自律神経失調症のため過呼吸で倒れたことがあるとは誰が知っていただろうか?

はた目には、最も文学から遠い存在に思える一茂くんが主人公でありながら、本書が凡百のタレント本の出来を超え、奇跡のように文学の香り高く胸打つのは、読者もまた、戦後日本最大の英雄・長嶋茂雄の物語を心に通底させているからだろう。

一茂くんという、国民的なボケキャラの奥底に隠された人格に、読者の予断も良い意味で裏切られる。

93年、念願かなって巨人軍に移籍した際、「監督が父親で、選手が息子という複雑な関係では、話はおろか、お互いまともに挨拶もできなかった」ような環境で、それでも大好きな父親と同じチームで認められたいという、一途な想いを秘める一茂くんが、

「ケビン・コスナーはトウモロコシ畑で、父親とキャッチボールをしたけれど、俺と親父はみん

なの目の前で、他の誰にも見えないキャッチボールをしていたのである」と綴る。

この1行は、まさに「リアル・フィールド・ドリームス」として、切なく胸に迫り読者を大いに泣かせる。

この本を書くことで、一茂くんは、夢の中でしか打てなかった、人生の逆転ホームラン、それも超弩級の飛距離を誇る〝催涙弾〟を放っているのである。


（2001年9月号より）


その後、長嶋一茂氏は、芸能界の守備範囲を広げ、業界の重鎮と成りつつある。長く「太田胃散」ならぬ「親の遺産」で食べていると思われていたのが嘘のよう。「地位が人を作る」との言葉通り、司会者、役者としても存在感を増している。それもそのはず、舞台裏の一茂氏は、快活で、折り目正しく、芸能界には、「一流」の適応力を持ち合わせているのだ。

そして04年3月、アテネ五輪に向け、野球日本代表監督であった、父・茂雄氏が脳梗塞で倒れると、そのマスコミ対応を毅然と仕切って見せた。その一方で4月、TBS系のお昼の帯の生番組『はぴひる！』の司会もまた毅然と仕切って見せたが、半年で打ち切りに。見事な空振りで世間を沸かせた。

さらに05年1月、巨人軍球団代表特別補佐に就任。ついに念願の巨人軍中枢に招聘されたのだ。

いよいよ、あの日、誓ったリベンジを果たすのであろうか？

〈24年近況〉その後、一茂氏は巨人球団代表特別補佐を11年まで、16年まで野球振興アドバイザーを務めた。一部マスコミでは父・長嶋茂雄の権利を巡り家族で骨肉の争いに発展していると報じられたが、真相はさだかではない。10年には自身の経験を綴った『乗るのが怖い私のパニック障害克服法』（幻冬舎）を上梓。タレント転身後バラエティー、ドラマ、コメンテーターなど幅広く活動してきたが、18年に入って出演番組が急増。中でも石原良純、高嶋ちさ子との『ザワつく！　金曜日』（テレビ朝日）は高視聴率を記録し、19年から毎年大晦日に拡大版『ザワつく！　大晦日』が放送。21年には『ＮＨＫ紅白歌合戦』の裏番組で世帯平均視聴率民放1位を獲得し、テレビ朝日開局以来初の快挙を達成。レギュラー放送も23年の年間個人全体平均視聴率で全局レギュラーバラエティー1位に輝き、いま最も視聴率が取れるタレントの一人となっている。ちなみに12年よりテレビ東京系でスタートし、17年からは大晦日スペシャルも毎年放送される人気ドラマ『孤独のグルメ』は当初一茂氏が主人公・井之頭五郎役に予定されていたが、原作者・久住昌之の意向もあってカズシゲからマツシゲ（松重豊）へとバトンが渡された。

▼第4回 小林よしのり 『新・ゴーマニズム宣言』（小学館文庫）

この作品を、果たしてタレント本と呼んで良いものかは疑問だ。

しかし、タレント本は、著書が、スターであることの知名度に便乗するものとすれば、小林よしのりは、今や日本のみならず様々な意味合いで亜細亜の大スターである。

小林氏は、日本の若者にとっては、大ヒットギャグ漫画『東大一直線』、『おぼっちゃまくん』の生みの親で、「よしりん」の愛称で親しまれるギャグ漫画家であるが、その一方では、あの『ゴーマニズム宣言』に端を発し、次々と〝右曲がりのダンディー〟な思想漫画をベストセラーとする言論人である。

それだけではない。今や、物議を醸す『新しい歴史教科書』の執筆者の一人であり、台湾体制擁護のマンガ『台湾論』を書きながらも、台湾の人口の15%を占める支配層、中国統一派から、台湾入境禁止まで申し渡された国際的な要注意人物であり、最新作『戦争論』では、中国では軍国主義扇動家として〝臭名〟と非難されるほどの〝悪名〟で呼ばれている、日本人ヒール（悪玉）なのである。

テレビ界に身を置いていると、「小林よしのりの本が面白い」「ゴーマニズムを読んでいる」と語るのも、ある種のタブーであり、その話題だけで確実に一癖ある面倒臭いタレントだと思われがちだ。

それどころか、無用な議論、論争に巻き込まれる可能性もある。もしかしたら、小林氏の天敵である、テレビ朝日や朝日新聞社からは、未来永劫、お仕事の依頼がこなくなりそうな危惧さえ感じる（皮肉にも、かつてテレビ朝日では『おぼっちゃまくん』が放映されていたくらいなのに……）。

小林よしのりは、マンガ界の中で、予定調和な物語世界を飛び出し、現実の思想、社会、歴史、政治などの問題に切り込み、「過激すぎる」挑発を繰り返し、世間を巻き込み、「ゴーマンかましてよかですか？」と大見得を切る。

俺には、時として小林氏が、あのアントニオ猪木とダブって見えることがある。まるで、ストロング小林とでも呼びたいほどに（いや、それは往年の猪木のライバル、後のストロング金剛だ、失敬）。

かつて猪木は自らのストロングスタイルを「過激なプロレス」と作家の村松友視に定義され、ジャンルの内側にとどまることを良しとはせず、世間を挑発し、「こんな試合をしていたら10年もつものが1年で終わってしまう」と言いながら、全ての試合に完全燃焼を心掛け、業界の異端児から一躍カリスマ化していった。

理想を求めて猪木がプロレス団体を渡り歩き、新日本プロレスを創設したように、小林氏の『ゴーマニズム宣言』も週刊誌の『SPA!』から隔週誌の『SAPIO』へ発表場所を変え、今や、自らのワンマン雑誌『わしズム』すら創刊する立場となった。

その後、語り口はますます激化し、問題作『戦争論』を経た今、もはや退路を断った特攻隊状態である。

作品に登場する多くの論客は、小林氏を際立たせるための雑魚にしか描かれないが、もともと小林よしのりが主人公の物語なのだから、夜郎自大に自画〝絶賛〟するのは、この漫画の基本設定である。

たとえ論壇の中でどれほど叩かれようとも、自らの漫画の中では、プロレスのベビーフェイス（善玉）であり、リングの上でヒール（悪玉）と対峙し四方の観客を意識しつつ、自らのヒーロー性、独善性を見せ続ける役回りなのである。

かつて小林氏は漫画で「坂本弁護士事件」の犯人を追い、オウム真理教を告発し、教団からVXガスで暗殺されかけ、また、薬害エイズ訴訟では、書斎を飛び出し国と闘った。

アントニオ猪木も同じく、プロレスで数々の死闘を繰り広げ、そこに飽き足らず、現在の総合格闘戦の先鞭となった異種格闘技路線へ飛び込み、ついには当時の世界的な英雄、モハメド・アリとの世紀の一戦を実現してみせた。さらには政界出馬、国家規模の事業への投資、莫大な借金、そして最後にはスキャンダルにさえも塗《まみ》れていった。

自ら広げた物語に巻き込まれ、汚名すらも着せられながら、さらに、より強大な敵、更なる物語へと無謀にも立ち向かっていく。

『ゴー宣』も『新ゴー宣』と装いを変えて、10巻目を超え、『台湾論』『新しい教科書』『戦争論1、2』と、その内容は亜細亜を巻き込む、国際問題にまで飛び火した。

確かに、小林氏はベストセラー作家ではあるが、印税生活での悠々自適、人も羨む気楽な稼業とは程遠い、飛んで火に入る「しんどい」作業の続く過酷な労働者としか言いようが無い。

しかし、昨今、この戦線が広がれば広がるほど、小林よしのりは語りにくい人となっている。

かつてプロレスがサブカルのキーワードに組み入れられ、ヒーローとしての猪木への注目と賞賛が世間を一回りした時、今さら猪木を語ることが、サブカルの先進性を失った状態であるような、一種の猪木賛歌の凪《なぎ》状態があった。

そして今、『ゴー宣』は、大衆にあまねく広がりすぎ、消費され、拡散から収縮に向かっているのかもしれない。

それは、90年代にヒットしすぎた小室哲哉の音楽が収縮し、かつて80年代を席巻した小室直樹の思想が収縮したのと同じように。

一歩踏み間違えれば泥沼に落ちかねない、イデオロギーの世界。

小林よしのりは、「政治」や「思想」そのものをバランスバーとして鷲摑みし、むしろ平衡をとるより、右寄りに突き差しながらも、この危うい綱渡りを止めようとしない。

かつて、みうらじゅんは、『ゴーマニズムとは何か!』（出帆新社）の中で、小林反対派を「カッコよいことを妬むな!」の一言で片付けた。

そして小林氏の活動にジョン・レノンの「イマジン」を捧げ、その立ち位置にシンパシーを寄せた。この文章は今でも胸を打つ。

考えてみれば、みうらじゅんほど思想とは無縁、無意味を無思想に無駄に語る書き手は居ない。だからこそ、小林氏の本来を見据えている。

日本人の歴史観を「自虐」と罵りながらも、作品には笑いをちりばめ「自ギャグ」化する、小林氏の「芸」と「技」のある漫画家としての力量を認識しているのであろう。

確かに、このように書いていても、俺には、いまだに、「小林よしのり論争」に巻き込まれたくない気分があり〝やっかい〟を背負いたくないと無意識に防衛本能は働く。

さらに論点、全てに諸手をあげて賛成ではない。

それでも、俺は自分がリングに立つことはないが、よしりんが巻き起こす論争、戦いぶりを、リングサイドから固唾を飲んで見守る観客ではあるのだろう。

罵声も飛び交う会場ではあるが、ならば俺は客席から、往年の「猪木コール」のように小林よしのりに対し「よしりんコール」を送りたい。

だからこそ、猪木風に「とーこん」かましてよかですか？
「迷わずゴー宣、読めよ！　読めばわかるさ！」

（２００１年10月号より）

その後、小林よしのり氏は、９・11のテロを受け、大作『戦争論２』（幻冬舎）を発表。イラク戦争でアメリカ追従の言論人を批判。また昨今、かつて火花を散らした論客との共闘なども目立ち、時代の変化を如実に感じさせられる。ネットには、――若年層の歴史観を見直させる一方、同時にただ感化されただけの単純なナショナリストを大量に製造するとされることから、「目覚まし時計のベル（効き目は大きいが、いつまでも聞いているようなものでもない）」と揶揄されることもある――とも指摘されるが……。

確かに、それも小林氏の功罪の一つであろう。

されども、「永遠の長き眠り」の方が、俺には確実に、より惰眠であり、より怠慢だと思えるのだが……。

〈24年近況〉18年4月、オウム真理教事件への報道姿勢に激昂し『週刊ＳＰＡ！』と決別した小林氏が、23年のときを経て同誌にて『ゴーマニズム宣言』の連載を再開。20年8月、『ゴーマニズム宣言ＳＰＥＣＩＡＬコロナ論』（扶桑社）を発売。専門家の意見に対し、新型コロナウイルスは大したことがない、政府は自粛を要請するが市井の人々の生きるための経済活動ができなくなっていると主張。「専門家とメディアが作り上げたインフォデミックによって我々は『1億総神経強迫症』になってしまった」「ワクチンを巡る『不都合な真実』が隠蔽されている！」「安全性も有効性も検証不十分なワクチンを5〜11歳の子供に打つのはやめろ」といった自論を繰り広げ、大きな反響を呼んだ。その中には小林氏の発言による誤った情報や陰謀論拡散の影響を指摘する声もある。23年12月、最終巻『コロナ論総括編 コロナと敗戦／失敗の本質』を発売。同時進行で『ウクライナ戦争論』『愛子天皇論』を上梓しながら、24年3月刊行の『日本人論』では、故・ジャニー喜多川氏による過去の性加害問題に対し「このヒステリックなまでの追放劇は、果たして正しい〝解〟だったと言えるのか？」と疑問を投げかけている。

▼第5回

吉田豪

『男気万字固め』

（幻冬舎文庫）

今回とりあげる『男気万字固め』は、タレント本ではない。

厳密に言えば、タレント・インタビュー本である。

本作は、本連載の趣旨であるタレント本紹介のパイオニアであり、3千冊を超えるコレクションを誇るタレント本の収集と分析に関しては日本の第一人者であり、現在30誌を超える連載量と、その守備範囲の広さから若手最強ライターと評される吉田豪の単行本デビュー作である。

さて、この豪ちゃんだが、普段は、俺のフェイバリット雑誌である、『紙のプロレス』編集部にスーパーバイザーとして席を置いてはいる。しかし、プロレス記者に似て非なるところは、実際には会場でのプロレス観戦、取材をほとんどすることなく、業界情報誌、レスラー・格闘家の本やインタビューから類推、邪推し、秀逸なプロレス時評を展開する、安楽椅子探偵もどきの異能のライターなのだ。

そして彼は俺の友人でもある。

だから、この本の推薦帯は、不肖、俺、水道橋博士が書いている。

「吉田豪は相手の99の力を引き出し、100の力で書く、そして読者に200以上を夢想させる。だからこそ、芸能本史上、最強の聞き手として、300%推薦するしだいである」

我ながら言いえて妙である。

インタビュアーとしての原点を豪ちゃんは、

「中学の時に、毎回友達が言い間違えとかするじゃん？　それを全部生徒手帳にメモして、1年、2年たっても言い続けるっていう男だったね」と語り、年季の入った粘着質な調査、下調べは他の追随を許さない。

さて、この本は既に廃刊になった『月刊TVチョップ』なるテレビ情報誌の連載を基調にしている。

「濃縮人生語り下ろし2時間一本勝負、2万字インタビュー」と題しているが、この「2万字インタビュー」なる言葉は、『ロッキング・オン』誌などで見受ける、ロック系アーティストの主張には、お馴染みの手法ではある。

しかし、この本に収められているラインナップは、アーティストなどという芸術家肌の人種ではなく、アナーキストで鉄火肌の気質の持ち主ばかり。

山城新伍、ガッツ石松、張本勲、さいとう・たかを、という実に人選に偏りのある、濃い口の男たちのインタビュー集なのである。

いずれの面々も、破天荒な暴れん坊であり、それだけに叩けば埃は出るし、脛には傷だらけ、しかしながら、若気の至りと言うべき過去を振り返るのに、姑息な自粛、検閲、修正は一切無く、それどころか恥の上塗りを自ら進んで加えるほどである。

このゲストの駄目押し行為により、この本からは無味無臭にデオドラントされた平成の芸能界には、ありえない、男の危険な香りが匂い立つ。

この臭気こそが、吉田豪にとっては舌なめずりする食欲の源なのである。

本来、芸能界とはアナーキー（無政府状態）なものであり、その中で、スターが無自覚に無茶をし、無防備に生きているエピソードこそ、吉田豪が食いつく大好物の食材である。

実生活での豪ちゃんは菜食主義者だが、それにもかかわらず、スターの生態や性癖としての肉食獣的な逸話を愛好する偏食グルメなのである。

そして本人を目の前にして、今や語られることの無くなった武勇伝、訳ありのエロ話、葬り去られた不祥事の真贋を根掘り葉掘り聞き出していく。

その結果、世のフェミニストや田嶋陽子先生が聞いたらビックリの男気溢れるバカ自慢が、おおっぴらに繰り広げられる、
例えば、山城新伍は、東映時代、「社長が、共演女優と男優の誰が最初に寝るかトトカルチョをやっていた」と暴露し、ガッツ石松はリングのどつき合い以外の喧嘩戦歴に何故か胸を張り、

張本は現役時代のバットを持って乱闘するイメージは、お馴染みだが、高校時代に既に「ケンカに匕首《あいくち》を持って駆けつけた」と告白、小林亜星は「赤線に通いつめ、性病を遍歴した」と吐露するばかりか「ヤクザと一緒に取り立てに行き、手形の鑑定が得意だった」と不良時代を振り返り、さいとう・たかをに至っては、「女教師を集団でレイプしようとした」などという疑惑まで肯定する始末である。

今でこそ時効とはいえ、吉田豪の巧みな誘導尋問に、まるでゲストそれぞれが、自白剤でも事前に飲まされたかのように淀みなく語る。

吉田豪の絶妙な合いの手に、上機嫌になったタレントが、思わず舌を滑らせた後に、語尾に「キッパリ」と擬音ではない擬音の楔《くさび》を打つ表記スタイルは、いまや形だけ真似するフォロワーは多いが、中身は吉田豪のオリジナルホールドであろう。

例えば、吉田豪の敬愛する山城新伍氏に対して、

吉田「ちょっと聞きづらいんですけど、70年代の初めに3年、謹慎してた頃のことについて個人的に興味があるんですよ」

山城「ああ謹慎っていうか海外で拳銃、買ってきたの（キッパリ）」と言わしめる。

実は、掲載誌はもとより、ゲラ段階からこの本を読んでいた俺は、掲載予定であった原稿が2本ボツになっている事実を知っている。

語り下ろし取材で、単行本に収録予定であった、西川のりお篇は、本人の希望で掲載出来なかった。

これは俺も気になって、テレビ局の楽屋で、のりお師匠に、この話を振ってみた。

「師匠、どうして、あのインタビューをボツにしたんですか?」

「いや、あのインタビューは聞き手の誘導が多すぎるんよ！　あの取材、アイツの知っている結論を言わせるためだけにやってるみたいやろ」と言われた。

しかし、のりお師匠には悪いが、まさにそこが吉田豪の聞き手としての真骨項であるのだ。

自分が答えを知っているアンサーを引き出すため、古本を漁り、言葉を駆使して本人に検証し、裏を取って、供述調書を完成させているのである。

さらに連載時にさすがの俺も驚愕した〝百獣の王〟畑正憲篇が、諸事情により、ムツゴロウならぬムリダロウと不掲載になった。

掲載号を読み返すと、本人が、

「なんでそこまで知っているの?　この取材は最高に嬉しいね〜」と上機嫌で乗りに乗りまくって答えていたにもかかわらず……。

しかし、畑氏も、さすがに冷静になって読み返してみると、これはあまりに度が過ぎ、ムツゴロウ王国の公式の歴史が改竄されると思ったのであろう。

吉田豪は、ムツゴロウの指を食いちぎったライオンより危険だったというわけだ。

この2篇は、もし本書が文庫化される際には是非収録されることを願いたい。

吉田豪は、訳あって人々が土に埋めた、昭和芸能秘話を掘り起こし、平成の世に蘇らせる、稀代の墓荒らしである。

そして、その地道な発掘で得られた、輝かしい財宝が本書である（キッパリ）。


（2001年11月号より）


その後、吉田豪は、『紙のプロレス』編集部から独立し、新たに新宿2丁目に事務所を構えた。場所柄、本人にもさまざまな疑惑をもたれつつも、独自のフィールドワークとライター業を手広く展開。

現在は、TBSラジオ『ストリーム』で〝魅惑の乱読王〟として、コラムコーナーにレギュラー出演。また、『WEBダ・ヴィンチ』では、浅草キッド、大槻ケンヂ、掟ポルシェの4組で連載「4ちゃんねる」を競演中。単行本の方も、05年に吉田豪名義の第2弾『人間コク宝』（コアマガジン）、さらに、第3弾『元アイドル！』（ワニマガジン社）が出版された。

共に、〝芸能界の柳田国男〟と言うべき、埋もれたる芸能史的発掘、芸能民俗学的新発見に満ちている。

〈24年近況〉初の単独著書『男気万字固め』から23年。同様のコンセプトで「吉田豪が今興味あるひと」へのロングインタビュー集『人間コク宝』（コアマガジン）シリーズは、23年の最新作『シン★人間コク宝』まで7冊が刊行（以下続刊）。著名人の痛快エピソードと、職業としてのプロインタビュアーの秘訣を記した『聞き出す力』シリーズも3冊目から出版社を変更し、24年の完結編『聞き出す力FINAL』（ホーム社）まで全4冊が刊行。他にも、ちばてつや、寺沢武一、日野日出志ら世界に誇る漫画文化の立役者たちに迫る『吉田豪のレジェンド漫画家列伝』（白夜書房）、富野由悠季、安彦良和らアニメ界の巨匠たちに訊く『吉田豪の巨匠ハンター』（毎日新聞出版）、『証言モーヲタ～彼らが熱く狂っていた時代～』（白夜書房）などがある。各種トークイベント出演に加え、18年6月からは毎週火曜20時から22時まで仕事部屋にゲストを迎える配信番組『猫舌SHOWROOM豪の部屋』を開始。『徹子の部屋』（テレビ朝日）がスタジオで収録されているのに対し、こちらは正真正銘の「豪の部屋」から配信することをテーマとしている。21年からは公式によるアーカイブがYouTubeに公開。

▼第6回

山城新伍

『おこりんぼ さびしんぼ』

（幻冬舎）

前回紹介した吉田豪が、対面するまでは「会うのが長年の夢」と語り、インタビューが実現した後も、「いつかはああいう大人になりたい」と最大級のリスペクトを隠さないのが、山城新伍である。

最近では、お茶の間のイメージがバラエティー界のエロ爺と化してはいるが、思うに、山城氏ほど芸能史にその偉大なる足跡が紛失、つまり「チョメチョメ」されているタレントはいないのである。

今や死語とも言える、この「チョメチョメ」とは、往年の人気番組『アイ・アイゲーム』の司会であった山城氏の決め台詞であり、意味的にはエッチな言葉の「伏字」である。

権威を嫌い、エロ話と裏話、ナンセンスをこよなく愛した山城氏らしい造語である。

そう言えば俺がテレビ番組で山城氏と初めて共演させて頂いた時も、ゴールデンタイムの放送にもかかわらず、当時、真っ最中であった米大統領選に触れ、一句思いついたと、「ゴアゴアとブッシュかきわけクリントン」と、無意味なエロ川柳を連発され、司会者を困らせていた。

あまりのヤンチャぶりではあるが、もともとの出自は、京都の医者の息子で1938年生まれの、現在63歳。芸歴44年を誇る大ベテラン、テレビ少年時代劇である、「白馬童子」としてデビューした〝正義の味方〟出身の元・二枚目俳優なのである。

そして監督作5本を誇る映画監督であり、たけし・タモリ・さんまのビッグ3時代以前から既に30年間、視聴率タレントとして第一線にいるのだ。

当然、芸能界の人脈は多岐を極め、黄金期の映画界、さらにTV界の裏話、スターの逸話を自在に出し入れするトークの名手。あの辛口の立川談志師匠をして「物知り隠居」と仇名せしめた博覧強記の人でもある。

その山城氏が自ら書く一連の著作は、文字通り「独占男の時間」精神溢れる傑作・珍作揃いである。

『現代・河原乞食考』『軟派の硬意地』『一言いうたろか』『新伍のぶっつけ本番』などなど。

山城本に駄作なし！

その証拠に、吉田豪は自らの数千冊に及ぶタレント本コレクションの中で、面白い本のベストに山城本である『白馬童子よ何処へ行く』をあげていた。

一方、俺にとっても、今まで読んできた全タレント本の中でベストと胸を張って紹介するのが、本書、『おこりんぼ さびしんぼ』なのである。

この本は何度も読み返したが、頁を捲くるたびに深く浸り、物語を反芻し惚れ惚れとしてしまう。

今は亡き、若山富三郎、勝新太郎兄弟――。

山城氏は、この二人に全人生を賭け濃厚に交わる。

「ぼくは、この二人以外の影響以外、誰の影響も受けていない。影響とは、影が形に従い、響きが音に応じることだという。あの兄弟は人にその本当の影響を与えることができた最後の役者だったということ。そのほんの一場面を今、やっと客観的に記すことが出来るかもしれない」と、この評伝を書き始める。

出会いから、若山富三郎を「おやっさん」と呼び、親分に選んだ山城氏に、勝は若山の居ないところで、

「おにいちゃんのこと、頼んだよ」と声をかける。

「その言葉は、ぼくの胸の深いところに落ちて、まるで生まれたときからそこにあったように、ぼくを支配し続けることになる」と書いている。

二人の偉大な兄弟に挟まれた山城氏は、歪な三角形の人間関係を描きながら、日本映画の黄金期を駆け抜けた不世出の兄弟を、時には、自分の仕事を断ってまで最前列で間近に見続けてきたのである。

勝新太郎は、晩年、有名なコカイン所持の「パンツ事件」を始め、反社会的行為を繰り返し、世間から糾弾された。山城氏はその心象を「あの兄弟は警察などちっとも怖くなかったのだ。それは善悪の定めがないのではなく、たとえ国家であろうと、権威というもの、それを振りかざしている者を決して恐れなかったということだ」と分析した後、「（本当は）そんなかっこいいもんではなく、非日常的瞬間になると、頭の中のスイッチが芝居になってしまうということだったのかもしれない」と喝破してみせる。

その後も、勝新太郎は「勝新大陸」、「勝新山脈」と呼ぶべき、常人の住む娑婆とは隔離された、芸能の真理を身に纏う偉大なる無法者であり続けた。

この一般には見えざる概念上の、大陸、山脈は、特殊漫画家・根本敬らの研究、紹介により、昨今、その存在が多くの人に知られるようになった。

しかし、この偉大なる「芸能山脈」である勝新太郎が兄・若山富三郎、父・杵屋勝東治から連なる巨大な連峰であったことは、この芸能一家と密に付き合った、山城新伍というアルピニスト、及び、語り部がいて、あらためて気づかされるのである。

この本は、長唄、三味線などの芸で人間国宝級であった父・杵屋勝東治《かつとうじ》の築き上げた高みの、その頂《いただき》を目指した二人の息子の物語なのである。

「あの兄弟は、おっかさんのおなかの中にいた頃から、一流の三味線を聴き、一流の間でトンボを切っていたのであろう。そして、おぎゃあと生まれてきてからも、お父ちゃんの周りに漂う花柳界の空気の中で、一流の役者になっていった」と述懐する。

「兄弟のそばにいた、ぼくは、その二人がお互いにやきもちを焼く心境や、二人が父親である杵屋勝東治という男を目指して届かない葛藤に、苛立ち、諦め、また挑んでいく思いを、まるで長い長い舞台のように見つめてきた」

と、時代を共有した伴走者の視点で書く。

「『芸事で大事なのは、間なんだよ、間は魔物の魔に通じる』なんて勝さんがよく言っていた。それは、六代目のご託宣なのだった。『魔物の魔でマリファナのマでしょう』僕が茶化すと……」

エピソードの合間を繋ぐ二人の芸談、兄弟が子供の頃から傾倒した、6代目菊五郎の言葉の引用なども読後に深き余韻を残す。

そして二人は人生を舞台に、互いに己の主役を譲らず、世間知らずを恥とせず、「役者一筋」「芸馬鹿」を競い合う。

例えば、有名な勝新の金銭感覚のエピソードも、この本のなかでも、再三出てくる。

「勝プロが発足するという記者会見の席上、こんな質問が出た。『資本金はいくらですか？』真剣な顔の勝社長は逆に問いかけた。『そんなもん、いるのか？』」

もちろん、兄の若山だって負けていない。

「日本一の大親分・田岡組長が聞いてきた。『新伍よ、若山はいいやつなのか？　悪いやつなのか？』『いい人ですよ』三代目は普段と変わらぬ顔でカラカラ笑って言った。『いい人か？　おい、いい人が俺から金もっていって返さねえか』若山のおやっさんのことだ、その金を返すあてなどないに決まっている。怖いもの知らずとはこのことだ」

などなど枚挙に暇がない。

しかし、引用もここまでとしよう。なにしろ全編が花形役者の人生劇場のハイライトシーンの連続なのだ。読者も、ぜひ本書に当たって欲しい。


さて、この本に限らず一連の山城本の中に貫かれるテーマは「芸能の敵は権威である」ことに尽きる。

先日、スタジオでお会いした山城さん、「いくら人気があるからって言っても、小泉の野郎がロクなこともやらなかったら只じゃあ済まんよぉ、その時は、国民に代わって息子をワシが芸能界で苛め倒してやるわー」と息巻いていた。

この斬り捨て御免、ジョークでありながらも本音である。

茶の間のエロ親父の正体は、「白馬童子」以来の〝正義の味方〟なのだ。


（2001年11月号より）

その後、本書は現在絶版であり文庫化の予定も無く、入手は困難な状況のままにある。

しかし今回、本書を著す俺の最大のモチベーションは、このタレント本の金字塔を、世の中から〝チョメチョメ〟、つまり紛失させないことなのである。

〈24年近況〉08年、『おこりんぼさびしんぼ』は廣済堂文庫より復刊（解説は吉田豪氏）。山城氏は09年8月12日、東京・町田市の特別養護老人ホームにて嚥下障害による肺炎で逝去。享年70。その後、松方弘樹氏（17年1月21日没）、渡瀬恒彦氏（17年3月14日没）、梅宮辰夫氏（19年12月12日没）、千葉真一氏（21年8月19日没）が鬼籍に入り、映画『せんせい』（89年）を製作した「トムソーヤ企画」メンバーは北大路欣也氏のみとなってしまった。なお、79～85年放送のクイズ番組『アイ・アイゲーム』（フジテレビ系）で司会の山城氏が伏字を「チョメチョメ」と表現し流行語になったが、24年1月、宮藤官九郎脚本のドラマ『不適切にもほどがある！』（ＴＢＳ系）で阿部サダヲ演じる主人公が性行為を「チョメチョメ」と呼び、再び話題に。『週刊現代』24年2月24日・3月2日号では「山城新伍その男、『不適切』につき」と題したグラビア特集が組まれた。また、24年2月29日、お笑いコンビ「ＸＸＣＬＵＢ（チョメチョメクラブ）」の大島育宙氏が水道橋博士のトークイベント『座・鼎談三人ごっつ～お題：松本人志で一言～』に吉田豪氏と参加。令和の「不適切」に関する話も飛び交った。

▼第7回
飯島愛『プラトニック・セックス』（小学館文庫）

飯島愛の『プラトニック・セックス』が、今、股また股、旬である。

昨年10月の出版後、瞬く間に１００万部を突破、タレント本史上でも記録に残る大ベストセラーになり話題になった。

この反響は国内に留まらず、日本ブームに沸く台湾では異例の翻訳本まで出版された。今年8月、早くも文庫化されたが、これも70万部を売上げた。

版元の小学館としては、今までの販売記録が、かつてのベストセラー本『日本国憲法』であるだけに、飯島愛は、ある意味、日本の憲法の記録を超え、憲法改正を果たしたのである（そんなわけはないか）。

それだけではない。今秋、テレビドラマ化されると「ヤクルトvs巨人」の天王山を上回る高視聴率を獲得、さらにＢＳ放送でドキュメンタリー化、東宝では映画化と、次々とメディアミックスで作品化が続く、打ち止めなしのチューリップ大開放ぶりである。

さらに言えば、全国各地のレンタルビデオ店のＡＶ棚には、飯島愛コーナーが復活した、ブームの裏腹効果も見逃せない。

このように1冊の本のヒットから、次々と商売が生まれる、まさにドミノ倒し状態なのである。

いやいや、タレント本業界としては、この現象は「ドミノ倒し」ではなく正確には「積み木くずし」状態と言うべきであろう。

かつて、この飯島本と同じような現象を生んだ本があった。

昭和のタレント本として、驚異的な２８０万部を売り上げ、ドラマ化されるとテレビ史上に残る45％を超える視聴率を叩き出した非行少女ジャンルの先駆的作品、穂積隆信の『積み木くずし』である。

つまり、タレント本現象としては、『積み木』以来の記録的大ヒットなのである。

この2例を見れば、銀行の「不良債権」とは逆に、芸能人の「不良体験」は、処理の仕方によっては、時として巨万の富を産み出すのである。

しかし、当初、これほどの売れ行きを誰が予想したであろうか？

俺の飯島愛との出会いは10年前に遡る。

彼女のテレビ出始めの１本がテレビ東京のバラエティー、『浅草橋ヤング洋品店』である。

当時は、人気ＡＶ女優から転身しテレビに進出、Ｔバックを売り物に色気をふりまく新人タレントであった。

ある日、一緒に都内ロケに行った時、「ここはヤバイ、地元だから、知り合いに見つかるかも……」

と飯島愛が言い出した。

あれだけテレビに出ていて、毎回、Ｔバックの尻を晒していながら、本人の自覚は、まるで指名手配犯であった。

まさに頭隠して、尻隠さずと言うべきか。

あの頃、彼女にとって芸能界は、じっくり尻を落ち着けることのない腰掛けのつもりであったのだろう。収録の合間にも、さっさとお金を稼いでＮＹに逃亡するという人生設計をよく語っていた。

しかし、その後のテレビ界での売れっ子ぶりはご存知の通り。

俺たちへの呼び方も、会うたびに、「キッドさん」から「キッド！」となり、最近では「お前ら！」呼ばわりである。

我々自身が、自嘲して、「逆出世魚」と呼ぶほどだ。

これも、実に芸能界的と言えるが、本来、芸能界は入ったもの順の体育会系序列であるはずだ。

しかし、彼女の場合の芸能界序列とは、「売れている」指名の数順であり、彼女は、この世界にキャバクラ・ランキングを持ち込んだ先駆者でもある。

さて、俺は、この本を執筆段階から知っている。

昨年8月、テレビ東京『クイズ赤恥青恥』の楽屋で出会うと、

「今さぁ、アタシィ…自叙伝みたいナノ…書いてんだけどぉ…もぉう煮詰まっちゃってさぁ…博士ェ、手伝ってくんない、ちゃんとギャラあげるからさぁ…、もう…アタシ、面倒なのよ！」

と言っていたのである。

確かにこれは社交辞令とは言え、この時、なんで俺は、お言葉に甘えて、この提案に一口乗らなかったのか？　いや、むしろ、そのまま飯島愛との援助交際、いや印税契約を交わし一攫千金のチャンスをものにしなかったのか悔やまれる。

しかし、長年、飯島愛はテレビタレント活動の中で、かつてのAV時代をアンタッチャブルなこととし、他のタレント、共演者も一切、触れることが出来ないことにしてきたのであるが……。

「自叙伝だったら、あの頃のことも書いてんの？」

「そこが売りに決まってんじゃん！」と、飯島愛は『赤恥青恥』の楽屋で、まさに赤っ恥も青っ恥もおっぴろげ宣言していたわけである。

そして本が刷り上ると、楽屋で手渡され、

「はい！　これ。誰でも本を進呈するわけじゃないのよ。古舘伊知郎と大竹まことと伊集院光と浅草キッドだけにはあげるから、ちゃんといろんなところで褒めて欲しいのよ」と。

確かに、その時、同じ番組に出演していた他のタレントには渡していなかった。にしても、

いかにもわけじゃないのよ……」


「誰にでもするわけじゃないのよ……」なんて、ナンバーワンキャバクラ嬢の、殺し文句ではないか！

しかし、この本、一読すれば、家出、AV出演、レイプ、援助交際などの告白の連続に、ファック、いや、フック（引っかかり）がある。

さらに、単行本の帯文句には、「私に舐めさせて」とあるが、これは、かなり狙っているコピーだ。

いったい、これがどこかと思って読むと、実は「アナル」なのである。いやはや、これは大胆。かように、センセーショナルに売ってはいるが、実際の中身は、「親の愛情が物足りない」と感じる思春期の子供たちに共通する「大人は判ってくれない」の定石は外さず、最後は、ちゃんと古典的な「親子の和解」、「不良からの更生」という、古来からのヒットの法則、成功のマーケティングを踏まえているのだ。

そして、文庫の解説では、作家の大岡玲氏が、この本を『文学になりかけた胎児』という評価をしていた。

確かに、このテーマは、従来なら「文学」こそが昇華すべきであろうが、現代では若者たちにとって「文学」は、カジュアルではない。そこをカジュアルな第一線のテレビタレントが身を晒して綴っているのであるから、大ヒットは当然とも言えよう。

特に、誰もが身につまされるのは、彼女が家出をしてから9年後、実家に戻り、母の日記を見るクダリだ。親の世代も、そして子供世代も、染み入る一文である。

飯島愛はこの本の前に処女作（この人ほど、処女作という言葉が似合わない人も珍しい）として『どうせバカだと思ってんでしょ!?』（徳間書店）なるタレント本を出版していた。

確かに当時は、タイトル通りに世間の風評はその程度のものだっただろう。

しかし、今回の本は、タレントとして「舐める」ことも、「バカだと思えない」芸当である。

かつての飯島愛のＡＶは「疑似」だったそうだが、この本の出来栄えは「ガチンコ」評価に値するのであった。


（２００１年12月号より）


その後、飯島愛は、『生病検査薬≒性病検査薬』（朝日新聞社）を出版、エイズ問題に関心を寄せた。が、この本のような社会現象にはならなかった。

しかし、本書に書かれた、家出、元ＡＶ女優、整形などの身を切る告白は、タレントとして身にまとう虚飾を脱ぎ捨て、むしろＡＶ時代以上に、本来の裸身を世に晒すことになったが、その行為は、まさにタレントとして、「脱皮」であり、本音バラエティー全盛の今、図らずも大きな武器となり〝アネゴ業〟飯島愛へのテレビニーズは今も高まる一方である。

〈24年近況〉08年12月24日、東京都渋谷区の自宅マンションで亡くなっている姿が発見。病理検査の結果、死因は肺炎だった。享年36。10年、押井守 監修、小倉陳利 画による著書『Ｂａｌｌ Ｂｏｙ ＆ Ｂａｄ Ｇｉｒｌ』（幻冬舎）が刊行。内容は亡くなる直前まで断片的に書いていた、自分の性別に悩む少年少女の物語。「明日、私に何かあっても、許して欲しい。信じることをやめたら、生きていく意味を見失う。信じることが出来ない未来は、きっと曇ってしまうんだ」。押井氏のあとがきによると、彼女が押井氏の監督したアニメ映画『スカイ・クロラ』（森博嗣 原作）を絶賛。弟子入りを志望してアニメ制作現場を訪れるなど交流が始まり、「いきなりアニメ企画は無理でも、まずは絵本から」と押井監督に原稿を送っていたという。ちなみに『スカイ・クロラ』は〝キルドレ〟と呼ばれる、思春期を過ぎてから成長が止まり永遠に生き続ける存在が大きく関わる。突然の逝去から15年経ったいまもその存在は輝き続け、23年12月29日放送の『中居正広の金曜日のスマイルたちへ』（ＴＢＳ系）エンディングでは「金スマには忘れられない仲間がいます。あなたとお別れしてから、もう15年。愛ちゃん、お元気ですか？」と当時の映像を流して追悼した。

▼第8回
えなりかずき
『えなりかずきの しっかりしろ!』
（ブックマン社）

俺は見た目が年齢不詳で、よく、「トッチャン坊や」「若作り親爺」などと言われ続け、自らも「平成の白木みのる」「白いエマニエル坊や」と称したこともあった。

しかし、これらの称号こそ、「日本のオスメント君」あるいは「和製ハリー・ポッター」のえなりかずき君に相応しい。

なにしろ、えなり君は、いまどき「坊主」である。

しかし、これは年齢や髪型だけでなく、役柄、存在の意味に於いても「坊主」なのだ。

さらに、この『しっかりしろ!』を読むと、このガキゃあ「説教坊主」と言ってもいいだろう。

この本は、見開きの右側1ページにえなり君の「100のポートレート」と題された顔のアップの写真を載せ、その横、左側1ページに一節、彼の放つメッセージ、金言集を並べるという構成である。

いったい、この100種類ものえなり顔に、何のニーズがあるのかと思うが、じっと眺めているうちに、味わい深い渋柿顔、慈悲深い微笑に、思わず手を合わせたくなるから不思議だ。

えなり顔に道端のお地蔵、仏像を重ね合わせはじめるのは俺ばかりではないだろう。いっそのこと『ハリー・ポッター』も日本版『えなりかずきと賢者の仏像』なる映画を作れば当たるかも。

そして、ご託宣――。

これまた、説教師、相田みつを先生も超えるほど、ありがたい、えなり坊主のお言葉なのだ。

なにしろ、この小坊主、意地悪な鬼ばかりが住む冥府魔道を健気に生き、渡る世間で毎週いじめられながらも、修羅場で学んだ処世術を一身に蓄えてきたのである。

読者には、そのお言葉は『おばあちゃんの知恵』ならぬ『お孫さんの知恵』に満ちている。

「能のない鷹は爪を隠してたらダメ！」

と大文字で書かれた横には、小文字で解説が書かれ、「逃げられない勝負に直面したとき、勝ち目がなさそうだったら爪を出してイカクコウゲキです。才能がないからといって何事も弱腰でのぞんじゃ、ぜったいに勝てないから」などと教えてくださる。

以下、100のフレーズが並ぶ。

「深入りすることは、カッコいいことです」

「逆境と言う名のウチワが、がんばりを煽ってくれます」

「一を聞いて、一を知る」

「辞めるか、強くなるか。道はその二つ」

「やってみようかな……じゃなくて、やってみる」

などなど。

そして、本の最後には、

「これは僕の本ではなくて、あなたの本です」

とご丁寧にも付け足しまでしてくれる。

思わず、俺も「参りました！」と言ってしまった。

しかし、この箴言《しんげん》の数々、日々、紛争の絶えないラーメン屋『幸楽』のトイレの日めくりカレンダーに採用したいほどである。

そういえば、モノマネの女王・清水ミチコさんが、えなりかずきの声で小学生の娘を叱ると、子供の反応が面白いと指摘していたことがある。

子供がえなりのモノマネを聞くと、

「えなりかずきには、何の罪もないから、そのモノマネやめろ！」

と笑いながら、真剣に怒ったそうだ。

これまた、実に興味深い。

子供には、えなりかずきの存在は奇妙だろう。

大人の目には、「まるで大人に見える子役」に見える、えなり君の演技は、子供の目には、いったい、どんな風に見えるのだろうか?

それは、実写版・磯野カツオが現れたような、違和感ありありの気味悪さなのだろうか。

さて、このえなり先生、17歳で既に自叙伝『えなりですどうも!』(TBS刊)を書いている。父親は、生まれてきた子供の顔が不憫で「その顔が世間に見慣れてしまえば大丈夫だろう」と芸能界に入れたとか。

なんとも屈折した親バカのステージパパを連想させてくれるが、しかし、これが功を奏したのである。

衣装も普段着も、ゴルフウェアを愛用し、今時、携帯電話も持たず、ハム無線に熱中。このキャラ立ちした時代ズレ感覚も、今やお茶の間にはお馴染みである。

その一方で、役者修行として毎朝7分もかけて歌舞伎の早口言葉「外郎売り」を復唱する健気なプロ意識には唸らされる。

しかし、2冊とも、全国民が今後生涯にわたって付き合わざるをえない、「えなり病」という、社会病理的な関心の現状を知っていくためにも貴重なカルテだ。

子役あがりとして、これほど国民的存在のえなり君の、その行く末を人々が心配するのも、また世の常であるのだから。

俺は、今や『チャーリーズ・エンジェル』として、トップハリウッド女優であるドリュー・バリモアが、かつてE.T.に「いい子になる」とあれだけ約束しながら、10代はクスリに溺れ、荒んだ青春を送っていた、その記憶が消せない。

そう言えば、以前、ケンちゃんシリーズで名子役であった、宮脇康之くんと一緒にお酒を飲んだことがあった。

俺の目にはテレビドラマの溌剌とした無垢なる子役の残像が焼きついているにもかかわらず、今、自分と同席しているのは、中年太り、薄ら禿、エロ話好きの、典型的な加齢臭漂うオヤジなのだ。

そのとき、俺は、その既視感のずれ、現実との落差にとまどった。

いったい今後、人はどういう風に、えなり君の行く末を見ていくのか？

そして、えなり和尚は、子役の背負う法難をいかに打開するのか？

『しっかりしろ！』とは、国民のえなり君への総意であろう。

いずれにしろ、このえなり君ブームとは、子役として長すぎる将来のタイムスパンに想いを馳せ、そして老若問わず、相対的な年齢を曖昧にしてしまう「子役タイムマシーン効果」に日本中が夢中になっている結果である。


さて先日、さとう珠緒ちゃんにメーク室で会った。

女性誌で、彼女とえなり君のデートを報じられていたので、既に、えなりの〝いなり〟を拝むほどの仲なのか、その真意を直接、聞いてみた。

俺から見れば、さとう珠絽も永遠の少女、芸能界一の童である。

「で、えなり君とは、どうなの？」

「えなり君は、好きだけど異性として見てないよ！」

「じゃあ、どういう風に見ているの、やっぱり弟的に見える？」

「ううん！　弟と言うより、孫みたいな存在かな」

さすが〝孫タレ〟えなり君！

少女さえも一瞬にして老けさせる。開けてビックリの玉手箱か。


（2002年2月号より）


その後、えなり君は、大学入試に挑戦。

『渡鬼』では、設定上、一浪後、東大合格を果たしていたが、私生活では、てっきり「坊主」として、どこぞの仏教大学に推薦入学するものと思っていた。しかし実際は、広末涼子のような特別枠ではなく、ガチンコで成城大学文芸学部に合格した。あのスケジュールを考えれば文句なく、「しっかり」していると言えるだろう。この頃、番組で出会った玉袋が、「君は偉いよ！」と褒め上げると、「いえ、僕の学生としての目標は、そのまんま東さんです」と答えたらしいから、さすがに和尚、答弁にソツがない。

03年には、つんく♂プロデュースで歌手デビューを果たし、「紅白歌合戦」にも初出場。その曲名が『おいらに惚れちゃ怪我するぜ！』だったことは、後々、思い出しても全国民的に、しみじみすることだろう。

〈24年近況〉19年10月、『渡る世間は鬼ばかり』（TBS系）の脚本家・橋田壽賀子が同作で親子を演じる泉ピン子とえなりの共演シーンが15年を最後に無くなっていることについて「一緒に出ると、えなり君は発疹が出たり、おかしくなるんですって」と告白。一部メディアではピン子が演技指導以外の私生活にまで口を出すようになり、えなりのマネージャーである母親とも険悪なムードになっていると報じた。21年10月にはピン子が和田アキ子のラジオ番組『ゴッドアフタヌーンアッコのいいかげんに1000回』（ニッポン放送）にゲスト出演した際、えなりと絡むシーンが少ないにもかかわらず共演NGにされたことを疑問視。なお、『渡る〜』は橋田が21年4月に逝去したため、19年9月に放送されたスペシャルをもってシリーズは完結。29年に及ぶシリーズの歴史に幕を下ろした。そんなえなり氏だが、現在もドラマやバラエティーに活躍。23年放送のNHK連続テレビ小説『ブギウギ』では、趣里演じる主人公・福来スズ子（笠置シヅ子がモデル）の楽団最年少メンバー・二村役で登場。当て振りではあったが、得意のピアノと同作のために猛特訓したというアコーディオンの腕前を披露している。

▼第9回 田代まさし『マーシーの超法則』

（マガジンハウス）

昨年の12月9日——。「田代まさし、のぞきで現行犯逮捕」の報は、日本中を驚愕せしめた。なにしろ再犯である。前回は2000年9月、シドニーオリンピック最終日、金メダルへ向け、ひた走る高橋尚子の女子マラソンの真っ最中、東急東横線都立大学駅構内で女性のスカートの中を盗撮して書類送検された。

この時の記者会見でマーシーは「『ミニにタコができた』というダジャレを映像化したかった」と釈明、「盗撮ではない」と主張し、世間の顰蹙《ひんしゅく》を買った。

そして、今回の再犯、もし記者会見で、マーシー犯罪弁明ダジャレシリーズが続くなら、第2弾は、「人のフロ見て、我がフリ直せ」なのではないか？　と、俺は咄嗟に考えてしまった。

あるいは、「2度あることは3度ある」——。

偶然とは思えない、この現象。これぞ、本書『マーシーの超法則』そのものではないか、と思った。

さて、往年のベストセラー本『マーフィーの法則』を憶えているだろうか？　「傘を買ったとたんに雨がやむ」など、あらゆる場面で遭遇する偶然とは思えない皮肉な現象を綴った全米ミリオンセラーの日本語版だ。

そして、そのパロディー本で、田代まさし著なのが94年出版の『マーシーの超法則』（マガジンハウス）である。

今回の事件に、この本の法則を連想したのだから、これもタレント本マニアの性であろう。

一方、スポーツ紙では、同じタレント本でも88年出版の『田代まさしの道徳読本』（講談社）の方をタイトルが「不謹慎」であると取り上げていた。

確かに、内容の方も、

「ムッツリ助平より、ネアカ助平がいいの」

「女の子へのイタズラは相手がシャレを知らないと困っちゃうネ」

「ヤバイと思ったら、どんな手を使っても逃げろ」

と、今から見ると、かなり問題ありのフレーズが並んでいる。

しかし、名前貸し目的で、企画便乗だけのタレント本すらも、こうして面白半分に犯罪に関与する証拠のように語られてしまうのであるから、タレント本とは、もはや犯行予告であり、また犯罪後の身上調書になりうるものである。

不謹慎と言えば、俺たちも、この事件の後に、

「マーシー股間の（ボジョレー）ヌーボー解禁！」

「マーシー、ついにリアル変なおじさん襲名！」

「スターどっきりマル秘報告の寝起きレポートが、この性癖のもともとの発端」などと漫才ネタを作っていたが、被害者には失礼だが、当初は、どこか突っ込みがいのある、一種、笑える事件であった。

（第一、覗きの現行犯ではあるが、その風呂に入っていたのが中年男性であったことが間抜けだ！）

その突っ込みがいがある証拠に、この事件は世界に飛び火する。

『ＴＩＭＥ』誌が世界の２００１年の顔を選出するのに、ネット投票で募集したところ、マーシーが2位のビンラディンを抑え、日本からの組織票で1位を飾ったのである。この異常事態に最終的には無効票となってしまった一件などは、この事件が犯罪でありながらも、ある種の、お笑いとしての糊しろの多さを裏付けた。

また一方で、この事件の続報を伝えるニュースも、意図せぬ、お笑い事を作っていた。

最初の盗撮事件の後、謹慎を経て復帰したマーシー。

なかなか、仕事が決まらない中で実現した、早稲田大学講演会の模様をワイドショーが長々と流していたのだが、「謹慎中にパチンコ屋で、写真誌に撮られましたけど、あれこそ〝盗撮〟で

すからね！」と語るマーシーのジョークを抜き出すと、それを受けて、「反省もしないでこんなことを平然と言っていました！」とレポーターが告発するのである。

しかし、このビデオの映像そのものが、学生が講演会にカメラを密かに持ち込み〝盗撮〟したものをワイドショーが盗用しているのである。

こうなると、本末転倒甚だしい。

それにしても、この慣例は危険な兆候ではないだろうか。

今後、もし、お笑い芸人が何か不祥事を起こした場合、密室で行われているのが前提の漫才や舞台の記録ビデオが報道番組に持ち込まれ、「実際、彼らは、こんな不謹慎なことを言っていました」と動かぬ証拠のように流される可能性もあるのだ。

お笑い芸人にとってライブとは、放送コードの枠から外れ、自らのモラルの許容範囲で言葉を選び、観客との〝共犯〟意識で、不謹慎さえも笑い飛ばしてきた筈だが、今回の事件で、そういう芸人ルールさえ問答無用となる可能性もあるのだ。

さて、ここまでの原稿は、2度も続いたマーシー事件に対して、まるで「溺れる犬を打つような」スケープゴート風な報道に対し、個人的に芸人の義憤を感じて書いていたわけだが……。

とうとう、本当に、「2度あることは3度ある」事件が起きた——。

なんと、今度はマーシーの自宅の家宅捜査で覚せい剤発見である。

もはや同情の余地も無い。

個人的にマーシーとは格闘技番組の『SRS』を始め、数々、一緒に仕事をして、親しくさせて頂いただけに、今回の件は残念極まりない。

これだけの報道に、関係者より「マーシー自殺説」すら囁かれているが、師匠・志村けんさんが、世間からの批判をも覚悟して、東スポ紙で、「俺が面倒を見る！」と、バカ殿様が慈悲（マーシー）を与えたコメントを寄せたことは、一般社会と異なる特殊な芸人社会のルールを見せ、個人的にはホッとした。

それでも、当然、絶望視される芸能界復帰である。

しかも今後、損害賠償など考えれば、罪を償ってもあまりにも大きな負債であるだろう。あれだけ子煩悩で家庭円満であっただけに、家族のことも気になるところだ。

今、ここで、マーシーに残された唯一の人生の逆転打は、自ら、赤裸々に芸能界暴露懺悔本を出版することではないか。

クスリ渦の芸人の懺悔本は、古くはショーケンの『俺の人生どっかおかしい』（ワニブックス）、そして最近では、三田佳子の次男、高橋祐也著『YUYA』（創出版）など復帰へ向けての常套手段ではある。

しかし、ありがちな、生ぬるい謝罪のレベルではなく、全てを晒し、罪の深淵にまで言及すれば、真の反面教科書本となるのではないか。

シャネルズ、改め、ラッツ&スター。

ドブネズミだって光り輝くスターとなることもある。が、星も落ちれば、ただの路傍の石でしかない。
しかし、その石ころに過ぎない誤った人生の選択でさえ、多くの一般人に対し他山の石となるのが、晒し業である芸能人の道であるはずだ。
覗きで罪に問われてしまったのであるならば、今度は自ら裸になって、大衆に全てを晒し、覗かれるべきだ！
それこそが、黒塗りの過去からランナウェイすることなのである。

（2002年3月号より）

その後、本当に懺悔本、『自爆』（ケイツー出版）は出版された。この中では、「『耳にタコ』は後から考えた」とか、「年収8千万を棒に振った」など書かれ、また、愛する家族への謝罪、窮地に声をかけてくれた人たちの名前を列記したあとがきは胸迫り、社会復帰へ前向きな言葉が書かれていた。

しかし、2度目の事件後、Vシネマで監督として復帰するも、「2度あることは3度ある」では済まないほど事件が続いた。04年6月、交通事故で書類送検、04年9月、銃刀法違反と覚醒剤・大麻所持で現行犯逮捕。そして裁判では懲役3年半の実刑が下され、本当に人も羨むような、

天空のスターから、獄のラッツ（ネズミ）へと転落していったのである。

〈24年近況〉18年、田代氏が80年代に展開していたブランド「ＭＡＲＣＹ'Ｓ（マーシーズ）」のＴシャツがタグまで再現して復刻。即日完売となるも、19年11月、宮城県塩竈市の宿泊施設および東京都杉並区の自宅マンション敷地内に覚醒剤を所持していたとして覚せい剤取締法違反の容疑で逮捕（4回目）。ＣＯＯＬＳのリーダー兼ドラマー佐藤秀光氏が後見人となり薬物依存からの更生を誓った。22年10月の釈放後、11年の府中刑務所収容前にデビュー当時からのファンと再婚していたことを発表（前妻とは05年の服役中に獄中離婚）。「華々しい芸能界に復帰しようとすると、必ず売人が近寄ってくる。でも本当は鈴木雅之の隣で歌うのが夢なんだよな……」と語る中、23年8月にＹｏｕＴｕｂｅ『ＭＡＲＣＹ'Ｓちゃんねる』がスタート。「僕みたいに何かに失敗してしまった人、辛くて笑顔になれない人、全くマーシーに興味が無い人にも観て欲しいです」と宣言。同年10月に行われた音楽イベント「宮古島Ｒｏｃｋ Ｓｗｅｌｌ ２０２３」にシャネルズのコピーバンドＴＨＥ ＯＮＥ ＤＯＬＬＥＲＳのシークレットゲストとして登場した映像では、観客からの熱いマーシーコールの中「め組の人」「トゥナイト」「週末ダイナマイト」「ランナウェイ」「ハリケーン」を披露した。

▼第10回

ミスター高橋

『流血の魔術 最強の演技 すべてのプロレスはショーである』

（講談社＋α文庫）

今、プロレス界が揺れている。

1月中旬、「ミスター・プロレス」こと、昨年度、プロレス大賞MVPの武藤敬司が所属していた新日本プロレスを離脱、ライバル団体である全日本プロレス移籍を発表した。

驚天動地、これが、どれほど、ありえないことなのか、芸能界にたとえて言えば、SMAPから木村拓哉が離脱してDA PUMPに加わるようなものだ。

それほどありえない事態なのである。

業界通は、アントニオ猪木が創始者であり、裏で指揮する新日本プロレスの格闘技路線やPRIDEとの交流に対して、純粋なプロレス芸術を愛する武藤敬司が反発した、イデオロギー対立であると説明する。

さて、ここで「純粋なプロレス」とは何か？

その答えになるような衝撃本が、昨年末、出版された。

その本が、今回、紹介する、『流血の魔術 最強の演技 すべてのプロレスはショーである』なのだ。

かつての猪木全盛時代、新日本プロレスのマットで2万試合を裁いた名レフリー、ミスター高橋の著書である。

本書は、タイトルからして既に掟破りであり、中身に於いても当事者の生々しい告白の連続であった。

内容を要約して言えば「プロレスは本来、勝敗を競うものでなく肉体を極限までトレーニングしたレスラーによるエンターテイメント・ショーである」と「純粋なプロレス」を定義している。

しかし、これをテレビにたとえるなら「笑点の大喜利の答えは全て事前に決まっている予定調和のショーです」と言っているようなもの。

なんとも身も蓋もない。

さて、今や、K‐1、PRIDEの隆盛で、テレビソフトとしても深夜帯の隅に追われたジリ貧状態のプロレス。

その、落日のプロレス界で武藤敬司は、レスラーとしての表現力が際立つ、数少ない天才であり、華のあるスーパースターである。

そしてプロレスの魅力の一つは、試合の勝敗を競い合うわけではなく、試合の動向を観客に堪能してもらうべく作られた、形式、パターンを踏襲する予定調和的な様式美である。

武藤は、かねがねプロレスが他の格闘技などと交わることによって、「強さ」を問われ、「勝負論」に傾くことで、その様式美を変質させていくことには懐疑的であったのだ。

しかし、一方で彼の師匠である猪木は、従来からのプロレスの線引きにこだわらない。むしろ破壊こそ創造であると信念を持つ。プロボクサーのモハメド・アリと異種格闘技戦を行ったことからもわかるように、「プロレスラーは最強である」の標語の下に、自らが引退後も、傘下のレスラーにプロレスの枠組みを越境した、ＰＲＩＤＥやＫ－１など「真剣勝負」の舞台に挑戦することを奨励し、強さの実証を求めている。

しかし、こうした業界内部、試合の筋書きを作っていた当事者からの告発や、過去を遡っての検証は初めてのことであり、暴露本として、業界内部では、裏切り行為と呼ぶ人も多い。

俺たちは、自分たちのラジオのゲストに高橋さんをお招きし、じっくり本意を聞いた。

「出版の目的は暴露ではない。業界内からのカミングアウトによる、マット界の構造改革なのだ、そうしないと日本のプロレスは、ＷＷＦ（現・ＷＷＥ）に飲み込まれる」と高橋さんは力説した。

そう、今、日本のマット界で「プロレスはショーである」とのカミングアウトを急ぐのは、その先に、日本上陸する世界最大のプロレス団体ＷＷＥの商業的大成功を見据えているのである。

この団体は「大人のディズニー」と言われるほどの大帝国であり、「スタントマンのメロドラマ」と称される壮大で連続性のあるショー空間とストーリーを作り上げ、その商業規模は、世界

130カ国で放送、毎週5億人が視聴し、年間約500億円の収益を誇る、一大エンターテイメント産業であり、日本市場を虎視眈々と狙っているのである。

そして、WWEは90年代にいち早く、「プロレスはショーである」と宣言し巨大な成功を収めてきたわけである。

一方、日本のプロレスは、レスラーは世界最先端の技術と修練を誇り、試合そのものの完成度も世界へ輸出可能なキラーコンテンツとして注目されてきたが、「カミングアウトが遅れているから」ビジネス規模で大差をつけられてしまった。

WWEの「ショー宣言」=「スポーツ・エンターテイメント路線」の最大のメリットは何か？

因縁、憎しみ、乱入、流血などの胡散臭さは、それが「本物」であれば、大手スポンサーが最も嫌うものであるが、これが「ショー」であると宣言すれば、プロレスも演劇の一つであり壮大なソープオペラ、大掛かりな演出であると割り切れるわけである。

これにより、ゴールデンタイムに大手スポンサーが参入するようになったのだ。

このWWEの大攻勢の一方で、猪木は、「WWEのスタイルは日本に馴染まない」と宣言し、凄腕のプロモーターとして日本流を模索している。

01年、大晦日に、紅白歌合戦に対抗して開催された「猪木軍vsK-1」が、その成果の一つである。プロレスラーも参加する「真剣勝負」の異種格闘技戦がコンセプトである。

一概にエンターテイメント化だけが是とは言えない、日本の風土を考慮して、この勝ち負けの白黒をはっきりさせる、「白黒合戦」は成功を収め、見事、瞬間視聴率でＮＨＫの『紅白歌合戦』を上回ってみせたのだ。

この論争、俺は未だ心情的な立場として猪木派ではあるが、ミスター高橋の言うところのカミングアウトがあったとしても、プロレスと格闘技のパイを食い合わない、棲み分けは可能であると思う。

俺の持論だが、プロレスの見方に於いて、「表層だけを晒し裏側は何も教えない」ままではファンに狭少な視点しか与えず、プロレスに洗礼を受けたもののメディア・リテラシーは、育たない。

メディアの報道を一方的に鵜呑みにするだけの判断力、視点しか無い、プロレスファンしか生まない。

それは「プロレスについてしか知らない人はプロレスについて何も知らない」と思えるほどに。「丸見えの底なし沼」と呼ばれるプロレス、そこに絡む恩讐の人間関係、巨大な外資の上陸、興行とテレビソフトの絡み合い、その入り組んだ、綻《ほころ》びの謎解きも、読者には目くるめく知的なゲームである。

（２００２年４月号より）

その後のミスター高橋氏だが、この本は10万部を超えるヒットを記録。無視することでやり過ごそうとした業界にも、必然、賛否両論の物議を醸した。

そして、アンサー本として、元週刊プロレス編集長、ターザン山本が『プロレスファンよ感情武装せよ！』、『ここが変だよミスター高橋！』（共に新紀元社）などを出版、高橋本への反論にあたった。

またミスター高橋も、その後も第2弾、第3弾の業界〝暴露本〟に近いものを相次いで出版、この論争そのものが、擬似プロレスと化しているのである。

〈24年近況〉『流血の魔術最強の演技』に書かれた内容はファンに大きな衝撃を与えた。中には高橋氏が引退したレスラーの受け皿として警備会社を作り、新日本が全面的にバックアップするという約束で退社したにも関わらず約束を反故《ほご》にされた恨みだとまで揶揄されたが、本人はこれを否定。あくまで「プロレス界への提言」だとしている。その後も『プロレスラー「肉体」の真実』『新日本プロレス黄金時代「伝説の40番」完全解明』（ともに宝島社）などを経て、10年には続編『流血の魔術・第2幕プロレスは誇るべきエンターテインメント』を出版。「今一度、プロレス界の現在と、あの本で伝えたかった本当の意味を問い直す」と謳われたが、前作ほど読者の反響を呼ぶことはなかった。22年には『週刊現代』の取材に応じ、伝説の試合といわれる88年8月8日、横浜文化体育館でのアントニオ猪木vs藤波辰巳（現・辰爾）戦を回顧。当日レフェリーを務めた高橋氏は「猪木さんの輝きは、闘魂の炎が消えそうになるとき瞬間的に最大になる。常識を打破し、観客の予想を裏切ることを生きがいとし続けた猪木さんの真骨頂が、そこにあったような気がします」と結んでいる。

▼第11回 松本人志『シネマ坊主』

（日経BP社）

今、最も注目の映画は、先日、出資法違反で逮捕されたジー・オーグループ会長、大神源太が監督・主演した自主映画『グレード・オブ・ザ・サン（太陽の刀）』で異論ないところである。

しかし、今、映画本で最も注目すべきは、松本人志が映画を語る、本誌（「日経エンタテインメント！」）の看板連載の単行本、『シネマ坊主』である。

この本のなかで興味深いのは、「僕自身は決して映画好きでもなんでもなくて、どちらかと言えば嫌いな方です」との発言である。

この発言から、俺が思い出すのが、我が師、北野武、殿である。

昔、90年の7月から1年間、殿が、週刊誌『テーミス』に映画評を連載したことがあり、これは後に『仁義なき映画論』（文春文庫）に収録された。

丁度、北野武監督として、3作目の『あの夏、いちばん静かな海。』を撮り終えた頃である。

タレントとして、今以上に超多忙な時期の、週刊ペースの連載は、本人が自分に課したノルマなのだろう、と当時、俺は思っていた。

今や、「世界のキタノ」として、世界映画の潮流として異彩を放つ北野武監督であるが、俺がごく身近に見ていて一番驚いたのは、殿の、その映画的記憶、映画体験の意外なほどの乏しさだった。

インタビューの中で少年期の映画の原体験として語るのは、いつも『鉄道員』と『二等兵物語』の2本だけ。

日本映画の金字塔である「黒澤」も「小津」も「溝口」についても、「海外の映画祭に行って、あんまり向こうから聞かれるから後からビデオで初めて見たんだよ」と答えている。

俺自身も直接、本人に聞いてみたことがある。

「殿、ビートたけしになってから劇場で見た映画はあるんですか?」と尋ねたら、その答えは「うん?　劇場で金払って見たのは、『マッドマックス』と『天井桟敷の人々』だけ」だった。

また、ある日、殿の部屋を訪ねた際、丁度、ビデオで映画鑑賞中であった。

何を見ているのだろう?　と気になって眺めていると、ケビン・コスナー監督・主演のアカデミー作品賞受賞作『ダンス・ウィズ・ウルブス』を見ていたのだが、問題はその視聴方法である。

なんと7倍速で再生していたのである。

俺の目の前で、ダコダの大自然のなかを、3千頭のバッファローが超高速で駆け抜けていった。

その後、『テーミス』の連載を読むと、「アメリカの風景の力とインディアンに対する政治的配慮が賞を与えた」などと的確な映画評を語っているのには唖然とした。

仮にもアカデミー受賞作である。7倍速で流し見しての批評はないだろうとは思う。

しかし、俺は、殿本人が映画という概念や権威に平伏することなく、アカデミー賞作品ですら決して自分の気分や感性よりも上位概念に置かない姿勢に驚かされたものだ。

そして、この『仁義なき映画論』の中で殿が繰り返し述べている映画の極意とは、「映画って自分の身に着いたことしか出来ないんだから」に尽きる。

極論すれば、普段からケンカをしたことがない監督にリアルなケンカのシーン、ひいてはアクションシーンなど撮れるわけがないという理論である。

一方で、この松本氏の連載も「僕もいずれ映画を撮ることになるかもしれへんし、この連載やっているのも導かれているなあ……」と語っているように、今後、映画へと向かうモチベーションの一つとして引き受けている仕事なのであろう。

また、監督・北野武作品に対し、連載の初期に、『菊次郎の夏』をとり上げて10点満点の3点と手厳しい採点を付け、「北野映画のファンとして言わしてもらえば、たけしさんには『ホンマにこれが撮りたい』と思うものが出てくるまで新作を撮って欲しくなかった」「(映画は今は、わからなくても)未来の客のために作っているようなもんですよ。映画はずっと残りますからね。それだけに一作一作をもっと大事にとって欲しい」と語る言葉からも、本人も映画監督への意欲は有るが、その着手には自分が「ホンマにこれが撮りたい」と思うまで極めて慎重になっているのもわかるのである（ちなみに松本氏は、その他の北野作品について、「僕が好きな北野作品は、『その男、凶暴につき』『ソナチネ』『キッズ・リターン』です。これらの作品では、たけしさん自身が外に向かって、何か凄い攻撃的なものを放っていた様な気がするんです」と語っている）。

現在の松本氏の仕事の流れを見ても、必然的に映画初監督への待望論は強い。その一方で、巷には「松本人志過大評価説」というものも確かに存在するが、俺に言わせればむしろ逆である。

松本氏がテレビの司会業で見せる、瞬発力、聴覚的な笑い以上に、絵画的広がりを持つ稀有な笑いの才能の埋蔵量は、まだその全貌を露にしているとは言い難い。

今までの一連のテレビのコントや、ビデオシリーズの『ビジュアルバム』（その全体を流れる造形イメージは日本人離れしていて、まるでクストリッツァ監督の作品を彷彿とさせる）を見ても、むしろ映像作家として過少にしか評価されていないとさえ思えるものだ（また、多くのコントに散見され、『あぁ エキセントリック少年ボウイ』など本人作詞の曲にも見える、頭の中で画像化された、ペーソスと笑いが多義的に絶妙に同居するスタイルも映像作家の才を物語る）。

もし過大と言うならば、本人をして迷いなく映画へ向かえるように、観客はもっと過剰に松本氏の才能に〝迎え手〟が出来ないものか？　と思うほどだ。

最近、ラジオ番組『放送室』の中で松本氏は、

「今、喫茶店のシーンみたいのを今のうちに、1シーン撮っておこうかな。例えば10年後、20年

後に映画を撮るときに、そのシーンを入れる。ソフトをそれ一個押さえとくだけでモノ凄く広がるでしょ。『いつから、これ撮ってたんや?』て。特殊メイクの若さじゃない若さがちゃんとそこに出る。どんな映画を撮るかも分からないのに、どんなセリフを言えばいいのか、分からないけど(笑)。とりあえず、使い勝手のあるシーンを何個か、この38歳のうちに抑えておこうと思ってる」と語っていた。

たぶん、松本氏の監督作品の映画は潜在的にも、既に始動しているのであろう。

また、この本のなかで松本氏は、

「(見ていないけど)宮崎駿という監督は僕とは違うところの位置にいる人やと思っているから、誰がなんと言おうと嫌いなんです」と語っている。

あまりにも直感的発言ではある。

しかし、そう言えば殿も、

「オイラの映像センスと一番遠いのは『岩井俊二映画にはセンスがある』とかいってるやつだ」と俺に語ったことがある。

しかし、このお笑い界の2大巨匠の映画へのセンスの共有があるとすれば、それは、自分を〝唯一無比〟と思える〝内なる確信〟である。

俺は、その確信の存在が中途半端でない、ホンモノの「映画」を生むのだと思う。

(2002年5月号より)

その後、松本人志氏は、『シネマ坊主』の連載は継続し、05年6月、第2巻が発売になった。

1、2巻を通して計150本を批評、10点満点を付けた作品は、『ライフ・イズ・ビューティフル』『ダンサー・イン・ザ・ダーク』『鬼が来た！』『モンスターズ・インク』『ペーパー・ムーン』『ディープ・ブルー』の6本であるが、世間の評価や評論家的傾向から乖離した、個人的趣味性が濃厚で興味深い。

また、その後、本人が役者として、日本テレビ『伝説の教師』のテレビドラマ出演という前例にない方向転換はあったが、映画制作の作品は今のところない。しかし、『シネマ坊主2』で、「数年のうちに、映画を撮ることになると思う」と遂に宣言した。

〈24年近況〉宣言通り、07年に企画・監督・主演を務めた『大日本人』で長編映画監督デビュー。その後『しんぼる』（09年）、『さや侍』（11年）、『R100』（13年）の計4本を監督。プライベートでは09年5月17日に19歳年下の女性と結婚。一女をさずかる。13年10月より『ワイドナショー』（フジテレビ系）コメンテーター、16年よりAmazon Prime Videoにて『ドキュメンタル』、23年4月より中居正広と『まつもtoなかい』（フジテレビ系）の司会などを担当。23年末、『週刊文春』に《呼び出された複数の女性が告発》として8年前の松本氏の性加害疑惑が報道。翌年1月5日、会合の仲介者と報道されたスピードワゴン小沢一敬氏に告発者が送ったとされるLINEのやりとりのキャプチャー画像をXにリポストし「とうとう出たね。。。」とコメント。

1月8日、当面の間の活動休止を発表。このまま芸能活動を継続すれば、さらに多くの関係者や共演者に多大な迷惑と負担をお掛けすることになる一方、裁判との同時並行では従来のようにお笑いに全力を傾けることができなくなってしまうという理由でメディアから姿を消したが、一連の報道を巡ってファンや識者含め、さまざまな議論が交わされている。

▼第12回

ゾマホン・ルフィン『ゾマホンのほん』（河出書房新社）

日韓共同開催のサッカーワールドカップを直前に控えて、フーリガン対策に悩まされる昨今、テレビ界も不良外人、難民問題が深刻だ。

なにしろ、この春、ＴＢＳの人気討論番組『ここがヘンだよ日本人』が終了してしまった。この番組、毎週、１００人の外国人を一堂に集め、ディベートさせていたのだが、人種の坩堝《るつぼ》と化したスタジオは、毎回、話し合いと言うよりも、国際紛争、内紛、内ゲバ、戦乱状態であった。

高視聴率の人気番組であったが、硬派な議論が多かったため、毎回、抗議やクレームも多く、通常の番組以上に、さまざまな問題を抱えていたらしいので、休止も致し方ない判断のようだ。

しかし、新たなる問題は、番組の休止と共に、今後、あの１００人の怒れる外国人がテレビ難民化していくことだ。

テレビ業界では広く知られていることだが、実は、あの番組に出演する外国人は稲川素子事務所が一括してマネージメントしている。

この事務所は、外国人タレントに特化された芸能事務所であり、社長の稲川素子さんは、ふくよかな体に穏やかな笑みを常に浮かべる面倒見のいいオバサンという風情の中年女性なのである。

あのコントロールの効かない、100人の外国人の諸問題を一手に引き受けている稲川素子社長に今こそ、緒方貞子に続く、国連難民高等弁務官に就任していただきたいほどだ。

さて、あの玉石混交の外国人のなかで、もっともブレークしたのは今回とりあげる本の著者、ゾマホンであろう。

早口、瞬間湯沸かし器のような感情表現、今くるよか楠田枝里子のような民族衣装で注目を集め、人気の頂点、99年に出版された、この『ゾマホンのほん』は24万部のベストセラーとなり話題になった。

そして、本の売上げ印税全てを投げ打ち、識字率25%に悩むアフリカの母国・ベナンの教育のため「たけし学校」を3校建設したのは、昨今話題の「ムネオハウス」などとは比べ物にもならないホンモノの美談であり、同じアフリカでもムルアカ秘書などとは、似て非なる存在とも言えよう。

さて一言で、この本の内容を言えば、「アフリカの二宮金次郎物語」である。

1960年、フランスから独立したベナンは「奴隷海岸」と呼ばれた悲しい過去を持つ。

そして、冗談が許されれば、ゾマホンの生い立ちは、「ゾマ本」というより「マゾ本」とでも言いたくなるぐらいに、辛く貧しい苦難の連続のなか、幼少より健気に勉学に励むゾマホンの立志伝なのである。

もうすぐ40歳の俺は、金次郎の銅像が日本中の小学校にあり、滅私奉公、寸暇を惜しんで学習することを奨励された時代をおぼろげながら覚えている。

そして平成の世に、そんな物語が通用するはずもないこともよく承知している。

しかし、テレビに出没する、怪しげなアフリカ人が、「人生は甘くない」をスローガンに尋常ならざる決意で苦学に苦学を重ね、ベナンから北京留学、さらに日本へと辿り着き、ひたすら勉学を続け、やがては自分の母国に教育をもたらそうとしている稀有なる偉人であることを、この本で知ることは決して無駄ではない。

来日してからはバイトを3つもかけもち、1日1食、睡眠時間4時間弱の生活が続き、あまりの寝不足のため、ある日、プレス機で左手の人差し指を落としてしまう。それでも学ぶことをやめない。

テレビのおかげで、これだけ有名になり、CM出演など果たしても、お金は医薬品、文房具などに代え母国へ送り、今なお、清貧に高円寺の4畳半に暮らしている。

現在は、上智大学で修士課程を学ぶ大学院生であり、専攻は明治時代の日本。鎖国の後、急速に日本が成し遂げた欧米に追いつくための教育と復興を研究し、まだ発展途上の祖国へフィードバックバックしようとしているのだ。

誰も知らない事実ではあるが、その活動は、昨年末には、国際青年会議所から、「学術におけるリーダーシップ及び業績」で世界最優秀青年賞を受賞しバルセロナで表彰されたほどである。

このように、日本に根付く外国人タレントが国際交流に果たす役割は大きい。

しかし、そのタレント市場も白人偏重主義であったのも事実。

日本人のアフリカ理解に関しての貢献に於いて、黒人俳優が席巻した先日のアカデミー賞にたとえて言えば、サンコンがシドニー・ポアティエなら、ゾマホンはデンゼル・ワシントンなのである。

日本とアフリカ諸国の関係と言えば、すぐに、ODA（政府開発援助）を連想しがちだが、ゾマホンの考え方は違う。

「魚を欲しがる友達に毎日魚をあげるよりも、魚のとり方を教えたほうがいい」と、ベナンのことわざ通りに資金援助ではなく、自らの印税で学校を建て、教育を根付かせようと高邁な理想のために異国で日々を生きているのだ。

一方で、日本の昨今のゆとり教育――。

日本人ほど今や「努力」「勉強」の効能を野暮に思い、馬鹿にして国際社会で落ちぶれていくことに無自覚で、無策な国民はいないと、学校教育に落ちこぼれた芸人の俺ですら思える。

ちなみに、TOEFL（国際英語力テスト）の得点ランキングでは、アジア23カ国中、日本は北朝鮮を後ろにするだけの22位。

自由競争だのグローバルスタンダードだの言葉は踊れど、根本的な国際競争力の急降下を若者に説く術がないのが実情だ。

こうなれば、日本の若者は、『ゾマホンのほん』をお手本として見習って欲しい。

この本はタレント本の常で、今、どこのブックオフに行っても、「猿岩石」や「ドロンズ」の本と同じく100円コーナーに積まれている。

そして、そのたびに俺は、その場にあるだけ、この本を買い込み、知人に無条件に無償配布することにしている。

この本を読むだけで、我々の恵まれた教育環境に「ここがヘンだよ！」と気が付き、学問にも「ハングリー精神」があることを知る。

芸能人との交友が乏しい俺だが、ゾマホンとは、ご近所付き合いでもあり、再三、我が家に招待し、食事を共にする関係である。

今や、その親密度合いを、周囲から「黒い交際」と呼ばれているほどだ。

俺が、ゾマホンに何度もリクエストする話に、「北京のベナン大使館に陳情に来たベナン人とフランスの外交官のやりとり」というネタがある。

ベナン語、フランス語、北京語、上海語、日本語が飛び交う様子は、往年のタモリさんの十八番、4カ国語麻雀の世界であり、また、それが実話ゆえに、そこまで他国の言語を学習した、彼の人生の果てしなき旅路に想いを馳せる。
母国へ帰れば、大統領官邸に招かれるほどの偉人でありながら、日本では、自腹での外食は牛丼以外を口にしようとはしないゾマホン。
そんな彼が、大方の日本人より、遥かに豊かに見えるのは俺だけだろうか。

（２００２年６月号より）

その後、ゾマホンは、外国人タレントブームの終焉と共に、稲川素子事務所を移籍することとなる。
そして、その報告で久々に殿に面会する際に、その席に俺も同席した。その場で、殿はゾマホンを個人的に付き人として雇ったが、勉学優先を尊重し、学校の無い日だけ仕事場に呼び、仕事が終わるとゾマホンから英語を習うという奇妙な師弟関係を結んだ。また、04年12月、テレビ朝日『ゾマホン、故郷へ帰る～アフリカ教育現場の実態～』が放送され、たけし学校の、その後の様子などが報告された。

〈24年近況〉11年12月、ベナン共和国首相によりゾマホン氏のベナン駐日大使就任が提案され、閣議決定。翌年8月、皇居にて信任状捧呈が行われ、16年まで駐日大使を務めた。19年、ベナンの国民議会選挙へ出馬予定だったが、16年より大統領を務めるパトリス・タロンの強権政治のもと、投票3週間前に所属政党が候補者を擁立できなくなる事態に。タロン大統領は21年に選挙法改正を強行し、再選。23年1月8日投票の母国・ベナン共和国の国会「国民議会」選挙に立候補するも落選。「圧勝していたはずだが、独裁政権の与党が不正な方法で票を水増し操作した。今後は日本に滞在して国外から祖国の正常化を目指し、次の選挙（2026年）での当選を目指す」と話した。ちなみに07年、当時同じオフィス北野に所属していた東国原英夫氏が宮崎県知事に就任したことで、芸名を引き継ぐかたちで「二代目そのまんま東」を襲名。先の駐日ベナン大使就任に伴い、オフィス北野を離れる際、同芸名も返上したため、現在「そのまんま東」の名跡は空位となっている。なお、07年の時点で名付け親であるビートたけし氏は「もし東が帰ってくるようだったら三代目だな」と語っており、東国原氏再襲名の可能性もゼロではない。

杉田かおる
すれっからし
「セレブ杉田」の
知られざる過去
これが失われた青春の全てだ!

▼第13回 杉田かおる『すれっからし』（小学館文庫）

先日、日本テレビの深夜番組『マスクマン』で俺たちは覆面ナレーターとして、杉田かおるの人生を詳細に振り返った。

それまで、芸能界に流れ、楽屋話に漏れ聞く、彼女の逸話と伝説の数々に半信半疑であった。

しかし、ある日、その一端を垣間見た。

早朝のＴＢＳの駐車場、男性の髪を摑み、金きり声を上げ殴りかかる女性がいた——。

杉田かおるであった。

その奇声は『鳥の詩』というより、「ゴミ集積所のカラス」といった風情で、このときは彼女の横山やすし的な無頼ぶりに恐怖を抱いて距離を置いて見守った。

そして、今回、資料として、彼女の自叙伝『すれっからし』を読み直し、改めて、その壮絶な半生に度肝を抜かれた。

本書を読み終え、一言で感想を述べれば「杉田かおるはテレビが産んだ孤児である」に尽きる。

彼女の子役としてのスタートは8歳。ドラマ『パパと呼ばないで』に抜擢される。

放送当時は、平均視聴率11％と決してヒット作品とはいえなかったが、父親役の石立鉄男が呼ぶ「チー坊！」の愛称が、再三に渡る再放送、及び、片岡鶴太郎や竹中直人らに物真似されることにより伝説のドラマとして人々の記憶に刻まれることとなる。

しかし、まさにタイトルに象徴的な『パパと呼ばないで』と言い渡されることにより、杉田かおるの「時には父のない子」としての人生が否応なくスタートさせられた。

彼女の華麗なる子役のキャリアが始まると共に、既に離婚していた両親であったが、娘の稼ぎを当てに日々散財し、湯水の如く蕩尽《とうじん》したのである。

やがて、父は事業を失敗し会社は倒産、必然的に一家の大黒柱となった杉田は、母、妹と女3人きりの母子家庭で、芸能界を壮絶に生き抜く家族ドラマをスタートさせるのである。

しかし、この母も酒乱で放蕩癖があったため、私生活には常時、嵐が吹き荒れた。

競争の激しい子役のキャリアが一段落した後、杉田は新しい芸能事務所を設立するものの倒産、13歳にして借金300万円を背負う。

借金を返済するため、事務所を移籍し、『3年B組金八先生』で「15歳の母」を演じ話題を集め、『池中玄太80キロ』では、その挿入歌として歌った『鳥の詩』が大ヒットする。

その一方で、思春期時代の杉田は、学校では札付きの悪党で、仲間と「格闘技部」を作り、男子の手下を従え、いざ喧嘩となればビール瓶で殴りかかるほどの凶暴ぶりを発揮、さらに撮影現場でも、先輩俳優、演出家にも恐れ知らずで「表に出ろ！」と挑みかかりトラブルを続出させ、さらには酒と博打に溺れる。

それどころか、人生そのものが博打のような生活が続くことになる。

借金、事務所移籍、当たり役、借金返済、という天国と地獄のサイクルを何度も繰り返す。

思うに、子役時代の杉田かおるの演技が、憑依とも言える天才性を発揮したのは、並みの大人以上の人生の修羅場を体験的に知っていたからであろう。

そして、26歳のときには、とうとう信頼していた人に裏切られ、実印を持ち出され、連帯保証人として借金1億円を背負う致命傷を負う。

そして、その借金苦を開き直りの契機にして、バラエティーに進出し、元アイドル女優の無頼派タレントとして花開くわけである。

それにしても、杉田かおるの物語は、エレジーに満ちている。

♪時には母のない子のように、だまって海をみつめていたい。時には母のない子のように、ひとりで旅にでてみたい〜とは、劇作家、寺山修司が天井桟敷の女優カルメン・マキに書いた歌である。

杉田かおるが17歳の頃、少女の暮らしとしては、あまりにも複雑な人間関係と持病の喘息のため、常に死は隣り合わせにあった。

「だまって海をみつめながら自殺しよう」と母と二人で三崎半島へ旅に出るくだりでは、本を読みながら、まるで伴奏のように、「母」を「父」と歌詞を換えて、このメロディーが俺の頭に流れた。

また、次々と告白される仰天エピソードの中、彼女の特殊な性癖は、数あるタレント本のなかでも、とりわけ異彩を放つ。

その芽生えは、彼女の代表作の一つ、『3年B組金八先生』であった。

当事の人気絶頂のアイドル、たのきんトリオの田原俊彦、近藤真彦らと共演しているにもかかわらず、

「実際のわたしは、トシちゃんとは似ても似つかない、あの武田鉄矢さんに、なぜかほのかな思慕の念を抱いてしまった。」と告白する。

そして金八先生の方も「あれだけ、生徒がいたけど、先生を男だと意識していたのは、杉田かおるだけ、相当のもの好きだね」と答えている。

その後も、業界の大物連中やら、他の子供が「変なおじさん」といって敬遠してしまう相手を選んで、彼女は親密な関係にしてしまう。

明らかに「もの好き」としかいいようのない、彼女の個性的な性癖は次々と難儀な事件を生む。

そして、その特殊な大人との関係性をもたらしたのは、「わたしの嗅覚と、天才的男性翻弄術としかいいようがない」と自慢気だ。

本人曰く、彼女の10代は、「サガンの小説のヒロインみたいだった」との記述は「奇麗事」である。驚くことに彼女の奔放とは、言葉の本来の意味で、「汚い」。

なぜなら、我儘三昧で「デブでブスで性格が悪い」というイメージだけが定着するだけなら、「個性派女優」としては、「有り」のうちであろう。

しかし、アル中同然のまま、朝まで酒を飲み続け、風呂に入る暇もなく現場へ向かう彼女が「臭い」＝「杉田」と同義語とまで周囲に呼ばれ、元祖「汚ギャル」であったことを告白するのは、もはや、タレントとして常軌を逸している。

杉田かおるの物語を読み解くには、「父性の喪失」からの行動とか、転落に向けて人生ベクトルを描く「子役の法則」などと安易に説明するには、あまりにも度が過ぎるのだ。

彼女の奇抜さは、男性の性癖だけではなく、酒癖・暴力・借金・大病・宗教と枚挙に暇なく、あらゆる事件を生んでゆく。

文庫の解説でテリー伊藤は、その杉田かおるを「畳で死ねない女」と秀逸なネーミングをする。

そして、俺は、再び寺山修司の言葉を思い出す。

「お芝居と同じように、人生にも上手な人と下手な人がいる」

天才子役としてお芝居が上手すぎた、杉田かおるは私生活の度を超えた下手さで見事すぎるほど劇的なのである。


（2002年7月号より）

その後の、杉田かおる氏は、04年8月『24時間テレビ』でチャリティー100キロマラソンに挑戦。

そして、このマラソンのトレーナーの結婚披露パーティーで出会った男性と恋に落ち、05年1月にその日産コンツェルン創始者の孫・鮎川純太と「ひらめき」結婚し、見事に〝負け犬〟キャラから脱皮し、〝杉田シンドローム〟と言うべきセレブ結婚の象徴として世の女性から羨望の的となる。

そんな絶頂期に、本書以上に自身のスキャンダラスな半生に踏み込んだ『杉田』（小学館）を出版。

特に、『すれっからし』では伏せられていた、実印を持ち出し、彼女を借金地獄に陥し入れる詐欺師の正体が「実は父であった！」と衝撃の告白を披露。しかも「ダースベイダーがルークの父親だった」的この展開を、前作、執筆の時から「次回作は『エピソード2』として、この筋書きを狙っていた」（吉田豪のインタビューより）らしいから〝凄《すご》・杉田《すぎだ》〟。

〈24年近況〉かつては「すれっからし」を自称するほど波乱万丈な人生だったが、13年12月に農作業好きで意気投合した一般男性と再婚後は福岡で穏やかな生活を送っているようだ。オーガニックダイエットの実践を機にスローフード、有機農業を学びシードマイスターを取得。11年震災以降はオーガニックや自然農法などの講演会も行っている。財団法人結核予防会の大使、北海道平取町トマト大使を歴任。佐賀県武雄市の食育アドバイザーを務め、16年には観光大使に任命。日本健康生活推進協会の「健康マスター名誉リーダー」として健康リテラシーを上げるための活動をしている。20年1月からはYouTubeチャンネル『杉田かおるのオーガニックヘルスリテラシー』でユーチューバーとしても活動開始。「杉田かおるです。健康に生きることの喜びや楽しさを知ってもらいたい！　世の中の人の少しでも役に立てれば！　という思いでYouTubeチャンネルを立ち上げました！　私自身のオーガニック活動などを通して、頑張り過ぎずに人生を楽しむための健康に関する様々な情報を広く発信していければと思います」と、自身の活動のほか社会性の強い記事をリポストしている。

▼第14回 大槻ケンヂ『リンダリンダラバーソール』（新潮文庫）

「博士ぇ、俺さ〜今まで15年、芸能界やってきたけどさ〜やっとわかったよ！　あのさ〜俺がこの世界でやりたいことって、バンド活動だったんだぁ」

先日、偶然会った、オーケンが俺に呟いた。

「あんた、もともと本業がロック歌手じゃん！」

と内心、呆れつつ、

「いやいや、君の天職は文章じゃないの？」

と俺は声に出して言った。

さて、斎藤孝の『声に出して読みたい日本語』がベストセラーとして売れている。古くからある日本の名文をアンソロジーにして、歌うように声を出して読んでみようという趣旨の本である。

名文家――。今、その呼び名に最も相応しい、現代タレント本作家は大槻ケンヂしかいない、とかねてから俺は思っていた。

果たしてその評価は、俺だけの贔屓の引き倒しではない。その証拠に、フランス文学者、鹿島茂氏は、「『のほほん雑記帳』――。大声で断言する、大槻ケンヂはいま日本で一番いい物書きだぞ！　私がノーベル賞委員なら、同じオーケンでも、大江健三郎にではなく、断然、大槻ケンヂにあげる……」

評論家の坪内祐三氏も、その『のほほん雑記帳』を評して、

「大槻ケンヂの文章は、しかし、その風貌やバンド名から想像されるイメージとは裏腹に、音文一致と言うよりも、とてもオーソドックスな意味での名文である。今時の若手作家で、こういう素直で味のある文章が書ける人が何人いるだろうか」

と、尋常ならざる大絶賛をされているのである。

かねがね、俺も、数ある大槻ケンヂ本の最高傑作は、処女作である『のほほん雑記帳』であると思っていた。しかも、この本の文庫本の解説を書いたのは何を隠そう俺なのだ。だから、この論は、まるで俺の読書家としての、先見の明、目利きまでも褒められているようで嬉しかった。

ところが今年、その最高傑作を超えかねない大槻本の決定版として、ついに登場したのが本書である。

副題に、『いかす！　バンドブーム天国』と書かれているように、90年代の初めに降って湧いたようなバンドブームを描いた自伝的実録青春小説である。

主人公は、もちろんオーケン。

実際、「女子と会話した時間が総合しても10分以内という、暗黒の文科系内向型高校生活を送った」、この童貞野郎でさえも、ブーム到来と共に一転、モテモテの人気者となり、バンドブームの必須アイテムであったラバーソールを履いた美少女「コマコ」と付き合うようになり、この物語は始まる。

そして、オーケン率いる筋肉少女帯のデビューが決まった時、「コマコは、『あたし、お祝いするっ!』と言って、人でゴッタ返す246の橋の上で、拳を天に突き上げて、ブルーハーツの『リンダリンダ』を歌いだした。ラバーソールをバタバタ鳴らしながら何度も何度も何度も飛び跳ねた」と綴る。

確かに、浮かれた青春は居心地がいい。つけっぱなしのラジオから流れる曲にも心ときめく。

本書の中に、今聞くと、懐かしいバンドやバンドマンが実名で登場する。

ブルーハーツ、有頂天、ばちかぶり、たま、人生(後の電気グルーヴ)、BUCK-TICK、GO-BANG'S、ラフィンノーズ、ミッシェル・ガン・エレファント、ユニコーン、人間椅子、レピッシュ、エレファントカシマシ、FAIRCHILD、JUN SKY WALKER(S)、カブキロックス、ブランキージェットシティ、レッドウォーリアーズ、ボ・ガンボス、X……。

これらの名前を列挙するだけで、それを聞き漁っていた、あの青臭い日々が思い起こされ、懐かしくも顔が赤らむものだ。

彼らは突如、時代の寵児となり、ブームと言う大波にさらわれ、そして、無自覚にも人気に溺れる。

渦中、若気の至りで、とんでもない騒動を次々とやらかす。

やがては、引き潮になるにもかかわらず……。

どんとや、池田貴族のように、永遠に波間に消えたロッカーたちの言葉も、まるで海潮音のように、いつまでも耳に残る。

俺が個人的にも息詰まる思いになるのは、オーケンの『オールナイトニッポン』のＤＪ決定の瞬間。俺たちも、同時期にオールナイトの２部のＤＪに抜擢された頃を、鮮烈に思い出すのだ。

「ついに放送当日となった午後、数寄屋橋の不二家で脂汗ダラダラたらしながらコマコに弱音を吐いた。

『もうダメダ。オレ、このまま逃げるよ』

『あのね、多分、大人になるって、逃げ出せないことと、面と向かいあうことなんだと思う。今逃げたってまたピンチは来るの。逃げ場なんてない』」

そして、こんな嬉しいような逃げたいような想いを味わったのは、俺たちやオーケンだけじゃない。

「スタジオの前で、３時からの２部を本日より担当する伊集院光という若手芸人が、１００キロはあろうかという巨体をかわいそうなくらいに縮こまらせて緊張していた」。

今や、日本を代表するラジオ職人の伊集院でさえ、この体《てい》たらくだったのだ。

「ある時、この番組の途中でついに言葉につまってしまった。もう半ばヤケクソの気持ちになって、意味もなく『ボヨヨーン！　ボヨヨーン！』と声裏返し狂ったように叫び始めたのだ。それは大ゲサに言えば、生まれて初めて社会と対峙することとなった若者の、もがきあがく心の叫びであり、プレッシャーに耐えかね、ついに自我崩壊をおこした一瞬にほかならなかった。驚いたことに『ボヨヨン』はまたたく間に流行語となった。ついには僕が歌う『ボヨヨンロック』というCDまでが発売されることとなったのだ。この曲は90年某月のオリコン10位に堂々ランクインを果たしたのだ」

この戸惑いと、自分の思わぬ方向への転がり方、これが、ブームの渦というものなのだろう。

しかし、そこからが大変だ。

「有名性＝成功とノンキに考えていた期間はアッという間に終了する。それからは、ねたみや嫉妬や、その他さまざまな負の感情の対象としての自分に気付き、壊されないように心を制御していかなければならない。また、そんなやっかいな有名性から、転げ落ちる不安感とも面と向かっていかなければならないのだ」

その後の、オーケンの有名性との相克、葛藤、自己崩壊ぶりは、『オーケンののほほん日記』（ぴあ）に詳しい。

そして、バンドに夢中になっていた少女たちも、やがて成長し、生活者となり社会に埋もれていく。

そしてバンドマンたちも「ともかく神輿は祭りの間は輝く中心であるけれど、祭りが終われば、こんなに無駄で邪魔なものはない」と書くほどに一握りの成功者を残し無用の長物となっていく。

それでも、デビューツアー先の楽屋にコマコが突然現れた時の思い出を「これからどこへたどり着くことになろうとも、この思い出一発があれば、たいがいのことはなんとかなるのだろう」とセンチメンタルに描くが、別の彼女とケンカ別れの際には、

「大槻君のやっているドロドロした音楽なんかより、本当は私、チャゲ&飛鳥の方が全然いいと思ってたのよ！」と告げられる、この思い出も、また忘れ去られることなく、どこまでも付きまとうのが人生だ。

嗚呼、大槻本は、いつも笑いながらもホロ苦い。

かつて『俺は高木ブーだ！』とわけのわからない衝動を叫んでいたオーケンは、今日も、小さなライブハウスで「声を大にして、叫びたい日本語」を歌っている。


（2002年7月号より）

その後、大槻ケンヂ氏は、水で戻す前の春雨状態だった髪の毛を見切り、頭をバッサリ丸め坊主頭に。

今も、テレビ出演は控えめだが、精力的に執筆し、バンド『特撮』でライブを中心に活動している。「好きなことだけやっている」その姿は、「特撮」の必要も無い本来の「のほほん」の実像なのであろう。

〈24年近況〉22年に結成40周年を迎えたバンド「筋肉少女帯」を筆頭に「特撮」「オケミス」など多数のユニットで活躍中。23年6月には筋肉少女帯メジャーデビュー35周年記念オールタイムベスト『一瞬!』をリリース、新曲「50を過ぎたらバンドはアイドル」を発表。24年5月8日にはメジャーデビュー35周年&アルバム『レティクル座妄想』リリース30周年記念盤『医者にオカルトを止められた男』をリリース。大槻氏は22年7月よりオカルト雑誌『ムー』のサイト『webムー』にて表題曲と同タイトルのコラムを連載開始。「メンタルの調子がひどく悪くもあったので、実際に医者に行ったところ、とても優しい先生に出会うことができた。話を聞いてくださった後『大槻さん、一度オカルトを止めてごらんなさい』とアドバイスをいただいた。オカルトは楽しいかもしれないけれど、あまりのめり込むと、妙なものを引き寄せることもあるから、一度距離を置いてごらんなさい……との提言であった」。また、23年5月より「ぴあ」のサイトにて最近2週間内に起こった個人的なトピックのみを拾い上げるエッセイ「今のことしか書かないで」を隔週水曜日更新で連載中。

▼第15回 近田春夫『考えるヒット』（文春文庫）

近田春夫さんと俺たちは、今から10年前、テレビ東京『浅草橋ヤング洋品店』で毎週顔を合わせる共演者だった。

初めて会ってすぐ、俺は、『気分は歌謡曲』の初版本を持参し、「こんな本持ってんだぁ、懐かしいねぇ」と近田さんに言われつつサインを貰った。

この本は、近田さんの処女作でもあり、自伝&歌謡曲評論本で、79年に出版された、『ＰＯＰＥＹＥ』に書かれたコラムをまとめたものである。

さて、『浅ヤン』レギュラー時代は、近田さんがテレビタレント活動を縮小して久しい時期であったので、若い視聴者のなかには、「いったい何者なんだろう?」と思った人も多かった。

しかし、この『気分は歌謡曲』が出た頃、つまり70年代後半、短期間ではあるが、テレビのバラエティー番組において、「たけし・タモリ・近田」と言われた時代があったのだ。

今も俺が覚えているのは、NHKの『レッツゴーヤング』で当時のアイドル、川崎麻世と並んで、遥かに小さい近田さんが背伸びして、「背は俺の方が小さいけど、顔は俺の方がカッコいいだろ!」などと、ゴタクを並べながら早口で突っ込みまくっていたシーンである。

今で言えば、その芸風は、おすぎとピーコや、YOU THE ROCK★さながらであった。

ちなみに、ミュージシャンとしての実績も申し分ない。

慶應大学在学中に、内田裕也のバックバンドにキーボード奏者として参加。やがて自らのバンドを率いることに。プロデューサーとしても日本の「テクノの仕掛け人」とも言われ、アイドルグループ、ジューシーフルーツをヒットさせた。

いまやCDセールスの鉱脈となった「歌謡曲カバー」は、25年以上も前の近田春夫&ハルオフォンのアルバム『電撃的東京』が先駆けであり、今なお俺の愛聴盤である。

初ソロアルバム『天然の美』のバックには、当時人気絶頂だったYMOのメンバーを一堂に揃えたことは、いまだに、「坂本龍一は昔、俺のパシリだった」などと言うギャグの根拠になっている。

さらに、日本語ラップを始めたのも、今から18年も前のこと。

この日本に於けるラップ創生期、当時の代表的ラッパーに、いとうせいこうも居た。

二人はともにミュージシャンであると同時に異能なるライターであったことを思うと、日本語と初期ラップの融合が、この時代の大きなテーマであったことが類推できる。

しかし、そんな近田さんのテレビにおける露出大の時代においても、俺にとってはタレント、ミュージシャンと言うより、卓抜なる評論芸を持つコラムニストなのであった。

なにしろ、その歌謡曲評論家としての卓見は、かつて週刊文春に「歌謡界の小林秀雄」と書かれるほどであった。

いささか、この呼称、大袈裟すぎると思われるだろう。なにしろ小林秀雄と言えば、日本における近代批評の祖とも言われる「知の巨人」である。

そして、その守備範囲が、文学のみならず、古典や音楽、芸術全般へと広大であったからこそ、近田さんのサブカルでありながら、広い見識、目配りにたとえられたのであろう。

当時から、音楽を批評する場も人も、数々存在してはいたのだが、近田さんは、あえてジャンルとして軽んじられていた歌謡曲に絞って語っていたのである。

そして、その記事が出てから20年の月日が経ち、今度は実際に小林秀雄の『考えるヒント』をもじって『考えるヒット』と題された連載が、奇しくも同じ週刊文春誌上で始まったのである。

連載当初より、その物怖じしない踏み込み方には、読んでいて、「オオオッ」と唸るものが多かった。

例えば、今井美樹の代表作、『ＰＲＩＤＥ』を、「今井美樹と布袋寅泰の歌を介したＳＭ的関係」と評し、当時、愛人関係にあった二人を、

「♪貴方は私に自由と孤独を教えてくれた人♪と、普通なら調子のいい男！　と頭に来そうな歌

を、今井美樹がむしろそのつらさに酔いしれている風情である」と描き、「これじゃあSMの調教をみせられてるようなもんじゃないか！　セックスの最中にひわいなコトバをいわせるのと同じ構造だもんね」と書く。

これを読みつつも、同業者で、しかも、相手は喧嘩上等の布袋様なのに大丈夫かよ！　と思うと同時にその見立ての良さに笑う。

それだけではない。

「小室哲哉はケンカに弱い新種のヤンキーである」

「パフィーは一発屋として構想されたはずが、逆に聴き手の方が一発屋になっていたため長続きした」

「シャ乱Qって……、『敏いとうとハッピー&ブルー』に、めいっぱいディストーションかけたもの」

「奥田民生の書く名曲を井上陽水が駄目にする」

「国体の消臭につとめるユーミンに紫綬褒章《しじゅほうしょう》を」

などのタイトルやフレーズに笑いつつも、本文を「読みたい！」と思わせ、実際のCDを「聴きたい！」と思わせるフックの鋭さは流石である。

しかし、毎週、短いコラムの中で、2曲のシングルを何年にもわたって評論するという行為が簡単なようでいて、いかに至難の技か。

現在、連載は300回を超えているのだから、計600曲以上を語っているわけだ。

凄い芸当だ！

「薄目を開け、遠くから物を見ると輪郭がわかる」と本人も言っているように、歌謡曲という世界を、距離を置いて一旦消化し、新しい消費空間として再構築する、この技術、目利き、いやいや耳の良さは他に真似しがたい。

さて、近田さんの執筆活動を振り返ると、97年には『家庭画報』で書評を始めている。

そして、この機会に初めて評論家・小林秀雄に興味を持ったとのこと。

20年前は、「歌謡界の小林秀雄」と自分がたとえられていても、彼から自分の思索に何かヒントを与えられ、オリジナリティーを失うことを恐れて手にしなかったそうだ。

そして、小林秀雄を初めて読んでみた感想を、

「小林秀雄とオレは似てるワ。文章も似ている。今となっては小林秀雄に何か運命的な近しささえ覚えてしまっている」と大胆不敵に書いている。

しかし、この思い込みが勘違いではないことは、既に5冊目となる、このシリーズを1冊でも読めば誰でもわかることである。

誰もが、耳にする通俗的な音楽を、超越的な着眼点で、平易な文章で語る。そして、強度のある突っ込みは、読者の溜飲を下げる。

その能力は稀有なものである——。

もはや、近田さんには、歌謡曲評、書評に限らず、まだまだ、その評論のジャンルを広げていただきたいと思うのである。

さて、ナンシー関が亡くなって、ポカリとその位置が空き、もうその後継者すら無く、毎週、週刊誌を開く楽しさが奪われたと嘆く向きが多い。

しかし、もし近田さんがＴＶ評論を始めれば……。

と期待するのは、俺ばかりではない。

（２００２年9月号より）

その後、近田春夫氏は、ＭＸテレビの『ＴｏｋｙｏＢｏｙ』で、俺たちやテリー伊藤、石原慎太郎東京都知事と共演し、その辛口コメンテーターぶりを十二分に発揮している。

ちなみに、近田さんとナンシーは何度か対談しているほど手が合う二人であり、ナンシーの車にはハルオフォンのＣＤが入れられていたと聞く。またある時、俺が彼女と一緒にカラオケに行った際、「鈴木慶一と近田春夫のファン」と言っていた。同じ歳であった俺には、実にその嗜好はよくわかった。

〈24年近況〉24年続いた『週刊文春』の連載コラム「考えるヒット」が20年12月31日・1月7日合併号をもって

終了。最終回は近田氏と川谷絵音《かわたにえのん》氏による対談、当連載での一番の自慢は10年11月に少女時代の『Ｇｅｅ』を取り上げた際、「坂本九の『Ｓｕｋｉｙａｋｉ』の次に米ビルボードのシングルチャートでアジア人アーティストが首位を獲得するならば韓国人だろう」と書いたことだと述懐。予想は20年8月、ＢＴＳの『Ｄｙｎａｍｉｔｅ』により実現となった。21年1月には「考えるヒット」初代連載担当の編集者／ライター、下井草秀氏構成の『調子悪くてあたりまえ 近田春夫自伝』（リトルモア）を上梓。さらに同年8月には『筒美京平 大ヒットメーカーの秘密』（文春新書）、23年2月には『グループサウンズ』（文春新書）を著し、当時のシーンを間近に見てきた近田氏ならではの視点や解釈で多くの音楽ファンを唸らせた。21年10月からは東京のダンスミュージック・シーンにまつわるカルチャーを届けるラジオ番組『ＴＯＫＹＯ Ｍ.Ａ.Ａ.Ｄ ＳＰＩＮ』（Ｊ-ＷＡＶＥ）にて毎月最終木曜（現在は土曜）深夜、小泉今日子氏と共にナビゲーターを担当している。

▼第16回 みうらじゅん、伊集院光『D.T.』（メディアファクトリー）

ついにM・JがD・Tを応援することに決定した！

これは事件である。と言っても、大多数の読者にとっては、なんのことやらであろう。D・Tとは、ダウンタウンの略ではなく、「童貞」の新しい呼称であり、それは「童貞力」とでも言うべき、特殊技能でもあるらしい。

そして、M・Jとは、文系童貞野郎の憧れ、みうらじゅんのことである。どこの世界で、みうらじゅんがM・Jなどと呼ばれ、憧憬の的なのか？　さっぱりわからない人も多いだろう。

俺は以前、『みうらじゅん大図鑑』（編集会議）に、こんな文章を寄稿した。

「俺が世界中で一番〝見苦しいほど愛されたい〟と願っている人は、今更ながら、師匠のビートたけしである。

さて、4年前、殿と浅草キッドで一緒にFM局でラジオ番組をやらせてもらっていた。ある日の企画が、『もし自分が女だったら、抱かれたい男ナンバー1は誰？』という話題であった。

大の大人三人が、『あいつだけには抱かれたくない』などと、くだらなく盛り上がった。結局、その時、殿が選んだのは、空手家の『角田信朗』。

そして俺たちが選んだのは『みうらじゅん』。

すると殿は『みうらじゅんって誰？』と言った。

殿は、この時まで、みうらじゅんを知らなかった。ある意味、凄い。そして、俺たちの熱烈な支持ぶりにちょっぴり妬いていた。

その後、この番組で、殿とみうらじゅんのツーショット対談が実現し、その後は、二人は他の雑誌でも対談するようになった。

たけし映画の大ファンのみうらさんは、俺が殿との紹介役となったことを、とても感謝してくれる。

そして、俺に会うと、『そろそろ、博士を抱いてやらなきゃいけないね』って言うのである」

その、俺たちにとっての抱かれたい男ナンバーワンの、みうらさんが、伊集院光と強力タッグ「童友」を組み、「処女作」ならぬ「童貞作」として世に問うたのが本書なのである。

まず、みうらさんによる、前書き文の「筆下ろし」からして真理だ。

「女性はよく理想の男性像を語るとき、『優しい人』の次に『面白い人』を挙げる。『そんな奴、童貞期が長かった奴に決まってんじゃん！』と俺は思うが、奴《やっこ》さんたちはどうやらそういう人じゃないらしい。平然とこう言う。『福山雅治みたいな人』おい！　話にならん。長年オレがイライラしてきた現実に本書は勇敢に立ち向かう。本当に面白い人がどんな人なのか教える時がきたようだ」

異議なし！　俺も、また童貞人民解放軍の一兵卒として、このD・Tの軍旗はためく下に、今すぐ駆けつけたいほどだ。

さて、ここで、D・Tとは何を象徴し、定義づけることなのか？

まず、D・Tとは、「俗に〝文科系〟と呼ばれている性に対し臆病で、そのくせ理想が高く、夢想家であり夢精家であり、日記をつけるかの如くオナニーにも励み、要するに、いつまで経っても『童貞くさい』と呼ばれる諸氏」のことである。

それに対抗する言葉として本書で紹介される「ガハハ」とは、俗に「体育会系」と呼ばれる男（＝メン）である。

この二種族の違いは、例えば、「初めてのデートでどんな映画に誘うか」、という命題に対し、大ヒット中のハリウッドの恋愛映画、例えば『プリティ・ウーマン』のような、いかにも女の子が喜びそうな万人受けを選ぶのが「ガハハ」であり、逆に文芸座の『ゴジラ・ナイト』を自分の得意分野を披露できるし、「女の子も絶対これが好きなんだ」と思い込んで選んでしまうのがD・Tなのである。

「映画の後も、円谷英二の話で2時間ぐらい盛り上がれると信じちゃってるから」と、その溢れ出そうな妄想力が、物事を中間のない極端な方向へ進ませてしまうのも、D・Tの特徴のようだ。

また、文科系のことに興味を覚える前にすんなりと童貞から脱出できる「ガハハ」の行動原理は「優先順位は『女がいちばん』で、後は、『食う・やる・寝る』の繰り返しになり、やり続けるために体を鍛え、筋肉を蓄えてゆく道程を歩むのだ。

一方D・Tは、その濃密な童貞期間に映画、雑誌、本、音楽、ラジオ（AM）などに貪《むさぼ》るように入り込み、その妄想力、想像力を蓄えてゆき、長き童貞ならぬ道程を歩む。

このようにいかに自分の童貞と向き合ったかが、その後の人生を大きく左右するのである。

「大人になってモノを創るような人間は、間違いなく童貞期が長かったと思うんだ。モテなくて、セックスできなくて、その代わりにせっせと文科系の腕を磨いたわけでしょう」

読んでいてまったく思い当たる！

どころか、俺も長き童貞時代を過した筋金入りのD・Tである。しかも、このD・Tの長きモラトリアムで蓄積した財産で仕事をしている漫才師だ。

D・Tのおかげで天職を見つけたようなもの。

今、声を大にして言うが、つくづくと、女にモテなくて良かった‼

そして、男でも女でも同じことだが、童貞期のそのモヤモヤを、キレたり、犯罪を犯したりして、ネガティブに発散させるのではなくて、己の中で完結させ、想像力、創造力に昇華するということができるのは、実は才能がなくてはできないことなのだ。

D・Tとは、その才能を磨く、何物にも変えがたい修行期間だと、この本は教えてくれる。

旬の短い体育会系の男性と結婚して、「最初だけは楽しかった」と嘆く女性は多い。

長い人生を共にするためには、日常の中に面白さを創出できる能力を持つ、旦那のD・T資質は重要な要素であるだろう。

D・Tとは何か?

これは、女性にとっても研究すべき課題でもある。

そういう意味では、童貞の生態、習性をキッチリ描いた、Q.B.B.(久住昌之+久住卓也)の傑作マンガ『中学生日記』(新潮文庫)――その文庫版の解説を俺が書いている――と並び、童貞フィールドワークのハシリとして、本音は、もっと女性にも読まれるべきだろう。

「面白い人=福山雅治」派の女性と、D・Tとの間に流れる川の隔たりは、果てしなく広いのだから。

俺の周囲のD・T同士で理想の映画として話題になるのが、米国産D・Tの権威、タランティーノが脚本を書いた、映画『トゥルー・ロマンス』――。

そう、D・Tはパトリシア・アークエット演じる、ノーフューチャーな美女・アラバマとの出会いを常に夢見ている。

しかし、しょせん映画であり、妄想である。

そんな女性が決して現れないのが現実である。

ならば男性同士でつるむのが手っ取り早い。

D・Tの兄貴分であり、教祖M・Jは、俺の理想の男性である。こうなったら念願の「男・童貞」を解消させてもらうしかない。

M・J、俺を抱いてくれ！


（2002年11月号より）


その後、みうらじゅん氏は安斎肇氏と、03年4月よりJ-WAVEでラジオの深夜放送を始めたが……。これが日本で一番、「チンポ」という単語が頻出する実に不真面目な放送であり、これが、また40歳を過ぎた俺に、童貞回帰心を目覚めさせてくれた。

そして伊集院光は、『童友』の兄貴分として〝偉大なる自慰行為〟とも言えるAMラジオの帝王に長く君臨。天職とは、「中学時代の自分が好きなことの延長上にある仕事」だとしたら、その実践であり、俺が最も親近感と敬意を感じる仕事を長年続けている。ただし、伊集院に「抱かれたい」とは思わないが。

〈24年近況〉令和の若者にとって「DT」とは美容整形手術後の腫れから回復するまでの期間（ダウンタイム）を意味するようだ。06年にコラムニストの深澤真紀氏が命名した「草食系男子」という言葉が市民権を得て、誰にも性行為や性的魅力を感じない「アセクシュアリティ」についても理解が広まりつつある今日この頃。みうら氏は18年2月1日に還暦を迎え、初の公立美術館での大規模展覧会『みうらじゅんFESマイブームの全貌展』を川崎市市民ミュージアムにて開催し、以降全国を巡回中。みうら氏の独断で選定・贈呈される「みうらじゅん賞」も19年からはYouTube『みうらじゅんチャンネル』にて毎年末に発表。昨年第26回を迎えた。水道橋博士も第4回（97年）で宮本浩次氏、吉田照美氏、喜国雅彦氏、谷ナオミ氏、松崎しげる氏と受賞している。伊集院氏は16年4月から22年3月までTBSラジオ平日午前帯ワイド番組『伊集院光とらじおと』のパーソナリティーを担当。23年10月からは『伊集院光のOh! デカナイト』以来、28年ぶりにニッポン放送で本格的にレギュラー出演する『伊集院光のタネ』がスタート。24年4月からは平日昼に『伊集院光のちょいタネ』としても別途放送されることが決定。多忙ななか3月にはYouTube『水道橋博士の異常な対談』に出演し、旧交を温めたことも話題になった。

▼第17回 ゴージャス松野

『千代本三代目』（モッツ出版）

題名、著者を含め、奇怪なる1冊である。

今や、日本有数のキワモノ・タレントと化したゴージャス松野であるが、もともと一介の芸能マネージャーであるはずの男が、どこでこんなメタモルフォーゼ（文字通りの〝変態〟）を果たしたのか？

振り返れば俺たち自身が、この松野氏の、ゲテモノタレント転進を図った首謀者の一員なのである。

なぜなら松野氏のタレントデビューの切っ掛けは、我々が司会する、ＴＢＳの深夜番組『未来ナース』の起用にあった。

当時、我々は、女優・沢田亜矢子との離婚調停が長引き、ワイドショーの標的となって困窮する元・マネージャーの松野氏に注目し、番組のセミレギュラーに抜擢したのである。

そして、今や本人も自称し、女性誌などで特集を組まれる「癒し系タレント」ならぬ「晒し系タレント」なる名称も、もともとは我々が松野氏につけたネーミングである。

また「水あめ製造機」と呼ばれる、鼻水を垂れ流す号泣芸も、この番組の役柄で完成された。

本書の第1章で「愛する女性はただ一人」と題し、「俺の子供を生んでくれ」と紹介されている歌手、田代純子は番組の中では、「新沢田亜矢子」と珍奇な芸名を与えられていたが、その命名をしたのも、婚約前から、何故か、いち早く番組で結婚式&初夜中継を決行したのも全て我々の仕業なのである。

その後、我々の手を離れ、ご存知の通り、ホスト、整形タレント、AV男優、インディ団体のプロレスラーと転々とし、職種というか芸域というか、持ちネタを増やした。

そんな人生綱渡りの芸風にもかかわらず、ゴージャス松野なる芸人は世の中に流布し、今も、なんとか鮮度を保っている。

考えてみれば、AV男優などは、あの自民党・ヤマタク幹事長さえも生まれ変わったら成ってみたいと言う程の男の究極の職業であるから、この流転の人生を羨ましく思う人もいるだろう。

逆に「そこまでやるか」という現在の松野氏に向けられる世間の奇異な眼差しに反して、出自は、実にまっとうなのである。

ゴージャス松野こと松野行秀——。

この男、もともとは、タレントを売り込む側の人間、しかも、由緒ある大手プロ、東宝芸能の有能なるマネージャーであった。

大卒入社後、その気配りあるタレント管理ぶりが評価され、社内ではチーフまで昇進し、専属として三橋達也や司葉子、塩沢ときなどベテラン俳優を担当していたのだから驚く。

それどころか、今や語られる本人も迷惑するそうだが、斎藤由貴や高嶋兄弟、水野真紀の仕事もマネージメントしていたのであるから、今となっては信じがたい。

約10年間の東宝芸能時代はまさにマネージャー人生として、裏舞台、黒子に徹した、実直な普通のサラリーマンであった。

しかし、他事務所の女優・沢田亜矢子のマネージメントを手伝うことを機に、「地獄の底までついて行きます」と誓った結婚から運命は変わった。

離婚に至る経緯はひとまず置いておくが、記者会見で沢田亜矢子は、「結婚生活は地獄絵図のようだった」と語り、「セックスをしないと明日のスケジュールを教えないと脅された」と告発、さらに、松野氏のドメスティック・バイオレンスの具体的描写は凄惨を極めた。曰く、「新幹線の中で、みんなの見えないところで爪で皮をえぐられた」であるとか「髪の毛を引っ張ってホームを引きずりまわされた」とか、さらに有名になったのが、「軟骨部分を絞り上げられた」との発言である。

いったい、この「軟骨、絞り上げ」とは、どういう技なのか、まるで居酒屋のメニューと勘違いしそうな名称が、なんとも奇怪で目を引いたものである。

この会見により、松野氏は、「強姦男」「暴力夫」「ストーカー」「変態性癖夫」のレッテルが貼られ、その土曜ワイド劇場ばりの顛末によって、その爬虫類顔を全国に晒し、また女優と、そのマネージャーの結婚・離婚という基本設定の妙もあり、この昼メロのような人生は世間の耳目を集めた。

そして裁判となると、夫婦仲が正常であり、いたってノーマルなセックスを証明するために、「ぼくは夫婦の営みを撮影したビデオを証拠として提出するつもりでいた」とアブノーマルな事を主張し、さらには、「ビデオ撮影は沢田の性癖。ぼくじゃない」と言い出す始末。

追い詰められ、一種の錯乱状態なのではあろうが、本来、黒子であるべきマネージャーが、こんなことを言い出せば、真偽はともかく世間から白眼視されるのも無理は無い。

さて芸能マネージャー業こそ、タレントの身を売る、人身売買業であるとは、よく言われることだが、実は、この人、そもそも生まれながらにして女衒《ぜげん》の道を行く性の持ち主なのである。

実家は、東北三大温泉のひとつ、福島市にある飯坂温泉の芸妓置屋「千代本荘」——。

全盛期には10人の芸者さんが住み込む置屋の「お坊ちゃま」として生を受けた。

朝は三味線の音が目覚まし代わり、白粉《おしろい》の香りに囲まれる女性の多い生活からか、性の目覚めも早かった。

本書に依れば「芸者さんの風呂をのぞいたり」「部屋に忍び込んでパンティやブラジャーを盗んでいた」と無邪気に綴ってはいるが、同じ渦中のタレント本でも、今のマーシーには決して出来ない芸当だろう。

また、芸者さんが踊る姿を見るのが大好きだった松野少年は、芝居に興味を示し、大学生時代は劇団に入り役者を目指し、ゴージャスというより、アンビシャスな演劇青年となってゆく。「これほどまでに芸の道に惹かれるのは、やはり置屋という家業の影響が大きい。今、ぼくがゴージャス松野としてブラウン管に映っているのも、原点は『千代本』、芸妓置屋にある」と書いているが、これが「三代目魚武」以上に怪しげな「千代本三代目」の由来である。

そして、あの記者会見から始まった松野さんの地獄は、当初、「97年のクリスマスから3年間、ローソク生活の極貧状態」まで追い詰められ、「一日中、家に閉じこもったままの鬱状態」となり「ゴミだらけの家での自殺未遂」をするまでになった。

死ぬ気になれば……。そこから街角での人生相談が始まり、俺たちと番組で出会い、一連の絡みを経て、裏方から自らが表舞台の主役となる。

芸能界の力関係に於いても、元マネージャーが業界から抹殺されるのは、いとも簡単なことである。

しかし、自ら無実を晴らすために食い下がり、「テレビの世界は出たものが勝ち」という逆転の発想で、こうして攻撃に転じたわけである。

この「晒し系タレント」の生き様は、梅雨時の生モノのように賞味期限の短い、腐りやすいものだ。

にもかかわらず、同時期に『身をさらしてこそ浮かぶ瀬もあれ~情けなくても一生懸命・気持ち悪くても一生懸命』(ロングセラーズ)なる本まで出版されているのだ。

1年に2冊もだ!

なんのために? 誰のために?

しかしそれは、ゴージャス松野という、珍奇でミクロな現象を読み解くことにより、タレント本世界の間口の広さ、芸能界の懐の深さというマクロを浮かび上がらせることとなる。

だが、いったい誰がこの本を買うのか?

沢田亜矢子の子供の父親より、永遠の謎である。

(2002年12月号より)

その後のゴージャス松野氏は、やや失速したかのように見えたが、04年5月には国民年金5年2カ月間未納のかどで〝涙と鼻水の〟緊急告白会見を開き、誰も咎めてもないのに勝手に「一カ月間のテレビ活動自粛」を宣言、相変わらず話題作りは事欠かない。

〈24年近況〉現在、松野氏のX(旧ツイッター)のプロフィールには「プロレスラー(DDTプロレス所属)、歌手、タレント、僧侶のゴージャス松野です。必死に生きてます!」とある。11年3月に地元・福島を襲った東日本大震災、同年7月の父親の死去をきっかけに曹洞禅宗・法雲山仙林寺で修行を開始。12年3月に得度して僧侶になり「覚念行秀《かくねんぎょうしゅう》」の戒名を得ている。レスラーとしても活躍中だが、24年1月に罹患したコロナウイルス感染症の後遺症でベストボディ・ジャパンプロレスリング開幕戦を欠場。同年2月29日の大鷲透選手デビュー23周年記念興行は、なべやかん選手が替え玉として緊急参戦した。また、離婚した沢田亜矢子氏もドラマ『記憶捜査3〜新宿東署事件ファイル〜』最終話（22年）、23年4月より放送中の『沢田亜矢子の生きがいラジオ』（ラジオ日本）などで活躍中。娘の澤田かおり氏もボストン・バークリー音楽院卒業後、シンガーソングライターとして15年にメジャーデビュー。19年にドラマ化、21年に映画化された西島秀俊・内野聖陽主演『きのう何食べた？』（原作よしながふみ）の音楽を担当し、好評を博している。

▼第18回

荻野目慶子

『女優の夜』（幻冬舎）

朝のワイドショーで、芸能レポーターのインタビューに答える荻野目慶子を見た。眼を見開いた、そのあまりにも鬼気迫る表情は、芝居の佳境のワンシーンにしか見えなかった。

さて、「魔性の女」とパソコンで打ち込めば、「藤あや子」か「荻野目慶子」と変換するほど、その悲劇は広く知られ、特に不倫交際していた映画監督の自殺事件は世間の周知の事実である。

そして、今、10月に出版された、自叙伝『女優の夜』で、あの深作欣二監督との9年半に及ぶ不倫を実名で語っている。

このお二人、映画『いつかギラギラする日』で、監督と女優の関係で出会い、その後は、「いつか」どころか、「いつも」ギラギラしていたのだ。

そして先日、深作欣二監督は前立腺ガンを公表。余命いくばくもないとのこと。今回、それを受けてのワイドショーでの激白なのである。

「また監督に死の決断をさせてしまうことになってしまった」と涙し、「家族に迷惑をかけてしまうのが一番つらいことだった……」と号泣する。

その姿は憔悴しきっていた。

俺が本書を手にしたのは、このインタビューがきっかけではなく、その2日後に観にいった芝居が、直接的なひきがねであった。

その芝居とは、松尾スズキ・プロデュースの、日本総合悲劇協会の『業音《ごうおん》』である。

この芝居のヒロインに渦中の荻野目慶子がキャスティングされており、芝居の筋は本人が実名役で演じる芸能人「荻野目慶子」がある日、交通事故を起こし、松尾スズキの妻をひき殺してしまうという、「死」の匂い立ち込める展開。そしてラストシーンでは、ぬるいお湯の入ったバスタブにつかった松尾が狂言自殺を繰り返す。

荻野目がそれを止めに入り、そして自ら全裸になると松尾に荻野目のケツの割れ目を裂かれる。

そして穴を覗かれると「今、音楽が聴こえた」という荻野目のセリフが被る。

この芝居、肉体的にも精神的にも、あまりに大胆な、女優のあけっぴろげな脱ぎっぷりに驚く。

そして、荻野目慶子という実存、常人なら関わりあうことも面倒でシンドイものと、松尾スズキをはじめ、作家も役者も本気で真正面から関わりあっていることに声を失う。

本書の中で、荻野目慶子は、かつて五社英雄監督から、「女優の恥を引き出すのが監督だ」と言われたことがあるというが、舞台では松尾スズキによって荻野目慶子の女優の恥が、やりすぎだと思えるほど引き出されている。

この芝居の余韻に浸りながら、本書を読んだ。

まず、「その夜、音楽が聴こえた」という一文から始まる。その台詞から『業音』は、やはり、この本をベースに書かれていることがわかる。

深作監督が前立腺ガンを患い、その手術後の初めての夜、その音楽が聴こえたらしい。

荻野目にとって、死と隣り合わせにある監督との悲劇は、演劇で言えば再演である。

荻野目の1度目の悲劇は、ワイドショーを賑わせた、「愛人、河合監督の自殺」である。

その後、後追いに踏み切れず、死に至る音が、いつもはっきり聞こえていた荻野目は、1年の休養、ニューヨークへの逃避行を経て、『いつかギラギラする日』の深作映画に参加したのである。

しかし、初めて結ばれた夜、無理矢理、覆いかぶさってきた監督の姿に、

「これは、もしかしたら、あの人ではないだろうか。あとを追わずに、今でも楽しそうに映画の撮影に参加している私を呼びにきたのであろうか」

と思い起こすほどに、心の傷は深刻であった。

「あの日、彼の眼は私に向かって見ひらかれていた。私たちの部屋で。そして私に言った。僕はこうして死んでいく。君は、君は？」

彼女は演じている時以外、つまり虚構の時間以外は、絶えず死者が手招きしている日常なので

ある。

まるで他人が書いたフィクションのような自分の「現実」を振り返り、「文学」そのものと呼んでもいい心象風景を切り取った文章は痛々しい。

飯島愛の描く、なりそこねた「文学」が、誰もが経験してしかるべきカジュアル性があったのに対し、荻野目慶子の「文学」は、日本に唯一人、限定的だ。

しかもトラウマ、ＰＴＳＤなどという言葉は近頃、大安売りで使われるが、基本的に、その精神的症状に対して、本来なら静かなる生活が特効薬とされるはずだ。しかしそこで、女優の仕事を選ぶ、彼女の病状は確実にこじれているのだ。

「よく『血の涙』なんて言うけれど、当時は本当にそんな風に思えた。そして演じる人間というのは、普通より分裂的なところがあると思うのだが、トラウマを抱えるとそれがいっそうに複雑さを増す」と、自ら語るほどに。

その生き地獄の状態が10年近く続いていたのだが、この深作監督と出会い、長き恋愛、献身的な治癒によって、徐々に回復してゆく。

そして、この本の秀逸なところは、恋人・深作欣二を語ることにより、一流の深作監督論にもなっているところだ。

戦中派である、深作監督は、若き頃に戦場の大量虐殺を目の当たりにしており、自らを戦争が産んだ「昭和の奇形児」と呼ぶ。

自らの映画作りの創作の核となっているものは、「死」すなわち、「死者たち」であったと、『死は御破算、それが核となって』というタイトルのエッセイにも記している。

つまり、監督の作品に人の死が必ず登場するのは、他人の墓をあばくような作業であったというのだ。

その監督のエッセイを受け、荻野目慶子は、

「監督は私の小さな痛み、怯え、孤独をどんな思いで見ていらっしゃったんだろうか。何の苦労も知らず、たった一人の変死体を見たというだけでこんなにも〈奇形児〉と化した、戦後『昭和』のひ弱な精神の申し子であるような私を」

と過去の事件に引きずられ続けている自分を俯瞰して見られるようになる。

「女優とは恥の生き物だ」「恥を晒していくのが女優の人生だ」「女優はさらされる『万人の娼婦』の如き存在であり、この仕事を選ぶということは〝不安〟を選び取ることであり、常に批判の対象である」

さまざまな言葉を引きながら、女優は、業深きことが芸の原動力、核となることを、まるで木霊のように、何度も自分に言い聞かせているようだ。

「ある霊能師に『業の深い運命を背負っていらっしゃいますね』と言われ、私はその『業』という響きを恐れた。眼に見えないもの、自分にはどうしようもない、前世からの報い。変えようのない、宿命。それをどうせよというのか。『でもその業を活かせる仕事を、ちゃんと選んでい

らっしゃるんですよ』」

文学者の多くは書くことによって癒されると言う。そして女優は演じることによって癒され、宿命を乗り越えようとする。

荻野目は芝居の「業音」というタイトルについて、「すごいタイトルですよね、業の音って。私も人生のいろんな場面で〝ゴォー〟っていう音を聞いてきました（笑）」と、語っていたが、この本を開けば、読者もページを繰るたびに、彼女の「業音」が耳鳴りのように聞こえてくるだろう。

そして、あのワイドショーのインタビューの時の彼女の憑依の表情は、その瞬間すらも、自ら「不安」を選び取って、「演じる」女優の顔であった。


（2003年1月号より）


その後の荻野目慶子は、再び、運命のように監督の死を見送った（03年1月、深作監督は、文字通り〝仁義の墓場〟に眠った）。

そして、04年、東海テレビ制作の昼ドラ『愛のソレア』に主演。深い時間帯の業深き、『女優の夜』ならともかく、この「女優の昼」は、平和な日常に、サブリミナルな毒気を盛り込んだに違いない。

〈24年近況〉12年12月31日、2歳年上の一般男性と結婚。都内に複数のクリニックと医薬品会社を経営する医師と報じられた。以降、長期スケジュールを必要とする映画出演は一時休止。ドラマも15年放送の『怪奇恋愛作戦』（テレビ東京）、16年放送の『営業部長 吉良奈津子』（フジテレビ系）、18年放送の『あなたには渡さない』（テレビ朝日系）など単発の出演が多くなっている。その一方で16年9月放送の『世界の村で発見！ こんなところに日本人』3時間SP（朝日放送テレビ・テレビ朝日系）に出演し、南米アルゼンチン、アンデス山脈の麓にあるパタゴニア地方の小さな町に日本人探しの旅へ。16時間の長距離バス移動、さらに6時間以上に及ぶアンデス山脈越えのバス旅に、旅慣れているはずの荻野目氏も体調不良と乗り物酔いで疲労困ぱいになる一幕も。また、15年8月、16年5月には『プレバト!! 才能ランキング』（TBS系）に登場。お刺身の盛り付けなどで才能アリと褒められた。実母の介護のため「介護職員初任者」「レクリエーション介護士2級」の資格を取得。音楽レクリエーションで「青い山脈」など懐かしい歌を届ける介護施設への慰問もおこなっている。

▼第19回 向井亜紀『16週』（扶桑社）

２００２年11月24日、東京ドーム――。

『ＰＲＩＤＥ．23』大会で高田延彦の引退試合が開催された。

５万人のファンが見守る中、22年間の現役生活を締めくくる最後の試合の相手は、７年前に「僕と真剣勝負をしてください！」と弟子筋でありながらプロレス界の〝禁句〟を観客の前で言い放つ謀反を起こし、袂《たもと》を分った田村潔司であった。

そして、高田は無残にも失神ＫＯ負けを喫した。

引退試合に、真剣勝負を挑み、花道を飾ることもなく弟子に首を差し出し介錯《かいしゃく》されたのである。

試合終了後、高田延彦は、マイクを握ると、

「田村、よく、このリングに上がってきた、おまえは男だ！」

と褒め上げ、さらには、弟子・桜庭和志に、

「サク、おまえ、男の中の男だ！」

とエールを送った。

今後この二人が、高田延彦の轍を踏み、連綿と続く闘いを引き継いでいくのである。

高田延彦の引退試合は、プロレスラーとして、過去を遡り、ケジメをつけ、後進の未来に「遺伝子」を残す作業であった。

振り返れば、５年前――。

97年10月11日の東京ドーム。

高田延彦ｖｓヒクソン・グレイシー。

『ＰＲＩＤＥ』のリングはこの一戦のために誕生し、日本の格闘技の新たな扉が開かれた。

そして、高田延彦はA級戦犯と名指しされるような歴史的敗戦を経ても、「もう一丁！」とチャレンジを繰り返した。

それは、俺たちファンに、「プロレスラーとは何か？」と語りかけ、どんな窮地にも、裸一貫で闘うことの意義を植えつけた。

この試合をリングサイドで見つめる一人の女性、向井亜紀――。

言わずと知れた高田延彦夫人である。

彼女もまた、夫と同じく、衆人注視の中で闘う女性でもある。

「彼の遺伝子を残したいから……」との言葉を残し、さまざまな困難を伴う代理母出産に挑み、日本中に物議を巻き起こした。

そして、そこに至る経緯を綴り、ベストセラーにもなりドラマ化もされたのが本書である。

今回、高田延彦引退の余韻のなか、俺はあらためて読み返してみた。

物語は、夫妻にとって、人生最大の悦びから始った。

「すごいね。ノブさん、お父さんになっちゃったよ」

00年9月、向井は結婚6年目にして初めての妊娠をする。

子供好きの夫妻は狂喜乱舞するが、それも束の間、産婦人科の検査によって知らされた事実は、妊娠だけでなく、向井自身が子宮ガンに侵されているとの診断であった。

すぐにガン摘出手術を経たが、ガン細胞を取りきれてはいなかった。

それどころか現状は「子宮全摘」をすべき状態であり、「赤ちゃんを産むために子宮を残し、ガンが転移してしまったら、赤ちゃんは産めても、今度はあなたの命が危険にさらされる」との宣告。

しかし、向井の強い希望により、2度目の手術も妊娠が継続できるギリギリの範囲を守る、ガン細胞摘出手術が選択された。2度のガン細胞摘出手術の結果は、数日後、向井に知らされる。

「検査の結果を見たら、もう選択の余地はありませんでした。子宮全摘、卵巣も摘出すべきです」

子供の命か、自分の命か。

身を切るような辛い選択を迫られる。

さらに、卵巣を失うということは、これから先、妊娠が出来なくなるということである。

それでも、向井は、なおも子供を生める可能性＝遺伝子を残すことに執着する。

向井の高田の遺伝子への思いは強い。

大学で生物農芸学を専攻していた向井は、生物としてのバイタリティを愛してやまず、人間を見るとき、どうしても「この人は生物としてがんばっているか否か」で判断し、高田に初めて会ったときの第一印象が「この人、いい遺伝子持ってる」であったほどだ。

そして、付き合っていくにつれ、「どこにいっても誰とあっても態度を変えない、何事にも直球の遺伝子」に深く共鳴する。

だからこそ、高田の遺伝子を残したいのだ。

そして、この強い意志が通じ、卵巣は残された。

3度目の手術は、広汎子宮全摘という、子宮だけでなく、子宮のまわり、骨盤内と大動脈のまわりのリンパ節を68個も取るという大手術であった。

それから約1カ月後の、00年12月19日に、記者会見を開き、夫妻は世間にガンを公表したのである。

そしてその後は、世間の視線に怯むことなく、子宝を求め、代理母による出産にチャレンジしてゆく。

読んでいても、夫妻がようやく授かった子供が、母親のガンを告知し、命を助けてくれるメッセンジャーであったことの究極のパラドックスに声を失う。

天国と地獄。誕生と死の運命の過酷なこと……。

人生には引退は無く、困難と向き合う闘いの連続である……。

そんな単純な真理が、このタレント本の中に詰まっている。

そして、今、再び自分に問えば、俺は、今まで高田延彦の試合に何を見たか？

プロレスは競技ではない。

レスラーが裸で表現する人生の力比べなのだ。

さまざまな、人生を象徴する、責務、しがらみ、確執、葛藤を背負い込みながら、リングの上で闘うことによりファンの人生を代行するのである。

本の最後に高田延彦が「妻と、妻の命を救ってくれた我が子へ」と一文を寄せている。

「神さまは、本当につらいことをしてくれるよな、と思う。思うけれど、試練を乗り越えることで、僕たちは、初めて自分が生まれてきた使命に出会うんじゃないか、向井の体験は、大勢の女性たちに、自分で自分のからだを守ることの大切さを訴えることができたんじゃないかと思う……」

それはどんな文章よりも、強い男の言葉で綴られてある。

それを読み俺は思わず、「高田！　おまえ、男のなかの男だ！」と呟いたのである。


（２００３年2月号より）

その後、夫妻は、子宮ガンの告白に続いて、02年3月に代理出産に挑戦することをカミングアウト。代理出産とは受精卵を別の女性に移植して出産してもらう、というもの。その一部始終は、本書の続編となる向井亜紀著、『会いたかった』に詳しい。この2冊を通じて、自分たちの「代理出産を隠したくない」という高田延彦は、やはりプロレスラーなのだ。

再び書くが、プロレスラーとは、本来、身を晒しながら、人生の忍耐強さを競い、喜怒哀楽の人間模様を観客に伝える職業である。しかし、夫妻の、この選択に対し、もちろん応援もあったが、世間からのバッシング報道もあとを絶たなかった。そして、妻は身にガンを患いながらも、「毎日が人権侵害だ」と言うほどの誹謗中傷の中に身を置く。その後、米国人、代理母妊娠に至るまで2度の失敗もあったが、しかし、PRIDEのリングで夫がそうであったように、妻も「もう一丁!」と、このトライを諦めなかった。

そして、11月、奇跡のような確率で双子が誕生!

しかし、多くの拍手と共に、再び心無い妄言、揶揄は押し寄せた。さらに戸籍を巡って実に融通の効かない、血の通わない、役所との闘いも始まる。

本来、人知れず、隠遁《いんとん》すれば解決するだろう「苦難」ではあるが、二人は、敢えて世に身を晒す者の宿命を受け入れる。

この2冊の本は、プロレスラーの妻が、自らの身に返り血を浴びながら、世の中と闘った記録である。

〈24年近況〉03年11月、代理母の協力のもとアメリカで双子を出産。だが、日本の役所は向井を母とした出生届を受理せず、戸籍をめぐる争いは最高裁まで持ち込まれたが実子と認められず、双子は「日本在住のアメリカ人」とされた。09年には「特別養子縁組」（養子となる子供が実親との法的な親子関係を解消し、実の子と同じ親子関係を結ぶ制度）の成立を公表。ブログにて「今は日本とアメリカの重国籍ですが、21歳までにどちらの国籍にするか、本人が決めることになるでしょう」と綴った。23年3月には番組開始当初から30年出演してきた土曜朝の人気番組『朝だ！　生です旅サラダ』（テレビ朝日系）を卒業。「向井亜紀卒業SP　in　ハワイ！」と題し、向井氏がハワイを旅した模様を放送。MCの神田正輝から花束を渡されると涙を流し「病気をしてから自信を失って心がぺっちゃんこになっちゃった時、ここに行きたいっていう気持ちで復活することができた」「この番組が大好きという励みもあり、みなさんと一緒に次はあそこ行きたいね、これ食べたいねって思いを馳せることで自分の心を未来に未来に、上に上に引っ張っていけた」と深く感謝した。人一倍の苦労を重ねた分、きっと良き未来が待っているはずだ。

▼第20回 なべやかん
『鉄腕なべやかんの 筋肉の達人』（青春出版社）

「やかんは鉄で出来ている」

と言えば、当たり前の話であるが……。

今、「なべやかんは鋼鉄の体で出来ている」とは、世の常識となりつつある。

しかし、なべやかんの頭の方は、かなり軟弱ではないかとレッテルを張られてしまう事件が起きたのは、そもそも、今から10年前の話だ。

平成3年4月29日――。

昭和の喜劇役者、なべおさみの一人息子による、「明治大学替え玉入試事件」が報じられた。

世間では、丁度、あの「若人あきら熱海港失踪事件」が落ち着き、連日、ワイドショーは、この事件一色に染まる大々的な報道だった。

それから2カ月後、大学への進路を絶たれ、去就が注目される中、なべおさみ氏の長男は、なんとダメ人間の吹き溜まり、たけし軍団に迎え入れられ、殿の付き人となってしまったのだ。

本名・渡辺心、改め、なべやかん。

明大の2部（夜間）を受験した事実を絶妙に引っ掛けた芸名の名付け親は、高田文夫先生である。

大学への裏口入学は失敗したが、芸能界へは親の口利きが成功し、その芸人人生の初日から、フジテレビ『北野ファンクラブ』で中継され、芸能人として華々しくデビューする。

結果的に我々の後輩になったわけだが、やかんの入団当初、俺たちは芸能人の2世のバブリーな生活ぶりを目の当たりにして驚いた。

今も、「プロップ」と呼ばれる映画で実際に使用したグッズの世界的なコレクターとして有名なやかんである（例えば、等身大のバットマン、ダースベイダー、プレデターなどなどを所有する）。

当時から、それらのコレクションを収めた保管用のマンションを持ち、その部屋には、コレクションが劣化しないよう人形用のエアコンが完備されていたのだ。

当時、エアコン付きのマンションに住むのが夢だった俺たちは、大いに、くさったものだ。

そして、この本を読むと、タレント2世の芸能界コネクションが華々しいのにも驚嘆する。

「玉川大学演劇科は筆記テストの他に演劇テストみたいのがあって、音楽に合わせてパフォーマンスをやらなければならない。なので僕は、このテストのことを由利徹先生に話した。すると先生は、『よし、それなら俺が『花町の母』を教えてやる』といって縫い物芸を教えてくれたのだ。入試テスト当日、みんなレオタードを着たり、飛んだり跳ねたり回ったりと明らかに僕と違う動きをしていて、僕みたいに、鏡に向かって切ない顔をしたり恍惚とした顔をしている受験生などいなかった」と書いてある。

よりにもよって、大学の一芸入試に、あの喜劇王・由利徹先生が手を貸していたとは、隠し芸大会じゃないんだから！

そして、事件の余波で思わぬ出会いもある。

「替え玉事件では、書類送検もされ事情聴取もさせられた。なんと、東京地検ではコカイン所持容疑で起訴されていた勝新太郎さんを見ることができたのだ。勝さんといえば『なべおさみ』という芸名の名付け親で、僕が生まれたときには出生祝いで印鑑と通帳を下さった人だ。そんな人と、こんな場所でお会いできるなんて夢のようだった。勝さんの名言『総理大臣の代わりはいても、この勝新の代わりはいねえー』ってのを思い出し、『僕もこんなこと言ってみたいですよ』と言うと、担当検事に、『君の代わりがいるから、こんな事件になったんだ』と怒られてしまった」

この実に良く出来た実話も、当時は旬な時事ネタとして、俺たちも営業先でずいぶん引用させてもらった。

「尊敬する大横綱、千代の富士関が引退したのは、僕の明大事件が発覚した数日後だった。それなのに大将は断髪式に僕を呼んでくれて断髪までさせてくれたのだ。各界の著名人が土俵にあがるなか『続きまして、なべやかん様』と放送された途端、神聖な国技館が大爆笑になった」などなど2世ならではの大物との交遊録を紹介している。

実際、俺が見聞きしただけでも、親父のなべおさみ氏の幅広い人脈ぶりは想像を絶するものがあり、コメディアンの範疇を超えている。

小林信彦氏の『日本の喜劇人』によれば、なべおさみ氏は「昭和37年に『〈お笑い三人組〉における大衆の笑い』という卒論で、明大の演劇科を卒業していた」ほどであるから当時としては、かなりのインテリ喜劇人であり、芸能界ばかりではなく、政財界にも顔が効くのであろう、最近では「日本の黒幕」として描かれた、溝口敦のノンフィクション『食肉の帝王』（講談社）の中で、あのハンナングループの浅田会長の側近として描かれ、この替え玉事件への関与の可能性が触れられているほどである。

しかし、息子は成長するに連れ、この神通力とも言える親の七光りに疑問を持つ。

いったい、自分とは何なのか？

お笑いタレントになってからも、笑われることで成立する、この生業の中で、ますますアイデンティティーを無くしていく。

実際、なべやかんに対する世間の見方は、バカ息子、替え玉、オタク、チビ、といったマイナスイメージばかりであった。

この世間の風評には、156センチの小身が、さらに身が縮む思いであったことだろう。そんななか、背が低くて手足が短いというコンプレックスを逆に武器に転じる競技と遭遇する。それが、パワーリフティングであった。

一旦のめりこむと熱中し、97年、初の公式試合で優勝し、その後、日本記録達成、世界大会4回連続出場、全日本大会優勝と、やかんの鉄腕は、めきめきと磨かれていった。

実際、彼のトレーニングに付き添いをしたことがあるが、その世界レベルの強化訓練は、もう見ているだけで吐き気をもよおす程のものであった。

その意味で、本書は、タレント本だけでなくトップアスリート本として読める。その描写も本格的だ。

「普通は、『今までやってきたトレーニングのおかげで、自分はここまでこれたんだ！』と考える人が多いが、僕は違って、『今までこんなトレーニングをやってきたから、自分はここまでしかこれなかったんだ』というものだった。一見、物凄くネガティブに感じるが、実は物凄くポジティブな考え方なのだ。より上を目指すには、今までとは違う方法しかない。かりに今までがすべて駄目なら、進化する可能性がかなり高いということだ」

しかし、このアプローチが何故、受験勉強にはなかったのかと疑問に思う。

「芸の世界も同じだが、スポーツの世界も、見て学ぶというのは大事だ。逆上がりのできない子供がいる。いくら教えても、その子はできない。運動神経がないだけなのか？　たしかにそれもあるが、その子のいけないところは、『どこが自分とできる人との違いなのだろう?』と考えないことだ。違いがわかれば、そこを修正すればよい。その修正ができるか、どうかが運動神経なのだ」

と読めば読むほどハイレベルな技術だが、この「スポーツ」を「学問」に置き換えれば、明治はおろか、東大すら楽々合格しただろうにと思うのだ。

芸能界の〝バブル2世〟とも言うべき、浮かんでは消える不祥事だらけの2世のなかで、不祥事から出発してここまで男を上げた2世は珍しい。

いつの日か、我々は鋼鉄どころか、世界が賞賛する「金」で出来た、やかんを見ることが出来るかもしれない。

(2003年3月号より)

その後のなべやかんは、04年7月、全日本大会に於いて52キロ級から階級を上げて56キロ級でも優勝を飾り2階級制覇の偉業を達成した。これは東大を首席で卒業し大学院に進学するほどの難関だろう。

〈24年近況〉芸能界でも指折りの特撮マニアにしてプロップコレクターとしても知られる、なべやかん氏。15年より第8期まで放送された特撮テレビドラマ『武蔵忍法伝 忍者烈風』、17年より第6幕まで放送された『妖ばなし』（TOKYO MX2）に監督、撮影、脚本、出演などで参加。15年には父・なべおさみ氏と共に監修を務める鍋料理専門店「おなべと地酒、鍋ごころ」を赤坂にオープン（現在は閉店）。18年3月31日付でビートたけし氏のオフィス北野退社に合わせて、同日付で退社。同年4月24日、「ベストボディ・ジャパンプロレス」の設立記者会見にて本格的にプロレスデビューすることを表明。8月5日、品川プリンスホテル・ステラボールでの旗揚げ大会にてデビュー。初代BBWタッグ王座、BBW無差別級王座、DDTプロレスリング第4代KO-D8人タッグ王座を獲得している。12月1日より芸能事務所ワイエムエヌに所属。その後、ゴッデス・エンターテイメントを経て22年2月より生島企画室に所属し、幅広い分野で活躍中。8年目を迎えたラジオ番組『やかんと和尚のやみなべ問答』（エフエム茶笛）では真言宗豊山派の源光山不動院・大河内隆敞住職と共演している。

ブレークタイム「出版界にもの申す!」

『編集会議』2003年9月号より

今、出版不況で「本が売れない」って、皆、声を揃えて言ってるでしょ。斎藤美奈子さんの『趣味は読書』って本にこういう統計があるんですよ。「もし日本が100人の村だったなら、40人はまったく読書をしなくて、20人は読書をしても月に1冊以下」だって。この数字なら、そりゃあ売れないよね。となると、もはや作家は本を書き上げた時点で、仕事が成立するわけじゃないと思わないと駄目ですよね。むしろ自らがセールスマンにならなきゃ。『書を捨てよ、町へ出よう』ではなく、『書を持って、町へ出て、自ら売れ!』って気持ちじゃないとね。

どんどん、読者の活字力が落ちている中で、タレント本でも、さまぁ〜ずの『悲しいダジャレ』が25万部突破って、「本当かよ!」って言いたくなりますよ。たとえ、タレント本でも、あんなスカスカのワンフレーズものしか売れないとしたら、出版業界はいよいよまずいでしょう。

まあ読者がいないから、活字が少なく中身のない本が売れてしまうのはわかるよ。それはテレビも一緒。一番層の大きい、テレビしか見ない、バカと言えば語弊があるけど、大衆に向けてレベルを合わせるゴールデンタイムの番組の論理と、なんら変わりがないですよ。

でも、送り手の基本姿勢のところが、低いところに「レベルを合わせる」努力じゃなくて、「レベルをあげてやる」気概で、モノは作りたいじゃない。『白い犬とワルツを』伝説ってありますよね。本の内容は僕の好みではないけど、あの伝説はすごく好きなんです。地方の小さな書店員さんが、情熱を込めて推薦文を書いて作った手書きのポップ（宣伝ポスター）。そこから全国に飛び火して、大ヒットに繋がったって奴。俺は「ああ、そういうやり方もあるんだな」って参考になったな。で、一昨年「お笑い男の星座」（文藝春秋）の1作目を出した時に、自ら本屋さんに出向いて、棚を作ってもらって、ポップも自分で作って、自分らの手で売ろうとしたの。

で、ここブックファースト渋谷店さんは、俺たちの、その販促企画の持ち込みに意欲的に応えてくれたんですよ。以来、親しくさせてもらっているんです。この7月に『お笑い男の星座2』が出ました。今回もいろいろ売り方を考えてて、その打ち合わせも兼ねて、今日の取材は、ここを選びました。

それ以外にも自分たちのホームページで、この本の読書感想文コンクールやってるんです。優秀作品には非売品の俺たちの放送禁止の漫才舞台DVDを賞品として用意してあるの。もし、そこに状況がないのなら自分たちで作ってやるくらいの気持ちなんですよ。今だって、本を書くことって経済的には、自分たちの仕事のなかで一番効率の悪い仕事なんですよ。だからってあきらめたくない。「でもやるんだよ」としか、言いようのない気概ですよ。

僕はもう自分で本屋さんをやりたいですね。副業として。いっそのこと一部上場したヴィレッジヴァンガードの株を買い占めたいほど。好きなんですよ、あの本屋さん。サブカルという品揃えが僕の趣味に合っているし、あそこはポップも社員の手作りでしょ。だから僕が社長になったら、自分の好きな本のポップを自ら書きますよ。「もし、お客さんが、この本を買わないなら、本当に店閉まいします！」「あえて社長が言います。この本はここから2年は撤去しません。なぜなら面白いからです！」「あなたが、まだ一度もこの本を読んでいないのなら、あなたとは友達ではない」とか書いちゃう。

本は今、生鮮食料品みたいなものじゃないですか。やっと発売にこぎ着けても、すぐに鮮度が落ちたと思われ棚から下ろされ廃棄されるという運命を背負っている。でも面白い本だったら、永遠に面白いんだもの。賞味期限なんてあるわけがない。もちろん、自分たちの本だけでなく、面白い本なら同じように扱いますよ。早すぎる本のサイクルに徹底抵抗してやるんです。「あそこは店員が本の知識と愛情があるから商品を吟味していて、本当に面白い本しか売ってない」って活字好きの信用で客が集まるの。例えば、小林信彦の棚なら、たとえ絶版本でも、古本と一緒に並べてるような、そんな本屋を作りたいんです。

作り手が「これはいい本だから売れるべきだ」と思ったら、捻り鉢巻で商売人にならないと。編集者だって、もともと本好き、活字好きだから、この世界に入ってくるんでしょ。だったら、もっと物語や活字に自信を持って本作ろうよ。って鼓舞したくなる。

だから、『お笑い男の星座2』は編集者とか出版業界の人に読んで欲しい。そういう意味で、この本の序章に書いている話は出版業界へ向けての果たし状なんです。

それに、このシリーズは、単なるタレントの余技のつもりはないんです。出来ることなら批評に晒されて、本当の文章のプロと競い合いたい。文章の巧拙はともかく、純粋に、「これだけ面白い本を書けるのか!」その芸当みたいなところでね。少なくとも俺たちは漫才師だから、言葉の笑いのプロだし、言葉を選ぶセンスや、面白いことを書くための構成力とかにかけては負けないと思っているので。

反響もありますよ。幻冬舎の見城徹社長は「幻冬舎に、このシリーズを持ってこれなかったのが不覚だった」って言ってくれた。実は、この本の序章って、『つかへい腹黒日記』のつかさんと見城さんとのやり取りのオマージュなのね。だからこそ、見城さんに言われたのは格別な想いがあったし、尊敬している三谷幸喜さんから「舞台やドラマはともかく、今後、自分が書く面白い文章の手本、目標です」ってメールをもらって、そりゃあもう天にも昇るほど嬉しかったよ!

でも逆に批判もある。さっき言った読書感想文コンクールの中にも、俺たちを「しょせん、映画『許されざる者』(西部劇映画。92年アカデミー作品賞)に出てくる伝記作家でしかない」と揶揄したものがあってね。

「凄い大物、怪人、偉人に憧れてはいるけど、君たちは何者でもない」って書いてあるの。でも、これは確かに当たっている。だって、俺はあの映画が大好きで、自分があの伝記作家の存在じゃないかって、かねがね思ってたことだから、図星なの。でも、自分は主役のクリント・イーストウッドでも、敵役のジーン・ハックマンでもない、ただの脇役の一人に過ぎないって自覚があるんだよ。でも、言わせて貰えば、その伝記作家にさえ人生はあるんだよ。沢木耕太郎だって、決して自分自身を英雄的に書いているわけじゃない。英雄的な生き方を彼の目を通して翻訳している。でも、その文章が読者にとって英雄的なんですよ。

実は、今度『お笑い男の星座2』でも1章を割いた『プライドの怪人』の百瀬博教さんの文庫の解説を書いてるんだけど、面と向かって取材していたら、そのまま評伝を書きたくなってくるんです。どうせやるなら、さらに懐に飛び込んで書き込まないと気が済まなくなる。それほどの希代のアウトローの物語だし、昭和の芸能界や、格闘界の裏面史でもある。でも、そこは、やはり人が触らぬアンタッチャブルに手を突っ込むわけだから、当然、ヒリヒリするような危険なものにしたいけど、でも人畜無害であるべきテレビタレントの仕事には障害になってくるし、そんな面倒な問題や、困難な人間関係を抱えることも、もともとタレントに必要のないことだから、その立ち位置が、今、難しいところなんです。

「タレントが本を書いているんじゃなくて、ルポライターがタレントに成りすまして、芸能界を潜入取材している」って冗談で言ってたけど、だんだん本当に、そういうポジションになってきた。

自分のルポライター体質って、自分がやはり英雄気質とか、親分体質じゃないからだとも思う。親分としてリーダーシップをふるいながら、王道を行くってタイプじゃない。要するに子分肌なの。「絶対、俺って英雄じゃない」と見切っている。自分の中の英雄を見上げて憧れて生きている性分だと思う。だから、俺が選ぶ本の内容にもそういう傾向はありますね。

山城新伍さんが書いた『おこりんぼ さびしんぼ』（幻冬舎）という本なんか最高ですよ。若山富三郎さんと勝新太郎さんを長年見つめ続けた評伝なんだけど、破天荒な人物伝であり、高度な芸談であり、なにより山城さんがどれだけその二人を好きだったか、失われた時間への哀切がたっぷりで、本当に共感してしまうんですよ。ただ、これほど、俺にとっての名著があまり世に知られていない。絶版本なんですよ。だから『日経エンタテインメント！』へタレント本の書評の企画を持ち込んだ。どうしてもこの本のことを俺が世間に知らしめてやろうってね。

自分にとって凄いものを人に紹介したいという欲求が強い。だから、自分の気に入った面白本は、それを人にあげて読んでもらうために、何度でも同じものを買ってるくらいでね。今まで一番多く買った本はね、海老沢泰久さんの『ただ栄光のために――堀内恒夫物語』（文春文庫）。一度絶版になってしまったんですけど、その後『本の雑誌』で「絶版にして欲しくない本ベスト10」みたいな企画でランクインしたんです。それで復刻された。古本屋で見かけると必ず買ってる。今は新潮文庫から文春文庫に移籍しても出版されてる。文体がめちゃくちゃクールなのに読後感がカーッてホットになってね、ジーンと余韻に浸れるの。名作だよ。

あと新潮文庫の『アントニオ猪木自伝』はね、俺たちの聖典だと思ってて、毎回、本屋で見つけると、平積みの棚ごと、本を買い占めてるの。で、ホテルに泊まったとき机の引き出しの聖書と入れ替えるの（笑）。猪木教徒の布教活動の一環としてね。

そんな博士が選んだ5冊

『ウディ・アレンバイオグラフィー』――。

もちろん、映画も好きだけど、アレン好きって言うとペダンチックで鼻持ちならない奴って言われるのは残念。だけど、これは、今、伝記ものが読みたいから。自分がもっと伝記のスタイル、勉強したいんで。日本では少ないけど、アメリカでは偉人たちのバイオグラフィーって、必ず一人に何種類も出版されるでしょ。アレンも何種類もあるからね。それぞれ出来もいい。そのジャンルの読者層が厚いから、レベルも当然高いということなんでしょうね。

『シネマ90s』――。

これは今年に入って一番何度も買った本。これで4冊目。知人へのプレゼント用です。すごく喜ばれるから、ぜひ『編集会議』の読者にも知ってもらいたいという意味合いで選んだんだけど。だって、この本、オールカラー800ページで4900円だよ。安すぎ！　しかも内容は〝九〇年代シネマ〟って括り。この年代の映画を世界的視野で包括的に語る映画論ってあまりなかったですよね。写真のチョイスもレイアウトも抜群で眺めているだけで、ものすごく楽しめる。

『昭和の劇映画脚本家・笠原和夫』――。

この本は前から知っていたんですけど、ちょっと値段も高いし中身も濃いんですよ。だから買っても読み通す自信がなかった。この機会にと。同時期に出た、同じく笠原さんの『映画はヤクザなり』（新潮社）の中では、笠原さんが、たけし映画にとても否定的なんですよ。そこもある意味、映画評的「仁義なき戦い」ってことで興味もあるんで……。

『ナンシー関大全』――。

彼女とは『アサヒ芸能』で、一緒に連載をやっていたし、同い年だったたし、メール交換をしたり、しかも俺と同じくビートたけしに人生を変えられたって自負している人間だから、なんか戦友意識みたいなものがあったんですよ。ナンシーが亡くなった後に、玉袋がとてもいいコラムを書いたんです。「俺たちが生ぬるい番組に出ようとしなかったのは、正直言えばナンシーの目が怖かったからだ」って。それは、実に同感だったな〜。

『みうらじゅんのマイブーム・アート』――。

俺はね、もし女だったら絶対みうらじゅんさんに抱かれたいと思っているんです（笑）。絵も文章もトークも大好き、なによりバカに命懸けだし、『お笑い男の星座』の登場人物には出てこない、正反対の文科系の輝く一等星として、常日頃、敬愛してますね。

結婚したときに記念に、大きな絵を貰ったんだけど、実は今日（取材日時は8月8日午後）の午前中、長男が生まれたんですよ！　だから、みうらさん。記念に新しい絵を下さいよ!!

　子どもには、師匠から名前を頂いて、「武」（たけし）って名付けました。これは、もう生まれた日から親バカですけど、本物の「武」と競い合えるような才能に育てたいって心から思ってます。最初から歌舞伎役者のように、そういう運命を背負ってきたんだと思わせようかと。でも、今からそれだとプレッシャーに押しつぶされそうですね（笑）。その顛末を椎名誠の『岳物語』みたいに、伝記作家になった俺が「武物語」書くのって、どうですかね？（笑）

作品社

文藝春秋

タッシェン・ジャパン

アスペクト

太田出版

▼第21回

アニータ・アルバラード

『わたしはアニータ』（扶桑社）

連想ゲームです。今、「青森」といえば？

俺なら、「雪国」～「吉幾三」～「♪住みなれた～我が家に～花の香りを乗せて～」と吉幾三の歌う新日本ハウスのバカ陽気なCMまで辿り着く。

しかし、その「雪國」の「住みなれた我が家」の住宅ローンを横領し、「吉幾三」以上に有名になる、とんでもない二人組が「青森」に現れた。

言わずとしれた、青森県住宅供給公社、元職員の千田郁司被告と、その妻、アニータである。

連日報道されたニュースで見るかぎり、チリに帰国したアニータは無反省で悪びれるところがない。

それどころか、横領金で建てた大豪邸にふんぞり返って、どこかスター気取りでもある。

当然、我々、日本人は、「生まれつきの性悪女で、育ちが悪い！」と決め付けがちだが、いったい、彼女はどういう経緯で事件に至ったのか？

この本の印税も日本からチリへと渡るのは、かなりシャクだが、興味を抱いて読んでみた。

南米チリ出身のアニータ・アルバラードは貧しいが信心深い家庭に育つ。

しかし、10代で既に二人の子供を持つ母になり、医療費に事欠くほど生活は困窮した。

ある日、斡旋ブローカーに、「明後日、日本へ行かないか」と持ちかけられ、「日本で何をするかは十分には説明してくれなかった。でも私は、日本に行かなければならないと感じた」と決心。親類縁者の反対を一切無視して、後に日本中にその名を知られ、超高額ギャラを貰い受ける大物外タレになるとは露知らず、92年に初来日。

「私は必ずうまくいくと確信していた。たくさん稼げると信じていた。私は昔から、いつもそんな予感がしていたのだ。私は、幼い頃から、自分は億万長者になるとわかっていたし、家族にもそういっていた」と揺るぎない自信を持って。

浮浪者のようなジーンズ、タートルネックのセーターを着て、無一文で名古屋空港に降り立つも、その日の夜には、すでにポケットにはたくさんの円が入っていた。なにしろ、「日本に着いてから48時間も経過していなかったけれど、私は8人とセックスした。フェラチオも50回くらいしたはずだ」

と、美貌と体力と勤勉さを兼ね備えていたからだ。

日本の仕事場の環境が過酷なら、住環境も苛酷であった。たった4部屋に37人の外国人女性が住み込む。

しかしながら「お金を手にすると興奮し、アドレナリンが増加する」という性格が手伝ってか、この仕事を苦にすることなく、2年間を名古屋で過ごし、その後、日本の盛り場を転々とし、流れ流れて、雪国、青森へと移り住む。

彼女の日本人男性に対する視点は冷めている。

「一般的に人を敬う気持ちの強い日本人は簡単にコントロールできる」と豪語。例えば、こんな具合、「彼は、朝食抜きでは出かけられなかった。食べずに出かけたら、私が不機嫌になったからだ。もしも、いつの日か何かが起きて私たちの間がダメになってしまっても、彼が一生私のことを覚えていてくれるように、私は彼に自分の習慣をしみこませたのだ」と、まずは甲斐甲斐しく世話を焼く。

「私は裸のまま部屋を飛び出しマンションの階段へと向かった。彼は恥ずかしさのあまり、家に入ってくれ、許してくれ、と私に懇願した。そうやって、物事が私の思い通りになるよう、私は彼を操っていった」と人心掌握に長《た》け、男を手玉にとる。

しかも「お金をたくさんくれる人の誘いは受ける」「好きになったらおしまい。これ、仕事」「私の経験上、鍵となるのは最初の2カ月。その期間を男に無償で捧げる。しかし、男たちはあとで、一生かけてその代償を払うことになる」と、娼婦としての勝者のセオリーを忠実に実践。

それによって得たお金はチリに住む家族、二人の子供のために時間を置かずに送金していたという。

なにしろ「もし神様がお許しになるのなら、子供をたくさん持ちたい。子供たちがみんな違う人種だとしたら、最高だ」というほどの子供好き。

そして、一番好きな映画は『風と共に去りぬ』で、中でも一番のお気に入りのシーンは、「主人公が土を手にとって『もう2度と家族がおなかをすかせることはないわ』というシーン」、さらにスカーレット・オハラを「私は彼女を美しいと思った。どんな男とも一緒になれるチャンスがありながら、家族を選んだ彼女に感動していた」というほど家族を思い続ける。

その姿は、まるで映画『壬生義士伝』で中井貴一演じる無名の新撰組平隊士・吉村貫一郎が雪深い田舎に住む餓死寸前の家族のために新撰組に入隊し、内情を知らない周りの人から金の亡者と嘲笑われようと、お金に執着し続け、家族に送金し続けた姿とオーバーラップするほどだ（言いすぎだが……）。

貧しい国のしかも最下級層で生まれた彼女にとっての売春は、「食べていくための当然の手段」であり、飢えや極貧から遠ざかった現代の日本人にとって、実践不可能な健気な献身ぶりは、もはや美談に値するのではないか……とすら思えてくるのである。

そして、〝チリ〟も積もれば山となる。

という言葉通り、毎回100万円単位のチリへの送金、男からの貢物が、結果的には7億円もの大金となり、アニータの懐を暖めていった。

結果的に千田容疑者を経由して青森県住宅供給公社が、地球の裏側に供給してしまった、あの豪邸を見れば、いくらなんでも横領額がデカすぎる。

しかも、そのお金は家族だけに使われたわけではなく、自分の経営するレストランなどの設立資金、クリスマスに社員の慰安のため、車を5台用意し、くじびきで当たった人へのプレゼント、社員数十人を連れてキューバへの社員旅行などなど、千昌夫の元嫁でもここまでは遣うまいと言うほどの、やりすぎの隣人愛と呼ぶべき豪遊に消えていったのだ。

しかし……。アニータの博愛主義も、一番身近であるべき人には不適用。

夫には全く愛情を感じていなかった。

「彼は映画の中のリチャード・ギアと同じことをし始めたのだ。私をショッピングに誘い、店に連れて行き、試着させた。そのあと、彼が買う服を決めた。一番高い財布や上等な靴を買ってくれた。それは信じられない出来事だった。私はそんなに浪費したくはなかった。そのお金を全部貯金できたらどんなにいいか、と思っていたのだ」とのたまう。

裏腹の逆プリティ・ウーマンぶりなのである。

そんな薄情な外人嫁に対して、

「女性の愛情を手に入れるにはお金を貢ぐしかないと思っていました」

と語った千田容疑者の言葉は、あまりに哀しい。

さて、かように、すっかり青森の有名人のお株を取られてしまったかのように思えた吉幾三であるが、このニュースに追い討ちをかけるように、昨年「雪國」の盗作疑惑が発覚し、一部週刊誌で取り上げられ、忘れかけたところで存在感をアピールした。

それにしても、吉さんはいまだに青森に家を持ち、税金も青森で払っているはず。とすると、その税金は回りまわって、アニータの実家のリフォーム費用に遣われていたことになる。

呑気に♪リフォームしよーよー〜と歌ってる場合ではなかったのだ。

しかも、聞くところによると、アニータ、カラオケで得意な曲が、「雪國」だったのだから、まさに因果は巡るのだ。

しかもチリに逃げたアニータを追う日本の当局をあざ笑うが如く歌っているらしい。

♪追いかけて、追いかけて、追いかけて雪國〜

これはまたよく出来た話である。

（2003年4月号より）

その後のアニータは、日本側の追及を切り抜けながら、地元チリでは人気を集め、一躍スターに成りあがり、テレビ番組や映画『ハッスル！』に出演。

しかし05年2月、チリ人女性を日本に送り売春ほう助した疑惑が持たれ、チリ司法当局に逮捕された。

〈24年近況〉かつては「日本でもっとも有名なチリ人」と呼ばれたアニータ。17年7月にはテレビ番組『橋下徹&NEWS小山 実録! 世界怒りの法廷』(TBS系)出演のため来日。結婚したい恋人がいるため、MCの橋下徹氏に夫との離婚手続きの協力を要請する一幕もあった。18年11月には『FRIDAYデジタル』(講談社)がサンティアゴの自宅にて独占インタビューを敢行。母国でタレントに転身し、大成功を収めていたことを報道。本人曰く、事件後チリにまで日本のメディアが押しかけたことで地元のテレビ局から取材を受け、テレビに出るようになったという。冠番組『カーサ・デ・アニータ』(アニータの家)の平均視聴率は30%超。チリはカトリックの国であるため、当初は彼女の行動がセンセーショナルに受け取られたが、当時7人(取材時は9人)の子供を一生懸命育てる母親の姿に評価が逆転。長女のアンジーもチリの恋愛ドキュメンタリー番組で人気を博したという。なお、同じアニータでも89年に巨人の若きエース・桑田真澄投手との熱愛報道が流れ、写真集『愛のローテーション』(ビッグマン)を出版したハワイ出身のタレント、アニータ・カステロは別人なので、どうかお間違いなきように。

▼第22回

田原総一朗、田原節子

『私たちの愛』（講談社）

今、話題の突撃ドキュメンタリー映画『ボウリング・フォー・コロンバイン』のマイケル・ムーア監督は、インタビューに答えて、最も影響を受けた映画人の一人として『ゆきゆきて、神軍』の原一男監督の名前を挙げている。

と言うことは、「ムーア監督は、あの田原総一朗の孫弟子だ！」と俺は、誰にも分からないであろうが、一人合点した。

さて、本書の著者の一人、田原総一朗は、お茶の間では、政治討論番組の司会者のポジションを不動のものとしているが、実は68歳になった今でも、ムーア監督、顔負けの突撃取材をこなしている。

なにしろ、昨年の大晦日、『朝まで生テレビ・スペシャル』の長時間の司会を午前10時に終え、その足でイラクに向かい、年明けの『サンデープロジェクト』ではイラクからの生中継に出演していた。

なんたる若さ、体力、行動力！

さて、元々、テレビ東京の社員ディレクターでTVドキュメンタリー作家であった田原氏が、今から40年以上前、一体どんな作品を撮っていたのか。

この本に「犯罪スレスレでドキュメンタリーを撮っていた」と1章で、書かれているものの幾つかを要約して紹介しよう。

「ピアニストの山下洋輔のドキュメントを撮影することとなるが、単なる演奏シーンでは面白くない。『弾きながら死ねればいいな』と山下が言ったので、山下を連れて当時全共闘運動で一番過激だった早稲田でゲバルトをしかければ紛争となり、うまくいけば、山下はピアノを弾きながら死ねるかもしれない、『それはおもしろい』とぼくはのった……」

と計画を実行に移すことになる。もちろん、山下洋輔は今も健在なのだから、この「ピアノ弾き死んだ」は未遂に終わったわけだ。

「高橋英二という役者がガンで半年の命しかないと告白。右腕を切り落とさなければならないと言う。『カメラの前で死ぬまで精一杯演技をしてみせる』と闘争宣言した高橋の行動を追うことになり、まずガンセンターで右腕除去手術を撮影。さらに、本人が望むまま散弾銃を持って国会議事堂に向けて発砲するシーンも撮影する。そんな行動に、週刊誌が飛びつき、本やテレビドラマが作られ、彼はガン患者のままスターになっていくが、その後、半年以上を生き延び死去。死の前日もカメラを廻し、高橋を棺おけに入れ、霊柩車で運ばれるまで映像で追った……」

国会議事堂へ散弾銃のくだりなど、当時の時代性もあったであろうが、今でも、ぜひ見てみたい作品である。

「全共闘くずれの連中が裸で結婚式をすることとなり、余興として花嫁が列席者の男たちとセックスをすることとなる。現場ではスタッフも全員、裸で撮影することとなった。しかし、当日、花嫁がスタッフとセックスしたいと言い出し、断ったら取材拒否になるということだったので、ぼくが手を挙げ、花嫁とやっているぼくを撮影させた……」

つまり、田原総一朗とは、日本で最初の本番男優なのである！

これらの作品の常識の逸脱ぶり、そして文字通り本人の脱ぎっぷりも凄まじい。

こんな狂気に駆られ塀の上を走り抜けるような作品群を発表していれば、当然、当局の目にも止まる。実際、2度の逮捕歴もあり、所轄署の要注意人物であったのだ。

そして、後にフリーになっていたある日、埼玉県警の刑事が田原氏の自宅を訪ねてくる。

「『実は明日、定年なんです。長い間、いろいろ面倒をおかけました』その刑事さんは、ぼくを17年間もずっと尾行していたのだ。ぼくもうちに上がってもらって、二人で、しんみりと話をした」

と、さらりと書いているが、実にいい話だ！

以前、田原氏と俺達が雑誌で対談した際も、この頃の話をしたが、俺は思わず、その突撃取材

ぶりに、

「まるで『ゆきゆきて神軍』ですね〜」

と感心した。すると田原氏は顔色を変え、

「何を言ってんだ！　原一男は俺の作品の助監督だったんだよ！」と言うではないか。

つまり原一男監督の、あの作風は、実は田原総一朗仕込みだったのだ。

という訳で、この話が、冒頭に遡り、「ムーア監督は、田原総一朗の孫弟子」という台詞の種明かしなのである。

さてこの本は、数ある田原本のなかでも異色作品であり、元、日テレのアナウンサーの妻・節子さんとの共著である。

二人の愛の奇跡を辿った本だが、これまた、先述のドキュメンタリー作品以上に凄まじい。

なにしろ、二人は出会いから、27年を経て、晴れて結婚したのである。

しかも、それ以前は両者共に、別の家庭を持ち、W不倫の状況にありながら周知の関係を続け、田原氏の前妻が病死し、その6年後に既に前夫と離婚していた節子さんと、ようやく結ばれたのだ。

それ故に、二人の許されざる恋愛を振り返ると、波乱万丈、しかも濃厚なのである。

テレビ局を退社しフリーになってからの田原氏の猛烈な仕事ぶりのモチベーションは、「当時不倫相手であった節子さんに対する『愛』だった」と告白。さらに、「彼女だけを見つめ、彼女を絶えず意識し、いわば彼女のためだけに、ぼくはドキュメンタリーを作っていた」と謳いあげ、「世間が認めてくれなくても彼女が理解してくれればそれでいい。彼女が認めてくれる。認めてくれればくれるほど僕の作品はどんどん過激に、そして、マイナーになっていった」

これでは、まるで『ダブル・ファンタジー』時代のジョンとヨーコだ！

しかし、映像の中では大胆すぎる田原氏であるが、実生活では、生真面目な奥手であるようだ。勿論、互いに不倫である関係のややこしさもあり、二人が初めて肉体で結ばれるまでに5年の月日を要している。しかし、その分、一旦結ばれると二人は一気にスパークするが、その描写が圧巻。

「ところが、彼女とぶつかることで、セックスがそういうものとはまったく違うことを知ることになった。会うたびに、次から次へ新しい発見がある。我を失うまでいっても、まだいける。まだ先がある」

「どの小説や映画よりも僕たちのほうがすごい」

「こんなことをやっていると彼女は死んじゃうんじゃないか」と総一朗が一途に燃え上がれば、その一方で節子夫人も「私にとっての最高の絶頂感は総一朗でした」と交互に書き綴るほどだ。

それにしても、ここまでの告白ぶりは、いい年をして「御立派」としか言いようがない。

その後、仕事中毒の田原氏は、あまりの激務に、50代中盤で、毎日、自殺を考えるほどの自律神経失調症を病み、その間を彼女の献身的看病にすがる。

しかし、田原氏が回復すると、今度は彼女が乳ガンを宣告される。

この本は、夫人の闘病記でもあり、死を見つめ、覚悟を決めた二人の回想記でもある。「それまではリアルな世界だったけど、彼女との関係は現実を超えた、いわばフィクションの世界だった」と書いているが、本書こそがフィクション不要の過激な『愛』のドキュメンタリー作品ではないか。

この本を読んでいると、田原総一朗の〝朝まで生〟でも平気なあの無尽蔵の体力も、また、うなずけるのである。


（２００３年５月号より）


その後の田原総一朗氏は、精力的な仕事振りを続けるが、闘病中だった最愛の妻、節子さんは、04年8月13日に、多臓器不全で死去。享年67歳だった。そのとき田原氏は、北朝鮮に取材中で最期をみとることができなかった。帰国後、田原氏は「日本一厳しい批評家だった。彼女を頼りに生きてきた」と最愛のパートナーを失った悲しみを語った。

節子さんが亡くなる直前には口述筆記で書かれた『最期まで微笑みを』（講談社）が刊行されている。

〈24年近況〉10年10月、田原総一朗氏が東京12チャンネル（現・テレビ東京）のディレクター時代に手掛けた過激ドキュメンタリー作品を振り返る特別番組『田原総一朗の遺言～タブーに挑んだ50年！　未来への対話～』（BSジャパン現・BSテレ東）が放送。きっかけは09年8月放送の『やりすぎコージー』（テレビ東京系）にて田原氏がフリーセックス集団に挑むドキュメンタリーを見た水道橋博士が「田原総一朗は日本で初めてのAV男優だった」という都市伝説を紹介し、田原氏の経歴が再び脚光を浴びることになった。早稲田大学大隈記念講堂で公開収録された同番組では水道橋博士司会のもと「バリケードの中のジャズ～ゲバ学生対猛烈ピアニスト～」（69年）など3作品を当時の生き証人とともに鑑賞。それらは後日DVD化もされた。世間にインパクトを与えたという意味では、妻の田原節子氏も負けていない。節子氏が日本テレビCM制作部在籍時（83年）に作った覚せい剤追放キャンペーンのキャッチコピー「覚せい剤やめますか？　それとも人間やめますか？」は当時を知る人々の記憶に深く刻まれていることだろう。近年は薬物問題を健康問題として捉える風潮に変わりつつあり、17年1月にはメディア評論家・荻上チキ氏が専門家や当事者と議論を重ね「薬物報道ガイドライン」を作成。各社の報道のあり方を問い直す機会にしてほしいとしている。

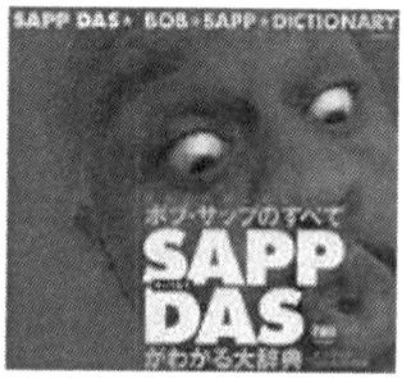

▼第23回

ボブ・サップ
『サップだす』（講談社）

去る03年3月30日に開催されたK－1グランプリの開幕戦はK－1の総帥、石井和義館長逮捕後、初の興行であった。

世間を揺るがす不祥事の後だっただけに、テレビ的に行く末を危ぶむ声もあったが、平均19％の高視聴率を記録した。

そして最高瞬間視聴率29％をマークしたのは、ボブ・サップがミルコ・クロコップにノックアウトさせられた瞬間であった。

そしてこの数字は開幕したばかりのプロ野球中継を打ち負かし、完封してみせたのだ。

昨今、松井、イチロー、野茂、佐々木等が海外に輸出された球界、そして日本人が一人もいないK－1グランプリで、アメリカから無名に近い、格安の〝免税品〟として輸入された、野獣・ボブ・サップに熱狂することが日本人の日常と化した。

この時代の彗星、ボブ・サップを国税局のマルサより厳しい眼光で見出したのは石井館長であった。

現在の格闘ブームの立役者であり、格闘界の錬金術師である、石井館長は、アメフトを怪我で挫折し、アメリカン・プロレスでも前座の木偶《でく》の坊《ぼう》に過ぎず、病院で遺体搬出のバイトをして生計を立てていた、燻《くすぶ》るこの巨体を1年でピカピカの黄金の打ち出の小槌に変えて見せた。

日本に上陸後、サップの活躍は格闘技界に止まらずTV界を席巻。一躍、時代の寵児となった。その勢いのままテレビ朝日のドラマ『逮捕しちゃうぞ』に出演した、数カ月後には石井館長が逮捕されちゃうことになるとは……。

また、本書を読めば、サップの実父は、警察官であったり、サップの覚えた得意の日本語が「領収書クダサイ」だったのも、今思うに石井館長には実に皮肉なことであった。

しかし、この組織のトップの不慮の事態を救ったのは、ボブ・サップの、八面六臂の活躍にあった。

この本には、日本の主なバラエティー番組に立て続けに出演し、CDデビューを果たし、CMも10本以上契約した売れっ子ぶりが描かれている。

これほどまでサップが大成功した要因に、その身体能力ばかりでなく、ワシントン大学で社会学と薬学を専攻していた経歴からもわかる様に、明晰な頭脳とユーモア、自己演出のセンスが、大いに貢献しているのは自明の理である。

本書では〝ビースト〟の素顔が描かれてあるが、惜しいことに、サップの〝インテリジェンス〟の詳細は、まだまだ物足らない。

そこで、俺だけが知る、知られざるサップも書き記したい。

フジテレビの深夜『SRS』で格闘技番組の司会をつとめる俺たちが、この野獣を知ったのは、初来日の昨年4月28日、『PRIDE・20』開催の横浜アリーナであった。

2メートル、170キロの並外れた体格は、初来日とは言え注目に値したが、控え室では、どこか自信なさげに見え、当然、この時分に、今の活躍を予想しえなかった。

しかし、その半年後、『SRS』に出演したサップは、俺たちとのインタビューに答える口調は自信に満ちており、すっかりテレビ慣れしていた。

そして収録の合間に、俺たちとマニアックな話に興じた。話題は、ボブ・サップのコーチ役であり、世界で最も過酷な米国の総合格闘技の大会「アルティメット大会（UFC）」で最年少王者になった、ジョシュ・バーネットについてである。

プロレス・格闘技界ではビッグネームだが、この雑誌を読む大半の読者は聞いたことも無い名前であるだろう。だからこそ、分らない人には、体育会系の黒人格闘家が、友人にして実績では自分に劣らない白人格闘家・ジョシュくんを語るという設定で読んでみて欲しい。

ジョシュは、本来、サップをサポートする裏方の人間、「チーム・ビースト」の一員であったが、昨年末、本人自らが表舞台のリングとして、新日本プロレスと契約し、低迷するプロレス界の外国人エースに抜擢された。実力的には申し分のない逸材である。

「彼なら、強さを実証し、現在、停滞するプロレスの救世主となり、日本で貴方のような人気者にも成れるのではないか？」

俺たちの専門的な質問にボブ・サップは、真顔で、

「彼のマスクと体格では、決して俺のようには人気が出ないと思う。なぜなら、白人特有の割れたアゴは人相学的にもキューティーではない。そして彼のナチュラルではあるが筋肉質ではない身体では客を呼ぶ求心力はないだろう」と答えた。

その言葉を通訳に訳された途端、俺たちは、一瞬、戸惑った。なにしろ、まだサップの経歴など詳しく知らない時期である。

今、目の前で語っているのは、リングで暴れ〝ビースト〟として売り出す、ゴリラのような、大男。

それが、まるで映画『猿の惑星』で、学者猿であるコーネリアスが人の言葉で話し掛けてきた時のように、見た目からは想像できない学術的な指摘を返してきたのだから……。さらにサップは続けた。

「いいかい。大衆はヒーローには、ＷＷＥを見ればわかるように、ビルドアップされた逆三角形体型を好む。立ち姿、姿勢も大事だ。特に彼の背中が丸まっている姿勢は致命的だ。あの姿勢では相手も観客も威嚇できない。彼が普段から、ああいう姿勢をとる、その原因は、彼が潜在的な

素質はあったとしても小さい頃からスポーツを体系的、継続的にはやっていなかったからだと思う。さらに彼は、まだ自分が売り出すべきキャラクターを掴み切れていない。その段階で、どんなにマイクアピールをしても観客にメッセージを届かせるのは難しいと思う」

と淀々と淀みなく語ったのだ。

最初は、以前の自分のコーチであり、仲間に対して、ずいぶん手厳しい批評に聞こえた。しかし、異国で同じ土俵に立ったプロのライバル、いや、このジャンルで成功した先駆者として矜持あふれる分析にも思えた。

「しかし、ジョシュは、もともと熱狂的なプロレスおたくで、知識も豊富だし、日本のマット界の動向、ファンの嗜好を誰よりも熟知している。だからこそ、彼なら問題を解決出来るのではないか？」

と我々が、さらに食い下がると、

「確かに、ジョシュはマニアの心を知るオタク的知識の持ち主だ。しかし考えて欲しい。数あるショービジネスの世界を海とたとえれば、プロレスは、大海原に浮かぶ、流水、氷山の一角に過ぎないだろう。さらに新日本などの日本のプロレス団体は、ビジネス規模に於いても、その氷山のかけらに過ぎない。そんな小さな水に興味を持ってマニアで顕微鏡の視点で分析するのは大学の研究員くらいだろう。彼らの嗜好は、しょせんミクロだ。それは、決して大衆のニーズとは言えないだろう……」

この論理的な語り口を聞きながら、日本人が本当の彼の実像を知るのは、まだ、これからではないかと思った。

『アラジンと魔法のランプ』の怪人のように現れたボブ・サップは、いつまで、この魔法の効力をもたせることが出来るのだろうか？

（２００３年６月号より）

その後、ボブ・サップは、03年の大晦日、元横綱の曙の格闘家転向初戦、Ｋ−１ルールで対決した。見事、ＫＯ勝利を収めるとともに、瞬間最高視聴率43％も記録し、この一戦の間はＮＨＫ紅白をも上向った。つまり、「その時、歴史が動いた」こととなる。

そして、我々的には、04年のお正月、日本の馬主王、関口房朗会長に「今一番、面白い人は誰？」と聞かれたときに、「ボブ・サップ！」と答えたことがきっかけで、後に、関口会長と共に、このサップと横浜アリーナのリングで戦うこととなる。

その後、サップは格闘家としてはスランプに陥ったが、一時帰国し、ハリウッドへ俳優として進出するのに成功。現在は俳優と格闘家の二刀流である。

〈24年近況〉大晦日の格闘技イベントの常連だったボブ・サップ氏だが、17年12月「週刊文春」にて11年より約

6年間に渡って内縁の妻に暴行を加え続けていたと報道。女性は鼓膜破裂、肋骨骨折、鼻骨骨折などの重傷を負い、暴力を恐れ子供を連れて日本に帰国した後も7000通のメールが送られるなどストーカー行為が行われていたという。同年大晦日には特別企画としてビートたけし総合司会の『KYOKUGEN2017』(TBS系)に野獣クマとのパワー対決、『朝青龍を押し出したら1000万円』(AbemaTV)にVIPチャレンジャーとして出演。サップ氏は文春を裁判で訴え、記事の一部は事実と認められず文春に20万の支払いが生じたが、逆に女性に暴行した部分は裁判所に認められている。暴行の背景には鎮痛剤や筋肉増強剤などの薬物使用が影響しているのではとも報じられている。18年には栄養ドリンク剤「エスカップNEXT」のCMに藤木直人扮するスマートなビジネスマンと対比する肉体派の象徴として出演。21年1月の報道ではサップ氏は現在中米のグアテマラでプロレス関連のビジネスを行い、現地でライオンを飼いながら悠々自適に生活しているとのことだ。

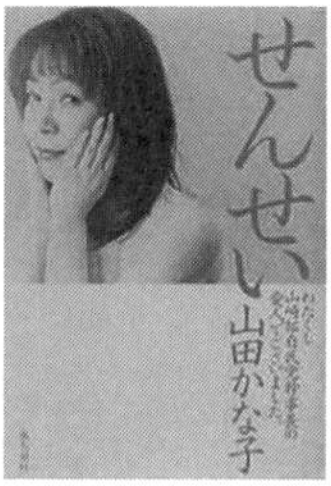

▼第24回
山田かな子
『せんせい』（飛鳥新社）

「次回の本はキムタクの『解放区』でお願いします」

今回、この連載の担当編集者から要請があった。

『解放区』とは、現在、ベストセラー街道の1位を走る、木村拓哉、初のフォトエッセー集である。ファンは、この本のキムタクのセミヌードに話題騒然とのことだ。

しかし、丁度そこへ『週刊文春』4月24日号――。

「衝撃の告白、私は山崎拓の愛人でした」と、一年前に世間を騒がせた、あの自民党幹事長・ヤマタク（山崎拓）の愛人の記事が、今、再び掲載された。

そして、そこには、あの有名なヤマタク先生が、眼鏡を外してベッドに横たわる半裸の写真があった。

もはや、俺の周囲は、こちらのセミヌードに話題騒然である。

さて、このスキャンダル、そもそもの発火点は、1年前の『週刊文春』である。

「元愛人の赤裸々手記、山崎拓『変態行為』懇願テープとおぞましい写真愛人同行で外遊も！」と、衝撃的な暴露記事が掲載され、当時、一読した俺は文句無く爆笑した。

「俺は議員じゃなかったら、絶対AV男優になる」「君のお母さんと一緒に親子丼プレイをしたい」などと「ヤマタク」ならぬ「ヤマタフ」と言われた、破廉恥な言動の数々は、我が目を疑うほどであった。

あまりの面白さに、お笑い界にも衝撃が走った。

大川豊・大川興業総裁によれば、あの江頭2：50が思わず、「これは、お笑いに対して、官による民への圧迫だ」と呟いたほどだ。

さらに、この記事、「事実巨根」ならぬ「事実無根」と名誉毀損で訴訟され、事実を巡って裁判沙汰となったが、一審で請求を棄却され、ヤマタク側が訴訟を取り下げた。

そこで今回は「キムタク」より「ヤマタク」とは、ベタではあるが、ヤマタクの元愛人・山田かな子著『せんせい』を取りあげてみたい。

この〝和製モニカ・ルインスキー〟こと、山田かな子なる女性はいったい何者か？

92年夏、彼女は、博多中洲にある有名クラブ「みつばち」で、ホステスと上客の関係で、ヤマタク先生に遭遇した。

ちなみに、この日が、彼女にとって、お店の初出勤の日であった。

当時、宮沢内閣の建設大臣だったヤマタク先生は、「君はまるで掃き溜めに鶴のような女だな」と彼女に第一声を浴びせ、「この人はあまりきれいな褒め方をしないなあ」と山田嬢も、感想を持つ。

この初対面の台詞から、いかにも傲慢な権力者らしいが、それでも山田嬢は、ヤマタク先生を謙虚で優しく威張らない人だと思ったと言うのだ……。

この「みつばち」での運命的な出会いの後、蜂になったのは、ヤマタク先生の方で、彼女はヤマタク先生の股間の針に刺しまくられる抜き差しならない関係へと堕ちていく。

結局、山田嬢はヤマタク先生が自民党ナンバー2、幹事長になるまでの10年間、性の働きバチとして、蜜な、いや密な関係を持つ。

だが、ついに彼女は、あのロッキード事件の榎本三恵子をも超える強烈な「ハチの一刺し」をヤマタク先生にお返しすることになるわけだ。

しかし、この本、底抜けに下品である。

「この人の一言で日本が動く日が来てしまうなんて。それは私が先生の欲望の赴くまま、言葉一つで、その尿までも飲まされていたということと同様、とてもおぞましいことだと感じられたのでございます」

と告白するのだが、実は、これら一連の話が、あまりに「変態」の度が過ぎてワイドショーですら取り上げられないという、逆に報道の抑止力となっているのだから皮肉なものである。

さらには、「ホテルで先生は、その大人のオモチャをおもむろに取り出して、『俺のはその辺のオモチャより大きいんだ。これを見せたら、あなたのお母さんも野性味のある俺に魅力を感じるだろう？』と言われながら、露出した自分の局部のそばでオモチャを握りしめ、『二本』を並べて撮るように命じられました」とのこと。

今、ワイドショーで話題の恋愛ジャンキー梨花の「恋愛体質」など目ではない、せんせいの「変態体質」は、次々と想像を絶する名言を発するのである。

「落選したら女子大の教授になりたい。宝の山だからなあ」「俺はセックスするために生まれてきたんだ」「先生の一番の自慢話は学生時代『イチモツ比べ大会』で『太さ』『長さ』『硬さ』『持久力』のすべてで優勝されたとのこと」などなど、とどまるところを知らない。ここまで振り切れた下ネタが出来るのも、岩井志麻子かヤマタクかと言うほどであろう。

また、同じ政治家に対しても男としてライバル心を燃やすようだ。

「先生の隣に森田健作さんが座っておられました。『ステキな方ですね』と言いますと、『スターは俺だ！』と怒られてしまいました」などは、読めば読むほど、ヤマタク先生、「俺は男だ！」である。

また、「テレビの生放送中にサインを送るよ。耳を触るから。耳を触って『愛してる』というサインを送るよ」などという話も、『週刊文春』の報道後は、俺ですら、幹事長が出演する政治番組を凝視するようになったのだから、国民の政治参加に貢献しているとも言えよう。

さらに、外遊にも同行させるのだが、先生曰く、

「自分の『お弁当』を持っていくのが好きなんだ。むこうで『外食』はしない」

と、わけのわからない操の立て方をすると思えば、

「外遊のときに先生は、わたくしの留守中の自宅に母がいることを聞きつけると、内緒で国際電話をかけていました。母が出ると、『親子でしませんかぁ?』とか『今度3人で愛し合いましょうよ』そんないたずら電話をかけていたのでございます」

と、とうとう山田嬢宅に内政干渉する始末。

しかも外遊先では決まってコスプレを強要。

「台湾ではチャイナドレス、ブルネイでは民族衣装、ワシントンではアメリカンハイスクール風な衣装をわたくしに着せ、興奮しておられました」と、書いているが、この山田嬢、後に、他の週刊誌では、そのコスプレ衣装を着てグラビアで登場するのだから、ある意味、どっちもどっちである。

性局ばかりでなく政局に関しても、「次の首相は橋本、次は森、その次は加藤、そして俺という『密約』があるんだ。でも橋本なんてすぐ倒れるよ」と言ったとか。あくまで男女のベッドで漏れる話にしても、これもまた軽々しい、いかがな情報の早漏ぶりか?

さて、今、個人情報保護法が国会で新たに可決されようとしている。そうなれば、この本の惹句《じゃっく》のような「実名で明かす愛欲関係全真相」なる捨て身の告発は、もう誰も出来まい。

つまり、これほどの必笑の国会議員のスキャンダルを、週刊誌で読む機会がなくなるということだ。

俺は、下半身スキャンダルを楯に政治家を糾弾したいとは思わない、ただ、大いに笑いたいだけだ。

マスコミも、この法案を巡って、報道への権力の介入を感じ反対キャンペーン中だが、ヤマタク問題、この一点に於いても、俺は、この法案に対しては断固反対なのである。

今回、この権力者の愛人の手記こそが、最後の『解放区』だったのかも。

（2003年7月号より）

その後、山田かな子氏は、テレビ東京の深夜番組『女神の欲望』（作家の岩井志麻子と中村うさぎが、女性ゲストの「欲望」を聞き出す番組）に出演し、「お手当てが月10〜15万」の貧乏愛人生活を語った（しかし岩井志麻子に言わせれば「私の立場はヤマタク側。私だって、お金で若い男を買っている！」と言いたい放題であった）。放送後、ヤマタク先生の地元九州では放送3回で放送中止となり、番組も異例の早さで打ち切られた。そしてヤマタク先生は、総選挙で一度は落選したが、05年4月、学歴詐称で辞職したペパーダイン古賀潤一郎衆議院議員の補欠選挙で当選し、見事、国政に復帰した。

〈24年近況〉22年、自民党と統一教会の50年以上に及ぶ蜜月ぶりが明るみに出ると、世間の批判は収まることをしらない事態に。98年に山崎氏の不倫疑惑を報じた『週刊文春』も「統一教会の〝ホーム〟に通う29歳女性と不倫していた山﨑拓元幹事長」として再び話題に。その際、相手の女性の名前は伏せられて報じられた。16年7月、山崎氏は72年初当選の同期組である加藤紘一氏、小泉純一郎氏との盟友関係を振り返る回想録『ＹＫＫ秘録』を出版。同年9月に加藤氏が死去。合同葬で弔事を読んだ山崎氏は、最後に「いわゆる加藤の乱についてはあれは一度も止めなかった僕が悪かった。すまんというほかありません」と後悔の言葉を漏らしている。21年の第49回衆議院議員総選挙の大阪10区において、公示後の10月27日、自民党前職の大隈和英氏も立候補しているにも関わらず、立憲民主党の辻元清美氏の応援演説で投票を呼び掛けた。理由は「一言でいえば友情。立民の応援に行ったわけではなく、辻元氏個人の応援に行った」。これを受け、同年12月13日の自民党党紀委員会にて党の規律を乱したとして山崎氏の党員資格停止1年の処分が下されている。

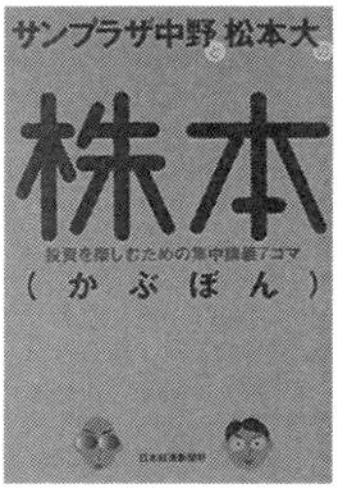

▼第25回

サンプラザ中野『株本』（日本経済新聞社）

現在、俺は、SKY PerfecTV! で『ワザあり！株式道場』というレギュラー番組を持っている。

金融コンサルタントの菅下清廣氏を講師に、株式投資を学んでいく趣旨の金融エンターテイメント番組である。

しかし、この番組にキャスティングされたのは良いが、俺は今まで一度たりとも株に興味を持ったこともなく、それどころか「株には手を出すな！」は我が家の家訓であったのだ。

しかし、番組内に、「初めての株投資」コーナーも出来たことで、お仕事と割り切り、「こちトラ自腹じゃ！」よろしく自己資金を投資し、俺もインターネットで株の売買を始めることにした。

この初めての株投資に当たって、俺は抱負として、

「サンプラザ中野に毛が生えたぐらいにはなりたい！」

と宣言した。

それは今回取り上げる、この『株本』の出版をはじめ、昨今、中野氏が芸能人投資家としてメキメキと売り出しているからなのだ。

中野氏は、爆風スランプのボーカルとして、バンドブームの真っ只中、『Ｒｕｎｎｅｒ』をリリースし大ヒットさせスターダムへ上場。

その後、『大きな玉ねぎの下で』、『リゾ・ラバ』などヒットが続き、『電波少年』ではユーラシア大陸を漂流した猿岩石へ『旅人よ』を提供し、出来高も増える一方、この〝爆風〟を追い風に、連日、ストップ高を更新する芸能生活を送っていた。

しかし、その後バンドは長い沈黙を経て活動停止に追い込まれ、文字通り〝スランプ〟に陥り、今度は自分が芸能界を漂流し、底値をつけることとなる。

ちなみに丁度、本家本元の中野サンプラザの建物の方も、経営母体の雇用促進事業団の先行き不透明感から、中野区への売却話が出ていたところだった。

が、ここにきて中野氏、芸能人としての雇用促進、活動が急に激しくなり、注目度も俄然、暴騰しているのである。

今回取り上げる『株本』の他に、ダイエット本の『痩せ方上手』の出版、更に、絶好調の阪神タイガースへ応援歌を提供、パチスロ台『爆風』のプロデュースなどなど、今、次々と中野株を押し上げる好材料が目白押しなのだ。

ダイエット本の中で、「実は男の更年期障害でした」と告白したが、82キロまであった体重を、デビュー当時の体型に戻すために24キロも減量、「健幸」な体で心機一転し、男性の更年期も克服、株式投資でマネーに詳しくなり、おまけにタイガースも連戦連勝運気も切り替えした。

まさに、この『日経エンタテインメント！』には打ってつけ、虎キチの投資家、サンプラザ中野こそが、『マネーの虎』と言うべきか。

さて、この『株本』であるが、中野氏が生徒となり、マネックス証券の松本大社長との対談に加え、3人のアナリストによる「経済ニュース」「会社研究」「株価チャート」のご指南を受ける。

この本で指摘されるように、民主主義の根幹が選挙の投票による政治参加であるとしたら、資本主義の根幹は投資による経済参加であるべきなのだろう。

にもかかわらず、確かに日本人の株への意識は「投資」ではなく、まるで「博打」である。

果たしてそれで良いのだろうか？

「日本の個人金融資産1400兆円のうち、91％のお金が、銀行とか郵便局とか生命保険とかそういう金融機関に預けたお金なんです。株式とか投信とかに行っているのは残りの9％。株式投資人口は2～3％しかいないんです」

などの数字から日本人の株式への無関心ぶりを語るが、実は、無関係とはいかないらしい。

「……だけど本当は、大きく関係している。株価が下がると我々の年金の資産が目減り、株を保有している銀行とか生保がおかしくなって、そこに税金をつぎ込んだりするわけです。日本の株式相場が下がっていった場合、結局は全部、税金や何かで自分たちが埋めなきゃいけない」

これは、株が下がったら株を買った人だけが損をしているのでなく、株を買っていない人も同じリスクをとらされる可能性があることを説明している。

つまり、株に無頓着ではいられないってことだ。

「パチンコの売り上げって年間30兆円もあるんですよ。だからもしパチンコにいっているお金がぜんぶ東証に入ってきたら、いま（03年4月）取引所に上場している時価総額は250兆円しかないわけですから……時価総額の12％のお金が入ってくるわけです。暴騰しますよ！」

なるほど、アメリカにはパチンコ市場って皆無だ。

しかし、日本で「ギャンブル」という意味では、競馬、パチンコ、宝くじのファン人口は多い。

「競馬の場合は、馬券を買うお金の25％は、ＪＲＡにもっていかれてしまう。宝くじの場合は、賞金総額の半分です。パチンコは、店や期間によって違うでしょうけど、たぶん、その中間くらいでしょうか。ギャンブルでは最初から、元金が大幅に減っているわけですよ。ところが、株は、うちの場合でも、手数料が、0・1％だから元金は、99・9％投資にまわすことができる」と言われれば、株の期待値の高さには、納得せざるをえないところだ。

「（アメリカでは）個人の金融資産のうち、54％が、株式もしくは出資金、株式投信で、人口の36％が投資しています。日本はたったの3％です。それは、アメリカの国策ですからね。資本主義国家であるということで、教育もずっとやってきたし、401Ｋという形でみんなに株に投資させることをやってきた。そういう意識が浸透しているんですね」

と、次々と目からウロコのことが書かれてある。

全編を通して、単に金儲け、利益を得ることが株式投資なのではなく、株式投資によって経済に直接的に関わることで、日本人が苦手にしている当事者意識、経済参加意識の肝要さを訴えている。

しかも読み易い対談形式で、株式用語には平易な解説も付記されてあり株式初心者には打ってつけの1冊である。

しかも、中野氏が、「2000株買い注文を入れたところ、キー操作を誤り20000株の注文をしてしまった」などの自身の失敗談なども披露しつつ、芸能人自らが日本人の株への意識を変えるために、自己資金を投じて問題提起しているこの本、俺も推奨銘柄と押すにやぶさかではない。

しかし、唯一の問題点がある。

それは、中野氏が、「口座に入れたお金は計250万円、いまは150万円くらいですね」と投資額を4割も減らしていることを申告していることである。

「4割って……それって半減ではないか。おいおい、結局、薦める方が大損してどうする？」

と、読みながら思わず突っ込んだ。

♪夏の恋は、まぼろし〜でもいいが、投資した資金がまぼろしとなっては、ちょっとどころか大いに身もだえる。
本の中では、この成績を「プロの投資家の運用成績と変わりませんと慰められているのだが、「せっかく株を始めても、指南役が4割減じゃあ、新たに株を始める人はいないないないだろうに！」と、「ベテラン漫才師」改め「駆け出し相場師」の俺は思うのである。
考えてみても欲しい。現在の中野氏、「坊主、丸儲け」の金満顔とはほど遠い。むしろ貧相、つまりケツの毛まで抜かれそうな風貌なのだから。

（２００３年8月号より）

その後の中野氏は、『外為投資道場』（徳間書店）も出版。もはや芸能界一のファイナンシャル・プランナーである。ちなみに、その後、俺は『ダイヤモンドＺＡｉ』誌の、『ミニ株バトル』に参戦。50万円の資金を1年でどこまで増やせるか中野氏と同じルールで勝負した。結果、俺は、２００％を超える運用成績でぶっちぎりの優勝。その後、株本出版の話が次々と申し込まれているのだが、そのときの本のタイトルは考えてある。『博士が愛した株式』だ。

〈24年近況〉23年7月、数多くのコンサートが開かれ、音楽ファンの聖地として親しまれてきた中野サンプラザ（東京・中野区）が50年の歴史に幕を下ろし閉館。芸名の由来となったサンプラザ中野くん（08年にサンプラザ中野から改名）もクロージングセレモニーに駆けつけ、「今日で中野サンプラザは閉館になりますが、新しいサンプラザが開業するまでサンプラザの名前は私が守ります！」と宣言。81年に同会場で開催されたアマチュアバンドコンテスト「ＥａｓｔＷｅｓｔ」で優秀賞を受賞。打ち上げでの自己紹介の際、隣にいた女性が「あなた、本名が中野だから、ひっくり返してサンプラザ中野ですと言ったらウケるわよ」と言われ、そのまま芸名になったという。24年3月、爆風スランプが25年ぶりに再始動することを発表。サンプラザ中野くん、パッパラー河合、ファンキー末吉、バーベQ和佐田の4人が集結し、「ＩＫＩＧＡＩ（生きがい）」をテーマにした26年ぶりの新曲（タイトル未定）のリリースとライブツアーが決まった。新曲は「『Ｒｕｎｎｅｒ』『旅人よ～ＴｈｅＬｏｎｇｅｓｔＪｏｕｒｎｅｙ』に続くイメージ」とのこと。バンドは同年8月にデビュー40周年を迎える。

▼第26回 高倉健『旅の途中で』（新潮文庫）

俺たちが漫才の舞台で盛岡に居る時、この本を新潮社の旧知の編集者がわざわざ旅先に届けてくれた。

まさに「旅の途中で」——。編集者が、そんな、粋な、はからいをしてくれるのも、俺が、本書の単行本化を切望していたことを知っていたからなのだ。

この本はニッポン放送で96年から00年まで5回にわたって放送されたラジオ番組をもとに書き下ろされた作品である。そして、俺は毎年、その放送をリアルタイムで録音し、永久保存版として何度も何度もテープを聴き返すほど番組のファンだったのだ。

ラジオと健さんと言えば、殿が、85年の東宝映画『夜叉』で共演した健さんとの交流にまつわるバカ話を繰り広げた当時の『オールナイトニッポン』の面白さたるやなかった。

今も、殿が次回作の話をすると、「いつか、健さんで1本だけでもやりてぇなぁ」と話される。

　さらに言えば、健さんの著作には、日本文芸エッセイ賞に輝き、母に捧げた『あなたに褒められたくて』（集英社）があるが、内容は勿論だが、この題名、俺は大のお気に入りで、しばしば日記や文章に、このタイトルを引用させてもらっている。

　そう！　今この出だしの数行だけでも、俺が健さんのことを熱烈に贔屓《ひいき》に語るのは、日本人なら誰にでも心の中に「俺の健さん」がいるからなのだ。

　本書の中で、健さんの好きな言葉として、「寒青」が紹介される。

「『かんせい』と読む。漢詩の中の言葉で、『冬の松』を表すそうです。凍てつく風雪の中で、木も草も枯れ果てているのに松だけは青々と生きている」

と説明しているが、このイメージこそ、多くの日本人にとっての健さんそのものだ。

　健さんは、銀幕の中、数えればキリのないほど、風雪に晒されながら、毅然と佇《たたず》んでいたのである。

　そして、その姿に、「お母さん。僕はあなたに褒められたくて、ただ、それだけで、あなたがいやがってた背中に刺青《ほりもの》を描《い》れて、返り血浴びて、さいはての『網走番外地』、『幸福の黄色いハンカチ』の夕張炭鉱、雪の『八甲田山』北極、南極、アラスカ、アフリカまで、三十数年駆け続けてこれました」

と『あなたに褒められたくて』の一節をかぶせると、健さんを見た、あの日の映画のことを想起し、自分の人生の道程を重ね合わせてしまうのである。

この本は、健さんが厳しいロケを離れて、オフを楽しむ旅館や、南の島、異国の地で語りかけてくる。

「いい人との出会いというのは、人生の宝物だということを強く思います。素晴らしい人との出会いがあるから、長い間、俳優を続けてこられたのかも知れません」と書かれるように、この本のテーマは、「一期一会」である。

本書は、もはや手垢のついたような、この常套句の真の意味合いもあらためて教えてくれる。

健さんが少年鑑別所で受刑者たちに語る言葉、『鉄道屋』でカチンコを打つだけが仕事だった若い助監督からの手紙、石垣島で何年もガイドを務めている青年の言葉、大学2年生の時に新小岩の遊郭でお姉さんから言われた言葉などなど。

日本で最も「有名」な映画俳優は、「寡黙」で知られるが、「無名」の衆の中にある、キラリと光る「雄弁」を切り取り、その言葉の響きに鋭く反応し、心に刻み、実に「能弁」に書き連ねる。

石垣島の手作りの運動会を見た健さんは、

「八甲田山では、僕らは百八十五日間、厳寒の雪の中にいました。それはただ、拍手を受けたいという一心からです。ところが、あの運動会を見ていたら、拍手をしている自分の方が豊かなんじゃないかと思えてきました。誰かを励ましている、あなたたちにも感動しましたよ、と拍手を送っているほうが豊かなんだな、と突然感じたのです」と、素直に綴る。

それは、映画スターではない、平凡な我々の日常さえも、キラキラと輝きだす躍動的瞬間を持つことを教えてくれる。

『南極物語』の撮影でスコット基地に閉じ込められていた時、健さんが読んだ1冊の本、『男としての人生～山本周五郎のヒーローたち』（グラフ社）から、幾つかの言葉を引用する。

「身についた能《もの》の高い低いは、しようがねぇ、けれども、低かろうと、高かろうと、精いっぱい、力いっぱい、ごまかしのない、嘘いつわりのない仕事をする、おらあ、それだけを守り本尊にしてやって来た」

寒冷の地で、その本に健さんが赤線を引っ張ったように、また俺も、この『旅の途中で』のページに赤線をなぞり、この言葉を自分に言い聞かす。

そればかりか、作家・丸山健二氏が寄せた「それが高倉健という男ではないか」という文章は、俺も放送当時、録音テープを聞き返し、自分で文字起こしをしたほどだ。

「暗くて、重くて、正しくて、強い一匹狼のイメージは、いつしか敬遠するようになった。そうした主人公に憧れ、血の騒ぎを覚える男は減るばかりだ。

時代はますます軽くて薄い方向へ傾いてゆく。その日その日ちまちまと、こすっからく、目先の欲に振り回されて、弱くてだらしのない男たちが、『普通でいいんだよ』『自然に生きたいのさ』『等身大の生きざまがしたいんだ』などという小賢しい言葉の上であぐらをかいている。そのなかにあって彼は男であり続けたいと願い、役者をしながらもその姿勢をくずそうとしない。そそれが高倉健ではないのか」

しばらく、この文章を机に飾っていた。

本書を読むと、「役者という職業は何か？」を理解するのに、数々の助言に触れることとなる。

健さんにとって、俳優とは、身も心も漂泊の職業ではあるが、決して意思なく流されるものではない。

そして演技とは、他人の人生を模倣するものではなく、また他人を安易に憑依させるものでもない。

「一日一生」の精神で自己の見聞と体験を刻み込み、来るべき役柄に反映させていくことなのだ。

それは、北野武監督が言っていた、「映画って自分の身に着いたことしか出来ないんだから」の言葉を、俺に思い起こさせるのだ。


そして、実は、俺の個人史のなかでも健さんとの〝一期一会〟はある。

ある日、テレビ局の人に、「健さんの行きつけのお好み焼き屋があるから」と行った先に、偶然にも、その日、健さんがフラリと入って来られたのだ。

「本物の健さんだ……」

緊張して身動き出来ない俺たちに、健さんの方から近寄って来られて、直立不動で、

「テレビで、ご活躍は拝見しております……。映画では、たけしさんにはお世話になりました」

と、健さんの方から先に挨拶をされてしまった！

それを言われた俺たちは一瞬にして、恥ずかしさと光栄の極みとで、店の鉄板以上に身を熱く紅潮させながらも、メロメロに骨抜きにされてしまった。

しかも、この逸話、今まで何度、興奮を込めて他人に話してきたことか。

「健さんとの一期一会」は生涯、酒場で語り継ぐことの出来る男の勲章なのである。


この本を読んでいると、誰もが健さんの肉声が聞こえてくる錯覚に陥るだろうが、それは現代人にとっては失われつつある男の侠気の気風、仕事人の衿持、礼節に拘《こだわ》る古《いにしえ》の厳格なる「父」の声なのだ。

そして、我が内なる「俺の健さん」と言う父性に対し、誰もが自分の仕事ぶりを振り返り、省みて、「あなたに褒められたくて」と言い聞かすのだ。


（2003年9月号より）

その後の高倉健さんは、次回作に、本書でも、『初恋のきた道』を絶賛した、チャン・イーモウ監督の『単騎、千里を走る。』への出演が決定。この映画、健さんの座右の銘の、「行く道は精進にして、忍びて終わり悔いなし」の言葉を彷彿とさせる、日本人マニアも唸る、「健さんのき

た道」、その集大成となることだろう。

〈24年近況〉稀代の俳優、高倉健。12年8月、『単騎、千里を走る。』に続く6年ぶりの主演映画『あなたへ』で銀幕に復帰。13年11月、文化勲章を授賞。記者会見で「日本人に生まれて本当によかったと、今日思いました」と述べた。その後、次回作『風に吹かれて』の準備をしていたが、14年11月10日、悪性リンパ腫のため東京都内の病院で死去。満83歳没。「入院中の姿を見せたくない」と親しい関係者にしか知らせず死後も密葬が執り行われ、同月18日に「往く道は精進にして、忍びて終わり悔いなし」の言葉とともに、その死が発表された。19年10月、高倉氏が最後に愛した女性で、人知れず17年寄り添った小田貴月氏による初の手記『高倉健、その愛。』（文藝春秋）が出版。帯文は「高倉からのリクエストはたった一つ、『化粧をしないでください』でした」。23年3月には最後の一年を小田氏が綴った『高倉健、最後の季節。』（文藝春秋）も届けられた。また、21年3月にはそれまで封印されてきた未発表曲「対馬酒唄」「流れの雲に」を初CD化したアルバム『風に訊け映画俳優・高倉 健歌の世界』もリリース。「対馬酒唄」（作詩・荒木とよひさ作曲・徳久広司）は「俺が死んだらよ桜の下によ 骨ば埋めて花見してよ」という詞で締められている。

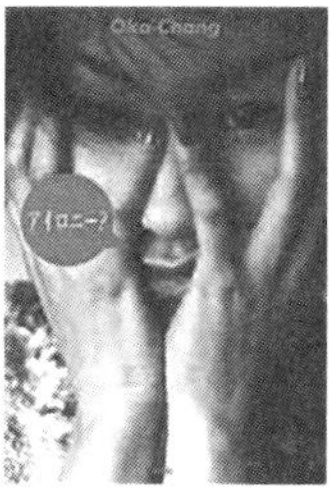

▼第27回 Oka-Chang『アイロニー?』（扶桑社）

サブカル界では、有名人である、この本の著者、Ｏｋａ－Ｃｈａｎｇと俺は懇意である。どころか、「全国9人のＯｋａ－Ｃｈａｎｇファン（自己申告制）の皆さん。こんにちは」と彼女が書き始める行の、その一人は申告すれば俺なのである。

彼女は俺の友人のなかで、オーバー１７０センチの身長を誇る、唯一の元・有名モデルであり、また唯一の現役・向島芸者でもあり、まだ、俺が結婚前、身長ジャスト１６０センチの俺に、オーバー１８０センチの『ａｎａｎ』の現役モデルを恋人候補として紹介してくれたりもする、私設芸者置屋の〝やりて婆〟のような人でもある。

無論、この数行の紹介からも分るとおり、世間一般のレベルから言っても、相当な変わり者である。彼女のモデルとしてのキャリアもユニークで、名古屋の地方モデルから結婚を機に、上京し、その後、〝既婚を隠して〟メジャーデビューを果たす。

とは言え、モデル生息率の高い代官山を、「3歩歩いただけで自宅に逃げ帰りたくなる街」というほどの気性の持ち主であり、上京後は、旦那と共に無国籍タウンの大久保に居を構え、根本敬の『電気菩薩』を読みながら『すき家』の牛丼を喰らい、錦糸町のサウナや、大日本プロレスのデスマッチを愛好する、血中劇画度が極めて高い、人妻・年齢詐称ファッションモデルなのである。

男文化にどっぷりつかり、「今にも生えてきそうなチンチンを隠しながら」、モデルをしていたため、当然、オシャレ業界や、その住人とは肌が合わず、仕事の先々で、さまざまな軋轢がある。

無論、それこそが、このエッセーの読みどころの一つである。

さらに、彼女のキャラ以上に大問題なのは彼女の結婚歴10年になる旦那さんなのである。

彼女の夫は、オーバー150キロをベンチプレスで持ち上げるボディービルダーにして、刺青獣でもある作家の石丸元章氏である。

石丸氏は〝カリスマ・ジャンキー〟として、自らの覚せい剤逮捕劇を描いた『SPEED』、『アフター・スピード』のノンフィクションを著した気鋭のルポ・ライターである。

社会的な評価はともかく、退屈になりがちな人生に非凡な物語を呼び込む才能と、その語り部としての芸当のある異才の人だ。

そして、二人は、知り合ったその日に夫がプロポーズ、半年後に結婚、上京、というニューシネマの主人公的展開を地で行く、夫婦なのである。

この石丸氏と雑誌の対談で知り合った俺は、私生活でも親しくなり、2年前には台湾へ二人きりで旅行した。

旅の趣旨は、石丸氏の「台湾に嫁いだ妹を訪ねる旅」であるにもかかわらず、氏の経歴からして、海外渡航するだけで、あらぬ詮索をされ、それに随行する俺までもが、事務所や多くの人から「大丈夫ですか?」と念を押された。

しかし、俺など赤の他人である。

これが日々、日常を暮らす妻であるOka-Changとなれば……。

なにしろ、この旦那、知り合った時から重度の薬物依存症であり、その後、新婚1年目で逮捕されるのだから、その新婚家庭の地獄絵図は「まともな状態であることは極まれで、異常であることが私たちの〝日常〟だった」と、もはや当事者には笑いとばすしかない数々の修羅場にみまわれる。

禁断症状から、この夫、数々の世の事件を自分が「念力で起こした!」と言い張り、「向かいのマンションからスピルバーグがうちの部屋の様子をとってるから閉めないで」と叫び、またオウム真理教のサリンに追われる妄想にかられ、警察に駆け込むと、やってきた捜査員に自宅のシャブを発見されるという自業自得の行動を連発。そして、夫婦、二人きりになると、妻に「絶対に宇宙に帰らないで~」と懇願するほどの気狂いぶり、まさに〝ヤク〟病神というべきか。

この本は田舎のサブカル好きのオリーブ少女が、大人になって本当に『オリーブ』誌のモデルになるサクセスストーリーでありながら、その横で筋肉モリモリの「ポパイ」が、ほうれん草マニアならぬヤク中であったという、実に明るい悲劇の物語なのだ。

さて、モデルを10年務めた後、Ｏｋａ-Ｃｈａｎｇは突如、今度は向島の芸者を目指す。

その理由も、求人誌で「芸者募集」の告知を見て「高校時代読んだ小説等の影響で『将来は着物を着て生活する人になりたい！』」から。そして、「芸者っていうのは〝プロの女〟と言うよりも〝女のプロ〟。きっと素直に尊敬できる、かっこいい姐さんもいるだろう」と退屈しのぎの冒険気分で飛び込む。

当然、数々の珍事が勃発するが、物語の後半に登場する、ターザン山本とのエピソードが圧巻である。

ターザン山本とは、かつて黄金時代の『週刊プロレス』の名物編集長でありながら、その職を追われ、浪人生活を送る56歳の容貌魁偉なダメオヤジ。

私生活でも離婚歴2回を数え、オーバー３００万の借金を背負う競馬中毒患者でもある。

そして、今や、プロレス記事ばかりでなく、過度な妄想癖から詩や文章をホームページに綴る、Ｏｋａ-Ｃｈａｎｇ曰く「文句なしの異常者」でありながら、「その異常性がイコールこの人の魅力であるし、私が最も愛する部分なのである」と思いを寄せる。

そのターザンと全盛時の『週刊プロレス』マニアだったＯｋａ-Ｃｈａｎｇとの仲を取り持っている、陰の仕掛け人が吉田豪であり、俺なのである。

さて、ある春の日、ターザンが、Ｏｋａ‐Ｃｈａｎｇと一緒に花見を過ごした後、彼女に無理やり拉致され森鷗外の旧宅がある由緒ある上野のホテルに同宿することになる。

その顚末を描いた章は、まるで現代の「鶴の恩返し」である。

しかも、Ｏｋａ‐Ｃｈａｎｇは「ターザンとは友達になりたいわけじゃない。一ファンであり続けるか、結婚するかどっちか、だ」と本書で告白している。

実は、何度も、この二人のデートをセッティングしたことのある俺は、丁度、この台詞をターザン本人に言う現場に居合わせていた。

それは、ＷＷＥの日本公演、代々木大会を観戦した帰り道の歩道橋の上である。

芸者仕事から駆けつけた和服姿のＯｋａ‐Ｃｈａｎｇから、突然、放たれた、その台詞を受け止めたターザンは、目を白黒させ立ち尽くした。

ターザンが老け込んだ日常から一気に生気を取り戻し若返った瞬間、俺は激情に駆られたターザンが、オリーブをポパイから奪い去る幻影を見ていた。

奇しくもこの字面、その模様を、「マガジンハウス」のどこかの雑誌で連載したいほどだ。

しかし、その一方で、「ターザンは最高の破滅型吟遊詩人だ」とその文才を大いに認めつつ、「Ｏｋａ‐Ｃｈａｎｇが、もし浮気したら、その相手を許さない！」と息巻く、マッチョでジャンキーな石丸氏を思い返した。

いったい、この三角関係はどう転がるのか？

俺にとっても、月9のドラマなどより遥かに面白いわけである。

こういうオーバーすぎる過剰な人間関係とストーリーをあえて日常に作り出す、Ｏｋａ-Ｃｈａｎｇは、他人事ながら、つくづく、退屈しない人生である。

さて、こんなに美しくも破天荒なＯｋａ-Ｃｈａｎｇは、長き「Ｄ・Ｔ」を病む文系少年には、もしこんな彼女がいたら……と夢想する偶像であるだろう。

彼女の姿に誰を重ねるか？

それは若きタランティーノが描いた、『トゥルー・ロマンス』のアラバマなのだ！


（2003年11月号より）

その後、Ｏｋａ-Ｃｈａｎｇは、04年8月、夫・石丸元章氏と離婚し周囲を驚かせた。そしてその経緯を、『バースト』誌に発表。激情に結ばれた二人であっただけに、ついに燃え尽きてしまったのだろうか？

〈24年近況〉その後、Ｏｋａ-Ｃｈａｎｇ氏はｍｉｘｉの日記（コメント欄含む）をベースに一冊作ったSNS本のはしりである『半径50センチのできごと。』（主婦と生活社）、初の小説『トール・トーク』（文藝春秋）を発表。本人曰く「『私小説家は、足がはやい』と言われますが、このあと見事に筆が止まりました。魔法が解けたかのように」。私生活ではTBSラジオ『ライムスター宇多丸のウィークエンドシャッフル』『ザ・トップ5』などでもおなじみ映像コレクターにしてビデオ考古学者のコンバットREC氏と結婚。一女をさずかった。『小説新潮』16年6月号から18年11月号まで「へそのお」を連載開始。「元モデル、元芸者という異色の経歴を持ち、美しき毒舌家として名を馳せた著者。更に舌鋒鋭く出版界にカムバック！」との惹句を冠し、子育ての大変さ、娘さんの言動など身の回りに起きる出来事を細やかな筆致にて描写。21年刊行の総勢100名が参加した都築響一編『Neverland Diner 二度と行けないあの店で』（クラーケン）にも寄稿している。現在は自身のnoteにて「Oka-Changの縁側日記」を不定期連載中。

▼第28回
佐野眞一
『東電ＯＬ殺人事件』
（新潮文庫）


この連載はタレント本の書評の趣旨ではある。

しかし、今回、丁度、ルポルタージュの傑作、佐野眞一著『東電ＯＬ殺人事件』が文庫化され、さらに、この東電ＯＬ事件を下敷きに書かれた小説、桐野夏生著『グロテスク』が最も話題になっているので、共に語ることとする。

ある意味、この「東電ＯＬ」こそ、今、日本の読書好きの女性に最も関心を持たれている「タレント＝偶像」なのかもしれないのだから。

佐野眞一本は、97年3月の、渋谷区円山町の木造アパートで東京電力に勤める慶大出身のエリート女性が売春の末殺害された事件を、容疑者のネパール人の逮捕と起訴、そして無罪判決まで同時進行的に追うノンフィクションである。

殺害された被害者の泰子は、昼はエリートＯＬ、夜は娼婦という二重生活のため、事件後、スキャンダル記事の格好の餌食となり、そして容疑者のネパール人、ゴビンダ・プラサド・マイナリーは、日本の警察の予断捜査の杜撰さと外国人蔑視から冤罪事件の被害者になった（と思われる）。

この本は本来、日本とネパール、さらには、女性エリートと出稼ぎ外国人という、出会うはずもない世界に住む二人が、円山町という古くから地理的な暗号を持つ強い磁力に引き寄せられ、泰子の神々しいまでの「大堕落」と、ゴビンダの、あさましい「小堕落」ぶりの対照を描き、事実を取材しながらも実に小説的、劇的に描いてみせたルポである。

そして著者は、彼女の行動の軌跡に坂口安吾の『堕落論』を再三引用し、彼女自身を文学性を帯びた「悲劇のヒロイン」視し、現代の「巫女」とまで呼んだ。

「坂口安吾が『堕落論』のなかで『人は正しく堕ちる道を堕ちきることが必要なのだ。堕ちる道を堕ちきることによって、自分自身を発見し、救わなければならない』と述べた言葉を想起させ、私を感動させる。私は泰子の奇矯な行動にこころ動かされるわけではない。堕落する道すじのあまりのいちずさに、聖性さえ帯びた怪物的純粋さにいい知れぬほど胸がふるえるのである」とまで著者は書く。

多くの読者と同じく、俺にしても、この記述に対する違和感と共感、二つ我にありである。

泰子と大学で同じゼミだった女性は、取材に答え、

「……でも、女性ならば誰でも、自分をどこまでもおとしめてみたい、という衝動をもっている

んじゃないかとも思うんです」と語る。

また精神科医は、「彼女は死んだ父親を過剰なまでに理想化するあまり、『父親に比べて見下げ果てた自分』『汚い自分』を処罰したいという衝動から行動していった。その結果、心と体が分離され、心が体に『見下げ果てた自分』『汚い自分』になることを命じてしまったと思うんです」と、精神分析する。

しかし、これらの論理的言葉をもってしても、彼女の闇を説明するには限界を感じてしまうのは俺ばかりではないのだろう。

つまり、本の説明だけでは物足らない——。

当時、発売された週刊誌『ＡＥＲＡ』によれば、

「現場となった円山町のアパートには、この本を読んで、まるで巡礼のように駆けつける女性が何人も現れ、泰子がその前に佇《たたず》んで客を引いていた道玄坂地蔵には読者たちの間で「ヤスラー」と称されるキャリアウーマンたちの参詣が絶えないという珍現象まで起こった」とのこと。

実際、俺自身も、この〝ヤスラー現象〟は知らないまま、渋谷の道玄坂に赴くと、円山町のホテル街を抜けて、泰子が殺され10日間も放置された神泉駅前の木造のアパートの1室の中まで訪ねたのだから、俺もヤスラーと同じ穴のムジナである。

そして、こうした大きな反響から、翌年、続編『東電ＯＬ症候群』が生まれた。

この本では二審以降の裁判の模様と、この事件に関するメディアの熱狂、世の中の強い関心、

著書言うところの「発情」ぶりを追い、その奇妙な熱狂を、「女は性にとらわれて死んだ泰子に魅了され、男は権力にとらわれて獄中にいるゴビンダに思いを馳せているのではないか」と著者は分析する。

確かに、この続編が、俺のような男性読者を興奮して止まないのは、取材するバラバラに点在する事実や人物が、次々とシンクロし1本の線上に意味を持って繋がっていく点であろう。

一審でゴビンダを裁いた東京高裁の判事の一人が、後に少女買春により罷免され、退官願いを総理大臣の森喜朗に提出するのだが、その森総理にも、学生時代に、かなり確定的な買春疑惑があることなどが判明し、物語は連鎖していくのである。

「私にとって東電ＯＬは、闇の世界に向かって想像力を羽ばたかせる黒い翼のようなものだった」

と著者は書くが、読者も、また闇の世界への旅への道連れであった。

そして、00年7月9日――。

俺は、自分の司会するラジオ番組のゲストに佐野眞一氏を呼んで、この本を特集した。

議題は、何故、人は東電ＯＬ事件に発情するか？

我々、浅草キッドとコメンテーターのターザン山本、そして、佐野眞一の男性4人が、この本を巡って語り合ったのである。

侃々諤々《かんかんがくがく》の議論の果て、ターザン山本は、この本の提起する本質的問題とは、現代人の「引きこもるペニス、彷徨《さまよ》えるバギナ」ではないかと仮説を立て、そのフレーズに佐野眞一氏も強く同調、着地点のない迷走に終止符を打てたかのように番組は終了した。

しっくりと言葉が収まり、まるで、この事件が総括できたかのような満足感があった。

しかし、放送後、俺のホームページには、この放送を聴いたリスナーから数々の反響メールが寄せられた。

「わかったようなことを言うな」、「男には決してわかるまい」と我々の説への異論・反論、泰子への共感、同情が語られていたのだが、実際、その全てが匿名でありながら女性からであった。

今まで、長くラジオ番組をやってきたが、これほどまでの特殊な反響は、経験がない。

思わず、誰とは無く、「ゴビンダさい」と謝った。


このような現象に、男である俺は腑に落ちない忸怩たる想いを秘めながら、3年後、この『東電OL事件』をモチーフにした桐野夏生の小説『グロテスク』を手にした。

桐野夏生は希代のストーリーテラーであり、そして手練れの女流作家である。

そして、これほど有名な事件を下敷きにする小説を描くに当たって、娼婦へと堕ちる女性の長い独白の形式で話を進める。

さもしくも悪魔的な女性の心の闇の奥底から、搾り出る悪意剥き出しの心理描写には、辟易とするほどであるが、その絶望的な魂の放浪振りは、一度読み始めれば止まらない吸引力で書かれ、読書の醍醐味を満喫させてくれる。

もちろん、『グロテスク』は、出版界でも大きな反響と共に迎え入れられ、俺の周囲でも、普段は小説など読まない女性までが、こぞって廻し読みしていたのが実に印象的であった。

が、女性たちは、小説で描かれた悪魔的な女性こそ、知られざる私自身の分身ではないかと、揃って同じ感想を漏らしていた。

今やベストセラー街道まっしぐらのこの小説は、きっと、このルポルタージュより売れるであろう。

しかし、出来ることなら女性にこそ、この小説のモデルとなった「事実」を描いたルポとを読み比べて欲しい。

「この世で、どうして女だけがうまく生きれないのか、わからないわ」

「簡単よ。妄想を持てないから」

『グロテスク』の終盤にある実に印象的な会話を引用しつつ、妄想を持てないハズなのに小説に共感を覚える多くの女性を見るにつけ、佐野眞一の言葉、「病んだ社会というのは、実は病んだ者にしか見えない」の言葉が思い起こされるのである。

（2003年12月号より）

〈24年近況〉97年、『旅する巨人宮本常一と渋沢敬三』（文藝春秋）で第28回大宅壮一ノンフィクション賞を受賞。『甘粕正彦乱心の曠野』（新潮社）、『あんぽん　孫正義伝』（小学館）などベストセラーを次々と発表し、カリスマとまで呼ばれた佐野眞一氏。だが、『週刊朝日』12年10月26日号に掲載した「ハシシタ奴の本性」（佐野眞一＋週刊朝日取材班）という連載記事が問題になる。「橋下徹本人も知らない本性をあぶり出すため血脈をたどった！」とセンセーショナルに報じた内容は、橋下氏の政策や政治手法を批判するのではなく、被差別部落出身を暴く調査をおこなうことを宣言した明確な差別記事であると強い抗議を受けた。これを機に27年間にわたる佐野氏の盗用・剽窃行為が次々と暴かれていく。実際に被害を受けたノンフィクションライター溝口敦氏は『ノンフィクションの「巨人」佐野眞一が殺したジャーナリズム　大手出版社が沈黙しつづける盗用・剽窃問題の真相』（宝島社）にて詳細に検証。この問題を受け、佐野氏は担当する賞の選考委員を辞任。レギュラーの仕事もすべて休載した。15年2月、橋下氏におわび文と解決金を支払うことで和解が成立。22年9月26日、肺ガンのため75歳で死去。

▼第29回

高橋がなり、つんく♂

『てっぺん』（ビジネス社）

ソフト・オン・デマンド（ＳＯＤ）は、昨年年商80億円を記録し、中野区の法人納税額で丸井本店に続いて2位の急成長エンターテイメント企業でありながら、この『日経エンタ』誌に、その戦略が分析されることもない会社である。

また社長の高橋がなり氏は、『マネーの虎』（日本テレビ系）の「虎」としてレギュラー出演していたにもかかわらず、自社の広告をテレビで打つことは、まかりとおらなかった経験を持つ。なぜなら、ＳＯＤとは、世の徒花《あだばな》、日陰の身、裏芸能界でもあるアダルトビデオ業者であるからだ。

その高橋がなり氏が、今や、華やかな芸能界の頂に君臨し、この世の春を謳歌する、つんく♂と対談本を出すことは、つんく♂の方にメリットが無いと思われがちだ。その真意を図り、がなり曰く、

「つんくさんはスーパーの店員、つまり、一円卵とか大々的に言って、目先の損でその先の大きな得をとる」と分析する。

それに対し「商売人の子ですから」と笑って応じる、つんく♂も、今更ながら実に目端の利く人だ。

二人の間には、同じような「成りあがり」の系譜がある。

がなり氏は、佐川急便の運転手などを経て、テリー伊藤の部下として、テレビ業界入りして、『元気が出るテレビ!!』などで地獄のＡＤ時代を経験、しかしテレビマンを挫折し、再起を賭けた会社を2度つぶすなど紆余曲折ありながら、ＡＶ業者となる。

つんく♂は、オーディション荒らしとして有名だったシャ乱Ｑを率いて大阪から上京し、92年デビューするが、4枚目のシングル、「上京物語」まで低迷。

この頃のエピソードが本書でも語られている。

当時、シャ乱Ｑが『浅草橋ヤング洋品店』のエンディング曲に採用された際、テリー伊藤に「ウンコ食うんだったらテレビに出してもいいよ」って言われ、「大丈夫です」と答えたとのこと。

「そのテリーさんの『甘くねぇぞ』っていう言葉に、気持ち的には負けたくなくて、そう答えたんですけど、ミュージシャンとしてはどうなのかなと（笑）。将来、武道館のステージに立ったときに、『ウンコ食ったバンド』って画がどうしても描けなかったんですよ（笑）」

と、つんく♂は笑い話として振り返るが、この世界、「甘くねぇぞ」のたとえが、「ウンコ食う」とは、確かに、「甘くねぇ」話である。

そして、テリー伊藤演出の『浅ヤン』終了後の後番組、『ASAYAN』で、モーニング娘。を売り出すこととなるのだから、運命の皮肉だ。

また二人ともプロデューサー業として、自分が料理する素材に若い女性を扱うことで、共通項も多い。

まず、共に偉大なる常識人でありながらも、「つんく♂」も「がなり」も奇をてらった芸名である。

「自分は素のままに自然に生きていると思っている人たちが多いんだろうけど、そうじゃなくて、何かを成し遂げようとする人間は、まず自己演出、自分をこっちの方向に持っていこうって自分を演出することが必要じゃないかな」と語るように、ショービジネスの第一歩が自己演出と踏まえている。

確かに、二人の本名、高橋雅也や寺田光男では、まず、成功への「つかみ」すら無かったことだろう。

また、二人とも、人材採用には、それぞれ独自の方法論があるが、意識の底では繋がっている。

SODの入社試験のとき、がなり氏は、「お前は負け犬か?」と聞き、「はい」って言う人間でないと入れない。

女優の採用も「ここまでなら失ってもいい」と言うAV女優は、最初からいらないと語り、

「『全部失ってもいい』でなければ通用しない世界だから」と説明する。

　また、つんく♂の場合は、オーディションのとき一番多いタイプの、「私、変わってます」と自ら申告する少女には、「そんなもん、学生レベルだろ」と切捨てる。

　そしてローティーンの女の子にはタブーである「『おでこ出して』といって平気で出せるような子しか入れない」と語る。

　互いの、ヒットの法則の共通点も多い。

「要は、見えていない大多数を狙うんじゃなくて、見えている一人を狙う。誰にそれを買わせたいのか。それがマーケッティングの基本です」

「AV選ぶ時、なんで選ぶ、ジャケットやろ。中身どうやってみんねん。無理やろ。AV作るのと同じ感性やねん。スケベじゃないと絶対、ダメだって」

　また二人ともに強調することは「人間ってやっぱりルールや縛りがあるほうが楽しめる」との答え。

　実際、つんく♂は、校則の多い私立高校出身。

「自分をどんどん『私立高校』にしていった方がいいんですよ。縛りを入れていった方がいい。自分をフリーにすればするほど、何やってもOKだから何もしなくなるんです。自分に縛りを入れると道が狭くなるけど、逆に選びやすくなる」

　と答えれば、一方、AV界も、一見、なんでもありの無法地帯でありながら、一般企業に通じるビジネスとして成立させるには、むしろ、がんじがらめの縛りだらけなのだ。そして、SODの成功の鍵は、この業界のなかで、最もモラルを高邁《こうまい》に掲げたことである。

〝天才論〟を求められることも多い二人だが、

「俺は天才じゃないんだ、でもだからこそ、人に教えられることが出来るんだ」とか、「天才の素質って言うのは、苦もなく努力できることだと思う」

などなどの発言にも成功哲学を忍ばせる。

また、数々の女性アーティストを手がけた、つんく♂が語る個々の評も興味深い。松浦亜弥に関して、

「『分るか、この軸に対して、お前、こんだけ早いねん。突っ込みやねん。50ミリのこの突っ込みなくせへんと、色気のある歌、歌われへんぞ』ってそういう専門的なことを言いたくなるくらい、松浦は最初から完璧でした」とか「彼女のリズム感ってドラマーに多いタイプで、打ち込みの機械じゃない、彼女独自のリズム感なんです。3年かかってますね、今の松浦になるまで。僕の中では、彼女みたいな天才肌の子はこれまで1人もいません」

これぞ〝天才論〟としても読ませる。

そして、AV業界の今後について、がなり氏は、

「例えば、たけしさんがAVを撮るとか、興味を持つ理由付けをする。でも、たけしさんも作らないだろうなと。ならば、うちの監督が、北野武クラスの監督になればいいじゃないか」

と、かなり具体的な発想をしている。

さて、俺は、先日、その北野武監督と高橋がなり社長が、ふぐを食す会席に仲介人として同席した。

テレビ界の「てっぺん」のお殿様との初のお目通りが叶い、がなり社長は恐縮しきっていた。考えてみれば、今は、一国一城の主でも、元は『元気が出るテレビ』のAD、いわば足軽あがりなのだから、それも当然のことだろう。

殿とがなり社長の二人の話を横で聞きながら、自分の位置を「てっぺん」と自己演出しながらも、さらなる、「てっぺん」を想定する能力こそが、これらの天上人の異能だと思った。

そういう意味では、この本は、今をときめく二人の項上対談でありながら、さらなる頂点を目指す次期戦略の「虎の巻」でもある。

また「タレント本」として、二人の名プロデューサーが語る金言集であり、末永い効力がありそうにもかかわらず、「旬の短い本」であると思わせるのは、彼らが切り取る世界観そのものが、本物の「旬」であるからなのだろう。

（2004年1月号より）

その後のつんく♂氏は、ご承知の活躍。がなり氏は『あゝ、一軒家プロレス』を製作、映画界に進出、また以前からの公約どおり、SOD設立10周年を機に、05年3月をもって代表取締役を辞任、ふりだしに戻って、再び「てっぺん」を目指すようだ。

〈24年近況〉佐川急便のセールスドライバーに始まり、30歳で起業するも2社を潰し、三度目の正直でAVメーカー「ソフト・オン・デマンド」を設立した高橋がなり氏。10年で100億円企業に育て上げ、05年3月に引退。同年7月、『社長の遺言三度目に成功する人生論』（インフォバーン）を出版。06年3月、農業改革をスローガンに掲げ「国立ファーム」を設立。品種選定から売場までトータルプロデュースのもと小売店や飲食店への卸販売や農場運営などをおこなっている。つんく♂氏は14年3月、喉頭ガンを公表し声帯を摘出。同年10月にハロー！プロジェクトの総合プロデューサーを引退。15年9月、手記『「だから、生きる。」』（新潮社）を出版。22年7月、総監修する「中2映画プロジェクト」選抜メンバーによる「アイドル部」プロジェクトが始動。23年9月、ビジネス書『凡人が天才に勝つ方法自分の中の「眠れる才能」を見つけ、劇的に伸ばす45の黄金ルール』（東洋経済新報社）を出版。凡人の勝機は「好き」をとことん追求することであり、生まれもった素質や「親ガチャ論」を乗り越えるために必要なことを丁寧に伝えている。

▼第30回 哀川翔『翔、曰く』（ぴあ）

「不良は日本の土着文化」であり、「ヤンキー市場は日本最大のマーケットである」と再三指摘していたのは、畏友、ヤンキーならぬ、ナンシー（関）であった。

その「不良・ヤンキー文化」の象徴とも言える位置に君臨するのが、我らが哀川翔アニキである。

「一世風靡セピア出身のアニキ業」である哀川翔、正直に言えば、当初、俺は、この人のキャラクターが苦手であり、その絵に描いたようなVシネマの帝王的な芝居がかった言動に失笑しつつ、生涯出会うことはあるまいとタカをくくっていた。

そして、5年前、劇作家・松尾スズキ氏が書いたモデル小説『小説・哀川翔』の出来栄えに爆笑した。一例を挙げれば、哀川翔が付き人に「おまえも役者目指すんなら、最終的には（レンタルビデオ屋に）コーナー持たんとな。コーナーな」と口癖で語るところなど、いかにも翔氏が言いそうであり、その面白さに思わず、俺のホームページにその全文を書き写し、また俺自身も哀川翔的存在を揶揄する文章を、その横に書いたりしていた。

しかし、あろうことか、01年4月、テレビ朝日の深夜番組『虎ノ門』のスタジオで翔氏と初めてお会いすることになる。

たまたま、浅草キッドの著書と、翔氏の著書が同じ時期に同じ出版社から発売されることになり、その出版社の社長の紹介で楽屋に挨拶に出向いたのである。

翔アニキは初対面の俺に、「ホームページ、読みましたよ！」と言い放った。

「ありがとうございます」と言いながら、俺の慌てふためきぶりも無かった。

事情を探ると、なんと、前述の社長がわざわざ俺のホームページをプリントアウトして手渡したらしい。しかも、その時『小説・哀川翔』の写しまで読んだというのだ。

とても、翔氏を賞賛しているとは思われない、いや茶化してると言っても過言ではない内容にもかかわらず、その後の、翔氏と松尾スズキ氏、弟子筋に当たる宮藤官九郎氏との懇意な付き合い振りを見れば、「翔、怒る」ことはなかったようだ。

その後、俺たちも哀川翔主演のVシネマにも端役で出演させてもらうことになった。

わずか、1日だけの共演シーンであったが、余りにもタイトすぎるスケジュールの中、翔アニキの現場でのひたむきさ、その天真爛漫さ、周囲に鷹揚な、生まれついてのスターぶりを感心して見入った。

実際、芸能界でツッパリの頂点に居ることは、ツッコミどころ満載の男であらねばならない。そこに、作りや照れがないのが、なかなか凡人には出来ないことなのである。

実はタレント本の世界でも、この本を含め、哀川本は名作揃いと言っていい。

翔氏は、大学在学中からアルバイトのライターとして、雑誌『ポップティーン』の創刊にたずさわった経歴もあり、本作り、活字へのセンスもスターらしからぬ感性の持ち主であると見た。

自伝である『俺、不良品。』（東邦出版）、俳優・哀川翔を追ったドキュメントの『鉄砲弾伝説』哀川翔・谷岡雅樹著（太田出版）を読めば、哀川翔のヒトカドの人物ぶりは、主演作を熱心に見たことがない俺ですら確信に変わった。

『鉄砲弾伝説』は、のべ100本近くの主演作を生み出し、「俺はマイナーなままメジャーになる」と宣言し、ノンストップで駆け抜けた哀川翔の10年を、Vシネマ評論家として伴走した著者のノンフィクションである。

「なんで、時代はいつのまにか、哀川翔なのよ？」と思う向きにも見事なアンサー書になっている。

「軽いのではない、重たいけど浮いている」

とは、翔氏を評した言葉だが、なるほど一見わかりづらい、むしろ軽んじられやすい、二律背反、アンビバレンツにしてアンビリーバブルな哀川翔のポジションを見事に解説している。

また、志がありながら、邦画界の衰退という時代状況の中で、本編の映画ではなくVシネマの現場へと向かった、高橋伴明、黒沢清、三池崇史ら、活劇監督たちが、次々と、スター・哀川翔のもとへ集うあたりは、まるで「水滸伝」の梁山泊のようであり、『翔』の『将』たる器を感じさせる。

その2冊を踏まえて、さらに、この発言集である。

「俺には夜がない。昼、畳でダブル太陽よ」

「俺たちは動きながら充電している」

「立ち止まって考えちゃよくない」

と語る、芸能界随一のハードスケジュールのなかで、5人の子供を育て、家族との密接な関係を隠さない。

「子育ては修行、今世紀最大の修行」

「親子の断絶は、親がいる限りはない」

と言い切るほどに、真剣勝負。

「おれんちクリアしたら、どこでも生きていけるようにする」と語る独特の哀川家のスパルタ教育も、

「トイレットペーパーがなくなったのを見て見ぬふりをして出てきたら半殺し」であり、家に居る間も一日中、アイドリング状態は続き、「うちは朝6時に全開だね。だいたい朝飯を食う前ぐらいが全開だから、子供が起きないと、食器とかガシャーン、ガシャーンとわざと音を立てて、

普段では考えられないぐらいテレビのボリュームでかくして、もう、嫌がらせ」という徹底振り。なにしろ、

「うちは、家族っていうより、族。族の掟は絶対」なのだから。

そのほかにも、まるで矢沢永吉語録とコインの裏表のような哀川翔語録は、彼のオフィシャルイメージを裏切らず、笑いつつも納得できる。

そして、噂される政界進出に関しても、

「立ってるもんは親でもなんでも使う」

と語る解説文には、

「国会議員を目指す哀川にとって、鹿児島にいる母親は重要な地盤固め役である。目指せ、国会議員、目指せ、総理大臣」

と事実上の出馬宣言が書かれ、しかも、

「十年後、二十年後の夢は鹿児島3区から出馬して当選。その後、北海道に移住して北海道知事……。そして末は内閣総理大臣だ」

と具体的なタイムスケジュールで日本一の番長を目指すことを謳っている。

となると、近い将来、正真正銘の〝族〟議員誕生であろうか？

しかし、「北海道知事」ともなると黙っていられない方がいる、北の大地を代表するもう一人のアニキ、松山千春――。

彼もまた、鈴木宗男氏との盟友ぶりからも、政界進出の可能性を噂されて久しい。いつの日か、哀川翔が松山千春と政界で果たし合う日も近いと見た。

この『大ぼら一代』、本宮ひろ志の漫画の世界観を体現するかのような人物はもはや現代に少なかろう。

かつて歴史作家、司馬遼太郎は薩摩の英雄、西郷隆盛の明治維新後を描き、『翔ぶが如く』を著した。

そして、今、「一人戦国時代を生きてきた感じ」で、天下取りを狙う現代の薩摩藩の武将、哀川翔が、仮に『翔、曰く』の続編を書くなら、『翔が如く』のタイトルを進言したい。

30分で読み終える、この本。

でも若い奴は、部屋の本棚にコーナーを作って、30年、手元に置いておきたくなるだろう。

（2004年2月号より）

その後の哀川翔氏は、100本目の主演作となる、監督・三池崇史、脚本・宮藤官九郎による『ゼブラーマン』を完成させ、一大キャンペーンを展開。

また、バラエティー界にも〝アニキ〟として定着、その存在感を、茶の間に完全に知らしめ、デビュー時の一世風靡時代以上に一世風靡しているのである。

〈24年近況〉芸能生活30周年記念で14年に『元不良、いま不良、これからも不良』（東邦出版）、16年に『ブレずに生きれば道は拓ける！　一翔両断!!』（KADOKAWA）を上梓。24年はデビュー40周年を迎える。昆虫好きとしても知られ、15年にギネス級サイズの巨大カブトムシや雌雄同体のカブトムシの羽化に成功。16年には自身監修の『はじめてのカブトムシ飼育BOOK』（ブックマン社）を出版し好評を博した。ここで思い出されるのが09年10月8日、哀川氏の乗用車と奇しくも代表曲に「カブトムシ」があるシンガーソングライターaikoの乗用車が東京都目黒区の交差点付近で接触した事故である。幸い2人にケガはなく、芸能人同士の珍しい接触事故として話題になった。18年3月には25年ぶりのシングル「再戦～終わっちゃいねえぜ～」を発売。主演ミュージカル『HEADS UP!』劇中歌で、カップリング曲はラサール石井作詞、湘南乃風の若旦那作曲の「カブト虫」。当然aikoファンの取り込みも視野に入れ、「カラオケで間違ってaikoの曲だと思って入れたら、オレの曲が出てくるから。歌ってもらわないと困っちゃうよ」と語っている。

▼第31回 関口房朗『金持学』（宝島社）

本年は〝申年《さるどし》〟ではなく、〝馬年〟になると俺は予想している。何故なら、この本の著者、「日給84億円の男」、関口会長のテレビ界での一大ブームを予見しているからだ。

仕事柄、我々は〝社長転がし〟には実績と自信がある。

過去、『浅ヤン』でタッグを組んだ城南電気の宮路社長、『未来ナース』で見出した鈴木その子社長に続き、俺たちのレギュラー番組であるテレビ朝日の社長バラエティー『ド・ナイト』で発掘したのが、この〝本命馬〟関口房朗会長なのである。

なにしろ、番組目玉企画の「視聴者への大盤振る舞い」で、いきなり「1億円のサラブレッド」をポーンと提供したのだから、その太っ腹ぶりも桁違いである（ちなみに、テレビ界の賞金上値制限の1千万円に引っかかり、視聴者プレゼントは出来なかった。だったら我々が引き取るとの話もあったが、馬の飼葉料に月70万円もかかることが、まったく頭にというか、俺たちの脳の海馬になく、結局「フサイチドナイト」と馬名だけ付けさせてもらった)。

この『金持学』なるタイトルも鼻息が荒いが、「年収3000万円以上をめざすアナタのための成功哲学」とサブタイトルがある。

『年収300万円時代を生き抜く経済学』なる、福相の著者による貧相な本がベストセラーになる中、本書は実にポジティブで痛快、その半生は波乱万丈で、自叙伝としても文句ない面白本である。

さて、この社長、馬は血統マニアであるが、ご本人は〝財界2世〟などというサラブレッドではない。

また、馬のタテガミにも見えるちょんまげスタイルの髪型や、一見インパクトの強い容貌から馬鹿社長に見られがちだが、実業家としての馬力ポテンシャルは並ではない。

なにしろ、今や、社会に浸透した「アウトソーシング」(人材派遣)という発想を、言いかえれば、〝人間厩舎〟として日本で初めて会社商売にした男なのである。

しかし、順風満帆と来たわけでもない。

もともと、自ら図面を引く腕の立つ設計士、技術屋でありながら、一念発起で起業し、馬車馬の如く働きながらも、2度の倒産、崖っ淵を体験。

そして、この〝落馬〟から立ち上がり、日本初の技術系アウトソーシングの会社「メイテック」を名古屋に設立、生き馬の目を抜く実業界で成功、怒涛の追い込み、差し脚で、一代で上場企業の社長となり、創業社長として莫大な株式公開益を手にした。

その後、スポーツカーのコレクションに飽きると、今度は競馬で馬主デビュー、次々と世界的名馬の血統を競り落とし、馬名には、自らの名前、「房朗が一番」を意味する「フサイチ」の冠名をつけ、一大フサイチ軍団を作り上げる。

そして、96年にフサイチコンコルドで念願の日本ダービーを制した絶頂時代、経済界でも「現代の織田信長」ともてはやされた。

しかし、まさに、その時、社内に「本能寺の変」が勃発。罵声と馬声が飛び交う中、社内のクーデターで、社長解任の緊急動議を役員会で採決され、創業社長の座を追われ失脚することになる。

マスコミは、ダービー馬オーナーになったばかりの機を捉え、「馬で首になったワンマン社長!?」と大きな見出しを立てて報道した。

この状況、予後不良の廃馬として、安楽死処分か桜肉になって当然だが、会長のレースは終わらない。

まず、意気消沈していないところを見せるため、〝名古屋のパルテノン神殿〟と呼ばれる大豪邸を建立、しかも、「豪邸拝見」企画でテレビが取材に来た3日後に泥棒に入られるという二走ボケのオチまでつけた。

さらに、新たに、新会社「ベンチャーセーフネット」を立ち上げ再起。

そして、00年には、フサイチペガサスで、「ダービー馬のオーナーになることは、一国の宰相になるより難しい」と競馬の本場、大英帝国のチャーチル首相にまで言わしめた、米国ケンタッキーダービーに出馬！

馬主席でも世界の度肝を抜こうと、プライベート・ジェット機をチャーターし、祇園の舞妓さんを数名連れて貴賓室に乗り込むと、ブッシュ大統領の隣で観戦し、16万人の大観衆見守る中、東洋人として初制覇を果たしたのだ。

そのダービー馬、フサイチペガサスは、もともと5億6千万で競り落とし入手したものだが、種馬として売却された時に記録した、当時の世界最高の売値が84億円、それが「日給84億円」の由来であり、その1日の稼ぎだけで、その年の長者番付の8位に記録されたのである。

マスコミに取り上げられた逸話の数々も記録的。

毎年、奇抜な入社式を仕掛け、話題を振りまいてきた。

F3000のフォーミュラカーで自ら登場のディスコ入社式。代々木体育館を借り切り自らマタドール（闘牛士）に扮した闘牛入社式。また、サッカーW杯フランス大会に、どこの馬の骨かわからぬような学生までも1300人無料招待で13億円を散財。

そして今年は、なんと横浜アリーナを借り切って、本物のリングを設営。

K―1GPと同じ演出スタッフで、自ら、あのボブ・サップと対戦予定なのだ。ちなみに、そのセコンド役を務めるのが俺たちなのである。

これらのイベントでは、とにかく金に糸目はつけない。

何故なら、本書に書かれる通り、氏の金持ちになるための格言は、「金は使えば使うほど貯まる」だからである。

さらに、その人脈も凄い。

なんと、あのコリン・パウエル国務長官と懇意で、ホワイトハウスに招待されたり、長男の結婚式にもパウエル一家が列席しているのである。

最初に取材したときに、この繋がりは不可解であったが、この本に書かれた終戦直後の「一枚のチョコレート」に纏わる美談で謎が解き明かされている。

テレビで共演しても、驚くほどにNGがない。

馬子にも衣装、身につけるウン千万の装飾品で目を引き、まずはツカミはOK。

六本木ヒルズの自宅を開放し、銀座の「久兵衛」から職人を出張させては寿司を振舞い、専属スタイリスト、専属ソムリエ、専属美術アドバイザーなどを常時はべらして、周囲が望む金満ぶりを語るに躊躇《ためら》いがない。

全てに鷹揚《おうよう》で、どんな依頼に対しても快諾し、決め台詞は、「そうそうそう！」である。

テレビ出演の際には、この絵に描いたような馬鹿社長を演じきり、それを諫《いさ》める向きにも馬耳東風。どころか、この本で「経営者とはネクタイを締めた瞬間から役者であり芸人なのだ。もしも、会社の名前が知れ渡るのであれば、ワシは個人が笑いものになっても構うものか。自分がカッコつけたいために宣伝の機会を失うようじゃ、企業を経営する資格なんてない。カッコいいも悪いも全部引き受ける。それが経営者や！」と決意を語ってくれているのである。

こんな社長、テレビが放っておくはずがない。

共演者の俺たちとも最高に馬が合う。

そして、この本の帯を依頼され、

「この男、勝ち馬！　この男こそ、ラストサムライ！　この話の尻馬に乗れ！」と書いた。

しかし、本書を一読頂ければ、俺たちの〝馬力本願〟ぶりに納得していただけるだろう。

（２００４年3月号より）

その後の関口房朗会長は、下馬評通り、テレビで売れっ子に。ちなみに本文で触れた、「フサイチドナイト」が出足した京都競馬場へ我々も同行したが、なんと16頭立てで12位に。しかし会長、その後のレースで、払戻金１５００万円の穴馬を当て、カメラの前で見事なメークミラクルを決めて見せた。

〈24年近況〉日本人馬主で初めてアメリカ・ケンタッキーダービーを制するなど歴史に名を残した関口房朗氏だ

が、２００７年の参議院選挙で国民新党から立候補するも落選。「競馬ファンが投票に行かなかったからだ」とコメントし、物議をかもす。同年6月に自身が立ち上げた技術系人材派遣会社の会長を退任したが、翌年３月には相談役も退任。自身が所有する株を約13億円で投資組合に売却。その後、別の会社の人材派遣業を支援し、売却時に交わした競合禁止義務に違反したとして投資組合から違約金の支払いを求める訴訟を起こされ、５億円の支払いを命じる判決を受ける。10年３月には04年に当時の国内最高価格４億９０００万円で落札した「ザサンデーフサイチ」「フサイチセブン」の2頭が東京地裁に差し押さえ。11年9月、「フサイチナガラガワ」が競走馬登録を抹消されたことによりＪＲＡでの所有馬は0となり、13年8月「フサイチクローバー」の現役引退を受けて馬主活動は終了。以降表舞台に姿を現さなかったが、22年5月9日、フサイチコンコルドの主戦騎手だった藤田伸二氏が自身のＹｏｕＴｕｂｅチャンネルの生配信にて視聴者からの関口の現況を尋ねられ「亡くなりましたよ」と答えている。

▼第32回 野中広務『老兵は死なず』（文春文庫）

先日、俺たち浅草キッドが司会する、ＴＢＳの政治バラエティー番組『アサ秘ジャーナル』に、あの野中広務・元官房長官が初出演した。

多くの視聴者にとって野中氏は小泉政治に対抗し、引退を余儀なくされた抵抗勢力の黒幕、その大方の印象は、「悪役」、「老害」のイメージに違いない。

また、野中氏は、昨年９月の自民党総裁選では「反小泉」の先頭に立ったが、逆に小泉支持を表明する幹部議員が続出。その際に発した「毒まんじゅう」という言葉は昨年の流行語大賞を受賞した。

「毒まんじゅうはうまく食った人も静かに食った人もおる。食いそこなって大変な傷を負った人もおる」と言い残したが、その本人がマスコミ的には、「煮ても焼いても食えない」政治家の代表でもあるのは、まぎれもない。

当日、ロケ先には異例なことに、TBS政治部の記者も貼り付き、事前に台本も検閲され、異様な緊張感に包まれた。それもそのはず、78歳のこの大物政治家はインタビュー嫌いで知られ、特に談話中に笑顔などは皆無の強面なのである。

それどころか、かつてはテレビ局を管轄する郵政族の首領として君臨し、逓信《ていしん》委員長時代には、あのNHKの元会長で、普通の代議士など平気で怒鳴りつけたことで知られる、「シマゲジ」こと島桂次を更迭した過去もある。俺たちが何か失言をして、しくじるのでは……と、局側が心配するのも無理はない。

そして、この難攻不落の強敵のため、俺たちが事前に目を通した資料のなかでも、特に興味深く読んだのが本書である。

この本は、96年1月の橋本内閣組閣から今年の引退表明まで、橋本・小渕・森政権の最側近として支え、権力の中枢にいた本人の回顧録であり、一寸先は闇の政界で、時には政敵を蹴落とし、時には合従連衡《がっしょうれんこう》する、その権謀術数ぶりを自ら明かしている。

例えば小渕政権で官房長官就任の舞台裏。

「総裁室にやってきた私に、小渕さんはいきなり『官房長官をやってほしい』ときりだした。私は言を左右にして逃げた。すると小渕さんは突然、椅子から降り、総裁室の床に座り込んだ。日本国の次期首相が、私の前で床に跪《ひざまず》いたのだ。仰天している私に向かって、小渕さんは、『頼む。小渕恵三が頼んだんだよ。やってくれ』そう言うと頭を下げた」

このくだり、「凡人」小渕総理の「平凡」で在らざる首相への執念が鬼気迫る。

また、実に興味深いのは、氏の非情なる政局運営能力の、その手の内である。

かつては同じ派閥に居たにもかかわらず、経世会を分裂させ、政界混乱を招く元凶になったと、国会で「悪魔」とまで呼んだ、仇敵・小沢一郎に対し、「個人的感情は別として、法案を通すためならひれ伏してでも」とまで前言を翻し、多難な自・自・公の連立政権作りを進める過程には、「変節」と謗《そし》られながらも、「個」を捨てた、高度な折衝・調整能力を窺わせる。

そして、あの「加藤の乱」に際し、加藤派と山崎派の議員の選挙区事情を調べて、加藤派の独立は無理だと判断してから、鎮圧を決断する過程に、その調査能力を武器にした政治力が、際立つ。

かくも、氏の政局の切り回しぶりは冷徹、非情極まりないが、その一方で政治信条は一貫して、リベラル・ハト派であり、自衛隊派遣を織り込んだ「イラク復興支援法」の採決も、あえて退席したのも記憶に新しい。

魚住昭著『野中広務差別と権力』（講談社）、松田賢弥著『闇将軍』（講談社）などの評伝を読めば、自身の宿命に、血の涙を流しつつ、岩に爪を立てるように這い上がってきた政治家が持つ弱いものへの、眼差しを見てとれる。

また、本書の中で、俺が驚いたのは、昨年の総裁選では、打倒小泉の「奇策の秘策」として、あの舛添要一の擁立を検討していたこと。１６０万票を集め、トップ当選を果たした舛添先生ではあるが、まだ1年生の、しかも参議院議員である。

子泣きジジイ（野中）が、ネズミ男（舛添）に耳打ちする、水木しげるの画が浮かんできそうな光景だが、「これはかなりいい線を行くと思っていた」と本気で画策に動いた顚末も明らかにしている。

ちなみに、番組収録の際、第一声を「先生、今日は、色々、周囲に、検閲を受けているんですけど……」と俺が中央突破を仕掛けると、「もし、気に入らなければ帰るよ！」と実に魅力的な笑みを浮かべた。

その後は、局側の心配をよそに、対談は和気藹々に進み、野中氏の興味津津な語りに盛り上がった。

途中、政界デビューは遅かったが、短期間に政界の権力中枢を上りつめたため、常に誹謗中傷を浴びてきた野中氏は、「男のジェラシーは醜いぞお～」とシミジミと呟いた。その発言を聞きながら、俺は、政局とは、「リアル・渡る世間は鬼ばかり」であり「男のためのワイドショー」であると思った。

また、俺なりに、野中氏の政治家生活を「劇場型」ならぬ「四角いジャングル的」に喩えると……。

インディー出身で中央進出が遅れたプロレスラー、ノナカが遅すぎるメジャーデビューを果たし、その実力（道場でのガチンコの強さ）で脚光を浴びるが、ベビーフェイス・コイズミの登場により「5カウントまでは反則OK」の権謀術数型レスラー、ノナカは退場を余儀なくされる。ただ、「反則」といいつつ、その中にも予定調和のルールがあったのが旧型プロレスだが、コイズミ型の「格闘技系」は旧型ではタブーだった「フルコンタクト（直接打撃）」に何のためらいもない。

そこは「党議拘束」「派閥」といった古い日本の政治モチーフに拘る旧型プロレスを全うしたノナカは苦々しい。しかも、昔からの自民党の在り方としては、デビュー（初当選）時はベビーフェイスで、当選・役職を重ねるにつれてヒール味を帯びつつ、より古いヒールを追い落として王者になるというパターンだった。

しかし、コイズミだけは王者になってもヒール臭を帯びない訳で、ノナカとしては、彼の存在は、自分が、その存続のために滅私奉公してきた「自民党プロレス」の終焉を意味し、自己否定されているようで強い拒否感があるのではないか――。

以上は俺流の解釈だが、こういう見方や政治への関心の持ち方は、「勧善懲悪のわかりやすい図式を描き、橋本派議員、あるいは、族派議員は、『絶対悪』、小泉さんはそれを打破する『正義の騎士』という図式である」と野中氏が嫌悪した二元論の肯定だろう。

それでも俺は、「悪役」側もマスコミを忌避することなく、逆にマスコミに積極的に発言する政治を待望する。

そもそも、この雑誌に、この本を取り上げることが場違いなのかもしれない。

しかし、俺たちが、エンターテイメントに溺れるなか、懸案の個人情報保護法によって、雑誌で自由に発言する権利がいつの間にか制限されそうになっていたり、自民党の代議士が、こぞって出演拒否を逆手に、テレビ局の自主規制を引き出したり、そして、なにより、お国のためならまだしも、なぜかアメリカのために自衛隊は派兵される。

国民の大きな選択が、国会閉会中に決定されるとは、ますますワンフレーズの「正義の騎士」による、議論不在の政治になってはいないだろうか？

「老兵は死なず」と言う限り、「陰の総理」「守旧派」「抵抗勢力」と呼ばれた、この「黒幕」の言葉を、むしろ今後は表舞台で聞きたいのだ。

（2004年5月号より）

その後の野中広務氏は……この日、収録後、政治部の記者に向かって、「彼らはプロの聞き手だったよ」と褒めてくださり、我々の大きな自信になった。一方で引退と共に、過去の〝影〟の部分も明るみに。食肉偽装事件、日本歯科医師連盟から自民党旧橋本派への1億円ヤミ献金問題など新聞、週刊誌報道に野中氏の名前も散見される。〝まんじゅう〟は喰わなかった野中氏だが、とんだ虫歯があったものだ。

が、その口を噤《つぐ》むことなく、発言を続けて欲しい。

〈24年近況〉回顧録のタイトル『老兵は死なず』は、アメリカの風刺歌「Old soldiers never die, they just fade away（老兵は死なず、ただ消えゆくのみ）」に由来。ダグラス・マッカーサーが国連軍司令官退任演説で引用したことでも知られている。17年11月27日、京都市下京区のホテルで倒れ、救急搬送。18年1月26日、同市内の病院にて死去。92歳没。同年4月のお別れの会では与野党の政界関係者などおよそ3000人が別れを惜しんだ。党の幹事長や官房長官などを歴任し、00年の「加藤の乱」では党幹事長として同調者の切り崩しにあたるなど剛腕を発揮。反面、自身の戦争体験（45年3月に召集、本土決戦に備え結成され陸軍第155師団歩兵第452連隊に配属）から一貫して反戦を訴え、弱者へのまなざしを大切にする政治家としても知られた。菊池正史『「影の総理」と呼ばれた男野中広務 権力闘争の論理』（講談社現代新書）によると、父親は戦災孤児を自宅に呼んで世話をするなど社会的弱者支援に尽力する人物だった。野中氏の額の傷あとは赤ん坊の時、子守に来ていた前科八犯の朝鮮人女性「おわきばあさん」が野中氏が泣くたびタバコのキセルで叩いてできたものだが、そういうことがあっても父親は朝鮮人女性を雇い続けたという。

▼第33回

加賀まりこ『とんがって本気』

（新潮社）

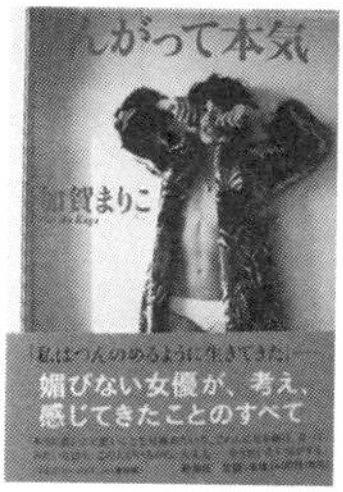

「還暦記念」のこの著書を読んでいるうちに、俺が加賀まりこさんを初めて見た日を思い出した――。

それは、もう20年近く前のこと、TBS緑山スタジオの『風雲！たけし城』の楽屋に加賀さんが椅子に一人腰掛け、殿（ビートたけし）が仕事を終わるのを待っていらっしゃった。加賀さんの持つ、その凛とした気高さ、その艶やかな佇《たたず》まいに19歳の時に見た、加賀まりこ主演映画の『泥の川』を脳裏に思い浮かべていた。

当時、殿が「俺よー、今、あの加賀まりこに口説かれちゃって大変なんだよぉ。しかも今日はデートだぜぇ！」と自慢気に俺たちに語っていた。

昭和22年生まれの殿の世代の男性にとって、加賀まりこが、どれほど時代の最先端であり憧れの女性像であったか、その彼女にデートに誘われることが、どれほど男として誇らしい気分になるのか、この本を読んで、殿の得意気な顔を得心できたのである。

加賀まりこの、「とんがり人生」は、少女の時から突出する。

神田生まれの〝都会っ子〟で、神保町の古本屋に通い詰め、小学校のときから澁澤龍彦訳の『マルキ・ド・サド選集』を愛読し、映画で見たヘップバーンの髪型にするため一人で美容院に行くような早熟ぶり。そして、10代で〝真夜中の教室〟と呼ぶ飯倉の「キャンティ」に出入りを始める。

なにしろ、当時の加賀さんの周囲には、

「『キャンティ』のすぐそばには、雑誌『ａｎａｎ』の仕事で仲良くなった立木義浩夫妻のお宅があって。そのサロンのような立木家に『話の特集』の矢崎泰久さん、小さいころから見知ってた和田誠っチャンや仕事仲間が出入りし……。矢崎さんたちと銀座のバー『まり花』や、吉行淳之介さんがよく麻雀をしてらした文壇御用達の旅館・赤坂の『乃なみ』に行けば、阿川弘之さんや近藤啓太郎さん、それに芦田伸介さんもいらした。時には黒鉄ヒロシさんや小沢昭一さんも顔を見せ、私は〝吉行さん人脈〟と〝話の特集人脈〟を行き来しながら麻雀のメンバーに加えてもらったりしていたんである」というマセすぎた交友ぶりなのである。

当時から、マスコミには「六本木族」「小悪魔」と名づけられ、黛敏郎、丹下健三などの文化サロンのやり取りを眺める生活を送る。

もともと、女優になったのも、父親は映画会社のプロデューサーであったが、そのコネに頼ったわけではなく、17歳の時に寺山修司と篠田正浩に偶然、路上でスカウトされてデビューすることになったのだから、当然、こまっしゃくれていた。

撮影現場でも、スタッフを待たせる新珠三千代に「アンタ、何様のつもりなのっ⁉ こんな寒空にみんなを待たせておいて！」と、その生意気さを発揮。

20歳、売れっ子アイドルであったにもかかわらず、「もう女優業とはおさらばしたい」と半年先までのスケジュールをキャンセルしてパリに渡る。

20歳の女の子には大金過ぎる、今まで稼いだあぶく銭を散財する決意で一人暮らしを始め、毛皮を買い漁る豪遊の傍ら、サンローランやトリュフォー、ゴダールやサガンと交友を重ねる。

一文無しになって帰国してから劇団四季の舞台で主役を演じ女優に開眼、その後、川端康成原作の映画で主役を演ずることになり、川端康成と会食をすることとなる。そのときのことを振り返り、

「2度目の朝食の時、『そのスカート、もうちょっとあげてごらん』と先生が言った。一歩間違えりゃセクハラ行為よね。（略）私は味わったことのない感覚の中で、『ああ、この空気、なんと なく好きだあ』私は、その時〝とっても清澄なる官能〟とでもいったものを味わっていた」と書いている。

10代、20代で、これほどまでの体験を持つ加賀まりこ――。その存在は、本のなかで友人に評

されている言葉を借りれば、「〝都会的〟なんてひとことじゃ括れない、すごくトッポくてカッコよくてキラキラし不良性を持ってる女の子だったよねえ」

「あのフツーじゃなさ加減、際立ってたよ。大衆に支持される〝よき少女〟というより、その対極にある〝精神の不良性〟みたいなものを体現してた」

つまり、時代のミューズ（女神）であったのだ。

当然、私生活も奔放、御自分では、「男なんて選り取り見取り、もてるように見られて、その実、一番もてないのが女優だと私は思ってる」だとか、「私のように惚れて追いかけるタイプにとって、女優という職業は障壁だらけだった」と言いながらも、当然、その恋多き人生も半端じゃない。

14歳の頃の追っかけだった、ドラマーの田辺昭知と、その7年後に恋に落ちたり、大物俳優、大物歌手との恋や、夫の愛人騒ぎが頻発する結婚生活と離婚を経験、さらに世間を賑わす大事件が勃発。

「『シングルマザー』という言葉もなかった時代、世間のバッシングの凄まじさは私の覚悟の域を遥かに超えていた。〝未婚の母〟になるという、それだけで罪人のごとく取り沙汰され、反社会的行為のように書き立てられる。でも私自身に罪の意識はかけらもなかった」

という人生の選択も、出産7時間後に子供が死産に至る。

「産後4日目に『加賀まりこ〝勇気ある出産〟の悲しい結末』と報じられた記事を手渡された。

私はそれを読んで、病室にあった電話機を力任せに床に投げつけ、一人で声を放って泣いた。悔しかった。でも死んじゃったものはもう取り返せない。ただ、母親が縫ってくれていた白いちっちゃな産着が……やっぱりコタえた」

江戸っ子で他人に弱みを見せず、泣き言を言わない彼女の生き方のなかで、この経験だけは、「人生には、どんなに頑張ってもどうにもならないことがある。私にとって初めての挫折だったのかもしれない」と振り返る。

この人生遍歴は並みのドラマではない。

その後も、50歳のときの26歳年下の俳優志願の付き人との恋愛遍歴もまるで包み隠さない。しかも、子供を欲しがった彼に「だからこそ、私はこの恋に刻限を決めなければと思った」とスパッと自ら別れる。そして、「私の信条はね、一分一秒、過去のこと」と言い切る潔さ。

27歳の時に撮影した、当時としては革新的なヘアヌード写真集を、今、眺めて、「若き日の自分の写真って敵手（ライバル）だよね」なんて咳呵も一々素晴らしい。

「横っ跳びしてでも捕まえたいよな」、若々しくビビッドな言葉の数々で語られる、この文章の端々に、「コンサバな生き方はバカを作ると思ってた」という本音と自分に対して恥ずかしい「野暮」はしない、女の「粋」な生き方が滲み出ている。

最近は女性誌でも「男前女」の特集が組まれるが、「好き嫌いを貫いて生きている」「求めすぎない幸せ」を知る、「神田生まれで喧嘩っ早い」加賀まりこは、男前の上に、江戸前、まさに女のハードボイルドというべき存在なのである。
最初に話を戻せば、その日、殿と加賀まりこさんのデートは、カラオケ大会と化し、殿に随行したガダルカナル・タカさんが泥酔し、あの加賀さんの頭にチンチンを乗せ、「チョンマゲ！」とのギャグをかましたところ、事も無げに、「可愛いわねぇ」と言われたとのこと。そして、一晩中、ゴージャスなる大宴会は続いたが……この恋が実を結ぶことはなかったそうだ。
いやはや、殿が〝とんがって本気〟にならなくて良かった。

（2004年6月号より）

その後の加賀まりこさんは、女性誌に、55歳のTBS社員と〝事実婚〟を報じられ、「5年越しにアプローチしてやっと振り向いてくれた男性、これが最後の恋だと思ってる」とコメント、今なお、衰えぬ現役の〝とんがって本気〟ぶりを世間に見せつけた。

〈24年近況〉『濡れた逢いびき』（67年）以来、54年ぶりに主演を務めた映画『梅切らぬバカ』（監督・和島香太郎）が21年11月公開され、ロングランヒット。包容力あふれる母親「珠子」と重度の自閉症を抱える息子「忠男」（ドランクドラゴンの塚地武雅）が社会の中で生きていく何気ない日々を丁寧に紡いだ本作。タイトルは適切な処置をしないことを戒めることわざ「桜切る馬鹿、梅切らぬ馬鹿」に由来する。息子が50歳となった現在、珠子は自分がいなくなった後のことに不安を募らせ、悩んだ末に息子のグループホーム入居を決断。ところが息子はホームから逃げ出し、ある事件に巻き込まれる。公開時の取材では長年連れ添う〝事実婚〟相手の男性の40代になる息子が自閉症であることを初めて明かした。愛をこめて息子を「若（わか）」と呼んでいるそうだが、オファーの時点では「若」の存在は監督もスタッフもいっさい知らなかったという。余談だが、飯島愛氏とは95年から03年に放送された『クイズ赤恥青恥』（テレビ東京）の解答者として共演以来親交があった。加賀氏の亡くした娘と同じ72年生まれということもあり、飯島氏は生前「私に母のように接してくれた。不思議な居心地の良さがあった」と述懐。09年の飯島氏のお別れ会では、発起人の一人として加賀氏も名前を連ねている。

▼第34回 大竹まこと 『結論、思い出だけを抱いて死ぬのだ』（角川文庫）

大竹まことに関する業界伝説――。

大竹まことは双子で、もう一人の兄弟も、白髪、眼鏡にヒゲ、常に不機嫌な表情をしたままNHKに勤めている――と言われるが、誰も見た人がいない。

そもそも、大竹まことについて、人はどれほど、思い出があるのであろうか？

この本を読みながら、俺の脳内のハードディスクに「大竹まこと」のキーワード検索を掛けてみた。

本書の数編は、雑誌『本の旅人』連載時に偶然、読んでいたが、当時、俺に強い印象を残したのは、故・マルセ太郎氏のお葬式を描写した「家などいらんが」の回だった。

マルセ氏が亡くなられた、01年、世間は、猿の物真似芸で知られる、この異端の芸人を追悼したが、この世間的な認知とは別にマルセ氏は知る人ぞ知る「スクリーンのない映画館」シリーズで一人芝居の新境地を開いたパイオニアであり、激烈な人生体験から鬼気迫る言葉を紡ぐ、達者な書き手でもあった。

タレント本マニアの俺にとって、マルセ氏の『芸人魂』は今も忘れられぬ名著であり、読み終えた直後に、当時レギュラーだった深夜ラジオで熱烈に推奨した。その後、マルセ氏の弟子の女の子コンビであったエンジェルより「あの放送をありがとう」とお礼状を頂いた。……などと止め処なく思い出すのも、本書の極めて静謐《せいひつ》な文章は、読めば読むほど、記憶のツボを押され、思い出が数珠繋ぎとなって湧き出るからである。

初めて起用されたテレビのレギュラー番組でクイズの出題中に取り乱し、倒れてしまった大竹氏を、「優しい津軽弁」で慰める所属事務所であった「人力舎」のT社長こと、玉川義治社長の芸人への慈しみ溢れる接し方も俺はまた忘れられない。

かつて浅草キッドも、新人時代、西川きよし師匠が司会する『ザ・テレビ演芸』で勝ち残りの漫才対決を10週勝ち抜いたが、その時、この玉川社長が、対戦相手のセコンドに何度もつき、〝芸人の味方〟として親身に見守り、古き良き芸能界の体臭を身につけた応援ぶりを俺も目の当たりにしていた。〝芸人の味方〟と言えば、業界内で囁かれる大竹伝説の一つにこんな話がある。

日テレの番組のロケで、ダンプ松本が逆バンジージャンプに挑戦したのだが、ゴムの弾力が強すぎて釣られていたクレーンに頭を強打し、血だらけになるほどの怪我をした。

その時、レポーターの大竹氏が激怒し、そのディレクターをボコボコにしたとの噂も――。

もっと記憶を遡《さかのぼ》れば、俺がまだ田舎の高校生の頃、日本テレビ『お笑いスター誕生』でシティボーイズの包丁を振り回すキレキャラ〝常滑川まこと〟が、俺が初めて見た大竹まことだ。

その後、テレビの中で長く見続けてきたが、その本人に初めて会ったのは、9年前、TBSの『超人コロシアム』という番組であった。

この日、リハーサルで段取りを何度も確認してきたADに対し、「ガキじゃねぇんだよ！」と大竹氏は怒鳴りつけた。

ある種、噂通りの振る舞いに一瞬で心惹かれた。

何故なら、タレントは、実物に会うと、実は「とてもいい人」なのが、定番であるのだから意表を突かれたのだ。

その後、テレビ東京の『クイズ！年の差なんて』という、あの田原俊彦がビッグの最後の残滓《かす》を振り絞り司会をしていた番組で、毎週、共演することになり、大竹氏と楽屋話をするようになった。

ある日、俺は、当時、最も夢中になっていた宮崎学著の『突破者』（幻冬舎文庫）がいかに面白いかを語り、そして、その本に描かれる上岡龍太郎氏の父親の、清廉《せいれん》なる弁護士ぶりを話題にした。

その上岡龍太郎氏のことを大竹氏が「師と呼んだら怒られるかもしれない」と書いた章も、芸人の師弟関係が形式だけではなく片思いの心の師の持ち株にまで及ぶことを描いていて、実にしみじみと心に残る。

そして師といえば、我々の師匠、ビートたけしと『TVタックル』で共演する大竹氏ではあるが、3年前、大竹氏が顔面麻痺を患ったまま歪んだ顔をテレビの中に晒し出演したときも忘れられない。

その一部始終は、この本にも書かれてあるが、「これで、二人で本当に顔面マヒナスターズ結成できるぜ！」と殿が言った時、殿本人も、まだ麻痺も残る口元に歪んだ笑みを浮かべつつ、芸人として、まるで自分の同志を認めるかのような実に満足気な表情だった。

また、役者・大竹まことととしては初めて、北野武監督から映画『BROTHER』への出演オファーを受けた時、大竹氏は、車を運転するユリ岡超特Qに「ようやくだよ……」と、涙交じりの言葉をこぼしたという。

さらに、大竹氏が不慮の人身事故から復帰した頃、あるトーク番組で、千秋と共演し、事故のことをひるんで言葉を選んだ千秋に対し、「オマエ、今、俺のことを思って気を遣っただろう！同情すんじゃねぇよ！」と怒鳴りつけた大竹氏も、また芸人の性を晒していて忘れがたい。

他にも、もっと瑣末な思い出もある。

俺が結婚してから、我が家の定番メニューに「JJ風サラダ」があるが、そのレシピの出元は、大竹まこと著『こんな料理で男はまいる。』（角川書店）であり、そのJJ風とは焼肉の「叙々苑」のことであると俺は思っているのだが……。さらに料理と言えば、テレビ東京のラーメン特番で大竹さんが共演した、ラーメンの名店『くじら軒』の店主が本番中に「おお、大竹！　久しぶり！」と言い出し、二人は高校のときの同級生で、それ以来の再会であったたって……。

俺は、いったい、とりとめもなく何を思い出しているのだ。

そう言えば、以前、シティボーイズのライブを見に行ったこともあった。

本書にあるように、24年間も毎年、ライブを重ねるシティボーイズだが、舞台がテレビの仕事程には世の認知がないのは当然のことではある。

言葉の解体、言葉からの飛翔をテーマとした数々のコントは、「シュール」の一言で括られ、決して世間に具体的に言葉の褒賞を求めることがない。それは、マルセ太郎師匠が、「猿真似の人」としか言われなかった如くである。

それは人生の不条理そのものだ。

この本の帯のコメントは、「私などが物を書いてよいかの迷いは常にある」とあるが、俺自身、この本が芸人の余技とはとても思えぬように、この本を読んだ誰しもが「もっと書いてくれ！」と思うことだろう。

そして、この本を読み終えて、想起するのは『華麗なるギャツビー』の最後の1行。

「このようにして我々は絶え間なく過去へと引き戻されながらも、寄せ来る波に向かって、その舟を力の限りに漕ぎ進むのである」

と、文豪・フィッツジェラルドとたとえても良いほどの、寄せ来る思い出の波。

その波寄せる、思い出を芸人は脳裏に刻み、大衆という海へ船を漕ぎ出すのであろう。
しかし、ここまで褒め殺してみても、この本も、NHKに勤めるという大竹まことの双子のもう一人が書いたのかもしれない。
との疑いが捨てきれない。
結論、そんな大竹まことの思い出だけを抱いて、俺も死ぬのだろう。

（2004年7月号より）

その後、大竹まこと氏とテレビ朝日の廊下でお会いして、本書『結論、思い出〜』の話をした。「あんなによー、時間をかけて書いても、あれだけ売れなかったら、効率悪すぎるだろう。もう2度と本を書く気はしねぇよ、バカヤロウ」と仰っていた。

〈24年近況〉07年5月に放送開始した平日昼帯のワイド番組『大竹まこと ゴールデンラジオ！』（文化放送）もまもなく18年目。古希・70歳を迎えた19年には、自身の仕事や老いについて真摯に綴った一冊『俺たちはどう生きるか』（集英社）を出版。きたろう、斉木しげるとの芝居ユニット「シティボーイズ」も、15年6月『シティボーイズ ファイナル Part.1「燃えるゴミ」』（作・演出 前田司郎）を東京・東京グローブ座にて開催。あわや解散かと思いきや、16年には、いとうせいこうトリビュートアルバム『再建設的』に大竹まこと with

きたろう&斉木しげる名義で86年の楽曲「俺の背中に火をつけろ!!」を再録。さらに23年4月からはラジオレギュラー番組「シティボーイズファイナル Part.2SAYONARAシティボーイズ」もスタート。「老先短いコメディアントリオが今の時代と向き合うドキュメンタリー」と銘打たれてはいるものの、初回放送では大竹氏自らが書き下ろしたコントを披露するなど、まだまだ『やる気MANMAN!』のご様子である(それは吉田照美氏が30年間担当した『ゴールデンラジオ!』の前番組のタイトル)。

▼第35回 杉本彩『オーガズム・ライフ』（ロングセラーズ）

今年、男性誌のグラビアに於ける、杉本彩の露出は断然、群を抜いていた。

特にSM小説の金字塔、団鬼六原作の映画『花と蛇』に主演し、そのなかで演じた、レイプ、入れ墨、荒縄緊縛、放尿、逆さ吊り、剃毛などの過激すぎるヌードシーンの「袋とじ」を、何度、ビリビリと開いたことだろう。

しかも、ゴールデンタイムに出演するバラエティータレントと両立しながらの、このハレンチ極まる吹っ切れ方は、芸能界でも前代未聞である。

そして、これだけの暴走を始める契機は、「私の解放宣言」と本書の副題になるように、離婚によって、ある種、解き放たれたものがあるのだろう。

03年6月。杉本彩は、11年連れ添った夫と離婚し記者会見し、その時の数々の発言は物議を醸した。

「セックスを大切にしたラテン系な夫婦が理想だったんです」「結婚は無意味なシステム」などと夫婦間のセックスレスを強調してみせ、「好きなタイプは、私の奴隷になってくれる人！」と今後の積極的な男性関係を示唆した。

そして、その後の仕事の展開は、未曾有の大成功を収め、今や、出版界では「袋とじの女王」の名を欲しいままにしているのである。

そして、本書の帯には「いま最も熱い女優、杉本彩が教える男と女の究極の快楽」と書かれ、セックスライフへの提言は強烈である。

例えば「前戯の中にもさまざまなメニューがあるけれど、クンニリングスは必須。これができない男だけは絶対許せない！」とか「私は絶対にイッたフリはしないから、自信のない気弱な男性では相手にならない」とか、「愛する人であればこそ、どんな変態的な欲望でも受け入れたい」とか、「マゾヒストとしては、凌辱《りょうじょく》されているように強く感じられる体位も燃える」などなど列挙しても、シッポを巻いて、どころかチンポを巻いて逃げ帰りたいほどの挑発ぶりである。

正直言って、相当の自信家のサオ師で無ければ、いざ対峙することも出来ない、大胆不敵な告白だらけなのだ。

さて、俺たちと彼女とは、過去、接点がいくつかあった。

90年代、彼女が大胆衣装で歌手活動を始めた頃は『スーパージョッキー』に出演した際に、我々は、余興として後ろのバックダンサー役で裸で踊ることもあった。

また彼女が「学園祭の女王」の時代には、北関東の札付きの男子高で共演し、彼女のセクシーすぎる挑発ぶりに、興奮し舞台に駆け上がろうとする男子高校生を、柔道部の先生が、壇上から次々と一本背負いで投げ飛ばす光景を傍で見ていた。

しかし、当時は話をしたこともなく、浜崎あゆみより先に豹柄を身にまとい、「豹より豹柄が似合う女」と自称した、高飛車な女王様のイメージは近寄り難いものだった。

また、7年程前、大阪の仕事で同席し、桑名正博さんと共に、一晩酒席を共にしたこともある。そのとき、望まれる偶像として、当然、行使しても良いはずの、傍若無人な女王様的高慢チキな振る舞いは皆無で、静かに酒をたしなみ、むしろ自ら帰るタイミングも言い出せないような、小心で控え目な雰囲気が、あまりにも公的印象とは違っていたのに驚かされた。

その後、日本テレビの『マスクマン』という番組で共演した際は、彼女の知られざる内面をプロファイリングするために、膨大な量の彼女のインタビュー記事、著書なども読み込んだ。

タレント本書評的に言えば、処女出版の『AYA～もうひとりの私』(日之出出版)に書かれてある、美少女であるがゆえの体験は至極のものである。

中学2年生の時から、抜群のプロポーションで女子大生と見間違えられ、地元、京都の祇園の裏通りのスナックでお手伝いをし、酒の味を覚え、言い寄る男のあしらいを覚えたという、早熟ぶり。

しかも京都中に知れ渡るほどの、あまりの美少女ぶりに、中学校の校門からヤクザが外車で迎えにやってくると、そのまま拉致られ、映画館に連れて行かれ、何故か、上映していた映画『食人族』を強制的に見せられた挙句、その上、ホテルで監禁されそうになった。

と、とんでもない話を得意気に語っている。

また、その一方で、京都大学の研究室に働く教授を彼氏にして、鴨川の堤で顕微鏡を覗いて見たリケッチャウイルスなどの微生物の話をロマンチックに語りあっていた、などなどの話。

ヤクザから博士まであまりに振り幅の大きすぎる恋愛エピソードを披露しているのである。

確かに、彼女の生まれながらの恋愛体質と言うべき、性愛への情熱は誰にもひけをとらない。

それでも、資料を読めば読むほど、彼女の、自らを「ブレーキの壊れたスポーツカー」と呼ぶ、人を驚かす過激な言動は、決して本能的なものではなく、カモフラージュ、擬態であり、根っからの英雄的行動ではなく、むしろ、自分の本質的な「プチ引き籠もり体質」への強い反発であると思えた。

さて、俺が感じる杉本彩の心的性格は、精神科医の和田秀樹氏が、「プチ引き籠もり」と分析し、「シゾフレ人間」と呼んでいる性質に極めて近い。

「人の心のありようは、分裂病系の『シゾフレ人間』、躁鬱病系の『メランコ人間』の2タイプに大別されます。『プチ引き籠り』は、そとの世界を恐れ、周囲の人に同調するのをよしとする『シゾフレ人間』の典型例です。周囲の価値にあわせる傾向があるにもかかわらず、肥大した自意識を抱えてその葛藤に苦しむわけです」

と先生は『ＡＥＲＡ』誌の中で説明していた。

過度に露出を好む「芸能人」という「病」の症例の中で、一般に、芸能人気質といえば、英雄体質である「躁鬱」気質だけを想定しがちではある。しかし、芸能人の中には根っこは、引っ込み思案で内気なシゾフレ人間の反動が多々いるのも事実である。

自己分析すれば、俺自身も、もともと「出たがり」なところは皆無であり、典型的シゾフレ人間の一員であると思える。

しかし、芸能人型のシゾフレ人間とは、他人との協調のなかで自分の音色をハーモナイズするのでは自分自身の満足感が物足らなく、独特の壊れた音階で他人が注目する個性を激烈に発揮するタイプなのであろう。

そういう意味ではシゾフレ人間は、「人間音痴」とも呼ばれている。

彼女の場合、タブー打破の表現願望、他人に真似出来ないオンリーワン願望など、その身を過激に駆り立てるものが、その内なる周囲へ「合わせてしまう」控え目な、自意識からの逃亡のように、俺には見えるのだ。

だからこそ、杉本彩は、世間では「女王」として扱われながらも、その心の内面は、この本で告白するように「真性Ｍ女」であり、「解放」宣言というスローガンも、内なる「袋とじ」の自意識への呼びかけなのだろう。


（２００４年８月号より）

その後、杉本彩さんとは、現在放送中のテレビ朝日『草野☆キッド』で共演した。

このときは、SMの権威として、草野仁さんの秘めたるSM度を鑑定する役柄であったが、「日常のなかでオシッコを我慢するのも一人SMのプレイです」と、杉本さんが真顔でおっしゃるのには笑った。

丁度、『花と蛇』は2作目を撮り終えたばかりで、前にも増して、雑誌の袋とじの回数が増えたようだ。

芸能界が表向き、品行方正なモラル遵守の社会を作る限り、この〝インモラル〟を厭わぬ杉本彩さんの存在感は、必ずや世の劣情を煽り、関心をもたれ、放って置かれることのない袋とじなのであろう。

しかし、その袋を破る、ビリビリビリの擦過音が、どこか生々しい魂の悲鳴にも聞こえてくるのだ。


〈24年近況〉10年刊行の『リベラルライフ』(梧桐書院)では、父親の借金からの一家離散、自殺未遂、結婚・離婚、独立、肉親との確執など激動の半生を赤裸々に告白。長年にわたって様々な抑圧に苦しみ続けてきたが、リベラルであること、すなわち因習や常識にとらわれず自由に生きることを宣言し、「愛と官能の伝道師」のイメージとは異なる「闘う女性」の姿を見せた。14年「一般財団法人動物環境・福祉協会Eva」を設立。翌年公益認定を受け、日本の動物福祉の向上を目指している。16年には『それでも命を買いますか? ペットビジネスの闇を支えるのは誰だ』(ワニブックス)を出版し、杜撰な動物管理を問題視。24年2月、ペットショップ最大手「クーアンドリク」とコンサルティング業務委託契約を結んでいるとされる女性が、「デイリー新潮」の配信記事で名誉を毀損されたとして新潮社と杉本氏それぞれに1157万円の賠償を求める訴訟を起こした。Xで記事をリポストで拡散され被害を受けたとされるが、杉本氏は「苦しんでいる動物たちの声なき声を法廷で代弁できるのならば本望。受けて立ちます」と語っている。

▼第36回 ガッツ石松

『最驚！ガッツ伝説』（光文社）

現在、35万部を超えベストセラー街道を走る、爆笑必至の薄手の〝ライト級〟な1冊である。そして、本書のネタを引用した、はなわの「伝説の男・ビバ・ガッツ」などの曲もヒットして、今やガッツ伝説は国民的ブームでもある。

ちなみに、俺たち、浅草キッドも本書の中で、「浅草キッドが語るガッツだぜ！」と言うコラム・コメントで協力している。

さて本書は芸能界に伝わる、『ガッツ伝説』と呼ばれる、天然ボケ・エピソードを本人と愛娘・鈴木佑季の監修で収集、編纂したものだが、タレント本の系譜としては完全にネタ本である。

幾つか、そのネタを抜粋しよう。

○映画『ベイブ』の試写会で感想を聞かれて、

「あんなにブタが利巧だとは思わなかった」
○催眠術を掛けられた際に司会者が声をかけた。
「ガッツさん、もうかかってるんですか⁉」

「うるさい！　今、催眠術にかかってるんだから、静かにしろ！」
○「今日、歯が痛いので休ませてください」と言って、歯医者をサボったことがある
○同窓会で旧友との再会に感動し、
「オオ、老けたなぁ！　お前、いくつになったんだ？」
○トーク番組で、オフの日の過し方を聞かれて
「ん～、オフの日はあんまり仕事してないね」
○クイズ番組で「鎌倉幕府のできた年」を
「ヨイクニだから……１１９２年！」
○ボクシングの実況解説中、
「オオ、この選手の気合はもの凄いですよ。体中から〝オーロラ〟が出ています」
○急ぎのときは、電車の先頭に乗る

確かに、この本、どこを切り取っても面白い！
本人のキャラクターとネタの親和度、完成度は、近年、高まるばかりだ。

しかし、本来、ネタ元は、80年代初期、『ビートたけしのオールナイトニッポン』の、「ガッツ石松コーナー」が最初の出所だから、当時の投稿作品と同工異曲《どうこういきょく》の作りネタの数々も、見受けられる。

しかし、今回の出版のツボは、本人のマジボケ、ノンフィクションの実話として紹介されているところであろう。

なにしろ、「本人が、自分にまつわる笑い話を決して否定しない」、この大スターの資質は、ガッツ石松は長嶋茂雄と双璧であろう。

さらに、この「ガッツ伝説」、現在では、本人が意図的に狙った言動を始めたため、体験談なのか、ネタなのか分別がつかないことになっている。

もはや「幻の右」ならぬ、「幻のボケ」として、日本が誇る、笑いの国民的遺産として無形文化財と化している。

ただし、このキャラクターが、今のような平成の芸能界で花開き、完成形をみたのは、ガッツさんが芸能界転身後、25年の熟成を経てからのことだ。

今では、信じられないことだが、かつてはガッツネタは、必ずしも本人公認、公で語れる話ではなかったのだ。

その証拠に、今から20年前、昭和58年に出版された、『ガッツ石松の人生タイトルマッチ』（近代映画社）のなかでは、我らが師匠、ビートたけしのガッツ・ネタに関して「嘘八百。シャレでも時には怒るぞ！」と息巻いているほどで、今のようにガッツさん本人が鷹揚になんでも、「OK牧場！」とはいかなかった。

逆に、当時、まだ売りだし中の漫才師の殿にしてみれば、存在が大きく、怖い、扱いがたいネタであったからこそ、アンタッチャブルなタブーに果敢に向い、お笑いとしてイジリ甲斐があったのだ。

それほど、ガッツさんは70年代の国民的ヒーローとして偉大であった。

74年、WBC世界ライト級王者になった時点で、既に11敗5引き分けという、多すぎる負の戦歴は、いかに逆境に対し不屈の男であったかを物語る。

また、専門的に言えば、階級が細分化された今より、遥かに世界的にも選手層も厚く、日本人には無理と言われた、「ライト級」で王座についたことは、日本ボクシング史上不滅の偉業であった。

それはガッツ石松の後、00年、畑山隆則が27年ぶりにチャンピオンになるまで、この階級には、日本人王者がいなかったことからも明らかであろう。

さらにガッツさんは、現役時代、ファイトスタイルは一直線の猪突猛進タイプであったかのように思われがちだが、実はクレバーな戦術型で、特にバックステップを踏み相手と距離をとり体重を後ろ足にかけたまま、相手が入ってくるところにカウンターを合わせるパンチ、必殺技「幻の右」を得意とした。

この必殺技は、後年、リングを芸能界に変えて、活かされることになる。

芸能界転身後、何度も挫折を味わい、映画制作で2億、選挙出馬の失敗で3億と、ボクサー出身タレントとして最重量級の借金を背負い、行き詰ったガッツさん。

そこで完成したキャラクターが、相手と距離をとり、王者のプライドを捨て、自ら笑われることにより、相手が、そのスタンスに気がつかないまま、カウンターのボケを炸裂させる、現在のファイトスタイルなのである。

しかし、ガッツさんが、今や、野生の獰猛さを捨てたかと言えば、そうとも言い切れない。

世界王者になる前、まだ東洋ライト級チャンピオンだった頃には、その一本気な性格から池袋の路上でチンピラ15人相手にケンカ、その暴れぶりに6台のパトカー、警官18人が駆けつけ逮捕され、新聞はもちろん、ＮＨＫで報じられるほどの大ニュースとなったことがあった。

このケンカ伝説に乗じて、今まで数々の番組企画も作られてきた。

かつて日本テレビ『元祖どっきりカメラ』に於ける名作「暴力教室」では、講師に招かれたガッツ先生に対して、失礼な態度をとる引っかけ役の予備校生相手に机をひっくり返し、大暴れしたシーンは迫真の大乱闘シーンであり、台本、演出、ヤラセ一切なしの『元祖ガチンコ・ファイトクラブ』とでも言うべきものであった。

しかし、この放送以後、ガッツさんに対する「リアル・どっきり」は「野生動物にシャレは通じない」との理由で、テレビ界では御法度とされてきた。

ところが、我々浅草キッドは、その禁を破った。

何度もガッツさんと共演を重ね、互いに気心しれてから、TBSの深夜番組、『未来ナース』の中で同じ設定で、この名作ドッキリを決行してみた。

しかし、現場は、修羅場、大惨事になり、放送が、お蔵入りされたのは言うまでもない。

この事件の顚末は、吉田豪の『男気万字固め』に詳しい。

テレビ界の危険物取り扱い主任の免状を持つ、我々とて、ガッツさんは、仕切りきれなかったのである。

その意味に於いても、今や、ガッツさんと一緒に共演し、リスペクトなく平気でイジる若手タレントがいるのは嘆かわしい。

この本を読んで、単に笑い飛ばすだけではなく、「粗にして野だが卑ではない」、日本が誇る元世界王者・ガッツ石松の偉大さと、その凶暴さと優しさを知り、畏敬の念を持って接するべきなのである。


（2004年10月号より）

その後のガッツ石松氏は、このベストセラーを受け、『最驚!ガッツ伝説2』を発売。その他にも、『遠くで笑い声が聴こえる』『神様ありがとう俺の人生』『鉄腕ガッツ!!』などなどタレン

ト本を量産態勢状態に。ＣＭも次々と出演、ついに、「映画で2億、選挙で3億」と言われる借金も完済直前とのこと。こうなると映画も『カンバック2』、そして国政挑戦も〝カンバック〟することも考えられるだろう。が、今度こそ周囲が「ＯＫ牧場！」とは言わないだろう。

〈24年近況〉昭和・平成の流行語にはすっかり死語になっているものも多いが、ガッツ氏が流行らせた「ＯＫ（おっけー）牧場！」は令和でもＳＮＳを中心に広く使われている。１８８1年に起きた実在の銃撃戦で、映画化もされた「ＯＫ牧場の決斗」が語源と思われがちだが、実際はガッツ氏が企画・製作・総指揮・脚本・監督・主演を務めた映画『カンバック』（90年）に、端正な甘いマスクに絶大な人気を誇ったアメリカの西部劇俳優ロバート・フラーに出演してもらったことがきっかけだという。23年、『文春オンライン』のインタビューで「彼はテレビの西部劇『ララミー牧場』に出ていて、俺たちの世代のヒーローだから。撮影中にＯＫとカットを告げる際『ララミー牧場』と混ざって出ちゃったのが『ＯＫ牧場！』。ここまで定着するとは思わなかったけど、自然と公用語になっちゃったね」。『カンバック』では億単位の借金を背負ったが、「また映画をやりたいなとも思うんだよ。タイトルは『終の住処』。となるとまた借金をしなくちゃいけない。借金をするにもパワーがいるけど、そういうパワーがなくなってきたね」とのこと。いやいや、ガッツポーズは永遠に不滅です。

▼第37回

角田信朗

『悔しかったらやってみぃ!!』（幻冬舎）

今から6年前のこと、我々と師匠ビートたけしが共演する「TOKYO FM」のラジオ番組『ビートニクラジオ』の企画で、「もし、自分が女だったら抱かれたい男ナンバーワンは誰?」を決めることになった。

酒場の戯言のような話題ではあるが、殿が誰を選出するかは興味津々。

あらゆる角度から検証し、錚々たる東西の男を角逐し、果たして天下の殿をして選ばせしめたのが、空手家、角田信朗であった。

その後、数年して『さんまのまんま』に殿が出演した時も、殿がこの話題を持ち出し、「角田さんだったら、抱かれてもいいな〜」と、のろけてみせたのである。

しかし、さもありなん。

男が男に惚れる、その精神的な〝男のホモっ気〟を、体中から溢れさせている男が、角田信朗である（その証拠にと言えばナンだが、あの槇原敬之にシングル曲「Ｇｏｏｄ Ｍｏｒｎｉｎｇ！」のデュエットのパートナーに指名されたほどだ）。

この本は純然たる自叙伝ではあるが、４００ページを超える大作。しかも全て本人の手による原稿である（と、わざわざ断わりがあるのも、タレント本ならではであるが……）。

俺は、角田氏とは1歳年下の同世代なので、本書にある時代認識が被り共通体験も多い。

例えば、少年時代に梶原一騎のスポ根漫画に熱中、ブルース・リーの登場に洗礼を受け、さらに青年期に『空手バカ一代』に直撃される道筋は、この頃の子供なら文系でも理系でも、誰もが通る〝男の通過儀礼〟である。

もっと言えば、思春期に殿のラジオ、『オールナイトニッポン』で決定的に人生を変えたところも、全くもって俺と共通するのである。

当時、地方に住む俺は、空手道場に通うことなく、『マス大山カラテスクール』なる通信教育を申し込み、少年院の矢吹丈の如く、送られてくる通信文のとおり、四角四面に反復練習を繰り返したものだ。

しかし、『空手バカ一代』の「最強」を求めるストーリーを本当に追体験することに、願望は持ったが、叶わぬ夢であった。

それ故に、角田氏が母親を「おかあさま」と呼ぶような坊ちゃん育ちで、「いじめられっ子だった」幼少期にもかかわらず、空手道に踏み込み、精進に精進を重ね、長じて世界の猛者がひしめく場所で闘う、K‐1ファイターへ成長していく過程は、強く思い入れて読むことが出来る。

勿論、俺は格闘家にはなれなかったが、格闘技観戦には一角《ひとかど》でない情熱を注ぎ、今や、格闘情報番組『SRS』の司会を担当し、熱烈に格闘技を応援する側となった。

そう言えば、93年のK‐1旗揚げ前の正道会館の数々の空手興行も、ダフ屋からチケットを買って観戦していたものだが、当時の我々のような無名のペイペイの芸人に対しても、毎回、佇まいを正して深々と挨拶してくださったのが、俺の角田氏の最初の印象である。

そして、10年経っても、その姿勢は変わらない。

K‐1は、その後、年々、飛躍的に成長し、その規模の拡大の項点とも言うべき時、昨年は総帥、石井和義館長の脱税事件にも見舞われた。

「K‐1のKは、国税のK」だと揶揄されるほどのスキャンダルであった。

このK‐1の角番《かどばん》とも言える状況に、普通なら角が立ち、角田氏のCMでさえ打ち切られそうなところだが、むしろ、この窮地に大変だろうと、後援企業が増えるところなど、角田氏の人間力を物語る。

さらに、この状況のなか、我々と様々な番組で共演し、舞台裏で語っても、「王将」に寄せる、「角行」として、師匠、石井和義に寄せる恩と信頼には一点の曇りもなかった。

その『男組』（本書の表紙の絵は池上遼一先生だ）の子分の鑑とも言える態度にも、あらためて男惚れし、「K‐1のKは、角田のK」と言えるほどの、土壇場の踏ん張りぶりであった。

現在は、K－1の競技統括プロデューサーの要職で、芸能界との2足のワラジを履く多忙の日々ではあるが、そのタレント性も抜群である。

自ら、CDデビューを果たしたばかりでなく、サッカーの五輪予戦では国歌斉唱の大役を務めるほどの歌唱力を誇る。

さらに格闘技番組で共演すれば、時間読みまで計算した的確なコメント能力に舌を巻き、余技の物真似でさえ、クロートはだしである。

板東英二さんをはじめ、スポーツ界から転進し、本格的にタレント業で項点を極める方もいるが、角田氏などは、その任の人であろう。

そして今は終了したが、NHKの『天才てれびくん』の司会、テレビ東京の『おはスタ』出演と、一時期、集中的に子供向け帯番組の出演を務めた。

子供だましと揶揄されようとも、この営為は、K－1を広く伝播するために、あえてキャラクターを鋭角にも鈍角にも使い分けているわけだ。

それがどれだけ、未来のK－1に向けた種蒔きとなり、やがて実となることか。

現在、梶原一騎に影響を受けたファイターが活躍するように、何年後かには、少年期に見た角田信朗の影響の下、ファイターを目指す世代が現れることであろう。

かように、俺は熱烈な角田信者ではあるが、格闘技ファンと話すと、角田論には賛否両論ある。

反対派は選手として、その実績にも難点があると言う。確かに角田信朗は、数々の記憶に残る試合を残してきたが、格闘家としては小躯なため、トーナメントの優勝、チャンピオンベルトなどの栄光とは縁がなかった。

しかし、この本を読めば、その『空手バカ一代』の人生は、昭和の「超人追求」とは異なる、平成の「凡人脱出」の物語であることがわかる。

そして、多くの偉大なる先人たちが角田氏の、その部分を称揚する気持ちも理解できるだろう。

それは、「抱かれたい」とラジオで名前を挙げたビートたけしの言葉であり、そして、この本に紹介された、角田氏と面識の一度もない高倉健さんから送られた手紙の文面の意義でもある。

本書では、健さんがＮＨＫで放送された、『課外授業』という角田氏の出演番組を見た感想が書かれた手紙が紹介されている。以下、孫引きにはなるが。

「子供たちが角田さんの鎧を着たような体の中に秘められた優しさを感じる能力があるということ、闘い続けてきた人だけが身につけるぶきっちょなやさしさ、演武を無事果たし、思わず貴方に抱きついて泣出す子供たちと涙ぐむ貴方の映像に涙しました。わずかな収録日数だと思われますが、子供達と一体になれる貴方の無言の指導力。不思議な感動でした。（中略）とってもいいご苦労をされていますね」

これは、無冠のファイターへ贈られた、金メダル以上の言葉の王冠である。

（２００４年11月号より）

その後の角田信朗は、03年5月に行われたK－1ラスベガス大会、武蔵戦をもって現役を引退した。

この試合、我々も番組の取材で、一緒に渡米し、その最後を見届けた。

しかし、05年、44歳になる角田信朗は、突如、「アンチ・エイジング」をテーマに「100人が反対しても一人のために戦う」と復帰を宣言。

そして我々が取材した復活へ向けての強化キャンプには、最先端の加圧式トレーニングを導入。

その光景は、半泣き、絶叫が続く、肉体と頭脳と精神が相互に語りかける地獄の特訓であり、その成果は、角田氏をして26年間の選手生活で最上のコンディショニングと言わしめた。

しかし、3月に行われた復帰戦、K－1ソウル大会、曙戦は無念の判定負けに終わった。

しかし、それにひるまず、5月のK－1パリ大会では、復帰初勝利をKOで飾り、持論である「空手家に引退はない」ことをあらためて証明してみせた。


〈24年近況〉17年1月、角田氏がブログに「8年前から松本人志氏と共演NGになっている」「『ダウンタウンDX』(日本テレビ系)に呼ばれたが、松本氏が共演拒否してキャンセルに」「長年の誤解を解きたい」という内容を綴ったことが騒動に。松本氏は当時毎週コメンテーターを務めていた『ワイドナショー』(フジテレビ系)で「8年前に『ガキの使いやあらへんで!』(日本テレビ系)の企画でレフェリー役をオファーしてOKが出ていたのに2日前に突然キャンセルされて収録がなくなった。共演NGとかの小さな話ではない。ブログで書くのはルール違反」と説明。角田氏は謝罪し、公での活動をしばらく控えることになった。今後、松本氏に8年前の話をするときは気をつけたいものである。なお、角田氏自慢の筋肉美と歌声は今も健在で、22年8月に函館で行われた「第34回日本マスターズボディビル選手権」60歳以上級と60歳～80歳以上のオーバーオールで優勝。同年11月にスペイン・サンタスサンナで開催された「ＩＦＢＢ世界選手権」でボディビルマスターズ60歳以上級に5位入賞。歌手としてトラックドライバー応援ソング「ＳＯＵＬ ＷＩＮＤ～魂の風にのせて～」（作詞・角田信朗作曲編曲・渡部チェル振り付け・パパイヤ鈴木）も発表し、全国の長距離運転者を励ましている。

▼第38回 諸星和己『くそ長〜いプロフィール』（主婦と生活社）

映画界には、権威あるアカデミー賞に対抗して、愛すべき年間最悪映画にも賞を与えるラズベリー賞なるものがあるが、もしタレント本の世界にも、そのような賞があるなら、本書の孕《はら》むハチャメチャな底抜けぶりの面白さはぜひ推薦したい。

さて、諸星和己が、「かーくん」と呼ばれ、まだ「ガラスの十代」だった80年代、我々、浅草キッドは、日曜、昼、日本テレビのアイドル生出演番組であった『スーパージョッキー』のスタジオに巣食う、たけし軍団の余剰人員で、眩《まばゆ》いばかりの「パラダイス銀河」の中の星屑、ゴキブリ以下の存在だった。

そして収録の合間にも、司会の殿に、「たけちゃん」呼ばわりで、ため口をきき、プロデューサーと肩を組み、我がもの顔で歩く、その若造の姿に、彼の並ならぬ鼻っぱしらの強さを感じたものだった。

そして収録が終わり、我々が駐車場にスクーターをとりにいくと、さっきまでローラースケート姿であった諸星くんが、フルスモークのケーニッヒのベンツに乗り込むと、追っかけの黄色い悲鳴をかき消す爆音とともに颯爽と帰っていったものだ。

それから15年――。アイドルとしての栄光は既に過去。光GENJIというよりは「盛者必衰」の平家物語的な感すらある、この本は、ジャニー喜多川さんに「少年ヤクザ」、メリー喜多川さんに「歴代のジャニーズで一番悪い」とまで呼ばれた諸星くんの、デニス・ロッドマンもびっくりの「悪がままに」の悪童ぶりを振り返る自叙伝である。

まず、実家が〝鉄砲水〟で流されたところから、彼の〝鉄砲水〟人生は始まる。そして13歳で家出、原宿に野宿した3日目に、ジャニーさんと出会い、図らずも実に〝無鉄砲〟なアイドル人生が始まる。

合宿所で初めて見た、憧れの人、矢沢永吉様を「かっこいい」と思いつつも、「鼻くそをほじっていたのだ」と、あえて明け透けな描写を付け加える大人気無さは、本書の、全編に覆っている。

事務所の大先輩、トシちゃんさえ、「な～にが『赤いバラ投げ捨て～』だよ。チャラいこと言っちゃって。『はっとしてグー』じゃなくて、『ひょっとしてパー』の間違いじゃないの？」と思っていたと平気で綴り、マッチにも、散々お世話になりながら「少し幼いところもあって笑える人」であり、育ての親であるジャニーさんも「この際だからハッキリ言っておこう『俺の知ったことじゃない』」とバッサリである。

しかし、この物怖じの無さ、タレント本として実に素晴らしい切れ味である！

デビュー前から、「生活費に困ったことが無い」のは、「ガキの頃から万引きにはうるさい方」で、「必要になるとジャニーさんからお金を盗んでいたからだ」と、その札付きぶりを語るに開けっぴろげで、逆に清々しいほどだ。

光GENJIのデビューと共に、一気にスターの地位に駆け上がると、手のつけられない暴君として振る舞い、「実力がついてくれば、上下関係の序列が変わるのは、伊豆の猿ヶ島の猿たちと同じなのだ」と自己正当化、「殴る蹴るは日常茶飯事、傘の先で突くこともしばしば。コンサート中にマネージャーを3人病院送りにしたこともある」と悪びれない。

それどころか、その暴力はエスカレートし、追っかけの女の子、白タクの運転手、光GENJIのメンバーやジャニーズの先輩の面々にまで及ぶ。

特に、少年隊の植草克秀との抗争は傑作である。

まず紹介からして、「植草君は、イタズラ好きな男で、急に人の後ろから『カンチョー』と叫びながら、両手の人差し指でヒトの尻を突いて叫ぶような男だった。忍者などはしょっちゅうそれの餌食にされていて、『痛い、ケツが割れる！』などと叫びながら尻を押さえて身悶えしていた。すると決まって植草君は『バカ野郎、ケツは最初から割れているだよ』とレベルの低い言い草をするわけだが……」と続くが、昨今、オトナが書いた読み物で、これほど、レベルの低い話が綴られたタレント本は皆無だろう。

そして、植草くんが、「紅白」のリハーサルの時、諸星くんの「帽子に黒マジックでポコチンの絵を描いた」という実にバカバカしい理由で大喧嘩になる。

「何が『少年隊』だよジジイのくせに……などと半分バカにしていたことも手伝って、いったんキレたらもう後戻りはできなかった。それを止めようとしたのが、日本の正しいオジサンの代表ともいえる南こうせつさんとさだまさしさんだった。（略）そんな俺の暴走を最終的に止めたのが、日本の、いや世界の演歌界のドン、北島三郎さんだった。『やめろぉ～』その声は歌うような感じで、しかもコブシが効いていた……」。

ポコチンの絵一つで日本の歌謡界の大御所が右往左往なのである。

♪若かったあの頃、何も怖くなかった～から♪俺のホンネを、聞いておけ～と言い合い、スタジオは♪まつりだ、まつりだ～とメドレーになってしまったわけだ。

光GENJI解散後、NYに向かうが、その資金にフェラーリとベンツを売って用立てする。

「その2台を売って俺は渡米費用を捻出したわけだが、そう言うと、必ず阪神タイガースからニューヨーク・メッツに行った新庄を引き合いに出される（新庄といえば、十何年か前に、俺に『どうやったらジャニーズに入れますか?』と聞いてきたヤツだ）。でも、これだけは声を大にして言っておきたい。フェラーリを売ってアメリカに行ったのは俺が最初だ」

それが声を大にしていう話か！　と思わず、こっちが声を大にして突っ込みたくなる。

そんなワルガキぶりも大らかに認めていた、たけしさんとの交流にも紙面が割かれる。そして売れなくなってからのアドバイスに対し、「そんなふうに、いまでも、たけしさんは俺に宿題を残していく。回りくどいジジイだ」と余計な捨て台詞を忘れない。

しかし、本に書かれているように、仮に光GENJI退団後に、「諸モロ出し」の芸名で、諸星くんのたけし軍団入りが実現していたら……。なにしろ、たけし軍団は、少年ヤクザどころか、本物のヤクザ経験者が実際に、更生する施設なのだから、相当な制裁があったであろう。

派手な女性関係に関し、自らの性欲過剰の理由を、「……スケートである。これは人体の構造上しかたないことらしく、スケートを履いて脚の筋肉、特に内モモの筋肉を激しく使うとどうしてもしたくなるらしいのだ。そこで下手にガマンすると身体に悪いらしい。だから俺は、ある意味、自分の健康維持のためにしていたのである」と説明、さらに「八百屋の幌つきトラックの中でしたことがあった。（略）俺はしているうちに急に面倒くさくなって、そこにあったニンジンに俺の代役を務めてもらった」

などのバカ話も書き忘れない。

数ある女性アイドルとの恋愛遍歴も、「恋愛において努力をしたことがないのだ」とのたまい、「いわゆる『高嶺の花』という感覚もわからなかった、富士山みたいな高嶺というのは、自分の手足を使って登るから感激があるのであって、俺みたいにヘリコプターでひょいと行っても感動できるわけが無い」

と馬鹿正直に書いている。

しかし、その芸能界という高嶺の地で出会った、ビートたけし、明石家さんま、辰吉丈一郎……といった自らの足で登り、頂を極めた男たちは、このヘリコプター・アイドルに実に親身に語りかける。

このあたりは、あまりにヤンチャに書かれた、この本に味わい深いコクを与えている。

スターには、自意識過剰、無意識肥大であることが不可欠だとすれば、彼は今でもまぎれもなく大スターである。そして、SMAPが、完成されたアイドルとして平成の世に長く君臨することを思えば、光GENJIは、「光通信」の如く、世に瞬光を放ったに過ぎないバブルアイドルだったかもしれない。

常にあるように、「断っておくが生きていく上でためになるようなことは一切書いていない」は、看板に偽りなし。そして、昭和最後のアイドルの「大スター本」として、他に類がないほど面白い。

むしろ、この話は芸能界の御伽噺であり、イソップ物語のような、子供に読み聞かせ、後世、くそ長く語り継がれるべき、教訓に満ち満ちているのだ。

（2004年9月号より）

〈24年近況〉94年3月25日、シングル『一匹狼 LONELY WOLF』でソロデビューして30年。現在はハワイを拠点に音楽活動をおこない、24年3月25日には最新シングル「My Life」をリリース。ブログを拝見する限り、相変わらず我が道を行くスーパースター諸星和己である。ちなみに23年11月、同じく元・光GENJIの大沢樹生が小沢仁志のYouTubeチャンネル『笑う小沢と怒れる仁志』に出演。大沢が初監督を務めた映画『鷲と鷹』公開時のエピソードを語った。かつての親友同士が刑事（諸星）と極道（大沢）として再び顔を合わせ、互いの誇りを懸けて対峙する姿を描いた本作。不仲説のあった大沢と諸星の仲直り的な共演やローラースケートのシーンが話題となったが、大沢が撮影中「兄貴（小沢）に仲介に入ってもらったんだけど」と振ると小沢も「半ば通訳。なんで俺が間に入ってんだよ（笑）。全然仲直りしてねぇじゃねぇか！」。続けて大沢は「完成披露会見の時に諸星が『99・9％面白い映画です』と言ったんですよ。その時は気付かなかったけど、後々意味がわかって馬鹿野郎！って（笑）」と長男のDNA鑑定の結果が「99・9％実子ではない」ことをイジられていたと回顧。共に笑顔で諸星のことを「あいつは面白い」「エンターテイナーだね」と話す姿にリスペクトを感じる気持ちいい動画だった。

ちなみに、この本の編集担当者は、この『本業２０２４』の編集担当者でもある。

▼第39回

堀江貴文

『プロ野球買います！ボクが500億円稼いだワケ』

（あ・うん）

一年を振り返り、今年、最も注目された「日本の社長」とは、ライブドアの堀江貴文（31歳）に決定であろう。

まず、「堀江ｖｓナベツネ」の世代闘争のプレイオフで幕開け、本拠地を巡る、「ライブドアｖｓ楽天」仙台決戦は、日本シリーズ以上に注目され、そして、今、「堀江ｖｓ三木谷」社長対決は、米大統領選以上の一騎打ちとして世間の関心を集めている。

しかし、マスコミが、この対決を煽りながらも、現状としては、ほぼ99%、楽天に決定という出来レースなのも事実である。

今回、取り上げたのは矢継ぎ早に緊急出版される、堀江社長の本の中から、この劣勢に現状打破すべき目的で書かれたと思われる、『プロ野球買います！』である。

昔、水島新司の漫画『野球狂の詩』に、「メッツ買います」と、プロ野球オーナーを夢見るオヤジが、ボロボロの1万円札を溜め込んで球団買収に乗り出すと言うファンタジー溢れる一篇があったが、ついに、現実に起こりうる時代になったのだ。

そして、2人ともに、知る人ぞ知るAV男優の山本竜二似という地味目の顔ながら、いかにも堅物な言動の三木谷社長に比べると、ホリエモンと呼ばれる堀江社長の自己顕示欲の強いキャラクターは、より大衆受けしているようだ。

また本書の中でも、ライブドアの本社を六本木ヒルズの38階に構えた理由を、「ヤフーは25〜27階、楽天は18〜19階である。彼らより、上の階にしたのは、近い将来彼らの上に行くと言う僕の決意の現れである」と無邪気に語る童心ぶり。さらには、「僕は、近鉄バッファローズにもプロ野球にも強い思い入れはなかった。正直に言って、近鉄買収を決断するまで、近鉄にどんな選手がいるのか、監督は誰なのか、どんなチームカラーなのか、まったく知らなかった」と今更の、正直すぎる本音ぶりも、マスコミ受けする理由の、一つであろう。

今でこそ連日、テレビで見ない日は無いと言うほどのマスコミの寵児ではあるが、実は俺自身、知る人ぞ知る時代からこの堀江社長との関わり合いがあるのだ。

なにしろ堀江社長は、今年の3月まで放送された、俺たちが司会を務めるテレビ朝日の社長バラエティー『ド・ナイト』の最初の出演者であり、再三、共演していた相手なのだ。

それ故に、ライブドアの近鉄買収話がスクープされた6月29日、『報道ステーション』での堀江氏の単独インタビューの映像は、『ド・ナイト』放送分からの借用であり、画面では完璧にトリミングされていたが、俺がインタビュアーであったのだ。

実際、最初に会った時から、「同年代のライバルは松井秀喜くらい、でも年収ならとっくに抜いているし、ヤンキースだって、なんなら買ってやろうか！」とか、「矢沢永吉の『成りあがり』が、ロールスロイスで煙草を買いに行くなら、僕は宇宙旅行を事業化して、宇宙船で火星に煙草を買いに行きたい！」と当時から大ぼらを吹いていた。

そして、今年の1月のロケでは、奥菜恵に続いて、IT社長との玉の輿を願う、さとう珠緒のお見合い相手として抜擢された。

丁度、この時期、ライブドアは、1対100の株式分割で、新興市場で15日連続ストップ高の新記録を樹立し、一時的とはいえ計算上では、なんと資産9400億円の、持ち主となっていたのだ。

俺は番組で彼を、「資産1兆円男」と命名した。

1兆円とは、1日1億円、使っても使い切るのに30年かかり、松井秀喜の年俸の、1388年分！

実際、好きなものをいくらでも物件ごと買い漁れる、ボードゲーム『桃太郎電鉄』の社長そのものであったのだ。

しかし、このところの頻繁なるテレビ出演を観察するとわかることだが、堀江氏は、実のところ照れ屋でテレビ映えがしない。そこで俺は、最初から、若いくせに鼻持ちならない金持ちキャラクター付けをしたい旨を、あえて、本番前にお願いした。

どこぞのオーナーのように「無礼者！　たかがタレントのくせに！」と言われかねない提案だが、社長は、その種の演出部分は丸投げし、バラエティー番組特有の誇張を、「面白くなるなら……」と全てを容認し、最後には、さとう珠緒とベッドインの寸劇までやってみせ、ワルノリと思われることですら平気でこなした。

その、ワンマン、堅物にはあらざる、最善の結果を優先する、現場の対応力に、俺は好感を持った。

実際、「正体不明」と巷間言われるが、最近の一連の著作を読めば、経営戦略を持ち、今回ばかりでなく、数々の窮地をくぐり抜けて来た経営再建のプロであることもわかる。

「売名行為」と世間に叩かれたが、実は、用意周到に、プロ野球進出を本気でビジネスチャンスと目論んでいることも、また事実であろう。

また、この本の中で、出し惜しみ無く提案する、数々の球界再建のアイデアに、今まで他の球団は何をしていたのであろうと思うことも多い。

たとえ、新球団がこのまま「楽天」に決まったとしても、この寡占支配構造だった、プロ野球界に風穴を開けるため、真っ先に手を挙げた時代の改革者との評価は残るはずだ。

実はこの原稿、俺は堀江氏を幕末の坂本龍馬にたとえるつもりであった。最初に自宅をロケに行った際に、本棚に置かれた、漫画『お〜い！竜馬』を巡って話をしていたからである。

しかし、本書のなかで彼は「孫正義は坂本竜馬になるべし」と一章を割き、次のように書いている。

「ただし、残念なことだが、孫さんのブロードバンド事業は、道半ばで挫折することになるだろう。坂本竜馬のように、道筋はつけたが、志半ばに倒れる運命なのである。でも安心してもらっていい。孫さんの蒔いた種はムダにはならない。僕が伊藤博文になって、開国後の新しい世界を主導するのだから。不遜？　大口？　何とでも言ってくれ、これは僕流の孫さんへの最大級の賛辞だ」と書いているのだ。

正直、この文章に笑った。そして、そりゃあ旧世代（孫正義も、一般的にいえば新世代側だが……）から嫌われるはずだ〜と思った。

ついでに、たとえ話としても、〈伊藤博文だって、暗殺されてるじゃん！〉と心で突っ込んだ。

おりしも「太平洋ひとりぼっち」でお馴染みの、堀江謙一氏が、42年ぶりの世界一周のヨット横断チャレンジを発表したが、こっちの堀江社長は、プロ野球の〝パシフィック〟リーグという、文字通りの〝太平洋〟の荒波を、ひとりぼっちで渡っていけるであろうか？

出来レースといえども、野球は、筋書きのないドラマだ。どんな逆転劇、メークドラマがあるか見物だ。


（2004年12月号より）

その後、堀江貴文氏が、更なる大騒動を起こすことになるとは、この時は、「想定の範囲外」だった。それ以前に、「新規参入」で流行語大賞ノミネート、そして何故かベストジーニスト賞も受賞。テレビタレントとしても引く手あまたの状況の中、一時はフジテレビの『平成教育予備校』で俺たちとも共演していた。どころか、『儲け方入門』（ＰＨＰ研究所）では、仲良く対談もしていたのだ。

しかし、この対談収録の１カ月後、05年２月、かのニッポン放送買収劇に名乗り出た。この騒ぎで、『平成予備校』は、既に収録した２本分がお蔵入り。俺は、番組収録中、「この人は、番組ごと買い取れるんだから正解なんてどうでもいいんだよ！」などと平気で囃し立てていたわけだが……。今、考えれば、このギャグも洒落になっていなかったのである。

〈24年近況〉幼少期、宇宙に憧れ、本気で「ロケットを作って飛ばそう」と考えた堀江氏。19年5月、自身が北海道大樹町に創設した株式会社インターステラテクノロジズの観測ロケット「ＭＯＭＯ（モモ）」3号機が、国内の民間企業単独で初めて宇宙空間に到達。また、04年に「仙台ライブドア・フェニックス」として日本野球機構（ＮＰＢ）参入を目指し夢破れるも、21年にプロ野球独立リーグ・九州アジアリーグに所属するプロ野球チーム「福岡北九州フェニックス（現・北九州下関フェニックス）」を設立。同様に05年にニッポン放送株を買い進めテレビ・ラジオの放送事業へ参入しようとした件も、23年、北九州市に本社を置くＦＭラジオ局ＣＲＯＳＳ

ＦＭを買収し、代表取締役会長に就任したことで達成。さらに食の分野でも堀江氏とシェフ濵田寿人氏が手がける会員制和牛専門店「ＷＡＧＹＵＭＡＦＩＡ」が21年より3年連続でファミリーマートとのコラボ商品「ポテトチップス」「ハイボール」「ペヤングソースやきそば超大盛」を発売。アニメ主題歌「夢をかなえてドラえもん」ばりに「夢をかなえるホリエモン」の、さらなる野望やいかに。

▼第40回 島田紳助『いつも風を感じて』（KTC中央出版）

この「本と誠」の連載も最終回――。

3年半にわたり、40冊を超えるタレント本を紹介してきたことになる。

その間、「タレントがタレントの本を紹介してどうする?」との疑念が常に俺につきまとったのも事実である。

そう言えば、今や事件の渦中で謹慎中の島田紳助師匠だが、先日はテレビで、こんな趣旨のことを話していた。

「俺は本をほとんど読まない。映画も1年に1本、見るか見ないか。その点、山崎邦正はああ見えても、読書家で1年に100冊くらい本を読むらしいけど、なんにも身になってない。でも俺は本を読まなくても話せることはいくらでもある。それは、俺が活字を読んで覚えるんじゃなくて、人の話を聞いて心で記憶するからだ」

これは実に真理な話だ。

また過日、『さんまのまんま』に我々が出演した際、さんま師匠に、「オマエらは雑誌の連載、何本もやっているけどモノ書くの邪魔臭くないか？」と不思議そうに聞かれた。

「そうしないと、俺たち、飯が食えないものですから……」とその場は答えた。

しかし、もっと本音を語れば、テレビは一瞬で広く伝えるため、伝わらない「深度」が残る。

その「深度」を掘り下げ、手間隙かけても非効率でも、少人数でも伝えたいことがあるから、活字にこだわるのだ。

もともと、この連載を始めた動機は、山城新伍さんの『おこりんぼさびしんぼ』（幻冬舎）が、いかに埋もれた名著であるかを世間に伝えたかったのが最大のモチベーションであった。

タレントが思い入れたっぷりに書いた名著が、タレントの知名度以下の認知度しか無いのが、俺には無念であったからでもある。

さて、この連載の第1回目で、俺はタレント本の定義として、

「タレント本とは払いすぎた有名税や、巷に流布するパブリック・イメージに対する修正申告である」

と書いた。

そして、この連載期間中に、我々も4冊の単行本、つまり修正申告を刊行した。

なかでもライフワークである『お笑い男の星座2・私情最強編』（文藝春秋）は、その執筆に

も力を入れ、テレビ界、芸能界を舞台にした、エンターテイメント・ノンフィクションという新ジャンルを開拓した。

出版後の反響も好評で、朝日新聞では、「一級のノンフィクション」、作家の重松清氏からは「見事な文章芸」と評され、元・週刊文春編集長の花田紀凱氏の推薦もあり、大宅壮一ノンフィクション大賞の候補作選考の20冊の中にまで入った。

結果は受賞には至らなかったが、この評判から増刷を重ね、たとえ著作が「本業」ではないタレント本であっても、真摯な紹介や評価があれば、時の経過を超えて残っていくものであることの証明となった。

その意味でも、俺が紹介屋に廻った、この連載にも微力ながらも、価値はあったのではなかろうか。

出版不況のなか、粗製濫造のタレント本の世界もサバイバル戦争が続く。

そのなかで、生き残りの極意とは、「本の誠」を信じることであろう。

さて、そんな「本の誠」を信じるような一文——。

「テレビの仕事ばかりやっていると、ほんの数十秒で、話のオチをつけて、笑ってもらわないといけません。いかに短くしゃべるかが勝負です。昔はラジオをやっていて長い話とか、ちょっとしたいい話をする機会もあったのですが、今は、その代わりに、本を出そうと思うのです」

これを書いたのは、先述した紳助さん。今、最も、事件の余波で有名税の追徴税を支払わせられている当人である。

この一文は、紳助さんの最新刊である『いつも風を感じて』の前書きであり、本書は、テレビの裏側の芸人の本音を語った本である。

そして、この本、現在のテレビの黄金時代を迎えた自分を「今がピークかもしれない」と書いているにもかかわらず、帯には、「なんともならんもんが、この世にはあるねんな」と、まるで今回の事件を予言したかのようなコピーが書かれているのだ。

因みに、「昔はラジオをやっていて長い話とか……」と書いてあるが、先日、紳助さんのラジオ番組を知人が録音したものを拝聴した。

その放送とは、紳助さんが若手時代、長くレギュラー放送を務めた番組、ＫＢＳ京都の『ハイヤング京都』に、15年ぶりに出演した回である。

以前から、『いつも心に紳助を』（毎日新聞社）シリーズの本を読んでいる俺は、紳助さんのテレビでは見せない芸人資質の「核」をある程度知っているのだが、ラジオ番組は、これほど長時間、聴いたことが無かった。

3時間にわたり、時には芸人論であり、幸福論であり、娘を3人育てた父親の教育論になりつつも、前向きな青臭いメッセージに笑いをちりばめて喋り続ける放送に時間を忘れた。

「勉強をするのは、人生の選択肢を増やすため」

「家族を作ったのは、それを楽しむため」

「人生を豊かにするために学校へ行く」

などなどシンプルすぎるメッセージではあるが、その言葉は、40歳を超えた、すれっからしの俺にすら、心に刺さるものであった。

このラジオも、本書を読んでみても、現代のテレビ司会者の頂点の一人である紳助さんが、テレビ的な瞬時の反応力だけではなく、人情の機微を描く完成されたエッセーを一瞬にして語り切る、名人芸の持ち主であることが再確認できる。

紳助さんのテレビのトークは、自分で書くように、「いかに短く喋るか」を念頭にハイスピードで展開する。そして1回の収録に何度、オチのある話を波状的に連発していることか。まるで速度を競うかのような、足し算、引き算、割り算、掛け算に対し、一瞬に答えを出す、実にテレビニーズに合う、しゃべくりである。

しかし、それが本書では、まるで連立方程式を解くような謎解きの語りであり、その解を導く裏話は、あたかも、活字版『まさかのミステリー』のようだ。

考えてみれば、本音トークが売りのテレビ司会者が、あらためて本を書くような話題があるのだろうか？　と疑問を持つかもしれない。

実際、超ヒット番組になった『行列のできる法律相談所』が出来るまでの道筋を説明し、『サンデープロジェクト』降板の真相を語り、民主党応援の真意を吐露する。また「ある友人の死」などは、テレビではなかなか語ることもないだろう。

長く一線を張る芸人が、響きの高い人生の達人的境地に入る場合は多々あるが、本書もその証明の一つであろう。

そして、本書のあとがきには、

「テレビを見てくれているからって、ぼくのファンとは限りません。……タダですしね。でも本は違います。本屋に行って、お金を払って、自分で読まなくてはいけません。だから、本を買ってくれた人は、ぼくのファンだと思います」と書いている。

この言葉に、全くもって同感なのである。

この連載も単行本にまとまることが決まった。

そのとき、俺の数少ない〝ファン〟には、この俺の「余技」であり、「本業」である、「本」に対する、「誠」を手にとって欲しい。

（2005年1月号より）

その後の島田紳助氏は、05年1月2日放送の『行列のできる…』の特番に生出演、謝罪し仕事復帰を発表、しかし、発言も表情も陰鬱で周囲が心配する程であった。が、翌週の本格復帰の放送では、先週とは全く別人！　縦横無尽に喋り倒す。先週の態度は死んだふりであった。これぞ

芸人の真骨頂である。

〈24年近況〉11年8月23日、吉本興業本社にて記者会見を開き、報道された暴力団関係者との「黒い交際」疑惑を理由に芸能界引退を表明。最後の公式なマスメディア登場は、島田氏の初監督作『風、スローダウン』（91年）に出演した長原成樹初監督映画『犬の首輪とコロッケと』（12年）。芸人・長原氏の自伝的作品で、ツッパリ漫才で舞台に立つ主人公セイキに漫才のスタイルを変えるきっかけを与える本人役で声のみ出演している。引退後も定期的に芸能界復帰の噂が流れたが、『週刊文春』17年11月2日号掲載のインタビューでは「今の生活が幸せで、その必要を感じていない」と否定。また『週刊新潮』23年7月27日号のインタビューでは「地上波の規制が厳しくなってくるやんか。これ言うたらアカン、あれ言うたらアカン言われるねんから面白くなくなるわ」「YouTubeのほうが、絶対面白いもんね」と語った。実際に20年1月、ヘキサゴンファミリーだったmisonoのYouTubeチャンネルにて引退後初めて映像で公の場に姿を現している。なお、23年11月26日放送のスペシャルドラマ企画『誰も知らない明石家さんまさんまの人生を変えた8人』（日本テレビ系）では再現ドラマパートに「さんまの超有名同期芸人」として名前を伏せて登場。島田氏役は粗品（霜降り明星）が演じている。

【ボーナストラック】

〈角川文庫・解説より〉

大槻ケンヂ

『のほほん雑記帳』（角川文庫）

オレは〝のほほん〟が嫌いだ。〝のほほん〟とは、実に、安穏で、自堕落で、中途半端で、言葉の意味も曖昧ではないか。

おまけに、オレはオーケンには、あまり信用されていない。

それもそのはずであろう。

なにしろ、〝のほほん〟と日常を平和に暮そうとするオーケンに、今まで俺が、さんざん非日常的なイタズラを仕掛けたからだ。

たとえば、昔、オーケンが、好きだと公言して憚《はばか》らなかった、フーミン（細川ふみえ）を使って、オーケン宅にイタズラ電話をかけ、しばし、奴に夢見心地とやらを味わわさせてやったことがある。

また、あるときは、オーケンが、まだ大ブレークする前の加藤紀子と人知れず高円寺でデートらしきものをしたのだが、結局、オタク系ダメ人間出身の常で超常現象とＵＦＯの話しかできず、彼女から気味悪がられたままに終わり、奴が悔し泣きしていたという話を聞きだすと、すぐさまオレのラジオで包み隠さず喋ってやった。

また、あるときはオレの馴染みの凄腕のＳＭ嬢をオーケンに紹介し、うまい具合にあてがうと奴のプレーの模様を聞き出し、オレの本『水道橋博士の異常な愛情』（青心社）の中で、ことこまかに発表してやった。

全て、オレの仕業である。

しかしながら、それらの行為はオレの悪意ある行動と責められるものであろうか？

なにしろ、オーケンの数々の著作を読めば分かることだが、奴は正真正銘の〝精神的ストリッパー〟に違いない。

しかも、ストリッパーのなかでも、奴の自分を包み隠さぬ、出し惜しみの無さは、客前の行為すら拒まぬ、生板本番嬢に匹敵しよう。

さらに言えば、単に生身を晒すだけではなく、客が喜ぶのであれば自らの肉体を酷使した、花電車と呼ばれる極芸すら会得してしまう、芸達者な踊り子でもあろう。

もっと言えば、馴染みの客にはペンライトを手渡し、自らの秘所にあてがい、客の欲望にストレートな過剰サービスで応えることすら辞さない、〝魂の特出し嬢〟なのだ。

つまり、奴の大胆な脱ぎっぷりに魅せられ、かぶりつきで眺める観客の一人がオレだ。

そのオレが、奴の挑発に導かれ、ついつい渡されたペンライトを奴のさらなる秘所に向け、より奥へ挿入したくなるのも、いたしかたないのではないか。

そして、他人が秘匿している知られざる事実を発見すると、誰にでも語りたがるオレに、あえて解説を頼むとは、つくづく、オーケンはプロの露出狂だ。

さて、オーケンは、この本の中で、中島らもの本をとりあげて、

「読んでみればやっぱり面白い。で、泣ける。センチメンタリズムに」

と書いているが、そのフレーズをそのまま、この本の解説に代えさせていただきたい。

オレ的には、この本で、何度読んでもウルウルと涙ぐむ箇所がある。

他人には「なんで?」と言われるところなのかもしれぬが、そこが、オレの泣きのツボにはまるのだからしょうがない。

恥ずかしいのだが引用しよう。

手首に白い包帯を巻いた彼女と天気の良い日に公園で会った。

「この間、サザエさんを見たのね」と彼女は語りだした。

「カツオが言うのよ、『父さん、たまには母さんを連れて梅でも見に行けよ』って、ナミヘイとフネは「それもいいな」とか言って二人で水戸に梅を見に行くの」

彼女は決心したようにボクの目を正面から見つめ、

「私達もああなれたらいいね」

と小さく言った。


とオーケンは、彼女の想い出を切なく綴る。

10代の女の子の語る、ナミヘイとフネの老いの境地に、オーケン常套句の〝いい塩梅〟を感じて……。

オレ、ホロリ。

(ちなみに、手首に包帯を巻いた彼女の声は、今なら、綾波レイがオーバーラップしたりもするのだ)

またあるときは、理想の恋愛について、このように書く。


公園でうたた寝をし、よく本を読み、好きな作家のお墓まいりに行く、なるべく野菜を食べ、まだ行ったことのない暑い国へ思いをはせる。

相手の言ったささいな言葉を忘れず、なるべく多くの詩を書く。

今ボクのやっていることの何分の一かは、彼女と出会っていなければなかっただろう。

いろいろなことを彼女との日々の中から学習したのだ。

なんとも甘酸っぱい。

この文章を読みながら、「そういえば、オーケン、井上順の『お世話になりました』をカバーして歌っていたな」なんてことを思いだしつつ、他人ごとながら、結ばれることのなかった、この幼い恋愛に想いを馳せ、『ノルウェイの森』チックな叙情にオレは涙ぐむ。

（実際、このシーンを読むと、オレは必ず、ジョン・アーヴィング原作の映画『ガープの世界』を思いだし、映画で使われたビートルズの「When I'm Sixty-four」が心に流れ出す、そして何故だか「おまえ百まで、ワシャ、九十九まで、共に白髪の生えるまで」なんて言葉が頭の中を駆け巡るのだ）


このまま、エッセイが終われば、オーケンは、女性誌に連載をもち、恋愛を、どシリアスに語る凡百の流行作家にもなれただろう。

いや、美しい女優の妻をめとり、芥川賞を授かり、ロック界から文学界へ華麗なる転身に成功したかもしれぬ。

しかし、ケーシー高峰以来の精神分析医ならぬ、性チン分析医の権威たるオーケン。

叙情だけでは気が済まない。

恋愛の破局の理由を、自分のエロリビドーと父性愛のホルモン異常に求め、このように書く。

オナニーに燃えたモンモンたる日々からやっと逃れたと思ったら、今度はフェロモンとホルモンのやっぱりモンモンコンビに悩まされた、というわけか。

と、バカバカしく結論する。

初めて読んだときも、笑ったが、今回読み直しても、また笑った。
涙ぐみ笑った。
涙ぐみ笑う。
オレに言わせりゃあ、〝のほほん〟とは、つまりそういうことだ。

グラッチェ。

（1997年10月）

〈新潮文庫・解説より〉

Q.B.B.

『中学生日記』（新潮文庫）

俺は日記界のベテランである。

何故なら、6年前から自分のホームページで『博士の悪童日記』と題して、一日も休まず、自分の日記を公開しているのだ。

我ながら、よく続くものだと思いながらも。

しかも、思い返すと、昔から何らかの形で日記は書き続けている。

小学生の頃は〝僕の好きな先生〟に褒められたくて。

高校生の頃は、悶々とした人生の〝ドグラマグラ〟の解消機能として。

そして芸人になってからは……。

これは、内省のふりをしながら、芸人としての自己顕示欲と折り合いをつけながらも、半分は仕事なのだろう。

そう、そんな俺の長い日記ライフのなかで、唯一ブランクがあるのが、中学生の頃だ。

つまり、『中学生日記』の頃なのである。

あの頃、何故だか理由はわからないが、日記をつけなかった。

思春期の真っ只中にいるのにもかかわらず、何を考えていたのかも、おぼろげで、今、考えると、その必要もなかったようなバカバカしい、無目的な行動に終始していた。

この本のトビラにあるように、中学生とは、間違いなく「一生で一番ダサイ季節」である。

それを実感するのは、俺が、もはや当事者ではないからであろう。

そりゃあ、確かに例外もある。

オリンピックで金メダルをとって「今まで生きてきた中で一番幸せ！」と早すぎた絶頂期を迎える中学生だっている。

逆に日本中を震撼させる犯罪を、人生の霧の中で犯し、子供の残虐性を際立たせる、末恐ろしい〝怪物くん〟ぶりを発揮する輩もいる。

中学3年生、卒業を控えた、15の夜に〝盗んだバイクで走り出す〟生き急ぐ若人もいるだろう。

しかし、この本を読む、君や俺は、はたして、そんなカリスマ中学生だったろうか？

平凡で三流の日常を送った我々は、二度と帰らない、この日々が、まぎれもなく人生で一番ダサかったことを共通体験としているだろう。

正直言って、こうして漫画にでもしてもらわないと、一体、あの頃、自分が何をしていたのかすら、おぼろげで思い出すこともなかったのかもしれぬ。

しかしこの作品を読めば、この登場人物たちの行動が、実に身につまされ、マンガの登場人物と、まったく同一な体験を過ごしていたことを思い出す。

そして、それは確かに、「文学」などの高尚な表現に昇華すればするほど、説明不能な行動なのである。

中学生特有の、大人でもなく、子供でもない、あの感情（その多くは〝笑い〟だが）は、限られた社会の繋がり、狭い友人関係と、日々のディテールのなかに詰まっている。

そして、それは矮小《わいしょう》すぎて、内省と文字には似合わないドタバタとした、「マンガそのもの」と言える日々であった。

子供の困難さを、近頃の大人は、やさしく慮ってくれる傾向があるが、その頃の困難さは、マンガのなかの言葉で引用するならば、たかが、「ディ～フィ～カ～ル～ト～」（口は半開き。頬の力を抜いて目はボンヤリ、でも空中の一点を見て動かさず、顔だけ左右に、時々ちょっと舌出したり）なのである。

マンガの中の登場人物との共通体験を列挙したらきりがないのだが、そんな誰にとってもリアルであろう、俺が思い当たった出来事をあえて列挙してみると……。
●寝癖を直そうと蒸しタオルをしていたら家族にインド人と笑われて落ち込む。

●授業中、真剣に自分のサインの練習をする。
●「レンズの効果」といって気づかれないように友達の首に焦点をあててみる。
●肛門検査！　といってかんちょうをする。
●家に誰も居ないとき全裸でトイレにゆく。
●4階からつばを落として空中分解するさまをずっと眺める。
●「そしたらさあ」が「そしたらしゃあ」になってしまう。
●コンパスで机に穴をあける。
●どうやったらかっこよくタバコがすえるか、鏡の前でポーズをとる。
●お父さんの度付きサングラスを試してみるが、度が強すぎてくらくらする。
●非常ベルの「強く押してください」ボタンを集める。
●お弁当のご飯粒を天井にくっつけて、乾いた頃に落ちてくるのをみる。
●喫茶店の「営業中」看板を盗んで部屋の取っ手にぶらさげる。
などなど、いくらでも思い当たるのである。

確かに、あの時代、こんな意味不明なことに夢中になったり、笑ったり、落ち込んだり、していた。
そして、無目的な行動のなかに、自我の芽生えも生まれてくるのだ。

例えば、ひとりで既にブンガクしているヤツのエピソードが本書に出てくる。

いつも教室の一番後ろの席で文庫本を読んでいるクワハラ選手からハンザキが星新一を教えてもらう。

さっそく星新一を読むハンザキは夢中になって一日で読み終えてしまい、早速クワハラ選手に報告するも、彼は既に星新一を卒業し、筒井康隆著『宇宙衛生博覧会』にレベルアップしていた。

そんなブンガク少年のクワハラ選手が公園のベンチに、お財布を見つける。

今まで手にしたことのない大金に、文学少年よろしく色々と思い悩んでしまうのだが、結局誘惑に負けて本を買ってしまう。

その本も、水木しげると、つげ義春という実にブンガク的セレクトなのだが、夜が更けるにつれ、彼の罪悪感は悶々と膨れ上がってゆき、とうとう、「人間、失格」、と川にむかって叫ぶのだ。


このエピソード、恥ずかしながら、ほとんど俺自身ではないか。

そんな行動すらも、実に懐かしすぎる。


俺の中学時代――。

中学受験で合格し、越境入学で通った、岡山大学教育学部附属中学。

詰襟のホックを外しているだけで不良と思われるような、県下有数の進学校だった。

しかし、言い換えれば、わずか10代そこそこで、自分の将来の進路を学歴社会に見い出してしまうような、いけすかない連中の通う学校でもある。

俺は、この青春の入り口で、すっかり落ちこぼれた。

長い通学時間は、教科書よりマンガや文庫本に熱中するサブカル好き少年になってしまった。

勉強が出来ない、その反動なのか、俺は、長じて、「たけし軍団」のようなバカ集団に加入し、世間からみたら、しょうもない漫才師になってしまった。

しかし、俺の同学年は、奇跡的にそんなバカが俺だけじゃなかった。

後に、ロックバンド、「ブルーハーツ」から、「ハイロウズ」のボーカルへと日本のロック界に巨大な足跡を残す、甲本ヒロト——。

そして、もう一人。

後に、元「オウム真理教」幹部、尊師の主治医として、日本犯罪史上に悪名を残す、中川智正——。

この二人も俺の中学の同級生だったのだ。

甲本ヒロトは、中学時代、ラジオから流れてきた、ビートルズを聴いてロッカーになる確信を持ったと、記している。

そして、俺は、中学時代、ラジオから流れてきた、ビートたけしを聴いて漫才師になろうと思った。

何度も書いている話だが、それは、まさに未来への啓示だった。

そして、あの頃に想いを馳せれば、中川くんは、いったい何を聞いていたのだろう？

しかし、あの中学時代、後の、芸人、ロッカー、カルト宗教人は、未来の己の姿を知る由もなく、そこでは皆、ただの「14歳」であった。


このマンガで描かれる、自分たちで組み立てた常識やルールを守り、笑いやばかばかしさを共有するその世界は、子供の頃、よく作った「基地」のような空間であるだろう。

今、大人になって、基地から外れて、それを俯瞰してみると、それは単なる、「基地ガイ」の世界なのかもしれない。

ただ、俺を含めて、ここに挙げた同級生3人は、いまだに、かたくなに中学生の延長上にある「基地の国」の住人であり続けているのかもしれない。


甲本ヒロトは、名曲「十四才」という、歌の中で歌っている。

「あの日の
僕のレコードプレーヤーは
少しだけいばって

こう言ったんだ
いつでもどんな時でも
スイッチを入れろよ
そん時は必ずおまえ
十四才にしてやるぜ」

『中学生日記』は、俺の14歳への再生ボタンである。

（2002年6月）

『孤独のグルメ』の原作者・久住昌之氏、実弟のイラストレーター・久住卓也氏からなるユニット「Q.B.B.」（Qusumi Brothers Bandの略）。代表作に『とうとうロボが来た!!』（青林堂）、『ヨーチA』（秋田書店）、『中学生日記』の続編となる『新・中学生日記』（青林工藝舎）など。24年2月には前作『古本屋台』（集英社）から6年ぶりとなる第二弾『古本屋台2』（本の雑誌社）が発売。夜中になるとどこからともなく現れる、神出鬼没のオアシス〈古本屋台〉。店のルールは「白波お湯割り一杯100円。おひとり様一杯限り」「へべレケの客に酒は出さない」「騒がしい客には帰ってもらう」。ブックデザインは2冊とも西野直樹氏が担当しているため、出版社は変わっても並べて違和感のないものとなっている。

〈幻冬舎文庫・解説より〉

百瀬博教
『プライドの怪人』

（幻冬舎文庫）

「百瀬博教とは何者か?」

百瀬氏には、現在、作家、詩人、戦後最大最高の不良、などさまざまな肩書きがある。

しかし今、最も世間に知られる仕事は格闘技イベント、「ＰＲＩＤＥ」のプロデューサー業の顔であろう。

格闘技会場の最前列、リングサイドにどっしり腰を下ろし、リングに睨みを効かせる。

その姿は今や世界に衛星中継され〝日本のドン・キング〟として、格闘技界の顔役の趣である。

人呼んで、「プライドの怪人」――。

このタイトルは氏の男としての生き方の矜持、人並みはずれたプライドの高さ、及び「ＰＲＩＤＥ」に出没する怪人の意味を重ねてある。

さて、「怪人」と呼称される作家の、帰し方について、まず説明しておきたい。

百瀬博教氏は、昭和15年2月20日、東京柳橋の侠客、百瀬梅太郎親分の次男として出生した。

青年時代は相撲取りを志すが挫折、その後、立教大学文学部史学科に通う傍ら、赤坂のナイトクラブ「ニュー・ラテン・クオーター」で用心棒を務める。

そして、そこで「生涯の兄貴」と慕う石原裕次郎と出会い、私設ボディーガードとなり親交を深める。

23歳、用心棒として、自己防衛するには武器が必要だと思い立ちクウェートへ渡航。

この旅行を機に拳銃を日本へ持ち帰ることに味をしめる。

そして28歳の時、拳銃不法所持の容疑で指名手配後、警視庁に出頭、9カ月の取調べの後、保釈金、500万円を積み保釈となり、裁判を待つ身となるが、ガンを患った母親の今際に立ち会えまいと、収監状を破って、そのまま逃亡。

逃走中に、TVで『小川宏ショー』を見て、自分が連続射殺事件犯、永山則夫に小型ピストル、ロスコーを渡した108号事件の容疑の重要参考人として指名手配されている事実を知る。

その後、逃亡者として日本を転々。

そして、この「連続殺人事件に関与」という冤罪は疑いが晴れたものの、結局、逃亡先の中野で大捕物の末、逮捕される。

そして拳銃不法所持（しかもその数250丁！）の罪状で6年半の獄中生活を送ることとなる。

その際、生来の親分気質、〝乾分《こぶん》を作り易い体質〟が警戒されて、4年8カ月の独房暮しとなる。しかし、看守から、「元旦くらい勉強するのをやめろ」と言われるほど絶え間なく古今東西の書物を読み漁り、日々、大学ノートに文字を刻み、博覧強記の人となり、出所。

その後、作家、詩人へと転進。

また、本書に描かれるように、バブル期には株の天才を発見し、彼に金を預けて大儲けし、巨万の富を得ることとなる。

その後、NY、パリ、ロンドン、ブダペスト、北京等、世界中を大尽旅行して廻るが、やがて一文無しに……。

そして紆余曲折あり、99年より、PRIDEの世話係、プロデュースを手掛けるようになる。

と、ざっと、その人生を振り返ってみたが、これほど、波乱万丈で複雑怪奇な人生、さらには、毀誉褒貶かまびすしい、この人物を理解するには、まず、百瀬本を読み解かねばならないということだ。


さて、2003年7月——。

我々、浅草キッドは、『お笑い男の星座2・私情最強編』を文藝春秋社より上梓した。

その本に於いて、最終章のさらに番外編として、「男のホモッ気・百瀬博教」と題して一章を書き下ろした。

この文章のなかで、我々は、

「俺たち自身が、未だに世間に知られざるこの希代の怪人を世に知らしめる最初の語り部になりたいのだ」

と書いた。

確かに『男の星座』の草稿中は、百瀬博教氏は世間にも我々にも、まだ、「正体不明の怪人」であった。

しかし、その後、百瀬氏への世間の認知は急速に広まり、また我々との交流は急速に深まった。

そんなある日、俺が百瀬本に頻出するキーワード、「不良」について、本人に質した。

「百瀬さんの言う〝不良〟とは何ですか?」

と俺が尋ねると、百瀬氏は、

「それは、命懸けの虚構だ」

と答えた。

その意味では、百瀬博教本を読むことは、「この話が実話なのか!」と嘆息し、「こんな人が実在するんだ!」と驚嘆する、物語の中に浸り、虚構に身を置く興奮だけで読者は「命懸けの虚構」を共有することになる。

さてこの本は、かのアントニオ猪木との遭遇から始まるわけだが、「出会いに照れない」と公言する百瀬氏は、人生を強烈に彩る数々の人物との邂逅を、自らの意志として呼び込んでいるのである。

例えば、2003年7月8日のことである。

この日、四谷で文化放送のラジオ番組、『百瀬博教の柳橋キッド』の収録を終えた百瀬氏が、慰労を兼ねてラジオのスタッフを西麻布のレストラン「キャンティー」に招待した。

このラジオ番組の収録現場を時間のある限り、自主見学している俺も、ここに同席していた。

一同が店の奥まった席につくなり、先乗りした百瀬さんが抱えきれない程の大きなユリの花束をラジオでパートナーを務める藤木千穂アナウンサーにプレゼントした。

「何事も、照れちゃあ、駄目なんだよ!」

と言い続ける、百瀬さんらしいサプライズと気配りに、勿論、藤木アナも喜び、宴は盛り上がった。

しばらくして、店の入り口から歓声が聞こえると、外人さん一行がドカドカと店の中に入ってきた。

丁度、来日公演中のマライア・キャリー一行であった。

仲間とスタッフ数名に、超特大サイズの屈強な黒人ボディーガードが2人。

百瀬さんが、騒ぎを聞きつけて、

「誰？」と聞くと、

「マライアですよ」

と声を潜めて、ラジオスタッフが告げる。

「ああ、そう。あのデッカイ、ボブ・サップみたいな黒人がマライアなの？　アイツ、強そうだな！」

と百瀬さん。

「違います、もう奥に座ってしまった派手な金髪の女の方です、あの娘が7オクターブの声域を誇る世界一の歌手ですよ」

と慌てて訂正するスタッフ。

しかし、我々の席からは死角に入っているので、この歌姫を一目だけでも見たいと、順番で一人一人、トイレに行くふりをして、マライアを覗き込むようにして眺めた。

その様子に百瀬氏が口を開いた。

「そんなにまでして見たいんだったら、そのユリの花束をマライアに持っていけよ！」

と指示した。

「いや、これは……折角の貰い物なので……」

と困惑する藤木アナ。

「そんなの、また何時でも買ってやるよ！」と百瀬氏。

それでも藤木アナが遠慮して物怖じしていると、

「いいかい。マライアを見たって位じゃあ、チンケ過ぎるじゃない。でもマライアに会った時に自分がユリの花束を渡したんだって言ったら、一生、誰にでも話せる想い出になるでしょ。出会いは自分から作り、運命は自分で引き寄せるもんなんだよ。人生は全て演出なんですよ！」

と実に百瀬氏らしい叱責。

そこまで言われて、意を決して藤木アナもマライアのもとへユリの花を抱えて持って行ったのだが、同席していたマネージャーらしき女性がぞんざいな身振り手振りでシャットアウト、

「大変光栄だが、マライアは、ユリの花のアレルギーなの」

とその場しのぎの言い訳をした。

これを聞いた途端に、百瀬さんは、

「何をしみったれたことを抜かしてんだ！　帰ろうぜ！」

と席を立つと、帰り際、出口にそびえる屈強なボディーガードに何か一言、二言、捨て台詞を残し出て行った。

そして、我々も続いて席を立った時、その黒人の用心棒が我々を呼び止めると、マライアを手招きすると、藤木アナより花束を貰い受け、マライアに手渡した。

世界が愛するセレブ様は大きな花束に囲まれると、大仰《おおぎょう》に匂いを嗅ぎながら、輝く笑顔で「サンキュー！」を繰り返したのである。

〈どこが、ユリの花アレルギーなんだよ！〉

と全員が心で突っ込み、百瀬氏は何をあの黒人に言い含めたのであろう？　とも思いつつ、さらにあの不躾なマネージャーの振舞いを呪いつつ、この日、我々に最高の想い出が出来たことを喜んだのである。

以上が7月8日、一日のこと。

そして、マジックのような百瀬氏の「一言」の内容は、何度尋ねても氏は笑って答えなかった。

この話が俺には、ことに面白いのは、我々が『お笑い男の星座2』にも書いた、百瀬氏とエリック・クラプトンとの出会いにも相通じるからである。

ＰＲＩＤＥの会場のリングサイドへ自費で観戦に現われたクラプトンが、後にＰＲＩＤＥのテーマ曲を書くこととなる、その百瀬氏との巡り合いの珍エピソードは、我々の本で確かめて欲しい。


さて、長らく知る人ぞ知る存在だった、この作家を取り巻く状況が、ここのところ多くの人々に認識され、世間との親和力を増していくようになった。

例えば、それは、先述のラジオのパーソナリティーも、その一つであり、また03年8月11日のＰＲＩＤＥ会場での、リング上への〝出現〟も、また一つの事件であった。

この日、ＰＲＩＤＥがミドル級ＧＰを開催し、その会場となった、さいたまスーパーアリーナには大観衆が詰め掛けた。

そして、この大会は、初の地上波同日放送としてフジテレビで中継されたが、全試合終了後、猪木の横に座る、この怪人は、すくっと立ち上がると、リングに上り、大会主催者として初めてマイクを持って観客に挨拶し、その姿はお茶の間に放送されたのである。

黒幕の表舞台への登場は、さまざまな波紋を呼ぶこととなった。

さらには、この4月よりテレビ東京系日曜22時からのバラエティー、『プラチナ・チケット』では、シロートの諍いごとの調停役、雷親父として百瀬氏がレギュラー出演しているのである。


さて、今やテレビタレントにまで転進しつつある百瀬氏だが、その以前より、その出自、強面、不良のイメージから、さまざまな風説を語られている。

その昔、『週刊朝日』の対談で林真理子さんが曽野綾子さんに対し、

「私、前に曽野さんにごちそうになりましたときに、その筋っぽい方も同席して、写真パチパチ撮ってましたでしょ。私、こういう方と一緒の写真をどこかに使われたらどうしようとか、そんなことしか考えなかったんですけど」

と語ると、曽野さんは、

「あの方は百瀬博教さんといって、いい詩人です。博学ですよ」

と言下に答えた。

この話は、チンケな世間に対し背を向けて屹立している百瀬氏の存在、そして世間の偏見と実像の差を表して象徴的だと思う。

今、百瀬氏と接していると、外部より、いつも良識めいた雑音が耳に入る。

その度に百瀬氏が幼少時、父親と銭湯に行くと、父の背中にある刺青を見て怯む人たちを見て、「弱いものいじめなど死んでも出来ない優しい父も、彫り物を見せた瞬間から邪悪なものと後ろ指を差されるのだ」

と感慨した、その幼き純情に想いを馳せてしまう。

その父・梅太郎のことを百瀬氏は、

「幼い時から単純勁烈なる男の世界で生長し、常に自分を何かに賭け、駆り立てて生きねばならぬ稼業の人だった。そのなにかが虚構であると知りつつも、なお虚勢を張って生きる世界の人だった。侠気を装う気風。そうした精神風土の中へ、どっぷりと己を埋没させ、自らを育み磨き上げよう努力してきた人」(『不良ノート』より)

と、描いているが、俺から見れば、この猛き父の姿こそが百瀬氏と二重映しになって見えるのである。

とは言え、この種のエピソードすらも当の本人は、

「へっちゃらだね！　悪名こそ我が評判！」

と面白がっていて、自らの噂、偏見、よからぬ伝説さえ、人に語られることを楽しんでいる節

がある。

で、あるならば、圧倒的な多数の世の先入観に対し、少数派の熱烈な百瀬本マニアの俺は誤解を怖れず、あくまで曽野さんの側で語りたいところだ。

たとえ、百瀬氏の無軌道が将来、新たな地雷を踏むことが、仮にあったとしても、その窮地に於いて、この類希なる作家がどう語り、どう振る舞うかに、その時も俺は強い関心を持つであろうと思うのだ。

そういう予感に対し、自分が無視、黙殺の態度でいられないのは、俺の性だ。

世の良識ある「保険だらけの現実」が「命懸けの虚構」を回避し、「安全」な場所へ居続けようとする、その「退屈さ」に俺は耐えられないからであろう。


さて、今回は、『プライドの怪人』の解説ではあるが、あえて百瀬本全体に話をひろげよう。

その読後感を一言で言えば、

「純情の地下水と、溢れ出る過激」

と、レイモンド・チャンドラー風の言葉が思い浮かぶ。

そして、百瀬本の地下水脈に流れる純情の血が、「詩人」のものであるなら、その溢れ出る過激とは、「私」である。

なにしろ、

「百瀬さんは、頻出する『私』で世界を所有しようとする」（詩人・高橋睦郎）と書かれるように、数多ある百瀬本の一大特徴は、百瀬さん本人の「私」の視点でしか書かれないことである。しかし、百瀬さんの書く物語に「私」だらけなのは、それだけ「私」の実人生が小説家の創作以上に過激すぎるからであり、日常の日々があまりに尋常ならざる劇的な舞台であるからなのだ。そして「想い出に節度がない」と自称するように、自らの思い出語りに臆面なく果てしない。「過去偏執狂と言ってもいいくらいの異常な記憶力に驚嘆する」（文芸評論家・松田修）と言うほど、読者の誰しもが驚愕する、その郷愁の洪水のなかで、時制は飛び交い、人名が入り乱れ、話のディテールはどこまでも瑣末《さまつ》な横道に迷い込み、圧倒的な薀蓄が溢れかえる。

読書馴れしていない若者には、とっつき難いかもしれないが、その対処法としては、その百瀬博教の個人史を時間軸で捉え俯瞰しながら、人名の出入りを整理して、読み解くことである。

例えば、何点か抑えるべきエポックを生い立ちから列挙するならば、

○侠客の家に生まれ、千葉県市川で過ごした幼年期。
○立教大学入学後のニューラテンクォーターの用心棒時代。
○拳銃不法所持事件。
○6年半の獄中生活。
○出所後の詩人・作家デビュー期。
○大金持ちとなる狂乱バブル時代。

○そして、現在のＰＲＩＤＥプロデューサー期。

と大きく分けられるであろう。

その中で、本書は、他の百瀬本では触れられていなかった、バブル期の総資産９６０億円（百瀬氏本人だけの額ではないが……）まで膨れ上がった錬金術についても詳細に語られてある。

その顛末は本の中では、「飛鳥銀行不正融資事件」と書き改められたが、実際にはバブルを象徴する、史上最大規模の銀行犯罪として知られる、「富士銀行不正融資事件」のことである。

金に堕ちて行く人間の狂乱を、その渦中に居ながらも、冷徹に描くのも、また百瀬本の醍醐味の一つであろう。

そして、この本では深く触れられることはなかったが、百瀬本の読者としては、一つの軸として、石原兄弟との係わり合いを押さえることも肝要である。

戦後の日本を代表する日本一のピッカピッカの兄弟。

青年期に心服し「あにき」と慕った「裕次郎」、そして今や日本の総理にも成らんとする「慎太郎」――。

その出会い、そして、この兄弟への追慕、蜜月、そして誤解、さらには確執まで、時に擦れ違い、時に密に絡む、互いに〝人生の時の時の人〟である物語に注視することだ。

本書を担当した、幻冬舎の見城徹氏が長年、石原慎太郎氏の最側近編集者という存在であったことを考えれば、読者はまた新たな興味が湧くことだろう。

文字通り、「太陽」のごとくデビューし、表舞台を輝き続けた石原氏を「恒星」だとすれば、その周囲を、裏方として、あるいは裏街道を、「惑星」の如く軌道した見城氏、百瀬氏。二人は、互いに意識しつつ、共通の人脈も数限りない。しかし、今まで見城氏の方が、この怪人のブラックホールの如き、人を引き寄せる強力な引力から逃げ続けていたらしい。

その見城氏は、百瀬氏とコンビを組むに当たって、「二十年以上も何度もすれ違っていたけど、この人と付き合うと面倒なことが次々起こるなと思って避けていた。親しく喋り合って二十年来たわけじゃないけど、風の立ち方がどんどん成長しているのがわかる。それと、この人は、小手先で誤魔化さない、まっとうに行く。突破する時にもまっとうに突破する。私、5年前の百瀬さんとは、きっと仕事が出来なかったと思う。この人とは生半可なことでは一緒にやれないって思いが常にあったから。百瀬さんと付き合えば、掠り傷や返り血は浴びるでしょう。その覚悟がなければ道行きは出来ませんよ。道行きっていうのは、絶対に地獄へ行くに決まっているんだから。天国に行く道行きなんて面白くもなんともない。一緒に死ぬ覚悟が決まるまで二十年かかったんです」と語っている。

ならば見城社長には「次々と起こる面倒」の一つとして、そして、地獄ならぬ冥土の土産として、「幻冬舎アウトロー文庫」に、正真正銘のアウトロー、百瀬博教の全著作を文庫化することに取り組んで頂きたい。

これだけ、そのパーソナリティーに関心が寄せられても、多くの読者にとって、今なお、百瀬本を収集、網羅するのは困難な状況のままなので、これを機会に幻冬舎で文庫化を進めるべきだろう。


そして、この膨大な著作を一望にし、一つの視点を持って読めば、百瀬物語とは、実に多面的に豊饒に捉えられるのが実感できるであろう。

それは、文芸の薫り高い多感な少年期からの成長小説であり、ピカレスク小説であり、獄中記でもあり、教養小説でもあり、詩集でもあり、なおかつ同時代を生きる稀有な怪人の類まれなるノンフィクションでもある。

その読書の行為は、まるで万華鏡を覗き込むように、記憶は刻まれ言葉は響き、星のように煌《きらめ》く男の世界へ誘われるはずだ。

そして、それは一人の漢《おとこ》が人生に描く「命懸けの虚構」である。


さてここまで書いてきたが、実は中盤の曽野綾子さんの記事の引用には俺の意図的な省略、いや、虚構がある。

正確には曽野さんの台詞は、

「あの方は、百瀬博教といって、いい詩人です。文章を書くと有名人好きが目立って、私と少し趣味が合わないんですけど、博学ですよ」

と書かれていたのである。

あえて、ここでは俺の判断で、「有名人好き」のくだりを省略していたのである。てっきり、「私は有名人好きだけど、たまたまめぐり合えた有名人の方と話をして、その人の気分や気合が良いから好きになる、一人よがりで、思いやりのない、単に有名な奴なんか、こちらから相手にしない」(『不良少年入門』より)

と語る百瀬氏だから、曽野さんの苦言をも軽く聞き流しているものだと思っていたからだ。

ところがある日、百瀬氏の執筆部屋に通された俺は机の上に張られた手書きの文字を見つけた。そこには、

「『人のこと』は書かないでまっしぐらに自分の内面を書け。その思い込み方が作家の本当の姿である(曽野綾子さんのテガミより)」

と百瀬氏特有の太字マジックによる楷書で書かれていた。

それを読んだとき(正確には盗み読みしてしまったとき)、わざわざこの言葉を自ら文字に書き起こし、日々肝に銘じている百瀬氏が自然と目に浮かんだ。

多くの人生の困難を己の剛毅と腕力で片付けてきた〝不良〟で〝プライドの塊〟の百瀬氏の人知れぬ一面を見つけたようであり、63歳になっても、今もなお、思春期の少年のような素直さを

持ち合わせ、人生を前向きに生きようとする、その心意気と可愛らしさに、俺の男のホモっ気が胸の奥でキュンと音を立てた。

（２００３年11月）

08年1月27日、自宅風呂場の湯船の中で意識を失っているところを知人が発見。緊急搬送されたが死亡が確認された。享年67。20代後半、拳銃不法所持により下獄した秋田刑務所でのことや家族のことを綴った処女詩集『絹半纏』、そして『不良日記』（草思社）、『不良ノート』（文藝春秋）で本格的に作家活動を開始した百瀬氏。メディアに顔を出す機会の増えた04年には、ボブ・サップ、野村克也、北原照久、木滑良久、藤原ヒロシ、北野武らとの対談を収録した『百瀬博教　ＦＯＲＥＶＥＲ ＹＯＵＮＧ ＡＴ ＨＥＡＲＴ』（ベストセラーズ）を出版。日本スノードーム協会事務局長の顔も持ち、安西水丸との共著『スノードーム』（キネマ旬報）、『スノードームに魅せられて』（河出書房新社）にて繊細なガラスの小宇宙への思いを綴っている。

〈講談社文庫・解説より〉

岩井志麻子

『東京のオカヤマ人』（講談社文庫）

『どけえいきょん』～解説に変えた一章～

19歳で岡山から東京へ上京してから、20年の月日が過ぎた時、俺は人生の半分以上も岡山弁を忘れて過ごしてきたのだと思った。

そんな、すっかり〝東京のオカヤマ人〟である俺に、『ぼっけえ、きょうてえ』の噂が聞こえてきたのは4年前（2000年）。

この岡山人にしか意味がわからないタイトルの小説が、日本ホラー小説大賞、山本周五郎賞を受賞し、その著者と共に話題になっていた。

たまたま、テレビに映った、そのホラー作家の容姿は、まるで映画『リング』の、ブラウン管から抜け出してきたような「リアル貞子」のごときルックスで人目を引いた。

俺は同郷の出身、年齢も近いことから関心を持ったが、とりたてて恐怖小説好きではないので本を手に取ることはなかった。

「いずれ、何処かで会ってしまうだろう」

と嫌な予感がしたのは、俺の錯覚なのか、それとも、この作家の求心力なのか。

にしても、漫才師と女流作家に接点など普通あるだろうか？

そして、この〝岡山女〟を初めて見たのは、３年前、２００１年の1月、新宿歌舞伎町のライブハウス「ロフトプラスワン」であった。

このアンダーグラウンドなサブカルの拠点で、水野晴郎先生の映画『シベリア超特急』を巡るトークショーが開催され、俺が飛び入り出演したときのこと。

俺は客席に座って居るのか、居ないのか、うっすらと輪郭を残した白蛇のような女性の視線が壇上からも気になった。

ライブの終わりに水野先生が、

「客席に私と同郷の作家の岩井志麻子先生が来ておられます」

と紹介したとき、その邪気溢れる存在がくっきりと浮かび上がり、俺を見据えていた。

しかし、この時は、「さすが流行作家、このマニア絶賛のカルト・ムービーまで視野に入れているのか」

と思っていた。

そして、その直後に『週刊新潮』の「黒い報告書」に登場した岩井志麻子の文章を読んで、ぶっ飛んだ。

この連載、実際起こった事件を題材にした読みきり実録小説であるが、特別寄稿として登場した岩井志麻子が描く物語は、身の毛がよだつほど禍々《まがまが》しく、その蛇がトグロを巻いているかのような粘着質な文体に鳥肌が立った。

その印象から間もなく、俺は、書店で、まるで手まねきするような岩井志麻子の似顔絵で装丁された、この『東京のオカヤマ人』の単行本を手に取った。

本書は、各章ごとに岡山弁の題名がつけられ、登場人物は全て岡山弁で語り、しかも人気作家の身辺雑記のエッセイの形式でありながら、最後はホラーとしての体裁を持つという、不思議な〝縛り〟で書かれているが、とにもかくにも、その語り口の上手さに心底、唸った。

そして、文章を読みながらも、以前と同じく、「この著者に、いずれ出会うであろう」との俺の胸騒ぎは、ますます強まった。

その予感は、すぐに当たった。

2003年10月、日本テレビの人気番組『踊る！さんま御殿!!』を収録する汐留のスタジオ、この番組の大勢のゲストの一人として、俺は岩井志麻子と共演することになった。

収録前、俺は、この『東京のオカヤマ人』を持参して、楽屋に挨拶に行った。

まず俺が名刺を差し出し、挨拶し、

「実はワシも岡山県人なんじゃあ」

と使い慣れない岡山弁で言うと、岩井志麻子は能面のような白い顔を歪め、まるで迷惑げに、

「そうなん……」

と素っ気無く言い嫌々そうに、この本にサインをしてくれた。

そして、この気まずい雰囲気に、会話を埋めるべく、

「水野先生のトークショーに来られとったでしょう？」

と俺が続けると、

「私、ああいう小太りの男がタイプなんじゃ～」

と、まるで辻褄の合わない返事を返した。

そしてテレビの本番――。

この類まれなストーリーテラーの作家がトーク番組ではどんな語り口なのか注目していると
……。

さんま師匠がトークの流れで、

「岩井さんは、どういうタイプの男性が好きなの？」と聞くと、

「私はデブ好きなもんで、出来れば小太りで、なんでも言うことを聞く奴隷男が好みなんじゃ

あ」と答え、一躍、会場を沸かせると、さらに言葉を重ねて、「今、一番好きな究極のタイプは、金正日じゃあ。あの男はたまらんなぁ」と発言。

会場を瞬時に引かせた。

この答え、実は彼女のお得意の持ちネタではあるが、テレビに不適切なのは間違いない。

あの、さんま師匠でさえも、即座に「放送できません！」と切り捨て、それでも、岩井志麻子は、さらに自分の男のタイプについて言及し、

「自分のようなモノを認めてくれたり、好きと言ってくれる人が嫌で嫌で、たまらないんじゃあ、その男の目の前で、こんな酷い女のどこがいいんじゃあ、って思いっきり虐めたくなるんです」

と続けた。

その台詞を拾って、俺もすかさず
「そう言えば、さっき楽屋で、僕が本にサインを求めたら、思いっきり嫌な顔をされました！」

と申告し笑いを取った。

その時、岩井志麻子は、邪険な蛇女の目で俺を睨んだ。

そして、番組終了後——。

帰宅すると、携帯に見慣れぬメールが届いていた。

そこには、「ヤな顔なんてしていませんよ」と一言だけ書かれていた。

どうやら岩井志麻子からである。

先刻、渡した俺の名刺の連絡先を見たのであろう。

作家の文章とは思えぬ味気無さではあるが、別に怒ってはないようだ。

しかし、そのメールアドレスを見ると、ローマ字で
「ビンボウヒサンシネ」

と書かれていた。

そのとき、心の底から言い知れぬ不気味さが込み上げ、俺は思わず、

「ぼっけえきょうてえ……」

と呟いた。

そして、今後、この女に関わり合いになるのはやめようと思った。


そして、事件が起きたのは、その6カ月後のこと。

生後9カ月の俺の第一子、武が、雑誌『ひよこクラブ』に取材されることになり、この日はスタジオ撮影の日であった。

親バカながら、その日のために、子供のよそ行きの衣装を買い、髪型を整え、万全の体調を心掛けた。

俺は朝から別の仕事を終えて、スタジオ入りするはずだったが、その仕事先に、カミさんが電話をかけてきた。

「大変なの……、さっきタケちゃんが、棚から本が落ちてきて、目の上に痣を作ったのォ……」

と言うのである。

「こんな日に限って、なんで……」

と狼狽する俺。

するとカミさんが深刻そうに、

「しかも、その落ちてきた本が……『東京のオカヤマ人』なのよ」

とダメ押しの報告をしたのである。

撮影は、子供の顔に出来た目の上の青い痣をメークで誤魔化した。

俺は家に帰ると、この『東京のオカヤマ人』のサイン本をしげしげと眺めた。

表紙の岩井志麻子の絵は、不気味に口を裂き、ざまあみろと言いたげに笑っていた。

そして、ヒヒヒヒと、その嘲笑が幻聴のように聴こえた気がしたのである。

すぐさま、俺は、この本を捨てることにした。

サイン本を捨てるのは、俺の人生で初めてのことである。

単なる偶然に対して、過剰な反応であると思ったが、この本の中身こそ、ささやかな符号から、巻き起こる日常の恐怖を描いた本だけに、この現象を薄気味悪く思った。

そして、この『東京のオカヤマ人』が俺の日常に侵食することを恐れ、今後、岩井志麻子を敬遠しようと決めた。

しかし、この誓いも、あっさり破られる。

この事件から、間もなく、俺たちは初めて大阪のテレビにレギュラー番組を持つことになった。

関西テレビの『2時ワクッ！』に、木曜日の顔として、浅草キッドがキャスティングされたのである。

そして、その説明に訪れた関西テレビの関係者から、共演者の名前を聞いて驚いた。

……岩井志麻子が居たのである。

つまり、この俺が理由あって忌避している作家と、毎週、顔を合わせる訳だ。

少なくとも、これはお昼の主婦向け生放送のキャスティングには思えないだけに、もはや何かの強い導きを感じないではいられなかった。


そして、この番組で、岩井志麻子は、その言動が本格的にホラーになった。

番組は、お昼の生放送なのである。

岩井志麻子は、発言を求められる度に、周囲の度肝を抜いた。

夜のODAと称して、韓国、ベトナム愛人を囲う生活を毎回、明け透けに語り、あるときは男のたしなみを「気を遣うより腰をつかえ！」とのたまい、あるときは、「私の存在が社会に対するセクハラです」と語り、またあるときは、Hな本の隠し場所についての発言で、「私は、自分で書いて、自分でオカズにしているから、いわば手弁当派ですね！」などと昼から平気で言い放った。

「ぼっけぇきょうてえ」

と、俺が呟く頻度は増した。


そんな折、今年の夏、番組の暑気払いの宴会が、放送局近くの焼き肉屋で開かれた。

この日、同じく、この番組共演者である、野球評論家の金村義明氏も同席した。

金村氏は、『在日魂』の著書もある、在日三世の元・プロ野球選手であり、かつての甲子園優勝投手でもある。

タレント能力に長けており、お茶らけたムードを持つが、その実、勝負の世界で生きてきた、〝男の流儀〟を持つ一角《ひとかど》の〝人物〟でもある。

その金村氏に、女流作家は、自らの韓国愛人との結婚話を相談しながらも、自虐的なふしだらな日々を得意の下ネタジョークを交え語り始めたのである。

金村さんも、この酒席の余興を笑い飛ばしながらも、この文字通り、世界を股にかけ、二股、三股の交際を恥じることなく、自らの恋の行く末を世に晒し、体を張って書く女流作家の〝行動倫理〟を何度もたしなめた。

しかし、岩井志麻子は、時間の経過と共に酒乱の様相を帯び、同じ話の堂々巡りで、言葉は乱れ支離滅裂、人格は壊れ茫然自失の態で畳の上に潰れ、何かに憑依されたかのように意味不明の言葉を喚き倒すようになると、マネージャーに背負われてホテルへ連れ去られた。

確かに、どこにでもある酒席の一風景であり、岩井志麻子にとっては、日々の延長であったかもしれない。

しかし、俺にとっては、文学の体現者として一種の敬意を持ち続けていた、岩井志麻子の醜態は、まるで文学そのものがのた打ち回っているかのように痛々しくもあり、目を背けたくなるようなものであった。

見方を変えれば、「自分の様なものを認めてくれる人」である俺への、蔑みであり、辱めにさえ思えた。

その日のことを、岩井志麻子は、翌月『新潮45』の連載、『ドスケベ三都ものがたり』の中で触れている。

「(金村義明は)、面白さにも深みがあって、いい男だ。彼とさしで韓国焼酎の真露を飲んでいるうちに、無茶苦茶に酔いが回っていた。(中略)後で聞いたら、彼に『韓国男との付き合いは、良う考えろ』とかなり意見され、反論していたらしい。いや、もちろん彼は喧嘩腰でも嫌味でもなく、真剣に話してくれたはずだ。さらに私の場合、反論というよりは、まさに酔っ払いのクダ巻き、だったはずだ」と書いている。

しかも、その翌日には、渡韓し、件《くだん》の内縁夫である韓国男性と婚約し、懐妊、そして……。

と話が転がっていく、その象徴的な書き出しとして、この一件は語られているのだ。

あの我を忘れた酩酊状態の中でも、文章を生業とする作家の性は、確実にあの日の一件を物語の萌芽として獲られていたのである。

その文章を読み、あらためて岩井志麻子を見直した。

そして、彼女へ問いかけるべき言葉が俺の口をついた。

「岩井志麻子、どけえいきょん？」と。

それは、既に俺がすっかり忘れていた岡山弁であった。

「どけえいきょん」とは、岡山弁で、「どこへ行くの？」の意である。

そして、今日では、数少ない無頼派作家である岩井志麻子の尋常ならざる道行きを、もう少し、この絶好の至近距離から眺めていたいとも思った。

きっと俺もまた、この『東京のオカヤマ人』の登場人物のように、この作家の目に睨まれ、妖しい物語の渦に巻き込む、なにかしら抗い難い力に引き寄せられ、運命的に此処にいるのだろう。

そして、先日、講談社から『東京のオカヤマ人』文庫化に際して、ぜひ解説を書いて欲しいとの依頼があったのだ。

担当者から電話口で
「本は、お持ちですよね?」
と聞かれ、当然、俺は
「はい、勿論、持ってます」
と答えたが、先述の事情があり、
「出来ればもう一冊、送って欲しい」
と答えてしまった。

そして、我が家の本棚に、再び『東京のオカヤマ人』が戻ってきた。

(2004年12月)

本業のホラー作家では、出世作『ぼっけえ、きょうてえ』(山本周五郎賞、日本ホラー小説大賞受賞)の正統後継作『でえれえ、やっちもねえ』(角川ホラー文庫)を21年に発表。タレントとしても、トレードマークとなったヒョウのコスプレ姿でテレビ視聴者に衝撃を与え続けている。17年3月にはAKB48のメジャー47作目のシングル「シュートサイン」のミュージックビデオに登場。女子プロレスラーの群像ドラマ『豆腐プロレス』(テレビ朝日系)主題歌ということで、WIP(ワールド・アイドル・プロレスリング)四天王のひとり、デビルタ

イガー志麻子を演じた。共演はレジェンド小嶋（小嶋陽菜）、ブロッケンシズ（南海キャンディーズ・山崎静代）、ゴッド神取（神取忍）。他にも河崎実監督作品の常連俳優として『大怪獣モノ』（16年）、『シャノワールの復讐』（18年）、『メグライオン』（20年）、『遊星王子２０２１』（21年）に出演。白石和彌監督の『死刑にいたる病』（22年）では被害者が発見された森を所有する赤ヤッケの女役で登場している。

「本業　タレント本50冊・怒涛の誉め殺し!」単行本版あとがき

1冊の本を書き終えた。

タレントがタレント本のみを書評したタレント本は、日本で最初の試みではないだろうか。

『日経エンタテインメント!』誌の連載『本と誠』掲載分が40冊。『編集会議』誌のインタビューで5冊の紹介、文庫本の解説が4冊、そして、このあとがきの1冊で計50冊であるから、副題、「タレント本50冊・怒涛の褒め殺し!」とした。

『本と誠』を連載中、編集部からの要請は、「書評家が書かないような、著者との交流、ご自身の体験談を入れて欲しい」とのことであった。

必然的に、お会いした事のある著者の本が並んだ。その数、39冊。

つまり大半は俺と面識のあるタレントの本なのである。

だからこそ、書評と言うより、交遊録や人物評、俺自身への自己言及が再三なのも、その理由による。

また、50冊の中、師匠・ビートたけしについて触れた数は、17冊もあるのである。

あらためて、俺が、いかにビートたけし依存体質、であるか、自分でも今更ながらよく、わかった。

しかも、あとがきで取り上げる1冊もビートたけし著――。

『たけし！』である。

本書は漫才ブームの全盛期、81年に出版された、語り下ろしのビートたけしの自叙伝である。足立区生まれのペンキ屋の三男坊が、浅草のストリップ小屋「フランス座」のエレベーターボーイから漫才ブームの頂点へ向かうまでの「成りあがり」の物語（そして、その聞き手は、その後、数々の芸人評伝の名作を著すこととなる、作家の吉川潮氏である）。

俺が芸人になる動機として、「ラジオから流れてきたビートたけし」の話は何度も書いてきたが、本書も、また、我が人生の一大転機となった1冊なのである。

初めて手に取ったのは、まだ田舎の倉敷に居た高校生、卒業を控えた3年生のときである。

その頃は、D・T（童貞）をこじらせ、まともに学校も通わず家に引き籠もり、進学するのか、将来は何をするべきか……進路すら、自分で決めかねていた。

「人生に期待するな！」

と本書に書かれた最後の1行を読み終えると、俺はまるで天からの啓示のように、この人の下へ行こうと決心した。

その瞬間すら憶えている。

校舎の3階の窓から校門の横の自転車置き場を見つめながら、まるで幽体離脱したかのように、自分の意識が浮き上がり、気持ちの上で空が晴れ晴れと澄み渡り、風景が変わって見えた。

すべての迷いが一瞬に消えたようだった。

学生時代、職業選択の思考の中でもともと俺はタレントになりたいなどと思ったこともない。

最初に憧れた職業はルポライターであった。キッカケは中学時代に竹中労の『ルポライター事始』（みき書房・ちくま文庫）に出会ったからである。

しかし、当時思春期で悶々とし、自分のような身勝手な快楽主義者が、ジャーナリズムを御旗に、正論を世に問うような正義は貫けないと思い、考えれば考えるほど、行き止まりだった。

そんなときに、この『たけし！』に出会った。

一言で言えば、暗夜行路に一灯を見出し、長き悶々からの脱出口を発見したようだった。

本書を読んでわかった「発見」とは──。

お笑いの仕事は、たとえ「成功」しなくても、「失敗」を「笑う」ことが出来る。

「失敗」がネタになり「成功」へと繋がっていく。突き詰めて考えると「失敗」がありえない。

どんな職業にも、どんなに「成功」しても考えが行き詰まり、出口がない状況はありえるが、お笑いの仕事は、「笑う」ことで、全て一点突破できる。世界唯一、最強最後の仕事だと思った。

この「たけし」の下へ行けば、全てが変わる！

その日から、受験勉強も始めた。

そして、大学受験の上京はその口実であった。

そして予定通り、大学は4日、取得単位ゼロで辞めた。それでも優柔不断な俺は、弟子入りするには4年間も長い逡巡があった。

そして、23歳のとき、多くの仲間が進路を決めた時、弟子志願を試み、たけし軍団に潜り込み、親にはなんの相談もなく、いつの間にか、「浅草フランス座」のストリップ小屋に、住み込んでいた。

事情を知った、田舎の両親は慌てて、二人して、俺を連れ戻しに来た。

浅草のホテルへ長逗留し、「子供を返せ！」と、まるで後に社会問題化したオウム信者の親御さんのような風情でフランス座へ通い寄った。

劇場でエレベーターボーイをしながら、客の呼び込みをしていた俺は、両親の姿を見ると、屋上へ駆け上がり、顔を合わせようともしなかった。

それでも、親元には戻らなかった俺を母は長い間、「たけしに子供をさらわれた」と言っていたそうだ。

そりゃあそうだろう。

20年も前のたけし軍団は、昔のイメージのサーカスと変わってなかった。

その後、10年間は、実家と音信不通だった。

親にしてみれば、勘当ものであったのだろう。

しかし、18年後、俺に子供が生まれ、「たけし」と名づけ、田舎へ連れ帰った時――。

「たけしに、子供をさらわれたと思ったら、たけしを孫にして戻ってきた」

と母は言った。

この一冊のタレント本、『たけし！』は、俺の人生最大の贈り物であった。

過日、某所で邂逅した村上龍氏と、しばし、お話した。

「たけしさんは、貴方に本を書くように言ったの？」

「それは一度も言われたことがないですね」

「そうだよね、たけしさんって本よりずっと偉大で重要なことをやってるもんね。だいたいさあ本ってさぁ、自分が英雄であるなら書く必要ないもんねぇ」

その「本業」作家の言葉は、今、こうして『本業』を書いている俺にもかえすがえす誇らしく思えるのである。


フジテレビのメーク室で、俺がこの『本と誠』の連載企画を持ち込んだところ快く受け入れてくれた「日経エンタテインメント！」誌の品田英雄元編集長、そして担当だった木村尚恵さん。

そして、単行本化を提案してくれた「ロッキング・オン」の門間雄介さん、松村耕太朗さん、そして最後まで伴走してくれたマネージャーのトミー、秘書のスズキくん、皆、ありがとう。

あの「ロッキング・オン」社から、俺個人の名前で本が出るなんて、あの頃の俺に教えてやりたいよ！　まったく。


『タレント業』に比べれば『本業』は、なんと地道で孤独で難儀なことか。

そんな日々の中、iPodから俺に語りかけ続けた〝ロック界のたけしチルドレン〟サンボマスターにも感謝します。

『たけし!』
講談社

『真説「たけし!」』
講談社＋α文庫

〈書評〉中野翠『中野シネマ』（新潮社）

映画の感想・評論をまとめた本の感想を語るのは難しい。

そこで、まずボクがこの種の本に抱く持論について語らせてもらおう。

まず、映画について語る文章があるとき、語る本人が何者であるかを表明していない文章は面白くない。

最低限、男なのか女なのか、そのいずれでもない者なのか、その性差や嗜好ははっきりさせていただきたい。

例えば、昔『フィールド・オブ・ドリームス』の映画宣伝で某映画評論家が「私が見てきた何千本の映画の中で一番感動した」～とか言ってるのを聞いてボクは「いけすかねぇなあ～」と思った。

何故そう思ったかと言うと、その映画が、原作のほうが断然、ボクにとって素晴らしかったから～と言う極めて個人的な理由がまず一つ。

さらに、その評論家が映画ファンを代表してテレビCMで堂々と恥ずかしげもなく発言できてしまう、その分不相応さにどうにもこうにも下品で嫌気がしたのだ。

映画にとって「逆宣伝ではないか」とさえ思った。

もっと言えば、この評論家がよく言う「最近の観客が勉強不足なのよ～」と言う物言いが「勉強する気にさせないおまえが映画の魅力を伝えるプロとして勉強不足なんじゃ～」と言いたくなるのだ。

映画の面白さを伝える職業には年季や品が要るものだとボクは思う。

つきつめて言えば量であり技であり芸である。

つまり、映画論を語る人は自分にとって映画を面白い、面白くないを判定する言葉そのものが面白くなくてはならない。

映画好きの大多数の人は映画を見ている瞬間すらも、それを語り始める自分を想定しているはずだ。

その意味で映画館を出た後、特に傑作と言われている作品が自分の好みでない場合、なぜ自分には好みでないのか～と言葉を探すことがある。他人が「好き」な理由をいくら挙げていても反論を見いだせず、自分が「嫌い」な理由が何故だかしっくりくる言葉や例え話が思い付かないモヤモヤなんて時だ。

このところ注目されている香港のウォン・カーウァイ作品なんかが、ボクにはその一つだった。映画が自分の好みではない程度ならまだ気にとめないが「おしゃれ」「最先端」などのキーワードで雑誌などに取り上げられ始めた日にゃあ「なんでそうなるのォ？」的な怒りすら沸いていた。だって、こちとらの感想はその正反対のところにあるのだから。

そんな折りに純粋に楽屋話なのだがビートたけし監督が『恋する惑星』を評して「あんなもん貧相で貧乏くさい！」と一言で切って捨てた。

もちろん、殿（ビートたけし）もタランティーノが絶賛し世界的な評価が高まっているなかでドレドレ、どんなもんかい、と興味をもって見たらしい。

なるほど。殿もそう思うのか〜。観客としても弟子としてもちょっと安心した。

この『中野シネマ』を読んでいて、その一言を思いだした箇所がある。最近のアジア映画を「世間が言うほど好みではない」と語る中野さんはその理由を「見た目が嫌なのだ」と言い切る。映画を語るのに「お〜なんと嫌みな大上段な独断をする女」なのだと読んでいるこちらも身構える。

そして、「87年に韓国の田舎を旅していたとき、男の人たちが革靴のカカトを踏みつぶしてスリッパのようにしてはいているのをたびたび見かけた。こういうときは、浮薄《ふはく》な私は人間よりも革靴のほうの気持に踏みつぶされてねじ曲げられて痛い気持ちになってしまい、「しょせん〈近代〉が身に付かないんだよー、こんなかっこ悪いことになるんだったら〈近代化〉なんてやめたほうがいいんだよー」とヤケクソ的な言葉をつぶやくのだった。」と息巻く。なるほどね〜さすが「説教芸者」とボクは頷く。

そしてアメリカ人であるタランティーノがいくら影響を受けようとも、香港映画のファッション感覚や色彩感覚に「日本人の私には距離が近すぎて近親憎悪的うっとうしさをぬぐい切れないのだ。」と書く。

そうか、そうか、そうなのだ‼　香港映画にはボクの内部にそういう受け入れられぬモノがあったのだが、なかなか自分の言葉ではわからなかったな〜言語化できなかったぁと思う。

この本のなかに、溢れかえる独断的な印象、映画的記憶の言葉の引用、切れのあるフレーズ、好き嫌いの分別は実に挑発的で、「そうそう」と「そりゃあ、ねぇだろう！」の発言をこちら（読者）に求めてくる。

これは著者が「女性」であること、年齢、経歴、見てきた映画など、本人の立場が明確で面白い。

そしてボク的には「そうそう」率80％の高率でありながら、20％しか「違うだろう」と打ち返せないのが悔しかったりする。

なにしろ、こちらは圧倒的に著者に比べて見ていない映画が多すぎるのだ。

こういうときこそ、自分の勉強不足を悔いさせてくれる。

で、大事な事は、ここに書かれてあるボク（読者）が未見の古今東西の映画を「見る」気にさせるか、どうかである。

「面白い」とお奨めされるものを「見たい」と思わせることこそ映画にかかわる文章のプロに必要なことだが、「面白くない」と言い切る映画まで、なぜそこまで言うのか「見たい」気分にさせるのがプロの文章家の腕であると思うのだ。

（その意味では、名指しで悪いがボクは「おすぎに名文なし」と思う）

とにかく、この本は、映画の見どころそのものより、何故この映画は、私にとって面白いのか、さらに私にとって何故面白くないのか確かめるためにも映画を見る気分を大いにそそられる本だと思う。

（『波』新潮社 1997年9月号より）


1985年に始まった『サンデー毎日』の連載コラムはもちろん、映画評論家としても『週刊文春』の「シネマチャート」に芝山幹郎、斎藤綾子、森直人、洞口依子（24年3月現在。過去にはおすぎも執筆）と並んで採点表を担当する中野氏。19年には『いくつになってもトシヨリ生活の愉しみ』（文藝春秋文庫版は『ほいきた、トシヨリ生活』に改題）を上梓。ちなみに『サンデー毎日』連載は毎年末に単行本化されているが、『だから、何。』（19年）、『いいかげん、馬鹿』（20年）、『何が何だか』（23年・いずれも毎日新聞出版）というタイトルに往年のおすぎ風味を感じてニンマリしてしまう。

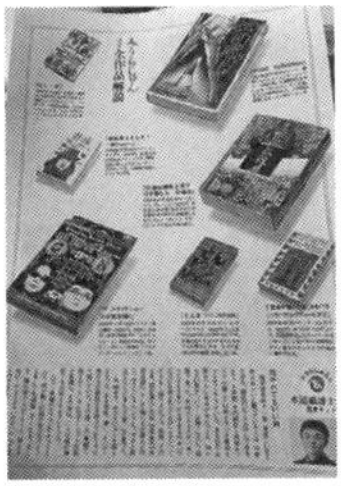

〈寄稿〉「みうらじゅんと私」〜『抱かれてもいい男』

俺が世界中で一番「見苦しいほど愛されたい」と願っている人は今更ながら師匠のビートたけしである。

さて4年前、その師匠と浅草キッドで一緒にFM局でラジオ番組をやらせてもらっていた。

ある日の企画が「もし自分が女だったら抱かれたい男ナンバー1は誰？」という話題であった。

大の大人3人が「あいつとはキスまでならできる」「あいつだけには抱かれたくない」などとくだらなく盛り上がった。

結局、そのとき殿が選んだのは意外にも空手家の「角田信朗」。

そして俺たちが選んだのは「みうらじゅん」だった。

すると殿は「みうらじゅんって誰？」と言った。

この時まで、みうらじゅんを知らなかったのだ。

ある意味、凄い。

そして、俺たちの熱烈な支持ぶりにちょっぴり妬いていた。

その後、この番組で殿とみうらじゅんのツーショット対談が実現し、その後は二人で他の雑誌でも対談するようになった。

たけし映画の大ファンのみうらさんは、俺が殿との紹介役となったことを、とても感謝してくれる。

そして、俺に会うと「そろそろ博士を抱いてやらなきゃいけないね！」って言うのである。

（『みうらじゅん全1巻』編集会議別冊　2002年6月号増刊より）

〈寄稿〉

竹中労

『ルポライター事始』

（日本ジャーナリスト専門学院）

「アウトロー列伝 時流にこびない反逆者たち
竹中労 ペンを剣にして戦《おのの》かせた一匹狼」

青臭い話であるが、俺が最初に憧れた職業はルポライターである。

中学生の頃、田舎の映画好き少年は『キネマ旬報』を読み、『浪人街』のリメイクをめぐる論争「キネマ旬報裁判」を知り、竹中労を発見した。エスタブリッシュメントではないトップ屋とか、いわゆる「ドブ板ジャーナリズム」のようなものに、15の時に確実に反応してしまったわけだ。

それは自分の生来の正義感であり、志を持って市井《しせい》に生きたいという気持ち、竹中労の『エライ人を斬る』に影響され、「エライ人」を告発していくんだという気持ちが当時の俺にはあった。

そして歳を重ね高校生になり、正義感に燃える自分が世の中を正したいとか、真実で事実を書いていきたい、という気持ちが強くなった。

ところが実際は、出不精で内弁慶で女性とも付き合えない俺がいて、毎日オナニーしているような日々のなか、いくら正義感があっても、竹中労のようにペンを剣に換えて、世の中を舞台にちゃんちゃんバラバラするような行動力が俺にはないことに、思春期という闇のなかで打ちのめされた。

俺の正義感は袋小路に入った。

その袋小路から脱出できたのは、ビートたけしという存在である。「書く」ことで事実を突破する竹中労に対して、ビートたけしは「笑い飛ばす」ことで事実を突破した。

俺の出口は見つかった。

「人は、無力だから群れるのではない、あべこべに、群れるから無力なのだ」。

竹中労が『ルポライター事始』（1982年）に残した言葉である。ビートたけしに憧れて上京した俺は19歳のとき、この言葉に深く感銘し、大学も就職も友達も捨てて、たったひとりで芸人の仕事を選んだ。

そして気がつけば自称「ルポライター芸人」として、ときに文章を書くことを生業としている。はじめて憧れた職業に携わることは俺自身の原点帰りでもある。そこに竹中労が顔を出してくることは間違いない。

竹中労のすごさは、そのペンの矛先が、巨大な権力を振りかざす人に向っていることである。

しかも竹中労の先駆性は、芸能の世界の権力構造を描いたことだ。『タレント帝国――芸能プロの内幕』（1968年）では、当時の芸能界を牛耳っていた渡辺プロダクションに斬りこんでいる。

同じ芸能の世界に身を置く者として、これだけの弓矢を射るのに、どれほどのリスクがあったか想像するに難くない。

また、森繁久彌との筆禍事件で、私はゴーストライターとして匿名のなかに生き、闇に溶けていた存在だったが、私自身が本当に名前を現してあなたに狙いを定めたとき、私の存在というのが、あなたにとってどれだけ巨大な敵になるかわかるか、といった竹中労の芸能界の大御所に向けた宣言文は、俺を戦慄せしめ、そしてゾクゾクすると自分の義侠心を鷲摑みにされた。

私は匿名で生きていていいんです。ただ、そうやってあなたが権威を振りかざすのであれば、私は名前を名乗り、ペンを剣にしてあなたを衝きますよ。

そして、ペンだけで思考だけで、あなたの栄光を奪い、貴方の輝かしい人生を屠《ほふ》ることが出来ますよ。と。

まるで沈底魚がゆっくりと浮上するようなその文章に、俺は痺れた。

ルポルタージュは、論理を組み立てていく文体で書かれることが多いが、竹中労の文体は詩を詠むようである。漢詩の素養があることが、大きく影響しているのではないかと思う。時に漢詩の引用をする、その流れるよどみのない言葉は、ペン先の対象に自分の生き様を重ね、まるで人生を一篇の詩のように綴っていく。

そして、その激越する語り口に俺は煽られ、琴線に触れまくった。

そして竹中労の文体を浴び続けてしまった今、文章を書くときに、この描写は「竹中調」でとか、確実に意識して書いている自分がいる。『お笑い星の星座2』で百瀬博教さんを描いた章は、明らかにそうだ。漢字の使い方も、竹中労を倣って「戦」に戦（おののく）とルビを振って読ませたり、行が変わるときの言葉の「泣きわかれ」を避けるために、漢字をひらがなに開いたりした。引用文の行空けなど、見開きのなかでの漢字とひらがなの並びをデザイン画のよう見える様にもこだわった。（酒井若菜さんを除いて誰にも気付かれないが……。）

竹中労の弟子である鈴木義昭が、「竹中労にとって、すでに『語る』ことが、『革命』であり『思想』であった」（『風のアナキスト竹中労』より）と述べているが、一連の著作も、山谷での火炎瓶闘争も、安保闘争も、琉球音楽はじめ数々のイベントのプロデュースも、革命家、思想家としての姿勢が一貫しており、大杉栄に憧れたという本物のアナキストを体現しながら、駆け抜けた。

晩年、ラジオのゲストに来ていただき本人と話したことがある。ガンを患い好々爺としている時期だった。俺は文章でアジられたが、生の語りにアジられたことはない。ただ、行動履歴は文章で追うことができ、その半端のなさは、『水滸伝』や『三国志』に出てくる豪傑そのものである。竹中労は決して群れない、言行一致のアウトローである。

（『東京人』都市出版　２００８年10月号より）

〈単行本解説〉
テリー伊藤
『お笑い北朝鮮』
（ロコモーションパブリッシング）

テレビ界の偉大なる将軍様・テリー伊藤に初めて出会ったのはもう20年以上も前のことだ。

当時、僕はたけし軍団の新兵として先輩であり放送作家でもあったダンカンさんの付き人をつとめていた。

ある日、ダンカンさんに連れられ、世田谷のテリーさんの自宅の一軒家を訪問、この天才演出家を紹介された。

「あのさあ〜君さあ、テレビ以外で何か好きなことある?」

爬虫類のような眼差しでまるで値踏みされているかのように睨まれ、唐突な質問にたじろいだ。

「主にプロレスとか映画とかですかね」と正直に答えた。

「そうゆうんじゃねぇんだよなぁ〜。なんかさぁもっと他にあるでしょ、例えばさぁ〜」とテリーさんが言葉を継ぎ「俺はさあ。今、北朝鮮が面白いと思うんだよね〜」と言うと、箪笥の中からコレクションしていた人民服と勲章を引っ張り出し、そして雑誌の数々と切り取った記事のファイルを見せてくれた。

「これがさぁ、毎月、届くんだよお〜。ふっざけてるよなぁああ〜!!」

その雑誌がこの本でも紹介されている『朝鮮画報』だった。

そして、自分でページをめくっては「出ましたぁあああ!!」と一人で盛り上がり爆笑。

北朝鮮のランドマーク、主体思想のシンボル・チュチェ思想塔の写真を指差して「これは自分の親父のチンポ建ててるのと一緒でしょぉお！　いやぁあレベルたけぇよなぁ〜!!」

と身震いしながら、かの国に感心しきっていた。

「ダンちゃんさああ、俺さぁあ、取材でよく『次は何を演出したい？』って聞かれるんだけどさぁ、そのたびに『北朝鮮って国を演出してみたい』って言ってんだよぉ!!　わかるだろ？」


この話を聞いていて僕は初対面から度肝を抜かれてしまった。

考えてもみて欲しい。

この日は、１９９０年代の初頭である。

テレビでは、まだ〝北朝鮮〟という単語を発することすら出来なかった時代なのだ。

しかも、当時、テリーさんは今のように、過激なコメンテーターとしてテレビタレント化する以前だ。

役職は制作会社所属のディレクターであり、日本テレビの人気番組『天才・たけしの元気が出るテレビ!!』の総合演出家であった。

だからこそ毎週、お茶の間のゴールデンタイムのストライクゾーンに向けて企画を投げている人の台詞とはとても思えなかったのだ。

当時のテリー伊藤の「出現」は本来、裏方であるバラエティー担当のテレビマンが時代の寵児として眩い光を浴び、マルチな才能を持つクリエーターと認識されるようになる先駆けであった。

とにかく圧倒的な仕事量と存在感。文字通り、口角を飛ばす舌鋒、前のめりで周囲をねじ伏せていく演出力、旋風のように立ち上がる突破力、誰もが、その瞬間最大風速に圧倒されていた。

容貌魁偉にして奇抜なファッションで立ち回る様も、まるで周囲の人を否応なく巻き込む〝台風の眼〟が無軌道に上陸してくるような臨場感があった。

さらに、80年代中盤にテリーさんが次々と「発明」したバラエティーの手法、方法論は、今も伝承されている。

その一つである番組作家の自前の育成。

当時、テリーさんがズブの素人から公募した作家集団は即戦力として採用され現在の放送業界でも第一線で活躍している。

しかしあの頃は、彼らが捻り出した厖大な企画書がテリーさんの厳選を経て、ビートたけしに献上されると、眼差10秒で秒殺され、テリーさんの怒りと共にまた会議室に差し戻される日々であった。

そして、僕も行きがかり上、その集団の中に居た。何故ならダンカンさんの付き人として、日々、放送局やら制作会社やらの会議室での番組作りのスタッフ・ミーティングにも強制的に参加させられていた。

無名で無力な新人の僕は、毎回、シロート然としてその様子を見学していた。

実際、この頃のテリー伊藤は、北の将軍様に劣らぬ、唯我独尊の独裁者として番組に君臨し、気ままずぎる芸術家もどきの発想と言動で、多くのスタッフを洗脳し妄動していた。

いくつかのエピソードを紹介しよう。

その頃の、四谷のＩＶＳテレビの１Ｆ会議室で行われていた『元気が出るテレビ』のスタッフ会議は踊っていた。

いや、〝会議は踊る〟ならぬ〝会議は脅す〟様相であった。

毎週、特番並みの新企画を立ち上げていたこの番組は、スタッフも大所帯であった。

見習いを含めて20人以上いる放送作家が書きつづった、まるで『知恵蔵』如くぶ厚くなった一週分の企画書の束をまさに斜め読み、猛スピードで目を通したテリーさんが頭を上げた。

先刻から頻繁に揺れる貧乏ゆすりからしても、怒っているのは間違いない。

「あのさぁ～」誰に向って視線を送っているのかわからず、緊張が走る。そして、厳しい目付きで、一人の新人作家を睨みつけると、「おまえ大学時代よぉ、何専攻してたんだよ！」「文学部ですけど……」「ぶんがくぶ！。な〜にいが文学部なんだよぉ！　だから、おまえの企画書には、漢字が多いんだよぉ！　えええわかってんのかあああああ！」

テリーさんは感情の起伏が厳しいので語尾は常に怒鳴っている。

「か、漢字ですか？」

言われている方は、さっぱり意味がわからない。

「あのさぁ〜、テレビの企画書ってさ〜、ひらがなで書くもんなんだよぉ！」

「ひらがな？」

「テレビってさぁ、子供から大人まで観てるんだからさぁ、漢字で書いてたら通じないでしょ」

今度は、噛んで含めるように言った。

「いィい？　おまえはねぇ、これから文学部の悪い癖をさぁ〜、直さなきゃいけないんだよぉ〜」

「はい……」

「よし、明日からさぁ……おまえホモになれ！」

「は？　ボ、僕がホモになるんですか？」

会議室は笑いに包まれる。もちろんそれが冗談だと思ったからだ。しかし、テリーさんは真剣な顔で、

「いや、冗談じゃなくてさぁ、俺の知ってる浅草のホモ・サウナがあるからさあ、明日から3日間泊まれよ。それでよ〜、ちゃんとケツ、ホラれるまで帰ってくるなよ。どうだぁあ？」

「は、はい、わかりました」

僕は、この時、テレビの企画書はひらがなで書かなければ無理やりホモにされ、漢字を開かないと肛門を開かれるはめになることを学んだ。


ある日は会議が煮詰まっていた。ただひたすら、煙草の吸い殻だけが時間と共に灰皿に溜まっていく。

企画書から顔をあげた将軍様がまわりを見回して咆哮を上げる。

「しかしょ〜、ネタがつまんねえなぁ。なんだかなぁ〜、全部さあ、和風にまとまってんだよお。もっとよお〜、なんか『サボテン・ブラザーズ』みてえな、ぶっとんだ企画ってねえのかよぉ！」

その頃、テリーさんのお気に入りの映画は「サボテン・ブラザーズ」と『リトルショップ・オブ・ホラーズ』だった。

「だいたいさあ、なんで企画書にエル・アミーゴとか、セニョール、セニョリータみたいなラテンの燃えたぎる血が、なんでもっとねぇんだよ？」

何を言っているのか皆目わからず、誰もが頭に疑問符を浮かべている。

「おい、今から酒屋行ってよぉ、テキーラ、買ってこいよ！　皆でさぁ〜、テキーラ飲みながら頭にアルコールで火つけてよぉ、なんか燃えながら考えようぜぇ！　どうだぁあ？」

実際、その後、テキーラ・サンライズで脳天気なメキシカン会議が行われたのだ。

テリーさんは一滴も酒が飲めないにも関わらず……。

また、ある夏の汗が滴る猛暑の日、定員オーバーで古いエアコンもロクに効いていない会議室。

何故かテリーさんが「おい、寒いんだよなぁ〜、なんか寒いんだよなぁ！」と言いながら、厚手のダウンジャケットを羽織ったまま会議は進行していた。

周囲の訝る視線に気がついたのか、テリーさんは、

「俺さあ〜、自律神経失調症なんだよぉ。もう、アタマん中よお、ずっと企画のこと考えてるからさあ、温度調節とかさあ、もう出来ないんだよぉ」と言った矢先に、既に頭の中の壊れかけの瞬間湯沸かし器が沸騰していた。

「おい、なんでえよぉ〜？　なんで、もっとテキサスな発想がねえんだよぉ！」

ラテンの次はテキサスだ。

「おまえらさああ、お笑いの企画者書くのにハナっから正座してよお、スズリに墨汁入れて筆で書いてるでしょぉ！　あん？　そんなんじゃあさぁ企画も和風になんだよおお。わかるぅう？　だからさぁ、もっとでっかいオープンのアメ車にブロンドの女を乗せながらさぁカーステでよぉ、ロックをガンガンかけながら、テンガロン・ハットかぶってパッと思いつくようなさぁ、ダボラ吹いていているようなアイデアねえのかよぉ？」

日本の暑い夏に北欧産のダウンジャケットを着た人が吠える。

「おい、決めたぁ！　よし、今日来てる作家は、皆、明日、髪の毛を金髪にしてこい！　いいなぁ！」

翌日、会議室には真面目だか不真面目なのだかわからないニワカ金狼青年が並んでいた。もはや会議そのものが『欽ちゃんの全日本仮装大賞』であった。

さらに、ある日は、

「なんだよぉ！　綺麗事ばっかり書きやがってよお〜。最近のうちの作家はよぉ!!　俺も甘かったんだけどよぉ、皆、詩人になってんだよ。それじゃあダメなんだよお。現場でドカタのADやってねえとテレビの企画の発想なんかできるわけねえだろ!!　これからはよぉ作家もディレクターに付いてよぉ、ロケの現場に来い！　それでよぉ〜、現場の血の滲む肉体労働のポエムを書いてこいよぉ。おお、放送作家はランボーのような吟遊詩人じゃねえんだからなぁあ！！！」

と実に乱暴に言い放っていた。

かくして、1週間単位で特番3本を作っているようなパワーがみなぎっていると言われた『元気が出るテレビ』の裏側では、ホモになったり、テキーラを飲まされて金髪アタマになったドカタの詩人たちが、なにやらわけのわからぬラテンの血を輸血されていたのだった。

会議だけではない。

収録スタジオでも、こんな光景を見たことがある。

その日は日本テレビのGスタジオで、たけしさんが司会をつとめる特番の収録が行われていた。

番組収録にはカンペがつきものである。

通常、カンペはペラペラの模造紙に司会進行の台詞がマジックを使って大文学で書かれているのだが、その字の大きさ、見せるための立ち位置、めくりのタイミングなど、カンペ1枚にも、当時、新米ADがつとめるフロアディレクターのセンスが問われるわけである。

テリーさんは、この日、中2階の放送室に籠もり総合演出をしていた。

司会のたけしさんのトークは、いつものことながら台本に書かれた進行を完全無視。フロアディレクターが困惑しカンペのタイミングが行ったり来たりで混乱しているのは僕にもわかった。

そのとき、放送室とスタジオを結ぶキャットウォークから、テリーさんが目をひん剥いてドカドカドカンとまるで階段落ちかと思うような、けたたましい騒音を立てて降りてきた。

そして、いきなりフロアでカンペを広げていたディレクターの胸倉を掴むと「さっきからよぉおお！　おまえが出してるカンペのペーパー・ノイズがうるさいんだよぉおお‼　気になってしょうがねぇだろうがぁあ！」と捲し立てた。

その怒声の音量はペーパーノイズを遥かに上回り、もちろんスタジオ中がそこに注目。収録が止まったのは言うまでもない。

これこそ〝紙一重〟なキレ方と呼ぶべきだろう。

今まで、テリー伊藤の異才ぶりは、多くの人に語られてきたが、このようなデタラメな発想、ハチャメチャな言動、ドタバタの現場を経験し分析しないかぎり、いかに他に比類なき存在であるかは、わからないままであろう。

それは、この本に書かれた以下の一節を引くまでも無い。

「インテリに限って北朝鮮をどうしても政治レベルで語ろうとしてしまう。実はここに落とし穴がある。金正日書記は政治家であると同時に一人の気ままな天才芸術家でもあるのだ。その気ままな天才芸術家の部分を分析しないかぎり、いつまでたっても、謎のままの北朝鮮で終わってしまう」

確かに昔も今も北朝鮮には深刻な問題が山積みだ。

しかし、テリー伊藤は確信的にインテリ目線を拒否し、庶民目線どころか「チンポからの視線」で読み解こうと試みる。

例え、不謹慎の誹《そし》りを受けようとも「独裁国」「拉致問題」「核開発」「飢餓」などなど、誰もが北朝鮮に対してイメージするマイナスのキーワードを、あえて最初に外すことから発想を始め、この天下の奇書が書かれたのは自明の理であり、そのアプローチこそが、テリー伊藤の発想と演出の真骨頂なのは言うまでもない。

再び、昔話に遡る。

『元気が出るテレビ』の会議の帰途、移動中のタクシーでのこと。

後部席に僕とダンカンさんが座り、助手席にいたテリーさんが聞いてきた。

「ダンちゃん、たけしさんの魅力って何だと思う？」

しばし、沈黙してダンカンさんが答えた。

「……言い古されてると思いますけど、やっぱり男の哀愁ですかねぇ……」

自分の発した言葉に恥ずかしそうに照れるダンカンさん。

その答えを聞いたテリーさんが振り返る。

「そうなんだよぉ！　哀愁なんだよ！　ダンちゃんさぁ〜、たけしさんって、誰よりも男の哀愁があるんだよねぇ〜。そこにみんな惚れてるんだよねえ。でもさぁ〜。だから俺はたけしさんの哀愁以外なところだけを演出したいんだよぉ！」

この台詞、今、思い返しても偉大なるテリー伊藤将軍の主体思想そのものだった。


（２００９年10月22日刊行より）

テリー伊藤氏が「お笑い」を冠した著作は他にも『お笑い革命日本共産党』（飛鳥新社・94年）、『お笑い大蔵省極秘情報』（飛鳥新社・96年）、『お笑い外務省機密情報』（飛鳥新社・97年）、『お笑い創価学会 信じる者は救われない池田大作って、そんなにエライ？』（佐高信との共著光文社・00年）、『お笑い老人大国オレたちが日本を喰い潰すぞ！』（泉谷しげるとの共著光文社・01年）、『お笑い日中戦闘宣言！』（金美齢・趙宏偉との共著実業之日本社・03年）、『お笑いニッポン 公務員アホ役人「殲滅計画」』（監修：林雄介双葉社・05年）など多数。20年には長嶋茂雄、大林宣彦、石原慎太郎の生き様からどんな環境に置かれても人は堂々と生きることが必要だとする『老後論この期に及んでまだ幸せになりたいか？』（竹書房）を上梓。21年には本橋信宏氏による評伝『出禁の男テリー伊藤伝』（イースト・プレス）が出版された。

〈インタビュー〉

『もしも水道橋博士が古書店を作ったら……』

★漫才コンビ・浅草キッドを中心とした芸能活動の傍ら、精力的な文筆活動を続け、10万部を超えるベストセラー本も世に出したマルチタレントの水道橋博士。奇抜な発想力と鮮やかな弁舌、そして、それを支える圧倒的な知識は、まぎれもなく〝読書の賜物〟。驚くべき読書歴を語ったロングインタビューと、愛読書を集めた「誌上・水道橋博士古書店」――どうぞ、お楽しみください！（編集部）

――芸人としての活動の傍ら多数の本を上梓し続ける水道橋博士は、数々の書評も発表している名うての本読み。まずそのルーツを尋ねると、こんな答えが返ってきた。

「読書の原点といえば、思い浮かぶのは小学生のときの江戸川乱歩シリーズかな、ポプラ社の。級友と競うようにして図書室で借りて次々に読んでいました。怪人二十面相シリーズに代表される少年ものです。『大金塊』なんてタイトルが記憶に残っていますね。そう考えると学校の図書室って大事ですよ。子供はまずはそこにある本を手に取りますから」

読書好きな家庭に育ったおかげで、いつも本に囲まれていたという少年時代には、父の蔵書を自室に持ち込んでは、およそ年齢にそぐわないビジネス書も読破していたという。

「藤田田の『ユダヤの商法』、糸山英太郎の『怪物商法』『太陽への挑戦』なんていう本が父の書架にあるわけです。それらを持ち出して自分の本棚に加える。もちろん読んではいますが完全に理解できるはずもない。まあ、大人の世界を覗いたと思って悦に入ってたんでしょう。親戚のオジサンが見て感心してくれたり、ビックリするわけですよ。山崎豊子の『不毛地帯』を読み込んでいる小学生なんてめったにいませんからね（笑）。そういう反応が嬉しかったんですね、いわゆるマセた子供でした」

――おもちゃはほとんど買ってくれないが、本ならいくらでも買ってくれた父のもとで育った博士は、幼少の頃から頭脳明晰で、岡山県下きっての進学校・岡山大学教育学部附属中学校に進学する。そして、ほどなくして運命の作品と出会うことになる。

「吉川英治の『三国志』を文字通り〝寝食を忘れて〟読みました。物語に入り込んでいく初速が速いというか、読み出したらすぐに群雄割拠の時代にタイムトリップしたような感じで。活字に対する欲求も強かったんだろうな、あの頃は。今でも本が大好きだけど、もうあんな読書はできないかもしれないですね。コメディアンで書評家としても知られる内藤陳さんが『今まで読んだなかで一番熱中したのは三国志だった』とコメントしているのを聞いて、まさに自分と同じだと思いました。ご飯も食べずトイレも行かずにずっと読み続けましたね」

――めくるめくストーリーに飲み込まれ、読書をしている自分の存在が〝無〟になる瞬間、日常感がまるっきりない世界。これこそがもっとも素晴らしい感覚だと博士は言う。

「アル北郷という後輩の芸人が同居していたんです。仕事がないもんだから、日がな一日、オレの部屋で寝っころがって本を読んでいる。オレが部屋に入ってきても一瞥もせずに一心不乱に読書を続けているんです。しかも真夏日に居候のクセに窓を全開にしてクーラーを最強にして風に吹かれて涼やかに読んでいるんです。これが本当に羨ましくて！　普通なら『家主である兄弟子を、なんで無視するんだ‼』と怒るところなんでしょうが、なぜか『なんかこういうのいいなぁ』って嬉しくなっちゃうんですよね。

彼は今たしかに此処で寝転がっているんだけど、彼の意識は〝物語〟に持っていかれてしまって此処にいないんです。だから返事ができなくても仕方がない。そして、そんな彼をこちら側へ呼び戻すのが憚られて、オレは傍らで様子をずっと見ている。はたから見たら完全におかしい二人組ですね（笑）。でもこの関係が気持ちよかったんです」

――〝本読み〟でなければ決して理解できないエピソードを語る博士は、まるで彼自身が本の中に住んでいるかのような、夢見ごこちな眼をしていた。

「子供の頃は、同級生に比べると決してマンガを読む方ではなかったと思います。あまりマンガ本を買ってもらえなかったこともありますが、週刊サンデー、マガジン、ジャンプなどというところはひと通り読みましたが、それほど夢中になってはいません。ただ一作『空手バカ一代』だけをのぞいて」

長い格闘技ファン歴が萌芽したきっかけともいえる『空手バカ一代』を例外として一般的な少年マンガにはハマらなかった博士。

しかし、ひょんなきっかけで青年マンガに目覚めることになる。

「中学生の頃、いつものように父が買ってきた文藝春秋を読んでいて目に留まったのが、当時、日本青年会議所の会頭を務めていた麻生太郎さんの書斎が写ったグラビア。そこには『ゴルゴ13』をはじめ青年マンガがズラリと並んでいました」

「あ、大人でもマンガを読むのか」と思い、軽い気持ちで読んでみた結果、博士の書棚にさいとう・たかをや手塚治虫が加わることになる。そして時が経ち……。

「テレビ番組で麻生さんにインタビューしているとき、マンガの話題で盛り上がったからか、全く忘れていた、この本棚を思い出したんです。で、話してみると『なんでそんなこと知っているの！　本棚を見せたのは後にも先にもあのときだけだよ』って麻生さんが大ウケしてくれて、ますます饒舌にマンガのことを語り始めたんです。それがもうハンパじゃない知識で、あまりにも面白いから3週にわたって放送しました」

この番組がきっかけで麻生太郎氏のもとに取材が殺到、それが自身のホームページで日本語と英語で紹介され、「麻生はマンガが好き」という事実が世界的に知られることになる。すっかり定着した麻生〝漫画〟太郎というイメージの誕生秘話がここにあった。

ビジュアルという点では、映画にも大きな影響を受けている。

「昔からウディ・アレンの映画が好きで特に『カイロの紫のバラ』で、ミア・ファローが映画に没頭して物語に飲み込まれる瞬間が大好き。邦画では〝ゴジ〟こと長谷川和彦監督に傾倒していました。『太陽を盗んだ男』ね。ビートたけしに入門していなかったら長谷川監督に弟子入りしたかもしれない」

――ブルーハーツのフロントマンで、現在クロマニヨンズのヴォーカルを担当している甲本ヒロトを中学の同級生に持つ水道橋博士。

「コーモッタン（甲本の愛称）がよく口にする『中学生のときにラジオからビートルズが流れ

てきたからミュージシャンになった」というフレーズに対抗して、『中学生のときにラジオからビートたけしが流れてきたから芸人になった』と言っていますが（笑）、正確には19歳の高校生のときです。毎週木曜の『オールナイトニッポン』が何よりの楽しみでした」

中学生活の途中から勉学への意欲がなくなり、エリート集団から落ちこぼれ、半ば引きこもりのようになっていた高校時代。自ら「あまり思い出したくない暗い時期」と語るほど、何をしても無為で空虚な日々のなかで見出した唯一の光がこの天才芸人だった。

常識を打ち破り、権力に媚びず、放送禁止スレスレの毒々しい言葉を速射砲のようにぶつけるビートたけし。

テレビ・ラジオの放送はいうべくもなく、ネタ本も夢中になって熟読した。なかでも一番影響を受けたのが自伝の『たけし！』だった。

「矢沢永吉の『成りあがり』を読んで故郷を飛び出した若者は多いけど、オレもこの本と出会わなければ上京しなかったかもしれません。

とにかく言葉のひとつひとつが胸に突き刺さり、読み終わるともう『この人のところに行くんだ』という気持ちになっていました」

まさに人生を変えた一冊だった。

そしてこの時期、もう一冊の人生を変えた本と出会う。

「竹中労さんの『ルポ・ライター事始』。この本を多感な時期に読んだから、芸人になった今でも書くことにこだわり続けているのかもしれません。『人間は弱いから群れるのではなく、あべこべに群れるから弱いのだ』は今でもボクの座右の銘のひとつです」

——昭和を駆け抜けたルポライター、竹中労、その扇情的な文章に大いに煽《あお》られた博士は次第にアンダーグラウンドの世界や、サブカルチャーに目を向けるようになる。

「アウトローで反骨心が強くて、決して金のために書かない男。強烈な生き様と揺るぎない正義感に心を動かされました。今でも原稿と向き合いながら、ふと『竹中さんだったらどう書くんだろう』と思うときがあります」

竹中労とビートたけしの薫陶を受け、大学進学を期に上京した博士。

師匠ビートたけしも通った明治大学にはわずか4日間しか行かず、ギャンブルに明け暮れる空白の4年間が始まる。

大学に入ったものの、わずか4日間で登校しなくなった博士。時折アルバイトをしながら、パチンコや麻雀に時間を費やすモラトリアムの日々が始まった。

「自分の意志では抜けられない、ゴキブリホイホイの中にいるような暮らしでした（苦笑）。もうどうしようもない自堕落な生活。周りも似たような連中ばかりで、資金があればギャンブル、なければフテ寝しながら本や雑誌を読んでいましたね。あの頃はサブカルチャー系の読み物とプロレス関連が中心。これは今でも大好きなジャンルです。アサヒ芸能は高校の頃から愛読していました。もちろん周りにそんな奴は一人もいませんでしたよ（笑）。ピンク産業に関わる男たちのドキュメントや、犯罪スレスレの稼業を紹介する記事なんかが好きでしたね」

――メジャー誌でも大々的な特集よりひとひねりあるルポルタージュやコラムが気になった。たとえば週刊新潮なら「黒い事件簿」。センセーショナルなスクープ記事で注目を集めた『噂の真相』は創刊準備号から最終号まで所持している。

いっぽうのプロレス本では、なんといってもアントニオ猪木に関する著書だ。

「今までに一番たくさん買った本は『アントニオ猪木自伝』です。100冊は超えているでしょう。泊まったホテルに備え付けてある聖書を、この文庫本と交換するという遊びをしばらくやっていましたから。いや、この本はバイブルですから、遊びじゃなくて純然たる〝布教活動〟かな（笑）」

博士はこの文庫を旧約聖書、柳澤健の筆による『1976年のアントニオ猪木』を新約聖者と位置づけている。

そして、アングラ＆アウトロー関連の物書きであり、格闘家のスポンサーだった『不良ノート』の百瀬博教とは、氏が突然他界するまでの5〜6年間、毎週のように逢瀬を重ねる親しい間柄だった。

「百瀬さんはとにかく本好きで、会うのは決まって神保町、都内の古本屋さんでした。酒を呑まないし女の子がいるような店にも行かない。古本屋さんを巡り、『さぼうる』みたいな喫茶店に行って、ひたすら本や映画の話をしていましたね。

名著『プライドの怪人』では、僭越ながら解説を書かせていただきました。僕の手元にはそのときの会話をまとめたものが単行本2冊分くらいあります。いろんな事情があって今は世に出せないけど……。いつか皆さんの目に触れるときがくるかもしれません」

タレント本から子育て本まで本読みの興味は尽きず風俗やAVを扱った『水道橋博士の異常な愛情』、タレント本の評論集『本業』、加圧トレーニングをはじめさまざまな健康法を実践してレポートした『筋肉バカの壁』など水道橋博士が手がけた著作はじつに多彩だ。

「タレント本は学生の頃から大好き。このジャンルを究めようと思ったほど読み込みました。でも吉田豪というライターに出会い、造詣の深さと切り口の鮮やかさに魅了されて『もう、この分野は豪ちゃんに任せておけばいい』と思って手を引きました。今はもっぱら読むだけです」

加圧トレーニングに夢中になっていたときは、東京大学で行われた学会にまで顔を出したという傾倒ぶりを見せる博士。そんなマニアックな男が今、一番興味を持っているジャンルは〝子育て〟とか。

「サブカル系の人がまったく手をつけていない分野ですし、あらゆることに指針を与えてくれた師・ビートたけしも育児については語らなかった。ならばオレがやってやろうと。長男が生まれた瞬間、雷に打たれたように親バカになりましたから。2年間連載していた育児雑誌『たまひよこっこクラブ』では、絶えず〝親バカに照れない〟と書き続けました。独身時代は想像もつかなかったですが子供って本当に面白いですよ!!」

華々しいミュージシャンの経歴を持ちながら、前衛的でエッジの効いたアングラ活動にも力を注いでいたジョン・レノンが、息子の誕生をきっかけに表舞台から姿を消して5年間育児に専念した。これこそまさに理想的と語る博士。

「単に可愛いというだけじゃない。それほど子供という素材は魅力的なんです。ときどき浅草キッドを辞めてもいいと思うくらい、彼らと時間を共有していたくなります。オレにとって子供を溺愛する姿を世間に晒すことは、パンツを脱いで裸になるような行為です。ここはプライベートとして秘匿した方がいいと思う人も多いと思うけど、これまでも薄くなった頭を晒しながら、芸人として、書き手としてパンツを脱いできたんですから。これからもそのスタンスでやっていきますよ。露出狂のように脱いでいくつもりです（笑）」

では「博士にとって読書の魅力とは？」と問いかけると、「難しい質問ですね」と少し笑いながら、人生の中で一番本を読んだ時期という、浅草・フランス座時代に出会ったコリン・ウィルソン著『至高体験』のことを話し出した。

「芸術家や思想家が体験した人間の限界を超えた領域にさしかかったときの話を集めた本です。スポーツの世界でいう〝ゾーン〟をまとめているもので、『ボールが止まって見えた』という逸話と同じといってもいいかもしれません。僕は原稿を書いているときにこの状態になったことがあります。今まで自分が書いた大量の文章がいっぺんに見えて、どこをどう組みかえればいいのかが手に取るようにわかる。宇宙から俯瞰で地球を眺めているようなものです。夢中で机に向かって、ふと気がついたら30時間くらい経っていました。生涯に何度も経験できることではありませんが、読書の最中というのもこれと同じような体験をしていると思いませんか」

——インタビューの冒頭で話していた、物語に〝意識〟を持っていかれる感覚、これこそが理想的な読書だと断言する博士。

「ある書評に、ジェフリー・アーチャーの『ケインとアベル』を機上で読んでいて、飛行機から降りたくなくなったと書いてあったんです。そんな本があるのかと思って半信半疑で手にとったら、あまりにも止まらなくて、翌日学校を休みました（笑）。自分で物を書くようになってからは、そういったピュアな気持ちの読書はあまりできなくなりましたね。時間がないので、つい『これは読んでおいた方がいい』という本ばかり追いかけているような気がします。もちろん面白く読んではいるのですが」

漫才やタレント活動の話にはほとんど触れず、本についてのエピソードを真摯に語り続けた博士は、最後に自分に言い聞かせるように静かな声でこう言った。

「自分のことを読書家だと思ったことは一度もないんです。ホントにこういう取材はおこがましいと思ってるんです。1冊読むとそれに関連して3冊、3冊読めば10冊と読みたい本が出てくるのが読書だから。

読めば読むほど読んでいない本がたくさんあるような気がする。もっとも、これは本好きの〝業〟なのかもしれません。だから、あせらずに、ゆっくり書物と付き合っていきたいと思います。なにしろ、本に賞味期限はありませんから」

（神田古書店連合目録『古本』２００９年 第35号）

〈書評〉博多大吉『年齢学序説』（幻冬舎）

この本の著者、博多大吉くんは71年生まれ芸歴20年を迎える福岡吉本出身のお笑い芸人である。アメトーク的に言えば「児玉清のモノマネの華丸じゃない方芸人」であり「東京にはまっていない芸人」であり「中学生の時にイケてないグループに属していた芸人」でもある。

しかも当時、女子から呼ばれていたニックネームが「焼却炉の魔術師」と、命名されたほど学校や世間の片隅のポジションに自ら厭うことなく長く立ち続けていた異端の人だ。

肩書にもこうしたネガティブなフレーズが先立つように、当然、芸人としても地味だが、いつの間にか番組を盛り立てている芸風であると読者も容易に想像が付くだろう。（しかしバラエティー番組のメタ批評が進む最近では、そのひな壇のさらに後方からのポジショントークと切れ味ある捨て台詞が注目されるようになったが……）

そして、芸人の性能を分類好きのボクから博多大吉くんを見立てると、芸人には希少なデータベース型芸人としての特性を感じるのだ。

これはトークの際、対象の話を膨らませるのに出来るだけ、出身、年齢、年次、成績、など略歴、数字などを細かく精密に話しながらも、掘り起こした事実をテコにして、さらに相手の凄さや業績に含み益を加え数倍に引き立て語る話法の形の持ち主なのである。

ちなみに、これは僕自身の芸人特性でもある。

いわばWikipedia型褒め芸人とでも言うべきだろうか。

そんな彼が芸人本を上梓したとなると、当然のごとくデータ重視の本になるだろうとは予想済みであったが、タイトルが『年齢学序説』となると、その芸人本らしからぬ堅苦しさに興味が唆《そその》かされ、さらに「26歳転機説」を論述するとなると既に「語るに落ちる」（まさに落ちる＝オチ）内容を想像するのである。

何故なら、「成功者には共通して26歳の時に転機があった」などは誰しもが年齢を直線的に積み重ねていくことから自明の理、逆に石川遼などの例外を挙げれば法則性すらも怪しくなるのは読む前から明白だ。

この論を一冊の本として世に問うには、事実を論拠にしながら、かなりの論理的な破綻を糊塗する強引さ応酬話法、漫才師というより詐欺師的な語り口こそを必要とする。

つまり、それこそがデータベース型芸人の真骨頂たる芸当であるのだ。

この芸風の芸人はオチ（トンデモ説）ありきで壮大なるフリ（論理）を作っていく活字漫才と呼んで良い代物を繰り広げることになる。

ちなみに、僕はこの種のトンデモ芸論、珍学説が大の好みである。古くは平岡正明『山口百恵は菩薩である』から、最近では音楽家であるノーナ・リーブスの西寺郷太氏による「マイケル・ジャクソン＝小沢一郎同一人物説」など、一見、強引すぎる仮説を多くの証拠、事実の積重ねにより実証する論を聞くのも、読むのも贔屓にしている。

それだけの珍説を成立させるためには膨大な資料に当たる時間、偶然の一致を必然と読み込む、思い込みが必要なわけである。

余談だが、この西寺郷太くんの珍学説は、僕の番組で2週に渡って検証し好評を得たが、その影響下で、僕も「小沢一郎＝長州力同一人物説」を展開するようになり、先日も、長崎を遊説に訪れた小沢一郎に対し、長崎県知事選立候補表明をしている大仁田が嘆願書持参するも門前払いされた事件を見て、僕なら「またぐなよ！」と見出しを書くとｂｌｏｇに書き付けたのであった（と書いてみてもプロレスファン以外には、いったい何の符号なのかわからないとは思うが……）

この本が論文の態《てい》をとりながらも、偉人伝、芸論、バラエティー史、スポーツ史、自叙伝など万華鏡の如く論の変転を見せるのは著書の意図通りであろうが、最後は「インドでわしも考えた」的な旅行記に帰着するのも、また涼なる味わいを持つ。

しかし、ひとたびこの本を読み進めば読者はそんなバカなと首を振りつつ、この我田引水な珍説、博覧強記なムダ知識、そして牽強付会な引用、いや牽強不可解なる異世界へ導かれてしまう。巻末というゴールへ向けた、この迷い道を、この端正な顔をした漫才師ならぬ詐話師のお笑いナビゲーションに頼らざるを得なくなるのだ。

僕はタレント本をタレント名に本を付けた名称で呼ぶならわしがある。例えば、殿の本であれば、「たけし本」であり、松本人志本であれば「松本本」と呼ぶように。

その例に倣えば、この博多大吉の本は、「大吉本」なのだ。読み方を変えたら、「だい・よしもと」である。

今や大阪から狼煙《のろし》を挙げ天下統一したかのような権勢を誇る吉本帝国の西の端、辺境たる博多で15年も片隅に漫才師として立ち続けた元「焼却炉の魔術師」はタレント本の世界で、「大吉本」という大風呂敷を広げ、その異能の才能を世に問いつつ、実は世の片隅で孤独な微笑を浮かべて読者を煙に巻いているのだ。

（『ポンツーン』幻冬舎 2010年3月号より）

博多華丸・大吉は大会最高顧問のビートたけしから「なんであんちゃんたち大会に出ないの？」と直接問い

かけられたことをきっかけに14年の『THE MANZAI』（フジテレビ系）に出場し、見事優勝に輝く。翌年「ビートたけしのエンターテインメント賞」の「日本芸能大賞」を受賞（12年にもダイノジ、友近と共に受賞）。18年4月より、有働由美子・井ノ原快彦の後任として『あさイチ』（NHK総合）の2代目キャスターに就任。22年には同番組の出演者でおなじみの産婦人科医・高尾美穂氏と「生理」をテーマに誰もが生きやすい社会をつくるためのヒントを語りあった『ぼくたちが 知っておきたい生理のこと』（辰巳出版）が出版。24年2月10日には福岡ドームにて結成33周年記念イベント『博多華丸・大吉presents華大どんたく』を開催。48組80人の芸人（ビデオ出演含む）が登場し、9時間半のイベントで3万4000人以上の観客を動員した。

〈文庫解説〉
齋藤孝
『齋藤孝の速読塾』
（筑摩書房）

読書という名の権威にひれ伏すな水道橋博士

「なぜ齋藤孝はこんなに良い本を書くのか」——と、まず第一行を書いてみる。

今、この解説から読んだ人は、このヨイショ丸出しの書き出しに水道橋博士は、どれだけ太鼓持ち芸人なのだと苦々しく思うかもしれない。

あるいは「いきなりニーチェの本のタイトルのパロディか！」と気がつく賢人もいるだろう。そう「なぜわたしはこんなに良い本を書くのか」は、ニーチェの「この人を見よ！」の目次の一節なのである。

僕自身、この一節をこの『齋藤孝の速読塾』を読んで初めて知った。このフレーズを読んだ時、即座に僕のルーペはズームアップ、「こんなの自分で言うことか！」と声に出して突っ込み、この一節に三色ボールペンで赤線を引いていた。

そして、今、この解説文の冒頭に使用したのである。

しかも、原書は一度も読んでもいないのに……。

実はこれでいいのだ。この本を読む前なら、仮にも「ちくま文庫」の解説文に一度も読んだことの無い哲人の本の一節を孫引きするには躊躇《ちゅうちょ》や遠慮もあっただろうが、この齋藤先生の本は、まさに本で得られた付け焼刃の知識の受け売りさえも大いに奨励しているのである。

つまり、この本は読書とは精読したり感銘を受けたり体系的な知識を得るための方法だけではないことを明示している。

逆に言えば、読書とは精読すれば感銘を受け、体系的な知識を得られる方法でもあると信奉されているからこそ、読書という名の強いられた勉強、その堅苦しさ、その権威に読者はひれ伏してはならないとも言っている。

そのような反教養的なことを教養主義者であるべき明治大学の文学部の教授であられる齋藤先生が、かく語りきなのだ。

さて、僕が齋藤先生を知ったのは、2001年に大ベストセラーとなった『声に出して読みたい日本語』（草思社）からだ。

その後の先生のハイペースで広角なジャンルの多作ぶりには驚いた。

いや、はっきり言えば、出版界の寵児でありながら〝中谷彰宏スパイラル〟の人かと長く思っていた。

（ちなみに説明しておくと中谷彰宏氏は毎月5〜6冊ペースで本を書き、一年間で60冊の本を書き、20年間で８００冊を書き続けた元・〝面接の達人〟なのだが、この勢いで本を出せば出すほど本の中身と人間性が薄いと酷評され続けた。実際、面接すれば本の印象よりずっと人間味も厚いハンサムマンなのだ。）

その印象が変わったのは、僕の著書である『博士の異常な健康』が、齋藤先生がＡＥＲＡ誌で連載される「声に出したい一文」の中で取り上げられた時である。

短い書評コラムではあるが、実は（テレビに比べれば）長い時間をかけて一冊の本を書き終えた僕が取り上げられたい、評論されたい、最もコアな部分を抽出され、その引用は、「よくぞその部分に気がついてくれた」という内容だったのである。

つまりはツボをつかれたというわけだ。

この感覚は本を著しその評を待つものなら誰もが納得して頂けるだろう。

（その後、『博士の異常な健康』が幻冬舎で文庫化される時には、解説を書いて頂き、僕の推奨する健康法そのものの支持者であることもわかった、さらに後付けではあるが、子育て中の僕は今、齋藤先生の様々な教育メソッドの信奉者でもある。

そうなると何故に、この先生はこれほどのペースで本が書き続けられ、しかも、どれほどのペースで、その下敷きとなるであろう本を読み続けているのか、俄然、興味も湧いてくるのである。

ちなみに、僕自身は芸名からも読書家と思われがちだが、まったくの遅読家で、しかも、読みたい気持ちはヤマヤマながら遅々として読めないことを嘆き、速読法そのものにも関心があったので、必然的に、僕がテレビの現場で出会う読書の達人の技法には日頃から注目していたのだ。

最も典型的な例を挙げよう。それは、テレビ番組での共演も長い評論家の宮崎哲弥氏だ。

なにしろ、出会った頃の宮崎哲弥氏は、読破する書物が「月間200冊」であった。

当時、『週刊文春』に連載していた「ミヤザキ学習帳」のため、週に10冊のノルマで月間40冊、そして月刊の『諸君！』に連載していた「『今月の新書』完全読破」では、毎月20日までに出版される各社の新書、その全てを漏らさず読破。こちらが、最低月50冊。平均で計100冊‼

しかも、これが、定期的な連載用の基礎的な資料読みであり、その他の評論活動のためには、さらに多岐にわたるジャンルの本を読み、加えて自分の趣味のためにも読むから、「月間200冊は最低でも読んでいるだろう」とのことなのだ。

それどころか漫画おたくであることから主要な漫画雑誌の連載は少年漫画から青年誌、果ては少女マンガまで抑え、ざっと計算しても、一日、24時間でノルマ7冊を読破していたのである。

「それだけ本を読んでいて、よく煮詰まりませんね、気分転換とかしないんですか？」と聞くと、「気分転換は、本を音読するんだよ！」まるで「声に出して読みたい日本語」を単なる気晴らしに実践したようだ。

当然、宮崎さんから、その技術を盗もう、聞き出そうと何度も試みたのだが、いつも「俺の場合、速読法なんかじゃないよ」と謙遜するだけで、結局のところ、その秘技はわからずじまい、よもやその名の通り、宮崎〝徹夜〟なんて単純なものでもあるまい。

しかし、この本、『齋藤孝の速読塾』を読んでいて、今回、完全に謎がとけたのだ。

なにしろ、この本の中では、二割読んで八割理解する「二割読書法」が堂々と推奨され、また右ページだけ読んでも全体像が把握できる、などと言ってのけているのだ。

その論拠も「本を読めば読むほど、周辺の知識がいろいろ積み重なって補強され、文脈上、間違いが起きないようチェックができるからです」と書かれている。

宮崎さんを見ていれば、それもさもありなんなのである。

さらに驚いたのは、齋藤先生が、２００３年の芥川賞受賞作の『蛇にピアス』『蹴りたい背中』の2冊について新聞社、出版社からコメントを求められると、「1時間半後に電話をくれ」と言い残し、そのまま本を買い、1時間で読み終え、公に評論をするというエピソードも披露されている。

仮にも文学部の大学教授である。

こんな姿勢が許されるのか、齋藤先生が本を読んでいる、その背中を蹴りたくなるほどだろう。

しかし、本文に、この行為の正しさと秘訣は語られている。

このくだりを読んでいて、僕にも、これに似たような経験が師匠・ビートたけしのなかにあるのを思い出した。

それは、20年程も前の話、北野武監督として、3作目『あの夏、いちばん静かな海。』を撮り終えた頃である。

ある日、殿の部屋を訪ねた際、丁度、ビデオで映画鑑賞中であった。

何を見ているのだろう？　と気になって眺めていると、ケビン・コスナー監督・主演のアカデミー賞作品賞『ダンス・ウィズ・ウルブズ』を見ていたのだが、問題なのは、その視聴方法。

なんとリモコンを片手に平気で七倍速で再生していたのである。

僕の目の前で、ダコタの大自然のなかを、３０００頭のバッファローが超高速で駆け抜けていった。僕にとっては映画以上に、かなり衝撃的なシーンであった。

その後、当時、殿が映画評を連載していた『テーミス』の文章を読むと、「アメリカの風景の力とインディアンに対する政治的配慮が賞を与えた」などと実に的確な映画評が語られていて、さらに唖然とした。仮にもアカデミー賞受賞作である。7倍速の流し見での批評はないだろうと思ったのだ。そして、今、この話を聞いて、この殿の行為に意見を持つシネフィルも多いだろう。
この話は、僕が殿本人が映画という概念や権威にひれ伏すことなく、アカデミー賞作品ですら決して自分の気分や感性よりも上位に置かない姿勢に驚かされた——その一例であって、流し見、速読の是非を決する話ではないのだが、読書を神聖に思わず、精読にとらわれず、速読でかまわないという、本書における読書概念はもとより、7倍速の映画鑑賞でさえも、知識獲得や価値判断のための、一つの立派な技法であることを思い知らされたのだ。

そんなわけで、解説にもかかわらず、自分にまつわる話ばかりを書いた。
それには一つの理由がある。
何故なら、僕はこの本を二割しか読んでいないのだ。
残りの八割はあなたに読んで欲しい。
そして、読み終えた、貴方にこそ声に出して呟いて欲しい。
「なぜ齋藤孝はこんなに良い本を書くのか」

（2010年4月10日刊行より）

〈書評〉

玉袋筋太郎

『新宿スペースインベーダー』（新潮社）

今回は連載タイトルの「はかせのはなし」改め「はかせの相棒のはなし」を書きたいと思います。このたびぼくの漫才の相方、玉袋筋太郎が初小説『新宿スペースインベーダー』を上梓しました。この小説の主人公は新宿生まれ新宿育ち、1967生まれの赤江祐一（相棒の本名）。今はもう統廃合でなくなってしまった淀橋第一小学校に通う小学5年生の物語です。つまり昭和の少年時代にさかのぼり、仲間たちとの1年間の出来事を書き下ろした自伝的小説です。

このなかで描かれる東京は少年の遊びの広大な陣地でもあり、東京生まれの主にとってはかけがえのない故郷そのものです。

新宿出身の彼にとって、この広報紙『東京都広報』の発行元である東京都庁の巨大な庁舎は少年野球の空き地を奪った存在でした。

当時すでに淀橋浄水場跡に建ちはじめた超高層ビル群は彼らの格好の遊び場であり、高層ビル2棟を使った恐らく日本一壮大なドロケー（鬼ごっこの一種）は新宿生まれの彼らだけの特権的な経験でしょう。

家庭用テレビゲームが普及する以前、表題のスペースインベーダーなどは街のゲームセンターで仲間とワイワイ騒ぎながら興じるものでした。

そして、自慢のブリヂストン製の自転車に乗り仲間たちと一緒に行動範囲を広げると毎夕のように新宿から神宮へと野球観戦に向かいます。

その道中づけのディテールは、やけに細かく、いやに懐かしく、その街の描写は古典落語の「黄金餅」を思わせ緻密な記憶を街の子特有の歯切れの良い語り口でつづられていきます。

5人の仲間たちは少々のズルをして新宿御苑や野球場に毎夜潜り込むなど朝飯前。腕力自慢の男の子を集めてボクシング興行を開いたり、その売上金で貸金業を開いたりと、大人顔負けの悪事を次々にやらかします。

まだアナログ時代でしたが、少年誌のボクシング漫画やテレビで見た社会事件、プロレス中継などに影響されるや、大人たちと規模は違えど、直に類似物・パロディとして実行できる環境があったのでしょう。

児戯とはいえそのヤンチャ過ぎる行動力に何度もページをさかのぼり、本当に小学5年生の話であったか再確認してしまうほど、実話ながら実に小説的です。

土地柄、みんな多忙な商売人の息子たちです。

必然的に夜23時といった遅い時間まで、家や学校より仲間と外で過ごす時間のほうが多くなってしまいます。

その間のヤンチャすぎる彼らを躾けているのが地域の大人たちです。

それは校長先生やプロ野球選手からホームレスのおじさんに至るまで、時には褒められ、時には灸を据えられ、社会の仕組みや礼儀を教わっていきます。

この「新宿キッド」のグラフィティは都会育ちでなかった人が読んでも、銭湯通いやザリガニ釣り、駄菓子屋通いといった話にノスタルジックに共感し、耳に「スタンド・バイ・ミー」が反響するような濃密な小説時間が過ぎ行きます。


今、ようやくこうして書籍にまとまりましたが、実はぼくは25年前の浅草フランス座での修業時代、毎晩、周囲が寝静まった楽屋で、相棒からここで描かれる子供時代の冒険譚を語ってもらう時間がありました。

漫才コンビの多くが学生時代の友人の延長という場合が多いですが、我々の場合は年齢も出身も違います。

お互いに知り合って間もなく共有する過去がありません。

深夜の楽屋話は最初は互いの自己紹介語りであったのが、いつしか、ぼくのほうから「あの話の続きは?」「それで、それで……」と毎回、せがむようになり、あまりの面白さに、静まりかえった小屋に響くほど大爆笑したものです。

この本を読みながら、浅草キッドとして相棒と2人きりの蜜月の時間がよみがえり、その言い知れぬ郷愁に浸ることができました。

これは構想25年、新宿の高層ビルのように目の前にそびえ立つ物語のはじまりです。たまりにたまった玉袋の少年時代の賜物、隠し玉――。

ぜひ、お読みになって誰の心にも残る懐かしい新宿を訪れてください。

(『東京都広報』2011年4月号より、単行本『はかせのはなし』(KADOKAWA)所収)

玉袋筋太郎氏は13年に社団法人「全日本スナック連盟」を設立。会長として古き良きスナック文化の普及啓蒙に努めると同時に『粋な男たち』(角川新書)、『スナックの歩き方』(イースト新書Q)、『痛快無比!プロレス取調室ゴールデンタイム・スーパースター編』(毎日新聞出版)などを刊行。24年3月には仕事の人間関係、夫婦仲、家族構成など50代で迎えた環境の激変と、人生後半戦の歩き方を綴った『美しく枯れる。』(KADOKAWA)を上梓。

〈巻末対談〉

千原ジュニア『すなわち、便所は宇宙である』（扶桑社）

千原ジュニア×水道橋博士連れション対談

★『週刊SPA!』で連載中の「すなわち、便所は宇宙である」を毎週欠かさず読み、大ファンだと公言する水道橋博士。稀代のルポライター芸人として知られる彼は、〝千原ジュニア〟をどう読み解くのか？　東西を代表する異端の芸人が織りなす〝連れション〟対談が今、始まる。（編集部）

――水道橋博士さんは「すなわち、便所は宇宙である」を毎週欠かさず読んでるとか？

博士　そうそう、連載の第1回目から。だから、この対談に呼んでもらえて本当に嬉しいんですよ。

ジュニア　えーっ⁉　ホンマですか？

博士　本の中でお笑いをボウリングに例えたネタがあったじゃない？「偶然のストライクは素

人にも出せるけど、プロはアベレージが違う」って話（P30に掲載）。

あれは言い得て妙だなって。

だから、それだけ忙しいのに週刊誌の連載でこのアベレージの高さは凄いよ。一回の連載に何個オチを入れてくんの⁉　って。

しかも、ひとつのネタでストライクを取り残したら、ピンの残り方がどんなに難しくとも次の球できっちりスペアを取ったりする。

ジュニア　ありがとうございます。

博士　ちょっと解説風なことを言わしてね。

この連載を分析すると大きく言えば芸人特有の視点のずらし方なんだけど、「日本語のおかしさ」「芸人はこうあるべし」「大喜利」の三本柱で話が展開するよね。

芸人たるものの必須の話が多い。つまり、これは芸人の教則本でもあるよね。芸人の週刊誌連載で芸論といえば、松本さんの『遺書』以来のレベルの高さだし、面白さだと思う。だからベストセラーは間違いないよ、って発売前からハードル上げとく（笑）。

ジュニア　ええーっ！！！　そんなつもりはまったくないんですけど（笑）。

博士　しかも、本人が思う以上に喋り言葉が文章になると高尚だし哲学的にも読み取れる。あと、これは前から聞いてた法則なんだけど、
「殿や松本さんなど優れた芸人には共通点がある。それは部屋がきれいで、顔が怖くて、絵がう

まいという3つだ」（P78に掲載）とか、改めて「なるほど」と思ったりね。

ジュニア　どこまで読み込んでるんですか（笑）。

博士　俺、この対談にあたって、連載のバックナンバーを全部読み返してきたから！

ジュニア　……なんか、すんません。恐縮です（笑）。

博士　ネーミングの話も多いよね。

ジュニア　そうですね。なんか気になるんですよ。

博士　そのなかで、ジュニアがジョージ・クルーニー主演の洋画の邦題に『ヤギ・ヤギ・ヤギ！』ってつけたけど、結局、採用されなかった話があったじゃない（P63に掲載）。俺、あの原作も読んでるし、映画も観てるんだけど、ジュニアがつけたタイトルのほうが好きなんだよね〜。

ジュニア　やっぱり！　芸人の感覚だと、絶対そっちですよね⁉

博士　この映画が後世に残っていくとしたら、『ヤギ・ヤギ・ヤギ！』だよ、絶対。後々まで、「このタイトルはジュニアがつけた」ってことでも語られるし、レンタル回数も増えると思う。

ジュニア　ほらぁ、日活さん！（笑）

博士　ネーミング話でいえば、〝この単行本に新しいタイトルをつけるなら？〟って大喜利を。

ジュニア　えー、聞いてみたいですねぇ。

博士　やっぱりタイトルはもっとシンプルに。で、この内容からしたら、まず思いつくのは『便所紙』だよね（笑）。

しかし、書店で女性読者も手に取ることを考えたら「便所」はキツイと。そこで、時節柄『トイレの紙様』は絶対出てくるよね（笑）。『トイレの神様』じゃなく「トイレの紙様」ね。でも、それはジュニアレベルだとベタすぎるでしょ。

でもね、昔『ノルウェイの森』がバカ売れした時代に、たけし軍団の先輩の大森うたえもんさんが出した『ノルウェイの大森』は二十数年たった今、やっぱ一周して「アリ」だなって思うところがあるんだよね。ああ、あの頃に出た本なんだなって。

ジュニア　あー、なるほど。

博士　逆に女子を意識しないで、もっとキツイのも考えた。２０１０年に世界の映画賞を総なめした韓国映画『息もできない』って観た？

ジュニア　はい。

博士　これの原題が『糞蠅《くそばえ》』なんだよ。だから、トイレつながりで千原ジュニア著『糞蠅』ってのはどう？　『遺書』のようにタイトルも2文字にしたほうがいいかなって。でも、インパクトは強いけど、絶対女子に売れない（笑）。

――すいません、タイトルはすでに決まってしまっておりまして……。

ジュニア　じゃあ、第2巻が出たら『糞蠅』で（笑）。

博士　大喜利論はどれも面白くて、これを読みながら「じゃあ自分の人生で最高の大喜利の答えは何だろう」って考えたんだけどさ。十数年前に杉並に家を建てるために土地を買ったんだよ。でも、軍団の下の者が土地を買うなんて生意気だから、兄さん方には内緒にしてたの。それが、どこからかダンカンさんに話が漏れて、何やら周りから情報を集めて不穏な動きをしていると。そうしたら、相方の玉袋から電話があって「博士、まずいよ。ダンカンさんが沖縄で不発弾を買おうとしてるらしいよ」って言うんだよ。

ジュニア　これから家建てるのに、不発弾が出てきたら最悪ですやん（笑）。

博士　あの人、そういうときマジにやる人だから（笑）。それで不動産屋から「土地が大変なことになってる」って連絡が入って。行ってみたら、なんか住民が集まって騒ぎになってんの。で、よく見ると、俺の買った更地に白い立て看板があって、そこにペンキで「オウム真理教杉並道場建設予定地」って書かれてあった。もう崩れ落ちたね（笑）。

でも、これが「後輩が内緒で買った土地があります。そこにイタズラで看板を立てました。さて何と書く？」というお題だったら……。

ジュニア　１００点満点ですね（笑）。

博士　うん。結局、その土地も売ったし、莫大な規模で迷惑を被ったけど、人生最高の大喜利だったなって思うんだよ。この話、テレビで話してもカットされちゃうし、お笑いとしてもまったく使えないエピソードなんだけど（笑）。でも、大喜利としては素晴らしい答えだと思うんだよね。

ジュニア　たけし軍団、凄いっすねー！

博士　この本、偶然にまつわる話も多いでしょ。この前、名古屋に行ってホテルに泊まるのに、「B's」と「the b nagoya」っていうホテルがあって、いつもタクシーの運転手さんが迷うんだよ。それで「お客さん、どっちですか～」って聞かれたときにタクシーの中でちょうど読んでたのが「HOTEL the b akasakaがバカサカに見えて仕方ない」っていう話（P66に掲載）。もう、偶然すぎて爆笑したよ（笑）。

ジュニア　アハハハハ！

博士　あとさ、ついこの間のことなんだけど、『キラキラ』っていう昼のラジオ番組に出てるんだけど、その日のトークテーマが「ザ・初日」だったの。

それで俺は、「子供が初めて生まれた日のこと」を話したんだよ。今から7年前、第一子が生まれたという連絡をもらったとき、ちょうど仕事でニッポン放送の『高田文夫のビバリー昼ズ』に向かう途中でさ。これは高田先生から「まず誰に連絡した？」って聞かれると思ったのよ。それで「身内で誰に連絡したら一番面白いかな？」って思ってケータイを見てたら、「猫ひろし」って名前が出てきたのね。当時、彼とは顔見知り程度で、まだ全然親しくないから、「これは逆に面白い」と思って電話したんだよ。それで俺が「産まれたよ！　産まれた！」って言ったら、猫も「はい、生まれました！」って言い返してきてさ。「え、何が？」って聞いたら、「僕、今日が誕生日なんです」って。

ジュニア　凄い確率ですね！

博士　ありえないよね。で、この話は『ビバリー』でもウケて、「そんな偶然があった」と。で、この間のTBSラジオ『キラキラ』でも思い出話として盛り上がって。それで翌日、日本テレビの『スクール革命』という番組の収録で日テレの楽屋にいたのね。番組のテーマが「平均値」だったから、ネットで国別の平均身長とかを調べていて、ふと「猫ひろしって、なんであんなに小さいんだろ」って思ったのね。そうしたら猫ひろしから電話があってさ。「凄い偶然だな〜」って。でも、昨日『キラキラ』で話題に上げたわけだから、それをたまたま聞いて、そのお礼の電話かと思ったんだよ。そうしたら、猫の第一声が「博士、生まれました！」って（笑）。これが、猫ひろしの第一子が生まれたって話だったの「いつ生まれたの？」って聞いたら、「昨日の昼の1時すぎです」って。なんとなんと、俺が『キラキラ』で猫のことを話した時間とまったく同じなの！

ジュニア　二重三重の偶然が重なって⁉

博士　もう鳥肌じゃなくて猫肌立った（笑）。しかも、それをまた『キラキラ』で喋ろうかなって考えながら『SPA！』を開いたら、偶然飛び込んできたのが数字にまつわる奇跡の話（P304に掲載）。もう、ジュニアの便所から生まれた宇宙と俺の偶然の宇宙がリンクしたというか、因果が巡る感じがしたよね。

——博士さんは日本初の芸能人ブロガーとして10年以上も書き続けてますし、ジュニアさんは便所ノートに書き綴っています。何かを書き溜めていく芸人に共通項みたいなものはあるんですか？

博士 鶴瓶師匠の「鶴瓶ノート」なんかビッシリ書いてあるんだけど、俺はあれを見たときに、やっぱり自分には無理だって思ったね。

ジュニア ネタが全部書いてあるんですか？

博士 こと細かく小さい文字でびっしりと。松村邦洋君に至ってはモノマネの全台詞をアドリブから咳払いに至るまで全部書いてある。逆にダウンタウンの松本さんは一切喋るためのネタを事前に書いてないみたいだね。

ジュニア そうらしいですね。

博士 『遺書』でそう語ってるよね。「書かないと忘れるようなネタは面白くない」っていう。

ジュニア でも若手は、そこに結構持っていかれるんですよ。じゃあ俺は全部メモってやろうと。

博士 逆に？

ジュニア はい。めっちゃ面白いけど、忘れることとってやっぱりありますから。

博士 その発言がこの本が芸人の教則本たる所以なんだよ。『遺書』も確かに教則本だけど、あれは俺らには真似できないもん。自動車教習所で天才F1ドライバーの心得を配ってるみたいなものでさ（笑）。ジュニアの便所ノートって、本当に箇条書きなの？

ジュニア はい、実際のノートは横書きで書いてますけど。もともと、連載になる前からやってた習慣なんですよ。

博士　単語ひとつで毎回あそこまで話が広がっていくのも凄いな。たまにその単語を忘れてることもあるけど、よく思い出せるよね。

ジュニア　いやいや（笑）。ホント、無意識に書いてることも多いんで。喋りながら思い出すという感じですね。

博士　でも箇条書きスタイルって、殿のネタ帳も同じなんだよ。

ジュニア　へぇ～、なんか光栄ですね。

博士　でも、ジュニアは殿だけでなく、松本さんにタモリさん、太田光くんなんかと垣根なく一緒に仕事してるから楽しいでしょ？　戦国の武将を間近に見てるというか。

ジュニア　はい、楽しいですね。

博士　ジュニアもいつかは一国一城の武将になるポジションにいるんだから。ただ才能だけが突出してたら首をはねられる世界だけど、「ここでは控えよう」みたいな、一宿一飯のワラジの脱ぎ方を知ってるもん。だからこそ「そろそろ自分の城を」っていう意思は感じるよね。

ジュニア　そんなん言われたら照れますわ（笑）。

博士　だって、ここまで辿り着くのに何年かかったよ？　バイク事故で死にかけたり挫折と再生も繰り返しているし。そう考えると、芸人には本当に「ポッと出」がいないんだなって思うね。

――おふたりが最初に仕事をされたのは？

ジュニア　15年くらい前、当時あった渋谷公園通り劇場で、ゲストに来ていただいたのが最初ですね。

博士　東京芸人は「凄いヤツが大阪から来るらしいぞ」って騒然となってた。「ジャックナイフと呼ばれていて、すべったら刺されるらしいぞ」って。

ジュニア　どんなヤツやねん！（笑）

博士　そんな男が今度は『リングの魂』でヘタレキャラをやったから、ビックリしたよ。柔道が弱くて、春一番と〝チャンピオンオムツをかけた最弱王決定戦〟とかやってさ（笑）。

ジュニア　裸になったりしてましたもんね。でも、大阪時代は意外とそっちもやってたんですけどね。元ジャリズムの山下に相撲で負けて、「お前、とがってる割にはめっちゃ弱いやんけ」みたいな。

博士　へぇ〜、それは知らなかったな。

――博士に対する印象は？

ジュニア　本当に人が好きなんだなって思いますね。『さらば雑司ヶ谷』とか『天才勝新太郎』とかいろんな本を「面白いから」って持ってきてくれたりとか。あと、「バッタリ大人力」がハンパやない（P98に掲載）。いろんな番組を観てくれてるから会った瞬間に「あれが面白かった」「この発言が良かった」ってバーっと喋ってファーッと去っていく感じが凄いんですよ。

博士　俺のジュニアに対する印象って、芸人の「俺のままでいることの強さ」ってあるじゃない。

もちろんそれもあるんだけど、それだけじゃないのね。人の言葉に耳を貸す度量もあるし、人見知りだけど割と誰とでも喋るよね。殿もそういったところがあるんだけど。

ジュニア　たけしさんは博士に意見を求めたりすることもあるんですか？

博士　誰かのマネではなく自分の世界観だけでモノをつくる人だから連帯しないで孤立してるんだけど、ボクはたまに求められるね。だから、殿に呼ばれるってことは逆に力量を試されてるんだよ。「本当のことを言えよ」って暗に言われてるような。殿と接するときはみんなヨイショと誉め方しか考えてないからね。だから、ある種、禅問答のような会話になる（笑）。いつか「北野武正史」を書きたい俺にとっては「ビートたけし、かく語りき」の語録になる。

ジュニア　難しい役目ですねー。でも、それこそ「人が好き」な博士だからなせるワザというか。『ブルータス』に博士が寄稿していた『たけしとひとし』なんか凄くいい文章でしたもん。しかも、それがきっかけでゴールデンでふたりが共演したわけやから、博士が勝手に企画書を書いたようなもんですよ。プロデューサーの土屋さんが僕の楽屋に来て「凄いの思いついちゃったよ。『たけしとひとし』っていう番組やりたいんだ」って言わはったとき、ちょうど『ブルータス』を読んでて。さてはこのおっさん、読んだなって（笑）。

博士　番組の企画には深くはかかわってないよ。タイトルのもとになっただけ。でもあれは、もともと20年くらい寝かせてた原稿だったんだよ。ずっとダウンタウンのファンだったけど、やっぱり〝臣は二君に仕えず〟でその思いは他言してはならないものだと思ってた。でも40歳を過ぎて、もうそんなの関係ないって思ってダウンタウンさんの番組にも出るようになったんだけどね。

ジュニア　松本さんにはお世話になってますけど、「松本さんについて書いてくれ」って頼まれても書けないですよ。博士は芸能界の「竹中労」ですよね。

博士　もともと竹中労に憧れて、その仕事ぶりに感化されてルポライター気質があるんだよ。ルポライターとして芸能界に潜入取材してるだけという感じはあるんだよね。『許されざる者』でジーン・ハックマンとクリント・イーストウッドが撃ち合うシーンがあるんだけど、「たけしとひとし」はまさにそれに似ていたというか。両雄が対峙《たいじ》しながら、その光景をションベンちびりながら評伝作家が見守ってるという。あの番組での自分はそんな評伝作家の感覚だったね。その場にいられるだけでもゾクゾクした。

ジュニア　僕もこの連載でたけしさんや松本さんについて触れることはありますけど、それはあくまでも芸人目線ですからね。

博士　そもそも俺なんか芸能人としての自覚が足りないから。テレビで司会とかやるより、本当は芸能界の人間群像を観察していたいんだよ。でもジュニアは王道の主人公たるべき行動をしてるよね。

ジュニア　そうですか⁉

博士　いや、自覚があるからこそ「まだ俺はテレビで何もやり遂げてないから、映画に手を出すのはいかがなものか？」っていう話（P129に掲載）もあったじゃん。

ジュニア　よく読んでくれてますねー（笑）。

いや、ホンマありがたいです。

――この本には三又さんのお名前も登場します。

ジュニア　「日本一だっさい名前は三又又三だ」、っていう（P26に掲載）。

博士　以前『草野キッド』という番組で、三又がジュニアと「すべらない話」対決するっていう無謀な企画があったの覚えてる？　そこで三又がアンディ・ウォーホルのバナナの絵が描かれたTシャツを着てきて……。

ジュニア　僕、なんてツッコミましたっけ？

博士　「すべらない話でバナナ‼　考えられへん！」って（笑）。そう言われて「あ、気がつかなかった！」って返した三又も三又らしいけど。

ジュニア　それで言ったら、三又さんはスケーターブランドのSTUSSYをよく着てるんですよ。スケボーっていう、〝板の上ですべる〟ための服なんて絶対に芸人が着たらアカンやんってね（笑）。

博士　オフィス北野にいて、これだけ吉本の人にイジられるのって、ある意味ありえないよ。結果的にお笑いっていうのは、それこそ便所のカスみたいな人間にもスポットは当たるからね。

ジュニア　でも、ホンマに三又さんはクズですもんね（笑）。ここで書けるレベルの話だと、今田さんに全額払ってもらって、正月にオーストラリア旅行にいってますから。芸歴で言うたら、三又さんのほうが上かもしれないのに。

博士　でもあいつ、自己査定がえらい高いんだよ。ジュニアは芸をボウリングに例えたけど、三又なんてどう見てもガーターの連続じゃない？　スコアは低いの。それでも「俺のガーター見て笑ったじゃないですか！」って言うんだよ。いや、点数にならないからダメだよって言ってるのにさ。「ガーターだけど、ボールめっちゃ速いっすよ！」とか。もう、ほかのレーンに放り投げたりしてるのに、真顔でゲームを競ってる（笑）。

ジュニア　でも、なぜか愛されるんですよね。だって、吉本の松本さんの忘年会のメインは三又さんですから。

博士　芸人が紡ぎ出す宇宙には一等星だけじゃなく、本当にダメな星クズもあるんだよね。芸人のいいところは、そういう完璧に負けてる人でも存在意義があるってところだよ。負け続けることによって勝ってる。その分、こっちが笑いにして活かしてるから。

ジュニア　でも、こんなふうに話題にしたら、「僕の話で盛り上がったらしいじゃないですか！」って言いそうですよ、マジで（笑）。

博士　ヘタしたら、これ読んで「ジュニアの本で俺の話が一番活きてた！」とか言いかねないよ。

ジュニア　博士との対談のシメが三又さんとか、ホンマ最悪ですわぁ！（笑）

（２０１１年4月20日刊行より）

2010年より7年間に渡って『SPA!』に連載された千原ジュニア氏のコラム「すなわち、便所は宇宙である」。11年刊行の単行本第一弾に続いて『とはいえ、便所は宇宙である』(12年)、『あながち、便所は宇宙である』(13年)、『はなはだ、便所は宇宙である』(14年)、『このたび、便所は宇宙である』(16年)、『これにて、便所は宇宙である』(17年)の全6冊が刊行。また、同誌にて3年3カ月連載された「明日使いたくなる新語・造語」より220の語句を厳選し、それぞれの意味や用法を記した全632ページの大著『大J林』(20年)、20年より連載中の4コマ漫画「囚囚囚囚(トラトラトラトラ)」に完全書き下ろしのストーリー漫画を加えた『嗚呼蝶でありたい』(23年)が出版。後者は限定NFT特装版も同時発売された。いずれも扶桑社刊。

〈インタビュー〉

水道橋博士（浅草キッド）

「俺の根本はやっぱり竹中労なんだ」

聞き手・武田砂鉄

『竹中労―没後20年・反骨のルポライター』

―水道橋さんが最初に竹中労作品に出会ったのは中学三年の頃だそうですね。

博士　そうですね。『キネマ旬報』を読んでいたんですが、その中で竹中労が『日本映画縦断』という連載をしていたんです。自分が読み始めた頃は確か、「浪人街」のリメイクの辺りの話を書いていました。その当時、『キネ旬』のバックナンバーまで探して読んでいましたから、遡る度に「竹中労」という名に出会っていたんです。

―竹中労に出会うまでは、お兄さんから借りた太宰治やドストエフスキーを読むような、いわゆる普通の読書体験を重ねてきたわけですよね。そこでいきなり竹中労が登場する。

博士　竹中労に出会うまでは、ルポライターという職業自体をそもそも知らなかった。物書きって小説家か、或いは新聞記事を書く新聞記者、これくらいで、ルポを書く仕事の存在なんて意識したことが無かった。竹中労からそのルポライターという職業を知ることになったんです。当時、村松友視が『ファイター』っていうアントニオ猪木の評伝を書いていて、「過激なプロレス」ってフレーズは村松友視が作ったんだけれども、その前口上の部分に、竹中労との比較が書かれているんですね。猪木のストロングスタイルを「竹中労を見て以来の衝撃」というような書き方をしていた。その時俺はアントニオ猪木主義者だったから、アントニオ猪木に比肩するぐらいの男だとされているこの竹中労って誰?……ああ、そう言えば『キネ旬』でよく見かける竹中労、この人は何者なんだ、と思春期の僕にそう思わせたんです。

——そんな中でまず出合った作品が『ルポライター事始』だった。

博士　行きつけの本屋さんの棚にささっていたんですが、本のツカ、背表紙が俺に語りかけてきたって感じがしましたもん。まるで俺に、「読め」って言っているように。

——おお、これは俺用のメッセージだと。

博士　そうそう。あれは不思議な感覚でしたよ。今でも、あの本を棚からとったときのイメージを明確に覚えています。それまでは『キネ旬』に連載している竹中労の存在は知っているけれど、何をしている人だかは分からない程度でした。しかし、その本の背が読め読めと訴えかけてきて、手に取ってその本を読むと、何故か、あっ、俺はルポライターにならなきゃいけない、これは俺の定められた仕事なんだ、と思うようになりました。むしろ、なりたいと思った、だけども、そこから悶々とするわけです。こんな物書きになれるはずがないよ、と。だって俺は童貞で、登校拒否みたいな感じで学校にもろくに行けない、女の子一人も口説けない、オナニーに明け暮れるしか無い引きこもりでしかないんだから。竹中労を読みながら、「正義」についても考えた。でも正義感、正義を行使することの袋小路に行き詰まった。竹中労のように正義を全うし、世に問うことなんて出来ない、そう強く思っていましたね。

――竹中労作品に出合って、その後、別のルポライターの作品は読まなかったんですか？

博士 う〜ん。齧《かじ》ってただけだから。でも本多勝一の『極限の民族』、『貧困なる精神』とか、あの頃、一連の著作を読んでました。自分が影響を受けている竹中労という作家の周りにはどういう人がいるのか、そういった観点で、読むべき作家を広げていきました。ルポで言えば、やはり沢木耕太郎にはかぶれたなぁ。あとは、『アサヒ芸能』のような、いわゆるストリートジャーナリズムの雑誌記者になりたいとか漠然と思っていました。

――竹中労が言うところの、電車の網棚に捨てられる三流ジャーナリズム。

博士 そうですね。当時の『アサヒ芸能』にはブルーフィルムの歴史を追ったりするような連載があった。高校生の俺はこんな世界もあるのかと惹かれていったわけです。同様に、広岡敬一のような風俗記者みたいなもの、いわゆる、トルコ風呂など裏街道のルポルタージュを書く、っていうそのスタイルに憧れてた。島本なめだるま親方とかヒーローだったなぁ（笑）

――相方の玉袋筋太郎さんに、『噂の眞相』の存在を教えていたりしていたそうですが、その手の雑誌は、竹中労作品に出合う以前から読んでいたのですか？

博士　いや、ほぼ同時ですね。『噂の眞相』はその前の『マスコミ評論』の頃から読んでましたからね。竹中労と言えば、「世界革命浪人」でトリオだった平岡正明さんも。『ウィークエンドスーパー』で連載していた平岡正明と上杉清文との対談『どうもすいません』なんて本の影響は、確実に俺の中核をなしていますよ。

――文筆家・竹中労に対して、自分は、分泌家＝オナニストとして悶々とした日々をすごしていた。竹中労になろうとしてもなりようの無い日々が続く中で、ビートたけしさんに出会うわけですね。

博士　下賤《げせん》のドブ板の中に身を置く、という覚悟は出来ていたけれど、自分にその資格があるのか、能力があるのかという肝心な部分で、いや、俺には出来ないと諦めてしまっていた。そんな時にたけしさんのラジオに出合って、この悶々とした袋小路を突破できるのはお笑いしかない、「出来ない」って状況を笑えばイイんだ、と気付いたんです。当時の自分には、これしかないっていう最終出口だと思えたんです。

――竹中労、そして、ビートたけし、自分の中に二本の軸が出来上がった、と。

博士　でも竹中労からの影響については芸能界に入って抑えていたというか、もう過去の存在だったけれども、芸能生活を重ねて行くうちに、やっぱり自分の嗜好性がルポライティングの仕事に戻ってきた。もう芸能界の仕事で文筆って最も効率の悪い仕事なんですね。「書く」仕事はむしろ断ってもいいんです。それでも自分が何故か依頼を受けて、毎回、後悔しながら、書く仕事を結局、やるはめになる度に、ああこれは竹中労の刷り込みなんだって改めて気付くようになったんです。でも芸能界に入ってから十数年間、芸能界で竹中労の話を誰としてきたわけでもないし、誰かと意気投合したわけでもないんだけれど、雑誌の連載で『お笑い星の星座』を書いている時に、どうして俺は小説みたいなフィクションは書けずにドキュメント、ルポルタージュにこだわりが出てくるんだろうって振り返ると、やっぱり根本は竹中労なんだと。ああ、ここでやっぱり現れてくるんだという思いがしましたね。

竹中労イズムが自己批判を呼ぶ「3.11」以降

——芸人の仕事を始めたばかりの頃、浅草キッドのお二人は貧しい暮らしをしながら、浅草のストリップ小屋で働いていらした。思えば竹中労も、浅草に住まい、その地から「窮民」を描いていた。「ペンの日雇い労働者」であった竹中労と、まさに日雇い労働として自分たちとリンクして考えることなどあったのでしょうか?

博士　その頃はどうだったかなあ。ストリップ小屋のエレベーター係だったんで、1日3冊くらい、とにかく本を読んでいたんですよね。でも、竹中労ではなかったかなぁ。コリン・ウィルソンとかはまってましたね。

——エレベーターの中で、お客さんがいない時に読んでいたんですか?

博士　いや、客がいても読んでいた（笑）。だから、よーく、社長に怒られていましたよ。当時こそ、竹中労は拠り所ではなかったかもしれないけれど、でも例えばコリン・ウィルソンだってアウトサイダーですし、心持ちとしては一緒だと思う。つまり、ここでもアウトサイダー側を嗜好していた。

――竹中労の言葉に「人は群れるから無力」、そしてたけしさんの言葉に「赤信号みんなで渡れば恐くない」があります。この二つを重ねていくことで、潜在的かもしれないけれど、畜群に身を委ねることの浅はかさを感じていくわけですね。

博士　今でもそうですね。俺が上杉隆を好きなのも、その点に尽きると思うんですね。

――群れることに抗う、という。

博士　そう。今、上杉隆を応援するのって、芸能界的、テレビ的にとても不利なわけです。でも、彼のことをどうしてこんなに好きなんだろうって考えると、やっぱり竹中労イズム、なんですよ。今も知り合いだけど、ほとんど会ったこともない、腹を割って語り明かすとか飲み明かしているわけでもない。ただただ、その態度、手法に共感しているんです。本人と竹中労の話をしたことがあるんだけど、竹中労直撃ではなかったけど。彼はね、『ベスト・アンド・ブライテスト』を書いたデイヴィッド・ハルバースタムとか、海外のジャーナリストから主に影響を受けてきた。俺と比べても世代的にも少し若いから、読書するころには竹中労はもう亡くなっている頃だろうし。今公開している映画『GONZO』のハンター・S・トンプソンなんて俺も読んでいないし、上杉隆もトンプソンが死んだ時の報道で気付いたと言っていた。同じように竹中労とは何者か、といって刻印を押して影響を受けている人というのは、本当は少ないのかもしれないね。

――水道橋さんは一度、竹中労にお会いになっているんですよね？

博士 そう、20年以上前です。自分のラジオ番組のゲストとして一度だけ来ていただいたんです。もう亡くなられる直前でした。一度、テレビに頻繁に出るようになった時期があって、それこそそれは村松友視が描写していた時期ですが、その後で一旦テレビに出るのをやめて、晩年になって改めて出るようになった。俺が会った晩年の頃はもう、いわゆる好々爺、という感じだった。喧嘩屋ではなかった。

――『お笑い男の星座』には竹中労の手法が貫かれていますよね。竹中労は「ルポルタージュとは主観である」と考えていた。つまり、事実を積み重ねていくと同時に事実を盛ることを良しとした。事実に上乗せするように、情念・怨念が層になって積み上げられていく文体、ここに共通項を見出します。

博士 『お笑い男の星座』は、竹中労に梶原一騎の文体を加えています。でも、書いた後に読み返して、俺の中にはどんだけ竹中労の文体が刷り込まれているんだって痛感しましたよ。漢文的な表現方法ってのを俺が好んでやるのも、これも竹中労の影響ですし。その血が細部にまで通っていたんでしょうね。

――竹中労は、芸能界の人ではありませんでした。その人が芸能界を主観で書く、これは、外からの目線としての主観、なわけです。ナンシー関の事を水道橋さんは「流れ作業で消えていくものに、批評の基軸を作った」と絶賛されています。ナンシー関も、外の目線ですよね。竹中労にしてもナンシー関にしても、芸能界に向かう「主観」が、ご自身が芸能界に入る前と後で変わってしまった、なんてことはあるのでしょうか？

博士　ものすごくありますよ。例えば漫才。僕らがやっている漫才って、芸能のタブーを扶っていくものなんですよ。『噂の眞相』的っていう言い方も出来るだろうけれども、自分にとっては竹中労なの。体制内の違和感を吐き出さないと気が済まない。かつて竹中労は芸能雑誌の記者をしつつも、当時のナベプロ帝国を告発し、数々のエライ人を斬るようになっていく。体制を作ってエスタブリッシュを築いていく人たちへの反発がすさまじかった。初期の本、例えば美空ひばりの本にしたって、大スターだった彼女がおとしめられた人たちなんだってところで共感して、彼女を持ち上げていくわけでしょう。でも、以降は、管理をしようとしたり、高下駄を履かせようとしたりする人たちへの違和感を口にするようになっていく。権力を持とうとする人たちに歯向かっていく。これは自分の漫才観に重要な影響を与えています。こと俺たちの漫才には言葉を封じるものに対する反発が強い。その視点ってのは、間違いなく竹中労が作ってきたんです。

――竹中労は、「表現のあらゆる分野に、ルポルタージュの方法論をひろげてみたい」としていました。これを特に映画の世界へ持ち込んだのが竹中労ですね。水道橋さんは、その手法をお笑い、或いはラジオに注いでいる。今、この現況、ルポライターイズムの居場所・在り処というものを、どこにどのように感じていますか。

博士　上杉隆だとか田原総一朗とかの地上波でのポジションを見ていてもね、ますます無くなっているんだろうなってのは感じますよ。3．11以降、原発の雑誌タイアップ記事に出ていたことで、俺は鬱々たる気持ちが続いています。自分の良心の呵責の中で自己懲罰的な態度は示せても、他の及ぶ影響を考えると「個」に徹した発言が出来ない。結局、俺はね、群れているんですよ。その意味ではなんて堕落しているんだろうって思ってるし、やっぱりがんじがらめなんですよね。自分の周りにどれだけの人がいてどれだけの人が食べているか……というような状況の全てが見えてしまっている。結婚して家庭を持ったからなのかなって自問自答する夜があるし（笑）。身ぐるみ剥がされても革命や自由求めていく、そういった竹中労イズムが果たして自分の中にあるのかどうか。でも、上杉隆にはあるじゃないですか。

――もう30年前の雑誌ですが、手元に『別冊新評』って雑誌の「ルポライターの世界」という特集があるんですが、この中で和多田進さんが「日本語が書けて喋れれば全てルポライターである」と言って「一億総ルポライター」としています。今、いろいろなメディアが出てきて個人が単体で声を発することができる。言ってみれば、より「一億総ルポライター」と言える状況にあ

すか？ るのかなとも感じます。いち早くブログやツイッターを導入した水道橋さんには、どうつりま

博士 ブログやツイッターも言い訳なのかなって思うことありますよ。今日出た『週刊現代』で、佐野眞一が原武史との対談の中で東浩紀やホリエモンを批判しています。震災情報や人命救助にツイッターが有効だったとし、あたかも現場が分かったような論陣を張って言説を弄することに対して立腹している。「彼等は被災地の実情も知らないのに、よく言えたものだ」「今回の大災害はこうした連中の思考の薄っぺらさも暴露した」と書き、現場に行かずして分かった気になっている、と。それを読んでも僕の自問自答が止まらないですよ。自分も同様に安全地帯からの発信者になった気でいること、これは間違っているのではないか。じゃあ現場に行った奴しか発言権はないのか？ もっと、地を這わなければいけない。いや待て、俯瞰で見るからこそ言える意見だってある。ツイッターのフォロワーが多いからって発信者の気になっているけれど、ちゃんちゃらおかしい。いや、読書人以外の人に語るからこそ意味がある、なんかね、そういうところで自分でも定まらず、行き来しますよ。芸人になっても実は袋小路ってどこまでも続いているって言うか。

——個人が自由に物を言える、という一面は持っていますよね。今、竹中労がいたら何を言ったのか、と夢想してしまいます。

博士 どうだろう。もしかしたら、東電側に立ったかもしれない。

――なるほど。創価学会の時にそうしたように……。

博士　この一億総批判の中に、彼等の立ち位置を作ってやるようなことをするかもしれないなあって。森達也さんがオウム事件の際にオウムの中に入っていたように、言葉の趨勢、視点がひとつしかないのはおかしいいんです。

――竹中さんの作品の中でベストワンを挙げるとするとやはり……

博士　そうですね、『ルポライター事始』ですね。

――続く作品は？

博士　『定本美空ひばり』ですかね。何カ月か前に読み返したんだけども、やっぱりすっげえ良いと思いましたね。テンポ、文体、全てが良い。歌詞の入ってくる感じも良い。あとは『エライ人を斬る』『仮面を剥ぐ』『芸能の論理』とかね。森繁久彌への手紙が印象的でね。彼に向かって「〝手記〟を読みかえしてみたまえ、これは私の創作である。あなたの〝著作〟とはまったく関係ナイ」。好きなんだよねー。自分が森繁久彌だったら立ち上がれないでしょう。

――逆に、体に入ってこない作品ってありましたか？

博士　そりゃあいっぱいありましたよ。『琉歌幻視行』『にっぽん情哥行《じょうかこう》』だとか、沖縄へ問題意識を持って行ったことないからどうしても分かりにくかった。

――竹中労作品、これからどう読み継がれていって欲しいですか？

博士　この間、芥川賞を獲った西村賢太が師匠である藤澤清造の全集を出すことを目標にしているでしょう。同様の欲望が、俺は竹中労とかね、個人的偏愛で百瀬博教さんとかにあるんです。全集という形が難しいのならば電子書籍だっていい。竹中労が希求してきた自由、この自由って、今自分がいるテレビの世界では許されない。自由なものが自由であることが、どういうわけか浄化されてしまう。でも、今でも雑誌を中心にストリートジャーナリズムが許されている。多様な意見を読み、そして同様に多様な受け止め方を持つべきだと思う。俺個人としては竹中労のように一匹狼であるためにどうあるべきか、答えもないまま、ずっと悩んでいます。竹中労はそう思わせ続けてくれる存在なのです。

――言える事・言えない事を選ばざるを得ないしがらみの中を、組織ではなく、やはり単身で挑んでいく。竹中労のその強度が求められている気がします。

博士　う〜ん。今日はこれまでの生涯口にした竹中労についての話の中で、最も長かった（笑）。人となりを語る人はある程度はいるでしょう。でも作品が手に入らなくなったら、どうしたって過去の人になってしまいます。今こそ、竹中労のテキストが必要だと、そう強く思っています。

インタビュー日・2011年4月11日

（『Ｋａｗａｄｅ道の手帖』河出書房新社　2011年7月20日号より）

1959年より「女性自身」芸能担当ライターを出発点に、政治から芸能まで広い分野を扱うルポライターとして活躍。68年刊行の『タレント帝国』はジャニーズ性加害事件をいち早く告発した書として話題を集め、24年4月『復刻版 タレント帝国芸能プロの内幕』（あけび書房）として復刊。「ジャニーズ、英語で書けばJohnny'sである。Johnnyは人名で、'sは〝所有〟を意味する」など切れ味鋭い文体で、当時の芸能プロダクションによる搾取の実態やテレビ界支配の問題点を指摘している。91年死去。美空ひばり、ビートルズを愛し、最晩年は90年にメジャーデビューする「たま」に心酔し、『たまの本』（小学館）を作り上げた。

〈文庫解説〉

東貴博『ニセ坊っちゃん』

（幻冬舎）

ビートたけしの弟子で漫才コンビの「浅草キッド」を名乗っているボクだが生まれは岡山県、倉敷市生まれで、しかも美観地区で育った「倉敷キッド」だ。

一方、相棒の玉袋筋太郎は新宿生まれ新宿育ちの「新宿キッド」だ。

そして、この物語の語り部、東貴博くんは浅草生まれの浅草育ち、正真正銘の「リアル浅草キッド」なのだ。

今回は「エセ浅草キッド」が「リアル浅草キッド」を語るという趣向だ。

で、この本の中では、あまり詳しく触れられていない部分を解説らしく補足しておくと……。

東くんのお父さんは言わずと知れた東八郎──。

黄金時代の浅草軽演劇出身であり、昭和のテレビの大コメディアンであり、通称「アズハチ」として親しまれ、東京喜劇の重鎮であった。

しかし平成の前年、昭和63年、突発性脳出血のため52歳の若さで急逝。

我々世代には、カトケンとのコント、志村さんのバカ殿の横で家老を演じていたのは記憶に新しいが、浅草喜劇の伝統を遡れば、コント55号の萩本欽一、欽ちゃんの師匠筋である。

ちなみに欽ちゃんが若手時代に浅草の劇場で最初に出たコントも東八郎師匠の舞台だ。

そして、夭折した父親のお通夜の席で、東くんは意を決して欽ちゃんに弟子入りする。

当時から、欽ちゃんはテレビでは共演者を「欽ちゃんファミリー」と称していたが、芸人の弟子をとっていなかった。実は東くんは欽ちゃんの一番弟子なのだ。

浅草フランス座で修業した、東京芸人の雄、欽ちゃんとビートたけしの一番弟子が、共に同字異音で、あずま東くんと、ひがし東さん（そのまんま東）であるとは、何の豆知識にもならないが「あずま東くん」が互いに大師匠の一番弟子なのは「ひがし東さん」ほど知られていない。

昭和生まれのテレビ育ちであれば、この本で語られる、欽ちゃん司会の『オールスター家族対抗歌合戦』に、東八郎一家が「かわいそ家族」（可哀想な家族）で最多出場したのはお馴染みだろう。

また三波伸介司会の『お笑いオンステージ』の最後の「減点パパ」に登場したのも忘れがたい。

その賑やかな大家族ぶり、東八郎の笑顔の人懐っこさは、下町育ちの古き良き喜劇人の家風を伝え、ほのぼのとした笑いを誘ったものだ。

そして、東八郎と言えば思い出すのは「ヨード卵・光」のCMだ。

そのご子息なのだから親の七光、どころか演芸界の正真正銘の「金の卵」だ。

この二世が「下町のプリンス」としてデビューから脚光を浴びるのは当然のことと思いがちだが、実は、なかなか孵化するまでには人知れず苦労の年月があり、そのあたりの話を次作ではじっくりと語って欲しい。

しかし、あの時、テレビに出ていた照れ屋の少年が、今やバラエティー番組で万札を片手に汗を拭く鼻持ちならない二世タレントとしてひっぱりだこなのだ。

その一方で雑学王として数々のクイズ番組で優勝を果たし、また「スタジオよりロケが好き」と自称し、今もリポーターとして日夜、全国を走り回り汗をかいている。

もちろん、活躍はテレビだけではない。

2000年に東八郎13回忌公演で座長をつとめて以来、大御所の伊東四朗・三宅裕司、両氏の下、東京喜劇のオールスターキャストである「伊東四朗一座」「熱海五郎一座」の若き一員でもある。

父の夢を追い、舞台芸を伝承していくことに自覚があり、意志的なのだ。

また、東京の芸人の間では有名な話だが「2代目東会」と呼ばれるグループを率い、親分・東くんの気っ風の良さ、面倒見の良さは語り草でもある。父・東八郎の夢は「東村を作って広い土地と家を買って、いつでもやれる芝居小屋を作って自分は村長になる」ことだった。

息子は、きっと父の夢を追っているのだろう。

そう言えば、2010年11月、ボクらは東くんと久々に同じ舞台に立った。

高田文夫大衆芸能生活40周年記念の漫才の舞台で、司会を務めた東くんは意地の悪い打撃コーチのノックのように、容赦なく話を転がし続ける高田先生のボケの千本ノックを、すべて好捕し投げ返してみせていた。

その機転の利いたツッコミの速度、バリエーションの豊富さに、観客はもちろん共演者一同舌を巻いたものだったが、ボクはさもありなんと驚くことはなかった。

かつて欽ちゃんが「ぼくの突っ込みは東さん直伝、その遺伝子を継いでいるのが東貴博なの！」と語ったように「何を突っ込まれてもボケながら返す」手腕は、十代の頃から欽ちゃんに鍛えられているのだ。

特に親密な関係ではないのだが、同じ世界に長くいるだけで、その成長ぶりは届くものだ。

つまり、東くんの力量が「魅惑のサラブレット」と称される二世タレントではあっても実は叩き上げの競走馬で、苦労知らずのお坊っちゃまタレントの仮面をかぶった「ニセ坊っちゃん」であることは、昔から重々承知であった。

しかし、そんなボクの芸人としての東くんに対する信頼感、好印象も個人史を遡れば、第一印象はずいぶん異なるものだった。

まず最初、TAKE1から語ろう。

90年代、浅草のストリップ小屋・フランス座の修業を経て、たけし軍団の3軍から這い出すべく、コンビ結成したボクたち浅草キッドに遅れること7年、萩本欽一師匠の「欽ちゃん劇団」で修業中の東くんも深沢邦之くんと共に「Take2」を結成し、瞬く間にブレイクした。

当然、ボクたちもTake2とステージを共にすることとなった。

その時の印象は二人ともにハンサムでスマートなコントチーム。

東くんが東八郎の二世であることはもちろん知っていた。

いや、知っていたが故に、違和感があった。

わざわざ、人工的に「浅草臭さ」「江戸前の芸人臭」を添加すべく、ストリップの幕間コントという、浅草フランス座修業に志願して堕ちてきたのがボクたち浅草キッドだ。

それが、せっかくの浅草生まれの天然ものでありながら、ましてや、本書で語られていたように、小学生の頃から、まだテレビが主戦場となる前のツービートの漫才を松竹演芸場で、しかも生で観ていた〝演芸通〟の彼が、その浅草の臭気や父であるアズハチっぽさの全てを消し去りスーツを着てシティ派と称する小粋なショートコントで気取る姿には何やら受け入れ難い壁があったのも事実だった。

そう最初は、素直に〝ボクらのなまか〟（東八郎さんのヒットギャグ）とは呼べなかったのだ。

しかしその後、彼らとの共演は、高田先生を介して度々訪れることとなった。

先生とのライブやテレビ出演の後は必ず酒席があったが、東くんの高田先生に対する合いの手、座持ちの良さは目を見張るものがあった。

「あいつは俺の生まれ変わりだから……」と、いつも先生はご機嫌で、すっかりお気に入りの若手の地位を確立していた。

そんな中、一度だけ高田先生との飲み会の流れから、浅草の東くんの実家へ訪れたことがあった——。

この本の中にも出てくる小振りな一軒家、文字通りの東屋だった。

芸能人の二世と言えども、瀟洒な子供部屋のあるような豪邸からは程遠く芳しい生活臭があり、そして周囲との暖かな下町の人間関係、風情を残していた。

ここで東くんが、昔、家に出入りした数々の浅草芸人の逸話の数々を話してくれた。

ビートたけしの師匠、深見千三郎との交流の話など圧巻であった。

その時、初めて、東くんの血統の正統性を見せつけられ、彼こそが〝リアル浅草キッド〟なのだと痛感したものだった。

2000年3月、TOKYO FMの『ビートニクラジオ』にて、ボクたちは東八郎さんの13回忌の舞台の宣伝を兼ねて東くんをゲストに招いた。

題して「名人に二代なし・東貴博特集」。

当然、東八郎と浅草先輩芸人との想い出話をリクエストして語ってもらったわけだが、そこで僕が印象的だったのは、お笑い芸人の家に生まれたことで受けた一筋縄でいかない思春期の「面倒臭さ」であった。

「でも、俺のオヤジ、すっげー金稼いでくるけどな！」

当時、からかってきた級友たちに対して悔し紛れに、そう言い返したと、笑いながら告白していたが、その時は、お笑い芸人の子供が必ず経験する学校での嘲り、揶揄に対して、どれほど悔しいことであるか思いを馳せることはなかった。

そしてTAKE2――。

そんなラジオでの共演から8年後、東くんのはじめての書き下ろしである『ニセ坊っちゃん』を読んだ。

ボクは晩婚ながら40歳で結婚して、そして子供が2人いた（今は3人）。長男の名前は、師匠と同じ「たけし」と名付け、そのことをホームページの日記でも、テレビでもラジオでも書き仕事でも至る所でネタにして公表してきた。

だからこそ、自分の父親が芸人であることを、どう思うのだろう？　学校ではどう言われるんだろう？　そんな思いが掠めるようにもなり、親心としても切実に心配していた時期だった。

もちろん今では素人参加番組も激減し、東くんの時代のように、芸能人の一家がテレビで小さな子供まで顔出ししてクイズや歌を競うこともほとんどない。

しかし、テレビタレントの息子が背負う精神的な機微は、特に小中学生ともなれば、今も昔もさして変わらないはずだ。

思春期の闇に引きこもり、親との確執の末、家出と勘当のまま、芸人になったボクは父が要介護の老境を迎え、かつ、自分自身に〝親心〟が芽生えて改心するまで、父を堅物の「減点パパ」として一方的に誤解して遠ざけてきた。

そんな負の連鎖を避けるためか、今のボクは〝芸人らしさ〟の喪失さえ厭わず、子供のため家庭的なマイホームパパ、「満点パパ」を演じている。

しかし、一方では女房子供を泣かし、デタラメにその日ぐらしが出来ることこそ芸人の理想像ではないのかと後ろめたく思っていた。

しかし、この本でそういう浅草芸人像が覆させられた。

な、ことはどっちでもいいことなのだ。

「何があっても俺はオマエの味方だからな！」

父が息子に伝える言葉は、この一言で済む。

なにより、少年時代の通過儀礼の面倒臭さを父のせいではなく、自分の機転で乗り越えようとする、東少年の純情に胸がキュンキュンさせられた。

「だから、坊っちゃんは、ちゃんとしているんだなぁ！」

本を読みながら、ボクは何度も頷いた。

いつか、将来、ボクの息子がしくじって家に帰ってきたら、その時は、

「マヨネーズは電車にかけるものじゃない‼　サラダにかけて食うもんだ‼」

って、あんな台詞を言ってみたい。


と書いたところで、東貴博、安めぐみの結婚報道が入ってきた。

こうなればＴＡＫＥ３だ。

是非、名人の隔世遺伝、ニセ坊っちゃんニセイの誕生を期待しているよ！

（２０１１年12月10日刊行より）

15年3月17日、東氏と妻・安めぐみの間に第1子となる長女が誕生。恩師・萩本欽一が名付け親になった。21年1月には駒澤大学法学部政治学科に社会人特別入試で合格。18歳のときに大学受験に失敗し浪人生活を送っていたが、父・東八郎が急逝したため萩本氏の弟子に。そのため大学生になることは長年の夢で、同年4月より週4日キャンパスに通う日々を過ごした。24年1月23日、第2子となる女の子が誕生。24年2月27日、ラジオ番組『高田文夫のラジオビバリー昼ズ』(ニッポン放送)の生放送中に駒澤大学に退学届を出したことを発表。理由について「3年間で(卒業に必要な)全単位取ったので。籍を置くだけで1年分の学費を払うなら、能登半島地震で被害に遭われた方のためにに寄付した方が余程役に立つと思って」と説明。師匠の萩本氏も15年に駒大仏教学部に入学、19年に自主退学していることから「欽ちゃんと同じ中退です」と語った。ちなみにタモリ氏は早稲田大学第二文学部西洋哲学専修を学費未納で抹籍。北野武氏は明治大学工学部機械工学科を除籍(04年9月に特別卒業認定)。水道橋博士は明治大学経営学部を中退。

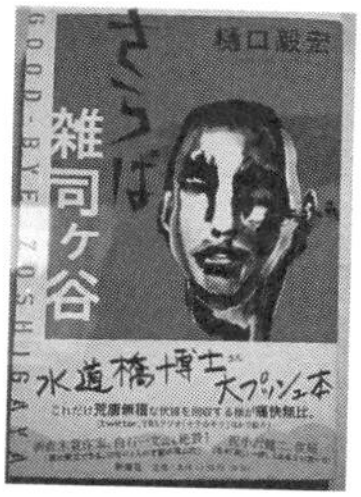

〈文庫解説〉
樋口毅宏『さらば雑司ヶ谷』
（新潮社）


まず、僕が「小説」の解説を書くことの場違いを詫びたい。

だからこそ極私的な、この小説を巡るエピソードを書いておく。

僕は「芸人」になってから、ほとんど小説を読んでいない。

何故なら「物語」を必要としなくなったのだ。

考えるに「人生は平凡で、あまりに長すぎる」と感じていた絶望の日々の思春期。

その暗闇を脱出し家出と勘当という曲がり角を経て、自分にとって最大のフィクションだった存在のビートたけしに弟子入りし、たけし軍団に入門した。


その後は、日々、自分が物語の登場人物になったような「短い一日」が続いた。

ビートたけしという教祖に人生を捧げ、魂を乗っ取られいたぶられる。

テレビという装置の中でありながらも「ガンバルマン」と称して、裸で熱湯に浸かり、雪中を泳ぎ、猛獣や格闘家らに挑む、そんな日々が、いかに平凡な日常を超えてフィクショナルな毎日であったことか。

お笑いの名の下に軍団の下っ端で虫けらのように蠢《うごめ》いてはいたが、自分には「物語の生贄」になった実感があった。

それに比べ、小説はなんとも地味で閉じられた世界に思えたか。

そんな小説インポの僕が2009年、久々に読んだ小説が『さらば雑司ヶ谷』だった。

まず新人作家の処女小説が新潮社から単行本として上梓されるのも稀有なことだが、まだ僕が手に取る気持ちはなかった。

しかし、その後「この本を読め!」と後押しされるキッカケが3回あった。

まず、第一のキッカケは僕がTBSラジオで毎週、共演する映画評論家の町山智浩さんが、この小説をゲラで読んでいたことだった。

で、この小説の著者が元々、白夜書房の編集者であり、悪名高き『BUBUKA』担当であった経歴を聞いてなるほど元々、町山番で「ああ、これは、業界のお付き合いで読んでいるのかな~」とやんわりと気になった。

その後、映画監督の長谷川和彦がブログで、この本について言及した。

長谷川監督は、70年代に20代でデビューを果たしデビュー作で邦画界を席巻した革命児であったが、今や64歳（２０１０年時点）。

過去、たった２本しか映画を撮っていないにもかかわらず、映画界のリビング・レジェンドとして、その次回作がファンの話題になる。

なにしろ僕の〝青春を盗んだ男〟だ。

デビュー作は１９７６年、『青春の殺人者』。

水谷豊、原田美枝子が主役で「親殺し」をテーマに中上健次の『蛇淫《じゃいん》』を原作として映画化したもの。

未見の方が、今見れば、あの『相棒』の杉下右京さんが、なんと過激なことを……と驚愕するだろう。

そして、２作目は１９７９年、『太陽を盗んだ男』。

当時から日本ではタブーであった原爆をテーマに映画を撮っている。沢田研二が高校の物理の教師になって自前で原爆を作り、日本政府を脅す物騒なストーリーながら、エンターテイメントに徹している。

かように、この監督はテーマが強烈。普通の題材ではゼッタイ撮れない人なのだ。

長年、次回作を「連合赤軍」として脚本を推敲しているうちに数十年の月日が経ってしまったと言う執念の人でもある。

その監督の次回作に、この『さらば雑司ヶ谷』が検討されているという話が耳に入り「そんなに凄いのか!」と思ったのが2回目の後押しだった。

しかも最終的には、あの硬派で知られる長谷川監督をして「この小説を映画化するには自分は軟弱すぎるのだろう!」と言わしめた点で猛烈に脊髄反射した。

そして、間もなく僕がよく読んでいる「死んだ目でダブルピース」というお笑い批評系ブログに、この小説の一部が引用された。

それが、この小説の10章目、雑司ヶ谷の甘味処「よしの」で、常連客が「人類史上最高の音楽家は誰か」議論に興じる場面だ。

ジョン・レノンやマイルス・デイヴィスといった名前が飛び交う中、店主の香代は「オザケンだよ。小沢健二」と断言する。

香代がこの論を担保する決定的論拠として用いた挿話は、小沢健二がかつて『笑っていいとも』のテレホンショッキングに出演した回に、実際、タモリさんが話していたものだと描写されている。

そして、偶然にも2009年は丁度、小沢健二が10年間の沈黙から音楽シーンに復帰した年でもあった。それも狙いか?

このくだりは、強烈なフックになっている。

小説のなかの会話の一部ながら、これが本筋の展開とは一切関係ないにもかかわらず、一度読んだら小説全編を読みたい衝動を喚起する。

今、まさにこの文庫を書店で立ち読みしている人は、55頁から59頁にかけて読んで欲しい。

《むかし、いいともにオザケンが出たとき、タモリがこう言ったの。『俺、長年歌番組やってるけど、いいと思う歌詞は小沢くんだけなんだよね。あれ凄いよね、〝左へカーブを曲がると、光る海が見えてくる。僕は思う、この瞬間は続くと、いつまでも〟って。俺、人生をあそこまで肯定できないもん』って。あのタモリが言ったんだよ。四半世紀、お昼の生放送の司会を務めて気が狂わない人間が！　まともな人ならとっくにノイローゼになっているよ。タモリが狂わないのは、自分にも他人にも何ひとつ期待をしていないから。そんな絶望大王に、『自分にはあそこまで人生を肯定できない』って言わしめたアーティストが他にいる？》

果たして、これは本当の話なのか？

この3つの引き金があり、本書を手に取った。

余談だが、その後、僕は『タモリ倶楽部』に出演させてもらった際、タモリさんに、この本の話をした。

「そんな本があるんだ？」タモリさんも全く事情を知らない様子。丁度、持ちあわせたものを目の前に広げた。

そして、タモさんが、この4ページを一読された後に、

「ふ〜ん……。これ書いてある通りで俺が思っている通りなんだけど、放送されてないと思うんだけど……なんで、この人、ここまで知ってんだろう?」

と興味津々な表情で語った。

このやりとりを僕はツイッター（現X）に書いたところ、全国から「わたしも見た!」という証言、書き込みが送られてきた。

しかし、この都市伝説に喧々《けんけん》囂々《ごうごう》、諸説、入り乱れた。

『いいとも』の生放送で見たが、ここまで語っていない説や、一説には、CM中に語ったことが『増刊号』で流されたという証言もあった。

それにしても「絶望大王」ご本人と、この小説を巡って語るなんて、なんと小説的なシーンであろうか。

そして、このタモリさんが語る小沢健二の章に関しては、タランティーノ監督の『レザボア・ドッグス』の冒頭、ギャングたちがマドンナの『ライク・ア・ヴァージン』の詩意論争をする場面を想起した読者も多かったことだろう。

が、ここもネタバラシは巻末に、堂々と明かされているのだ。

著者がオマージュを捧げているネタを書籍や映画タイトルに限らず列挙しているので確認して欲しい。

そして「Qタランティーノ」は個人名で出てくる。

もっと直接的なのは主人公が、敵の一味を捕まえ体育館でパイプ椅子に縛り付け、拷問するシーンは映画『レザボア・ドッグス』そのものだ。

しかし、小説のなかでは主人公が、こう独白する。

《こんな光景をどこかで見たことがあるような気がしたが、それはタランティーノの『レザボア・ドッグス』ではなく、たけし軍団の「ガンバルマン」だった。》

さしもの日本のB級カルチャー「引用大王」、タランティーノ監督とて、『スーパーJOCKY』のガンバルマンまではチェックしていなかっただろう。

まさに、引用の返り討ちを果たす。

そう、この小説は膨大で絢爛豪華なサブカル知識を駆使して、雑司ヶ谷を舞台にした、大殺戮のガンバルマンが展開されるというハードボイルド小説なのだ。

十数年以上前、ガンバルマンそのものであった僕自身にとっては名誉なことであると同時に、この本の中の描写の至る所の既視感に、著者と僕とが、かつて同じ場所を過ごしたのではないかと疑念が生じた。

「樋口毅宏《たけひろ》は何時か何処かで俺の隣にいたのでは？」

そんな風にツイッターでつぶやいた。
そして出版数カ月後、著者よりメールがあった。

《「僕は博士のことをずっと見てきました。オールナイトニッポンで駆け出しの浅草キッド（まだ命名されていなかったかもしれません）が殿の御前で漫才を披露したときはラジオの前にいました。二十年近く前に後楽園ホールで開かれた学生プロレスの興行に一観客として来場されていたのが最初の目撃で、それ以降は毎週「ちんちん電車」を聞いてLLPWの東京体育館の大会をタダで見たり、毎週「浅ヤン」（間違っても「ASAYAN」ではなく）を見て狂気乱舞したり、コアマガジンに入社してからは『熱烈投稿』に年の暮れの挨拶にいらしたのを隣の編集部からチラ見したり、高円寺文庫センターで『発掘』にサインを頂いたり、そして『お笑い男の星座』シリーズや『本業』の一読者として、僕は博士と接し続けてきました……」》

この一文を読んだ時、自分たちが同胞であることを察知した。

その後も物騒で一筋縄ではいかない作品群が続く。
続編、『雑司ヶ谷R．I．P．』は、『ゴッドファーザーPart2』の構造的引用を精緻に再現しながら、一作目で批判もあったキャラクターのデタラメぶりに、さらに強調し小説とマンガの境に風穴を開けたかようなサービス過剰ぶりを発揮した。

『民宿雪国』では、本来、小説不要と思える日常を送っているはずの、芸人の間で評判が広まり『マンスリー吉本』（吉本芸人の専門誌）に芸人が最も関心を寄せる小説とした特集が組まれた。

そして、最新作『テロルのすべて』では、巻末で、ついに映画監督・長谷川和彦に捧げる～とまで献辞を捧げている。


僕がお笑いというカーブを曲がった時、見えてきた光。

その光を樋口毅宏は確実に「小説」の中に見ている。


樋口毅宏が書く物語が、バカバカしい程に荒唐無稽であり、過酷すぎる人生を反映し、劇的なピカレスクであればあるほど、より鮮やかに読者の「人生の平穏」を際立たせ、そして「読書の悦楽」を煽るのだ。

「人生は短い、一日は長い」――故に人は本を読む。


ベストセラーは瞬く間に「映画化決定」と銘打つが、しかし、あえて一言を添えるなら「映画化不可能」――。

樋口作品の全てに、この称号こそ相応しい。

著者は無類のシネマディクトではあるが、映画を発想、引用のベースにしながら、それ故に映画を超えていく絶対小説世界を屹立させている。

それでも、いつか、この樋口毅宏の作品を誰かが映画化するのか？

僕にとっては最も注目に値することだ。


（2012年1月28日刊行より）

樋口氏は11年に『民宿雪国』（祥伝社）で第24回山本周五郎賞候補と第2回山田風太郎賞候補、12年に『テロルのすべて』（徳間書店）で第14回大藪春彦賞候補に。13年には『タモリ論』（新潮新書）がベストセラーに。15年に弁護士の三輪記子氏と結婚。同年秋に第1子、22年に第2子が誕生。17年に『おっぱいがほしい！―男の子育て日記―』（新潮社）を発表。22年には『中野正彦の昭和九十二年』（イースト・プレス）発売3日前に版元が社内承認プロセスに不備があったとして回収・発売中止に。23年8月刊行の『無法の世界Dear Mom, Fuck You』は原稿完成後、江口寿史氏の装画の完成を長らく待ったこともツイッター（現X）上で話題になった。

〈文庫解説〉
町山智浩
『アメリカは今日もステロイドを打つ』（集英社）

ご承知の通り、この本の著者の町山智浩さんはスポーツライターではない。アメリカ在住の映画評論家である。

雑誌『映画秘宝』の創刊メンバーであり、ＴＢＳラジオで長く週イチペースの映画評を手掛けている。

毎年、年末には町山さんの選ぶ「年間ベスト10」は、日本のボンクラ映画ファンに注目されている。

さて、その町山さんの選ぶ２０１１年ベスト１の映画は『宇宙人ポール』であった。

ちなみに、この映画を日本で最初に上映したのは２０１１年９月に開催された『浅草したまちコメディ映画祭』だ。

このイベントで町山さんは我々、浅草キッドを従え舞台で映画解説トークショーを開催した。

物語はイギリス人おたく二人が、アメリカでエイリアンと遭遇する筋だが、SF映画へのオマージュが散りばめられたコメディでもある。

「スピルバーグ映画に憧れ、オジさんになってアメリカに渡って、ハリウッドが描いた映画の世界とは全く違う本当のアメリカを見てびっくりする〜という主人公は実はアメリカ人にとってエイリアンであるオイラ自身なんだよ……」

と町山さんは真面目に語っていくのだが、しかし、壇上では漫才師のボクたちがサングラス、黒スーツのMIBスタイル。

そして、その間に挟まれた町山さんは下半身のポールもっこりの全身タイツ姿、つまり〝捕まった宇宙人〟のイデタチなのだ。

かように〝おふざけ〟がないと〝ごもっとも〟なことを人前で語れない、常にポールに〝バカ〟の筋が通っている人なのだ。

その姿勢はボクが町山さんと三年間共演した昼間のTBSの『キラ☆キラ』のラジオコラムでも同様だった。

生放送だと言うのに、毎週、国際電話越しに直球のエロワードをボンボン投げ込んでくるのを常とした。

よって、この名物コラムの町山さんの呼び込みのキャッチフレーズはボクが名付けた「映画とエロの伝道師」であった。

しかし、途中から「年頃の娘が聴いているから変えて……」と町山さんから泣きが入り、「映画とエロスの伝道師」と一文字加えて、「エロス＝性愛を語る神」、つまり〝神様〟に昇格させる折衷案で決着した。


今やサブカル・ネット界でも「最新型の権威」（@樋口毅宏）と認識されるほどに「神」格化した町山さんだが、もともとボクがその存在を知ったのは、80年代の通称「バカ町山」時代であった。

早大卒業後に入社した宝島社の新米社員時代、担当だったみうらじゅんさんから「バカの町山」と命名され名物編集者として、裏方ながらよく誌面に登場していた。

そんな元「バカの町山」さんが、ある事件をきっかけに宝島からアメリカ大陸に渡ったのは1997年のことだ。

渡米後も自身が立ち上げた『映画秘宝』への寄稿を続け「映画ライター」を名乗っていたが、その後、2002年に『映画の見方がわかる本』（洋泉社）を上梓。

その後は「映画解説者」の肩書を名乗るようになる。（この辺りの肩書き、プロ意識への矜持は町山さんの強いこだわりがあると思う）

在米10年を超えてアメリカンサブカルチャーの紹介、観察、分析のエッセーを各紙で量産、このジャンルは、もはやこの業界では町山智浩の独壇場となっている。

アメリカの政治システムや産業構造や社会の歪みを小難しく語る人は今まで多々いただろう。しかし、我々が日常に接する映画やテレビ、ゴシップ、文化の裏側、所謂、サブカルチャーの視点で、ここまで軽やかに、そして下世話に紹介する書き手は今までいなかった。

特に2008年後半から2009年にかけて「バカのアメリカ」を抉り出す、単行本は共著一冊を含め5カ月で5冊！　の固め打ちで上梓した。まるでソーサとマグワイアか、バリー・ボンズか、彼らの疑惑のホームランのようなハイペースだった。

『アメリカ人の半分はニューヨークの場所を知らない』（文藝春秋）／『キャプテン・アメリカはなぜ死んだか超大国の悪夢と夢』（太田出版）／『新版底抜け合衆国アメリカが最もバカだった4年間』（洋泉社）／『アメリカは今日もステロイドを打つUSAスポーツ狂騒曲』（集英社）

この流れに続く本書は、この町山版〝アホでマヌケなアメリカ白人〟4部作とでもいうべきシリーズのスポーツ編と言えばいい良いだろう。

その文庫版である。

あの矢継ぎ早の量産時期はようやく2期満了を迎えつつあったジョージ・W・ブッシュ政権末

期に重なり、日本にも遅まきながらに芽生えたブッシュ政権への厭戦感と猜疑心に、町山さんの多産の供給がその鬱憤を晴らしとして応えていった。

ボクは、この頃の町山コラムの熱烈な読者であり、当時、出版界だけでなく、もっとテレビ界にも町山さんを世に知らしめたいと画策した。

それは「町山智浩サブカル版・池上彰化計画」と題して実行された。

まず、ボクが司会するネット番組『博士も知らないニッポンのウラ』で、町山さんにゲスト出演して頂いた。

その際、この本のなかでも紹介されている「日本で公開されていないドキュメンタリー映画が見たい！」と嘆願し、この企画が東京MXテレビで『松嶋×町山未公開映画を観るTV』と題して開始した。

そして、この本の「まえがき」で語られる『もっとデカく！ 強く！ 速く！』や『サーフワイズ』がTVで本邦初公開され、上記4冊のなかで紹介されている未公開映画の数々も放送された。

そして、２０１１年1月18日に渋谷で開催された『未公開映画祭』では、番組のファンを自称する長州力さんをブッキングして急遽参戦したのは、まさに掟破りの異種格闘技戦であった。

あの長州力がプロレス界から映画界の38度線を「またぐ」とは、誰が想像出来るだろう？

そう言えば、異ジャンル交流と言えば、文春の『アメリカ人の半分は……』の単行本の帯文を僕が書かせてもらった。

「殿に今、一番面白い評論家は誰だ？」と聞かれた。

「俺は自信たっぷりに『町山智浩です！』と答えた。

　もし疑うなら、この本を読んで欲しい‼」


と帯文を書いたのだが、その直後に殿に「この町山さんに会おう！」と言われて銀座の高級フランス料理店をセッティングして一緒にお食事をする機会を得た。

「流石にＴシャツじゃ、まずいでしょ！」と、町山さんが、わざわざ直前にＹシャツと背広を買いに行ったことや、殿が「町山さんってなんでアメリカに行ったの？」と尋ねると「あの…ボク、たけしさんを真似て出版社を襲撃したんです！」と答えたのも大笑いだった。

　そして「町山さんの淀川長治スタイルの映画解説が聞きたい！」という、更なる僕の願望も今やＷＯＷＯＷで実現、その解説が恒久的にネットでも見ることが出来るのだ。

『もっとデカく！　強く！　速く！』ではないが「もっと！　もっと！　町山解説を！」と僕が描いた計画は、日本で次々に実現していったのだ。

　閑話休題。本の解説に戻ろう。

本書は、どの一篇も4ページと短いが、どれも映画一本分のドラマ性を持ちながらも「おバカなアメリカ」をスポーツの側面から捉えた実例集、ガイドブックに「過ぎない」のが特徴だ。だから、小難しい論評も分析もない。淡々と掌編が続く。

人生の悲惨な話、全米に根深く残る差別、間抜けすぎる現実、が次から次へと。

文章は決して陰惨にもならない。倒置法の多い翻訳調、読点の多い短文調を駆使して町山さんは調べ上げた事実を紡いでいく。

必要以上に「だからアメリカは！」なんて講釈を付加しない。

常に冷笑的であり微温的だ。

それが逆に読者は自分の力でアメリカの病巣を抉った気分になり、悪ノリならぬ悪悟りを産むのだ。

それは白黒の抽象にとどまっていた批判が、カラー映画になった気がするほどだ。

つまり、内なる皮相なアメリカ批判も、大きく、強く、早合点に増長する。すぐにでも他人に受け売りしたくなる。明日にでも飲み屋でどれか一編でも講釈して「どうだ知らなかっただろう?」と、アメリカ批判を気取りたくなる。

この本を読んだ副作用は、読者の受け売り症候群だろうとさえ思えるほどに。

世界中が注視する巨大な産業でもあるアメリカのスポーツを描いたエッセーとしても、のっけから視点が異色でありアイロリーに満ちている。

なにしろ、第1章から続く、掴みの3話でアメリカンスポーツに夢見る読者を谷底へ突き落とす。大学生、高校生、小学生のアマチュアアスリートの夢と希望を木っ端微塵に粉砕する。ステロイドの副作用による自殺未遂。プロになることの狭き門。そして全米のプロスポーツ人口は、たったの2400人しかいないという事実!!

翻《ひるが》ってマイクロソフトは一社で一万人の雇用があると諭す。

そして、アマチュア選手の70%は高校卒業までに辞めてしまう現実。

スポーツ選手への過度な期待は、親の夢を背負わせられてるだけだと説き明かす。

スタローンがシュワちゃんがホーガンがボンズが免罪符となり、ステロイドの使用率の85%は実はアマチュアだという現実。

誰もが憧れるアメリカン・ドリームそのものである、スポーツの光と闇、いやむしろ暗闇、陥穽《かんせい》そのものを淡々と教えてくれる。

町山さんは、彼らが栄光と共に手に入れてしまう常人離れした怪奇な生き方にスポットを当てる。

本書ではガチンコスポーツであるはずの、MLBやアメフトにステロイド八百長が蔓延したり、元々ソープオペラに過ぎないはずのプロレスが、その人間模様、筋書きを越えたガチンコの破滅的人生に辿り着く宿命を暴く。

新日常連外人であったクリス・ベノワは何故、非業の死を遂げたのか？

僕も日本のマットで、その活躍した勇姿を知るだけに読み進めるうちに、しばし、ため息と共に本を閉じ想いを馳せた。（また一方で、あのテッド・デビアスがミリオンダラーマンの後に牧師に転じているとは知らなかった……）


元・大リーガーのホセ・カンセコも、その後、格闘家に転身しK－1に出場したが、この本の挿話を思い出し、僕は彼の股間のバットの大きさ、規格外の勃起角を凝視し、そこから別れた妻や彼女の父親のエピソードまで妄想が隆起した。

そして、日本でも〝一番〟おなじみのプロレスラー、ハルク・ホーガンのその後は興味深い。

リングを降りてもリアリティショーの中でハルク・ホーガン一家が常に脚本に動かされていたマット界でも演じて来なかったような想像を絶するリアル家庭崩壊へとダッチロールに突き進んでいく。

ガチとドラマが倒錯をきたし、今、なお終わらないドラマとして現在進行形で継続している。

（興味のある方は是非、検索して欲しい、この本で語られるホーガン一家のドラマは、まだ序章に過ぎないだから……）

しかし、そのアメリカの象徴たる一家の倒錯が世界の警察を名乗りながら、言い掛かりの戦争をし、世界一の繁栄をしながらもサブプライム住宅ローンで偽りの繁栄を謳歌していたアメリカそのものと同じようなものだと、文章から国家の闇と病みが浮かび上がる。

町山さんの皮相的にならない、切り刻み式の映画解体評論で鍛えてきた観察眼が、社会自体が劇場化したアメリカの現実社会を映画評論してくれる。

「アメリカについてしか知らない人はアメリカについて何も知らない」

というボクの好きな格言があるように比較文化論の要諦とは、互いの文化圏で、実際に生活することだろう。

本書の連載が開始された2005年頃は、町山さんはカリフォルニア州のベイサイドに住んでいたが、そこはオークランド、全米屈指の治安の悪い地域だった。

その後、町山夫人が強盗に襲われるなどして2007年からは現在まで在住している隣町のバークレイに移っている。

しかし、そこでも地元紙のスポーツ面で集団自殺事件を起こしたカルト教団、人民寺院の教組の息子が今は高校でバスケをし地区優勝に導く活躍してる記事を目にする話は、本書でも語られた通りだ。

アメリカの隅々にコラムとして書くには、ホームラン級のネタが転がっている。

それは、まるでアメリカという巨大な球場を渡り歩きながら、コラムというボールを集めるマニアックな「スナッグ」を彷彿させる。

アメリカに住んでるだけでネタに困らない。

しかも、引きこもり取材で記事を済まそうとする日本の評論家は、いつでも一蹴できる。

「アメリカでは……」と語りだす自称・事情通も多い。しかし、大衆が知らないことをいいことに、相互監視が機能しないところに嘘やデタラメがはびこることを知っている。

町山さんの場合、とにかくラジオコラムでも「僕、実際この人に会ったんですが……」と前置きして話をすすめることが多い。

本書では、カナダの英雄、NHL伝説の男、ウェイン・グレツキーに通訳として会った時の挿話などが明かされ、しかも「イチローに会わせてくれよ」なんて言葉をグレツキーから引き出すところも肝だ。

かように町山さんは現場主義を貫く。

そしてスポーツを題材にしながらも常に軽蔑するものは決まっている。それは戦争であり、民族主義であり、大衆を見下す権威であり、政治とメディアが結託した嘘っぱちである。

そういうものと結託する輩を決して許さない。

手品師がミスディレクションするように人々が一つのものの見方に目を奪われてる時こそ裏の見方、別の視点を探る。

それが町山さんのコラムの真骨頂なのだ。

第6章の「多民族国家のバトルロイヤル」での、スコット・フジタや、ハインズ・ウォードの苦難の人生、知的障害者のスペシャルオリンピックスに潜入する映画『ザ・リンガー』へ町山さんが注ぐ眼差しは暖かい。

続く第7章は、この本の白眉、町山版「敗れざるものたち」だ。

僕にとっては、この章に書かれた話は、初出誌を切り抜いて保存していたほど印象深い。

「『ミリオンダラー・ベービー』を書いたカットマン」の話は、このままイーストウッドが再び映画化しても良いと思えるほどに琴線に触れる。

そして、パラリンピック女子スキー殿堂入りのダイアナ・ゴールデン！半身不随、四股欠損のアスリートの偉大な生涯が描かれる。

実際、お笑い芸人として読んでみても、この章は示唆に富む。

人種問題、障害者問題。タブーのオンパレードであるが、ただのお涙頂戴の感動物語にすることはない。

見事に両義的、健常者と障害者のアンビバレントな感情を揺り動かす「ネタ」になっている。

そして、最後に語られるのはスターレスラーになりながらも、耳から膝から心臓まで満身創痍のまま血だるまでギャラ2万円で戦い続ける50過ぎのレスラーを描いた映画『レスラー』の話。

この映画を演じるのは、実際に破産し、妻を殴り逮捕、家賃五万円のアパートに住む、かつてのハリウッドスターのミッキー・ロークだ。


この本は夢の国アメリカの挑戦権が等しく与えられる「栄光前からの挫折」で始まり「栄光後の挫折」をラストに置く、いわゆる「対構成」にして終わる。

実は、この映画は同年のベネチア映画祭の金獅子賞作品でもあり2008年の町山智浩のベスト1である。

そう言えば、この映画を語る時も町山さんは、主役のミッキー・ロークに自分を重ねあわせていた。

セックスシンボルとまで称されたミッキー・ロークがボクサーに突如転向、映画界に戻る場所もなく家も、財産も、奥さんもすべてを失ったかのような転落人生を歩みだす、丁度、その頃。

1996年、町山さんも宝島社からの左遷先、洋泉社で立ち上げた映画雑誌『映画秘宝』の編集長時代、業界の老舗『キネマ旬報』の挑発に乗り事件を起こし、責任をとって映画界を去った。

文字通り〝バカ〟なことをしたのだ。

これこそが、前述の「たけしさんを真似て出版社を攻撃」した伝説の「ビートたけしフライデー編集部襲撃事件」のパロディー事件だ。

ただし、ビートたけし一行はフライデー事件で消化器を用いたが、泡違い、町山さんはシェービングクリームテンコ盛りパイで相手編集長に顔射の奇襲攻撃をやってのけたのだ。（バカ‼）町山さんは洒落っ気たっぷりにプロレスをしたつもりだったが、相手や会社はシュートと受け取った。

言論ではなく武力行使で仕返ししてしまった。

この専守防衛の掟を破った責任を取り退社し、そして35歳の時、アメリカの大学院に留学する妻に付き添い渡米するも本人は、無職のままだった。

その後、ＩＴ企業の再就職を果たした妻の稼ぎに生活費は頼り、幼い一人娘の育児を任され、主夫生活も体験する。

つまり不逞無頼の日々を送った……。

しかし、その雌伏の時間を経て、町山智浩はリターンした。

この時間が今の町山さんの文章の肝とも思える強さとやさしさ、さらに言えば論敵の技を受けきるファイトスタイルを作ったのであろう。

町山さんに筋肉増強剤はいらない。文系男子ながらナチュラルの知の強さがある。

そして、あまりにも頭の良すぎる文化系不良であり、見せる筋肉に価値を置かない。（ムキムキになることはなくても、すぐにもムキにはなるが……。）

あの時のことに触れ、町山さんは語っていた、

「ミッキーロークはオイラ自身なんですよ！」

そう、あの編集部でパイを投げた瞬間は、無謀にもトップロープからダイブするランディそのものだ。

でもロークと違ったのは、奥さんは町山さんから逃げなかったこと。そして娘も共にいてくれたのだ。


毎週、自分が見た新作映画をリスナーに語るオタクの「映画とエロの伝道師」は「映画とロークの体現者」となったのだ。

今年、ゴールデングローブ賞では紋付袴姿の町山さんがレポーターとしてレッドカーペットを歩いていた。

WOWOWのアカデミー賞の生中継では裏方として、俳優、監督、ハリウッド関係者の顔を瞬時に見分ける芸当で中継の司令塔役も務め上げた。

しかし、何時か我らが町山さん自身にピンスポットが当たるであろう。

評論か、文芸か、あるいは映画か、大いなる晴れ舞台に立つ日も近いだろうとボクは夢想する。

それは『宇宙人ポール』でコミコン（アメリカのコミケ）のボンクラ同人作家レベルだったオタクの主人公たちが、２年後、宇宙人小説で成功し大出世を遂げ、今度はメインゲストとして

トークショーに登壇するあの大団円のラストのように。

そして町山さん‼

その時は壇上で思いっきり、マタマタ、しょうもないシモネタをかましてくれ‼

（2012年7月20日刊行より）

『週刊文春』のコラム「町山智浩の言霊USA」はアメリカの現状をリアルタイムで伝えてくれる好連載だが、年一冊ずつまとめられている単行本のタイトルがこの5年で『トランピストはマスクをしない』（20年）、『アメリカ人の4人に1人はトランプが大統領だと信じている』（21年）、『アメリカがカルトに乗っ取られた！』（22年）、『ゾンビ化するアメリカ時代に逆行する最高裁、州法、そして大統領選』（23年）と、シャレにならなくなっている（日本も同じじゃん！）ことにゾッとしてしまう。なお、水道橋博士のYouTubeチャンネルでは月イチで『博士と町山』対談が行われている。

〈寄稿〉『カエアンの星衣』（早川書房）

【坂口恭平の服飾考現学 ズームイン服！】第6回

特別講師

水道橋博士

ヨーロッパを外遊中の坂口恭平総理から体調不良のため『POPEYE』の連載が書けないかから代筆をお願いしますと頼まれました。

どうやら春先から長く着込んでいた「躁」を脱ぎ捨てて秋に向けて「欝」に衣替えした様子。おしゃれ番長ならぬ、おしゃれ総理からのお願いに「いいよ！」と引き受けましたが、その連載タイトルが「服飾考現学」とは知りませんでした。

「水道橋博士の服飾考現学」ではあまりにも身の丈に合いません。ボクは普段から服にはこだわりもなくズームインしていなくてズームアウトしています。むしろ、たけし軍団なのですから「♪俺たちゃ裸がユニフォーム」が基本なのです。

しかし、この機会にボクのファッションにまつわるお話を一度だけ書かせてもらいます。

浅草のストリップ小屋出身のボクは「裏原宿系」なる流行があった頃、「何が裏原だ！　馬鹿野郎！　こちとら『裏浅草系』なんだよ！」と息巻いていましたが、そのボクが後に裏原のボス・藤原ヒロシやＮＩＧＯと出会うのですからまったく人生ウラハラなものです。

藤原ヒロシは、作家の故・百瀬博教さんの紹介でＰＲＩＤＥ全盛期に何度もプライベートでお話をしました。以前は「いけ好かない」と思っていましたが、話してみるとすぐに打ち解け意気投合し、いつの間にか懇意になりました。

そして、そんなヒロシにダマされて、ヒロシのまがい物のＮＩＧＯとも対面することになりました。それはテレビ番組のロケでした。

２００５年7月、テレビ東京『浅草橋ヤング洋品店』の一夜限りの復活スペシャルにＮＩＧＯが出演することになったのです。

ロケのタイトルは『ＮＩＧＯ社長とコラボがしたい‼』。

あの頃、ＮＩＧＯはＴＩＭＥ誌が選ぶアジアの３人の一人に選ばれ時代の寵児。一方でテレビ番組に出ることは稀なので、そのカリスマ社長をテレビに引っ張りだし、番組のコラボＴシャツをデザインして欲しいとボクたちがお願いに行く設定です。

ロケバスは原宿にあるＡＢＡＴＨＩＮＧ ＡＰＥの本社「ＮＯＷＨＥＲＥ」へ向かいました。

ＮＩＧＯの顔はうっすらしか知りませんでしたがキラキラと輝くダイヤモンドを埋め込んだ歯で本人を確認。本社のショールームにずらりと並んだ秋冬ものの新作を紹介しながらインタビューしました。

しかし、本人はカメラ馴れしておらず、何を話しかけても多くの言葉は返って来ません。シャイで人見知りの野生のＡＰＥなのです。

そのまま近所にあるＮＩＧＯの自宅へ。

仕事柄、数々豪邸は訪問してきましたが、流石に息を呑みました。ただの悪趣味な成金趣味なら褒め殺しの描写もできるでしょうが、むしろ、その趣味に特化したコレクションは「羨望！」の一言なのです。

特にアンディ・ウォーホルのシルクスクリーンが敷き詰められた吹き抜けの一面の壁、スター・ウォーズのプロップ、そして内外のギターのコレクションルームにも圧倒されました。

まさにそこはファッションで頂点に昇り詰めた皇帝の宝物殿でした。

このとき、ずっとボクの頭を掠めていたのは『カエアンの聖衣』（バリントン・Ｊ・ベイリー著／ハヤカワ文庫）という、もう30年も前に書かれたＳＦ小説でした。

端的に言えばカエアンという星が「服は人なり」の衣装哲学で繁栄を極め、その服は高額な闇取引をされ、宇宙中の人々を魅了する。つまり「人間にとって服飾の意味とは？」を問いかけるテーマです。

物語は二層構造で展開します。この物語で描かれる世界では、衣服に振り回されることを愚かと考え、裸こそ最も精神性が高いという思想に「進化」したジアード人と、美しい衣装をまとうことで人間はポジティブになり性的魅力が増すという価値観を最も優先し、ファッションこそ人生そのものと考えるカエアン人の対立が描かれます。

その全く異なった世界観＝衣装哲学を巡ったイデオロギーの対立した世界、それぞれの思想に染まった人々の哲学、流行、習慣など細部にいたるまで精緻に考え抜かれた奇妙な世界が展開されます。

ＮＩＧＯに「読んだことある？」と聞くと「読んでません！」と答えたので、この本のプロットを口述しました。ＮＩＧＯは興味津々で聞き入りました。

「じゃあ、本は送るよ！」とボクは約束して邸宅を後にしました。

『カエアンの聖衣』は絶版となっていましたがネットで古本を探して、彼の会社へ送りました。

それからしばらくして我が家に大きな荷物が届きました。ＡＰＥの新作が入ったダンボール箱と共に「本をありがとうございました」と直筆のお手紙。封を開けるとお馴染みのカモフラの猿の数々。思わず鏡の前で身に付けました。しかし服は人を選ぶ。服に思い入れなく、にわかに着ても、それはしょせん猿真似にしか見えません。再びダンボールの中に仕舞うと、この想い出は封印しました。

時は過ぎ、２０１１年2月——。

「ＮＯＷＨＥＲＥ」を香港企業に売却したというニュースを目にしました。

この企業ごと身売りビジネスの詳細は知りませんが、今もＡＢＡＴＨＩＮＧ ＡＰＥは続いています。

きっとファッションブランドは経営者やデザイナーが変わっても遥か先の時代にも誰かが着続けるものなのでしょう。

そして、遥か先の何時か、誰かがボクの部屋を探した時にAPEの未使用品を見つけることでしょう。

何故、この洋服の山が手付かずのまま残されているのか？　謎めいていることでしょう。それは猿の惑星のエンディングで週末の浜辺に打ち寄せられた自由の女神のように。

（『POPEYE』787号 マガジンハウス 2012年11月号より）

長らく絶版となっていた『カエアンの聖衣』だが、2013年10月〜14年3月放送されたアニメ『キルラキル』の元ネタとして若い層にも広く知られるようになり、16年にハヤカワ文庫より新訳版（大森望 訳）が刊行。解説は『キルラキル』の原作・脚本・シリーズ構成を手がけた中島かずき氏が担当している。また、NIGO®氏は13年4月に「A BATHING APE®」のクリエイティブ・ディレクターを退任し、フリーとしてジャンルを問わずクリエイティブを続けていくと発表。「過去と未来の融合」をコンセプトに創業したライフスタイルブランド「HUMAN MADE」をはじめ、ユニクロのTシャツブランド「UT」、ADIDAS ORIGINALS、サイバーエージェントなどと契約。21年には「KENZO」のアーティスティック・ディレクターに就任し、新時代の幕開けとして話題を集めた。

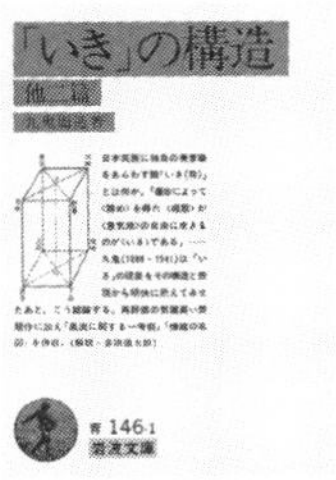

〈エッセー〉本はタイムマシンだ!『「いき」の構造』（岩波書店）

皆さんは「ビブリオバトル」という言葉をご存じでしょうか。

「知的書評合戦」とサブタイトルを打たれるこの大会は、２００７年に京都大学の谷口忠大氏によって考案され今や着実に全国各地に広がっています。

大会のルールはいたってシンプルです。

まずは１人５分の持ち時間でお薦め本をプレゼンします。

その後、ディスカッションして「どの本がいちばん読みたくなったか?」を基準に投票を行い「チャンプ本」を決めるというもの。

去る10月、秋葉原で開催された「ビブリオバトル首都決戦２０１２」は総来場者数３０００人を数えインターネットでも生中継されました。

会場に集まった全国予選を勝ち抜いた学生たちは決して高名な書評家ではありません。

言うなれば、名もなき若き読書家の精鋭が集う〝書評の甲子園〟といったところでしょう。

若者同士が対決する前に番組取材で訪れたボクが特別ゲストとして、デモンストレーションをやってみせることになりました。

普段から客前で話すことに慣れているボクでも時間制限のあるなかで一冊の本を書評するという行為は、なかなか難儀なものでした。

そして、大会は若者同士の決勝戦に突入。

ボクは審査員席で見守りながら、内心、危惧していることがありました。

年齢と共に読書体験も積んできた50歳になるオヤジのぼくが20歳そこそこの学生が薦めてくる本に心動かされるだろうかと。

仮にケータイ小説のような甘っちょろい恋愛話なんかを紹介されたら興ざめすること確実です。

しかし、そんな不安は見事に裏切られ、決勝戦に進出した5人がプレゼンした本は、すべて素直に手に取りたくなるものばかりでした。

なかでも最も意表を突かれたのは、ある男子学生が推薦した『「いき」の構造』（九鬼周造著・岩波文庫）でした。

江戸時代より広がり、いまや日本国民共通の美意識と考えられている「いき」。

この感覚は海外にはない表現であり、日本人にも説明が難しかった感覚を、哲学者の九鬼周造が西洋理論を用いて分析した一冊です。

初出は1930年。今もさまざまなところで文章を引用される、古典的で、やや難解で知られる82年も前の哲学書です。

まさか、その本を20歳の若者に薦められ50歳のぼくが読みたくなるとは想定外でした。

この『「いき」の構造』のプレゼンを受けて若者に口角泡を飛ばすように質問攻めをした審査員がいました。

今年65歳になる猪瀬直樹副知事です。

「この本、誰に聞いて読んだの？　余談だけどさ、この本の影響下で書かれて1971年のベストセラーになった『「甘え」の構造』って本を知ってるかい？」

「いいえ、知りません」

「それがオマエの『甘え』だな！　これも日本人論になっているから、この機会にぜひ読んでごらんよ！」

「はい。勉強不足でした。絶対読みます！」

素直に応じる若者とチクリと釘を刺しながらも肯定する年長者の会話に、ぼくはシビれました。

一瞬にして1930年と1971年の書物が交錯し、50歳と65歳と20歳が読書を通じて結ばれます。

まさに「本はタイムマシンだ！」と叫びたくなる、ロマンチックな瞬間です。

さて現代の日本の読者人口は減っていく一方です。

２００８年文化庁の調査では「１カ月に１冊も本を読まない人が46％、１～２冊の人が36％（雑誌や漫画を除く）」との統計があります。

つまり日本人の８割は月に１冊でも本を読めば上等な状態、むしろ本を読む人こそ少数派なのです。

今や本のネット販売の比率が上がり、町の本屋も次々と姿を消しています。そして娯楽は多様化して、今や若者はスマホで何でも事は足りているようです。

石原都政は知事と副知事が共に作家であることから、若者に読書の重要性を問いかけ広く奨励し続けています。

その具体的な政策のひとつが知的書評合戦「ビブリオバトル」でした。

あの日、壇上の戦いを眺めつつ、いつかぼくが書いた本を熱意に満ちたプレゼンテーションしてくれる学生が現れたら……。

そんな見果てぬ夢を膨らませました。

（『東京都広報』２０１２年６月号より、単行本『はかせのはなし』（ＫＡＤＯＫＡＷＡ）所蔵）

〈文庫解説〉

井上章一

『霊柩車の誕生』

（朝日新聞出版）

本書、『霊柩車の誕生』は１９８４年に生まれた。

１９９０年、新版が朝日選書から単行本として、そして２０１２年、今回の増補新版が朝日文庫へと三度戸籍を変えて生まれ変わった。

死を扱う書にして、この長寿こそ名著の証明であることは言を待たない。

また、この本は建築史家にして、日本人の美醜ヒエラルキーを紐解いた『美人論』で１９９１年にベストセラー作家になった著者の出版デビュー＝作家「誕生」作でもある。

「美人」という観点で言えば、著者は大正〜昭和十年代の文化エリートたちによる、帝冠様式霊柩車の酷評を拾い集め、言わば「霊柩車不美人論」を先に著していたことにもなる。

しかし、この「不美人」こそ官製霊柩車の人気の源泉であったことが、まるで上質のミステリーを読むかのように解き明かしていく。

謎解きは自動車登場以前の葬祭文化にも踏み込み、大名行列が葬式に導入され「奴《やっこ》の行列」という特殊な芸能が葬列の中に保存され、昭和初期には消滅したなどの意匠の歴史を遡る。

この辺りは、時には大胆な「推定」も混ざると断りつつ、〝朝日〟文庫的に言えば「霊柩車～奴《やつ》の正体」を掘り下げていく。

その筆致は知的興奮が満ち溢れている。

さて、ここで読者は、何故「漫才師」の僕が「弔辞」、いや、この名著の文庫化の「祝辞」とでも言うべき解説を依頼されたか不思議に思わないだろうか?

僕は、世評に名高い、この名著の解説を依頼された瞬間に「何故知っているのだろう?」と不可思議な想いに囚われた。

まるで霊柩車が我が家に止まったような、突然の訃報、いや、この突然の朗報に接し、その奇縁に、僕が今まで何処で話したこともない、記したこともない霊柩車にまつわる逸話を解説に交えて応えてみたい――。

1962年岡山県倉敷市生まれの僕の生家の三軒隣が地元でも大手の葬儀会社だった。

幼少時、死とは何か？　生とは何か？　葬儀とは何か？

もちろん知る由もなかった。

この葬儀社は天井の高い倉庫を持ち、そこには荘厳な霊柩車が停まっていた。

道を隔てた向かいは、さらにだだっ広い駐車場で奥の方は野草に覆われていた。

この本で語られている「官製」の霊柩車がデーンと鎮座し黄金の装飾は、お祭りで見る神輿のように華やかに見えた。

大衆車のいすゞのベレットが当時の我が家のマイカーであった。

そんな、ごく普通の子にとって霊柩車以外にも葬儀社の駐車場に停められた、リンカーンやシボレー、キャデラックなど巨大なボンネットも誇らしげなアメ車たちは、まさに目で見る『自動車ショー歌』であった。

そして、荘厳なるアメ車たちもいすゞ製の乗用車も今や、寿命を終え、過去帳入りする。まるで官製霊柩車のように。

60年代の幼年期、僕は此処にしか無い異形のアメリカ製の車に興味を惹かれ、なにも意識することなく広場で遊び、鍵もかけず放置したままの霊柩車の中に出入りし、かくれんぼをして、遊んだ。

葬儀社で働く人たちが咎めることはなかった。

青空の下、近所の子供が無邪気に遊ぶ様子を笑って眺めながらキャッチボールをしていた。

グローブが舶来モノで日本製ではなかったのが今も印象に残っている。
そこに死の気配は微塵もなかった。

著者が「霊柩車には聖なる力はほとんどない。聖性を失いつつあった葬送からさらに聖性をもぎとったのが霊柩車だったのである」と描く、そのままの光景が目の前にあった。

さらに「死のポルノグラフィー化」に即せば、ポルノ写真は、この草叢《くさむら》に散乱し、子供にも容易に目の当りにすることができた。

近所の小学生高学年は、この広場に捨てられる輸入モノのPLAYBOYなどエロ雑誌にたむろしていた。

その大っぴらに反して、一歩通りを隔てると通学路で大人たちが霊柩車を見ると顔色を変え「親指を隠しなさい」と指図し見てはならぬ物を見るように顔をしかめた。

幼児には、まだ「意味」も「忌み」もわかっていなかった。

大人は何故、僕たちのあの車を「エンギがワルイ」と目を背けるのか？

そして僕が幼稚園の年長の時、祖父・小野嘉一が死んだ。

一家の家長として君臨していた祖父は長く実家で病床に伏し病院ではなく家で逝った。

死後、葬式が生家で営まれ、親戚は勢ぞろいし、真言宗のお経が今も諳《そら》んじられるほど儀式は長く続いた。

祖父は木製の棺桶に入れられていた。

そして、その棺桶が僕たちのあの車に積み込まれた時、子供心にも衝撃が走った。

それまで霊柩車が死体を乗せるものだとはわかっていなかった。

山の奥の火葬場に連れて行かれた祖父は、そのまま焼かれた。

人は死に焼かれ煙になるのだ。

僕が死を見つめた初めての瞬間だった。

メメント・モリ――。

ショッキングだった。


以降、死への意識は僕の人生に寄り添い、付いて回った。


誰にもあることだろうが、小学校の低学年はタナトフォビア（極端に死を恐れる病的状態）にかられ数週間眠れぬ日が続いた。

この死への強迫観念は長く僕の思春期を覆った。

読書が好きであったので、高学年で石川啄木（没年26）や太宰治（没年38）の夭折の歳が頭に入ってしまった。

38歳を過ぎた時、太宰より長生きしたと意識し、次は夏目漱石だと『死』を意識する。

多くの人が夏目漱石は「長く生きた」と錯覚しているが49歳と10カ月で亡くなっている。昨年、その日を経過した時、思わず「吾輩は長生きである」と宣言せずにはいられなかった。41歳で、初めての子供が生まれた時、「もう自分は自死をすることがない」という確信に襲われた。

奇異に思われるが、死への長い強迫観念があるが故の感慨であった。

父は、僕が46歳の時、亡くなった。

父が乗せられたのは、地味な洋式の霊柩車であったが、僕の脳の残像には、あの日の官製の霊柩車が離れなかった。

死とは「消滅」であることは分かっているが自分にとっては、たとえ、奇天烈な意匠ではあっても和式の霊柩車こそが、あの世への移動手段であるイメージを消し去ることが出来ない。

さて、この本を読むと、銭湯のような歌舞伎座、日本国憲法前文に代表される翻訳調の違和感。建築でも文章でも、日本人はこの和洋折衷というバランスの中で悩んできたことを知らされる。

三島由紀夫は『文章読本』の中で「風俗は滑稽に見えたときおしまいであり、美は珍奇からはじまって滑稽で終る」と書いた。

今後、日本も和式霊柩車から、ただ黒くて長い質素な洋式霊柩車がさらに主流となるのだろうか？　ますます死は「かくされる」のだろうか？

異なるものが隠されていく社会構造は広く浸透していく。

元はストリップ小屋出身で、今でも舞台でのみ放送コードとは無縁のむき出しの漫才をしている僕たちにとって、何もかも「ポルノグラフィー化」し、大っぴらに隠すことしかできなくなってしまったテレビ・バラエティーですらも、また和式霊柩車と同じ行く末を重ねてしまう。

文化エリートたちには嫌われていたが、大衆には喜ばれた霊柩車。

古典落語こそ本寸法の寄席において「色物」という差別を受ける僕たち漫才師にとって、権力者がつくりだしたキッチュである東照宮と、大衆がつくりだしたキッチュである宮型霊柩車との対比、二極構造は、我が事のようにすら思えた。

芸能に於いて漫才こそ、雅俗、猥雑、非対称の天こ盛りではないか。

だからこそ大衆がつくりだしたキッチュである宮型霊柩車のような、死もエロもタブーも何もかも詰め込み輿のように賑やかに担ぐ、浅草キッドの漫才に存在意義はある。と同時に去りゆくもの――。

と身を捩り、我田引水して読んだが、このメタファーはどの業界にも通じる真理だ。

宗教学者の島田裕巳氏の著作によれば、葬祭業界は、出版業界と同じ「２兆円産業」。

違うところは、この「喪の仕事」は今後２０４０年まで右肩上がりの成長が見込まれるデッド

ことだろう。
霊柩車は亡くなることなく形と役割を変え時代に併走し、本書も形と役割を変え長く読まれる
その意味では「失われゆく霊柩車が注目され、その歴史が読まれる」必然はある。
ならぬライブ産業という点だ。

さて、今年50歳を超えた僕にも死は静かに、あるいは理不尽に忍び寄り、無遠慮に生を奪うことなる。

そして、幼少時と同じく、僕も、また霊柩車に乗るのだ。

そのときは遊びではない。

本物のかくれんぼだ。

本当の幼年期の終わりとは、人生でただ一度、棺と共に霊柩車に乗ることなのだろう。

水道橋博士／漫才師
（2013年1月30日刊行より）

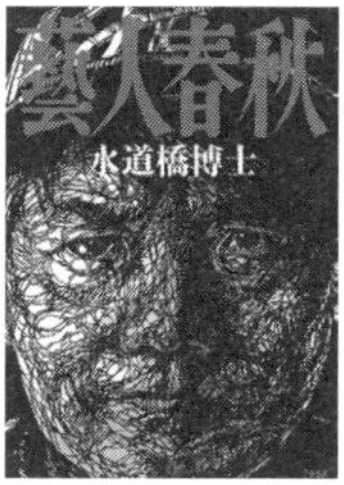

〈寄稿〉

博士の普通な日常第5回

「藝人春秋」～藝人のクラフトマンシップ

『藝人春秋』（文藝春秋）

今、本を読む人って確実に減っていますよね。

実際、統計もあって、例えば文化庁による平成20年度の「国語に関する世論調査」という数字によると日本では1カ月の間に1冊も本を読まないんです。もしくは1、２冊しか読まない人が約8割。他の数字で言えば「もし世界が１００人の村だったら」風に言うと——。「日常的に読書をする人は17人、たまに手に取る人は36人、約半分の人はまったく本を読みません」という統計もある。所詮、読書好きって少数派なんです。

だから「読書するべき！」なんて偉そうに押し付けても仕方ない。ネットで十分と思う若い人も多いと思います。だったら、もっと本が好きになる、本の魅力に満ちた本を作りたい、って常々そう思っていたんです。

そしてボクが昨年12月に出した『藝人春秋』という本は、本という紙を綴じた読み物、それは時代を超えて人を繋ぐタイムマシーンであることに徹底的にこだわって作りました。

だから若い人に読書との出会いのキッカケになってくれる一冊です！　と著者、自ら声を大にしてお薦めしたい（笑）。

『藝人春秋』はボクが五十歳になった半生を記念して、そして芸人を「引退」する覚悟で書きました。結果的に引退しませんでしたけど（笑）。

ボクがビートたけしの存在に出会って現実という「この世」から飛び出し、芸人として芸能界という「あの世」に身を置くようになって三十年近い。

その間、ボク自身が芸能人とはいえ、むしろ「芸能界に潜入するルポライター」を自覚して見続けたわけです。芸能人という奇人、変人、偉人、その出会いと別れを描いています。

読書しない人にもとっつきやすいと思うのは、『藝人春秋』で取り上げている人はテレビに出ている人たちだから。

北野武、松本人志、甲本ヒロト、そのまんま東（東国原英夫）、テリー伊藤、爆笑問題など、誰もがテレビの画面で目にしている人、つまり有名人ばかりです。

その誰もが知っている人たちの知られざるストーリーなんです。こう話しても、テレビで見るだけじゃダメなの？　と思うだろうけど、彼らの実像はテレビのようにフラットな画面、平たんな存在じゃない。それぞれに多面的であり、陰影、奥行きがあり、様々な過去を重ねています。

ボクはもともと、そんな芸人評伝をずっと長く書き溜めてきたんですね。

芸能人って、そもそも「スター」じゃないですか？　それは綺羅星の如くの芸能人が織りなす星座のような人物伝ですが、偶然に見えることは全て必然で物語という架空の線で結ばれていくって話なんです。

つまり、それが星と星を結ぶ「星座」の話になるんです。

一応、この概念を説明しておくと、星座という言葉には「コンステレーション」と言う心理学的な用語と見方があります。

ユングによれば、「コンステレーション（星座を作る）」とは「満天の星から特徴のある星をいくつか選び、糸でつないで星座を作りストーリーを組み立て自分をそこに投影して役割を演じようとするもの」と説明されるものです。

転じて、「一見、無関係に並んで配列しているようにしか見えないものが、ある時、全体的な意味を含んだものに見えてくる」ことを言う。それゆえに「偶然の一致」という形で同時に起こった二つの出来事も、人生という星座のなかに「意味のある」こととして、きちんと位置づけられる——。

それこそが物語なんです。毎回、ボクはこのテーマで書いてるんだけど、今まで作品の理想にほど遠かったのが、今回はやっと到達点を超えたと自分で思えたんです。

タイトルは、出版社である「文藝春秋」のパロディです。でも文で藝を披露するために、その

「藝人春秋」という言葉で自分を縛っていった。

つまり、藝人たちの春秋を描くという縛りです。

春秋という言葉には「ジャーナル」という意味があるからノンフィクションという性質も出てくるし、人生の春である青春と、秋である老いや死へ向かう翳りを描くべき、という想いもあります。

「青春」と「晩年」が同居する世界。

「春」を思うとボクの中学の同級生・甲本ヒロトが歌うザ・ハイロウズの「14歳」が通奏低音として流れ続ける。

秋といえば大先輩ポール牧さんの死、そして稲川淳二さんみたいに子供の難病と向き合う、人生のやるせない状況が、対を成して振り子のように揺れ始めていく。

「この世のものとは思えぬあの世――」。「この世」と「あの世」を行き来する。芭蕉の「おもろうてやがてかなしき……」そういう境地なんです。

この『藝人春秋』は電子書籍から始めました。でも当時は漫才師の文章として「おもろうて」の部分だけを戯作として優先していました。でも書籍になるからには、ちゃんと「おもろうて」と「かなしき」を同居させたかった。

芸人という2面性と芸人という仮面と実像を描きたかった。そして表紙の絵に浮かんだのが、切り絵作家で福井利佐さんの「顔」シリーズなんです。

彼女の作品を見た瞬間、「藝人の仮面性を象徴させるには福井利佐さんの作品しかない。彼女の切り絵こそ『藝人春秋』の表紙だ！」と確信したんですね。

49歳最後の日、ボクは名古屋での仕事へ新幹線じゃなく車で向かい、道中、静岡で開催されていた彼女の個展を観に行ったんですね。

でも福井さんはドイツでの個展を開催中で会えないまま。その時はアンケートに「いつかボクの本の装丁をしてください」と書いて帰りました。

その後連絡がとれて、ゲラを読んでくれて「これはぜひやりましょう‼」と、彼女が帰国後、2週間もかけて表紙の切り絵を仕上げてくれたんです。

そこにはボク自身と福井さん、そして『藝人春秋』という本に偶然ではない必然の〝物語〟がある、と思えてきます。

さらに、あとがきで描いた一度だけの出会いに終った亡くなった名優との〝切り絵をめぐる物語〟もあります。

つまり、この本を表紙の切り絵とともに捧げるという、行動の韻を踏んでいます。

帯文にはリリー・フランキーさんと有吉弘行くん。

これも彼らと親しいから書いてくれたわけじゃない。この帯文をもらうだけでも物語、星座がたくさんあります。

単行本化するのに、今までに発表した原稿も一字一句手直しして、現在のボクから見た「その後」を加筆しました。

自分のつくった同じ曲、同じ歌詞だったとしても、それは以前に口ずさんだメロディ。今回の本は隅々まで入魂して、一字一句を煮詰めたフルバンドの演奏です。

若い人が読めば新しく人生を切り開く後押しになり、大人が読めば、自分の人生を振り返り登場人物と同時代を共に生きた過去を共有できる物語。

そういうふうに書きました。

ただ出版する上で最後まで引っかかったのが稲川淳二さんの章です。

賞賛してもらえるのは嬉しいんだけど、ボクは本でも映画でも「泣けました」とか「感動しました」っていうだけの感想が一面的な作品なんて意味がないと思っています。

「感動の一冊」というクリシエに抵抗するためにギリギリまであがき続けた結果、稲川さんの章は「あること」があってやっと着地できました。

そして、出版後、その稲川淳二さんからお手紙を頂きました。これは文字という船が何年も漂流していたのが、ようやく寄港したかのような気分になります。

暗闇に投げたボールが戻ってきたようなキャッチボールを感じるんです。文による会話です。まさに暗闇で結ばれた星座だと思います。

石倉三郎さんからも長いお手紙を貰いました。普段会うことはほとんどないのですが、文に於いて繋がっている気持ちになります。

出版後、お陰様で売れ行きも良く、書評も驚くほど書かれていて反響も大きいけど、でも、この本で、良書を書く気取った作家みたいに思われるのは、それは願い下げなんです。

続編もほとんど脳内で書けているけど、「なんだこの人?」って思われるようなジャンルの本も次は書きたいです。

（『Ｆｉｌｔ』61号　コネスール　２０１３年2・3月号より）

〈対談〉

男たちよ、本を読め!

祝連載100回! 伊賀文庫スペシャル!!

★俺は伊賀さんの「伊賀大介なのに、ちゃんとミーハーなところ」が大好きです。カッコつけずに好きなものは「好き!」と言える気持ち。どんなときも。どんなときも。憧れを持って生きている。とかくセンスを問われる時代にセンスを問われる仕事をしながらセンスに頼ってない。カッコいいと思う。あと、笑顔がバカリズムに似てると思う。俺だけか。すいません。連載100回おめでとうございます!(宮藤官九郎・脚本家)

――〝藝人〟たちの光と影を鮮やかに描いた『藝人春秋』が話題の水道橋博士さん。伊賀さんは浅草キッドの大ファンであり、いまは水道橋博士のメルマガに寄稿もしている。無類の本好きの二人が交わす本への熱い思い。

博士　申し訳ないけど『メンズノンノ』って読んだことないんだよね。自分が『メンズノンノ』を読んでいい人だと思っていないから。だから、今回、10回分まとめて読むまで、こういうページがあることも知らなかったんだけど新刊インタビューも含めたこのページ全体が面白いね。内藤陳さんがコラムを書いていた頃の『月刊プレイボーイ』のブック欄を思い出した。新刊の著者のおすすめ本もあって、書評の星座ができている。

伊賀 僕も今回、久々に読み返したんですけど、いま、博士のメルマガに書いているようなこと（「水道橋博士のメルマ旬報』で連載中の『好漢日記』）と同じことを書いてるなと思って（笑）。好きなものが変わってない。

博士 俺も好みが一緒だから、ここに出てくる本を好きじゃないわけがない。だから述べ2回出てくる甲子園の本（川井龍介著『122対0の青春』）なんて、よっぽど面白いんだと思った。

伊賀 本当に面白いんですよ。

博士 何回でも「推す」って凄く大事なことですね。「水道橋博士、まだこの本がいいって言ってる」って思われないかとか。でも、必ず〝新入生〟がいる。初めて知る人もいるから、本は何度でも推すんだよね。

伊賀 僕が2回すすめているのは完全に無意識ですね（笑）。よっぽど自分の中に残っているんだなと思いました。

博士 あれが意図的じゃないのか。じゃあ甲子園といえばこれなんだ。あと、海老沢泰久の『ただ栄光のために』も紹介していたけど、もともと知っていたの？

伊賀 博士がどこかですすめていたのを読んで知ったんです。

博士 それはうれしいね‼　俺、『ただ栄光のために』は古本屋で見つけたら100％買うんだよ。大槻ケンヂの『のほほん雑記帳（ノート）』も絶対買う。本棚に並べておいて、誰か遊びに来たらあげる。しかも『ただ栄光のために』は、文庫が移籍してるのよ。

伊賀　あ！　そうか。だからジャケが2種類あるんだ。

博士　文春文庫から新潮文庫へ。すごい大型トレードじゃない？　編集者によっぽど好きな人がいるんだって思っちゃう。

伊賀　山城新伍の『おこりんぼさびしんぼ』は単行本と文庫で版元が変わりましたね。

博士　俺は『おこりんぼさびしんぼ』を文庫化するために、『本業』という書評集を書いたんだよ。吉田豪ちゃんの監修で廣済堂文庫に入って、夢がかなった。

伊賀　すごい。文庫化されるまでＡｍａｚｏｎですごい高い値段がついていましたよね。それは本にとって不幸。文庫になれば出会いが広がるから。

博士　今日はこうして本の話をしてるけど、本当は仲がいいからって打ち解けて語れる世界じゃない。本は特別なんだよ。感想を簡単にしゃべって伝えられるものじゃないんだよね。西村賢太さんが、『本の話ＷＥＢ』に書いている日記に「水道橋博士氏の新刊『藝人春秋』（文藝春秋）を読む。まことに滋味深き名文。好著。」と書いてくれたんだよね。初めてお会いしたときに『好著』っていう表現には意味があると思っているんですが」と言いかけたら、「それ以上はやめましょう。別の媒体で書評を書いてます。それを読んでください」。そういうことなんだよね。そこで「やあ、博士、あれは傑作ですよ」なんて言ったって意味がない。書評で活字を通して「あなたの本はここが良かった、ここは駄目だった」と文で会話することが本についての「対話」なのよ。

伊賀　文字を読んで文字で返す。

博士　そこからメール交換や文通が始まったりする。それが作家同士とか読者と作家にもある書評空間という独特な距離と世界なんだよね。

伊賀　「伊賀文庫」は、普段は僕より年下の若いやつらに本をおすすめするみたいな感じなんですけど『藝人春秋』を取り上げたときだけは、博士に読んでほしいと思って書いたんです。読んでもらわないと自分が先に行けない。一歩踏み出したい。そういう考え方こそ、本から得たものだったりするじゃないですか。

博士　俺もそう思うんだよね。影響を受ける本を読んだ後、自分の人生が本当に動かされていなかったらダメだよ。

伊賀　ファッションから入ったからかもしれないけど、「何か持ち帰らなきゃこの本を読んだ意味ないじゃん」みたいな感覚は僕もありますね。ファッションは変えるじゃないですか。

博士　そう。まさに伊賀君は突き動かされるタイプだよね。大竹伸朗さんの個展を観るために日帰りでソウルまで行ったんでしょ。すごいじゃん。驚いたよ、俺。

伊賀　好きだって言ってるならそれくらいやらないと。それは博士が描く殿（ビートたけし）との関係を読んで、こういう師弟関係っていいなと思ったからなんです。自分もやろう。好きだったらどこへでも行くぞって。

博士　伊賀君の日記を読んでると、セックスする間もないくらい本を読んでるみたいだけど、本はどうしてるの？

伊賀　本当は書庫が欲しいんですけど、いまはないので、この前、引っ越しのときに本を少し整理したんです。信頼できる古本屋に売って。本当は1冊も売りたくないんですけどね。

博士　俺もこんまり（近藤麻理恵）の『人生がときめく片づけの魔法』を読んで5分の1くらい本を処分したんだけど、遠くから本が泣いているのがわかった。

伊賀　ああ、わかります！　しかも、心の本棚には入ってるじゃないですか。「なんで手もとにないんだろう。そうだ、あのときに売ったんだ」って、気づいて俄然とする。うちの奥さんもその本を読んで片づけに凝ったことがあったんですけど、僕は本と、自分の歴史にかかわるバンドTとかは処分したくないって言って揉めたんです。「俺はこういうものにときめくんだよ。それがわからなかったら結婚している意味なんてないじゃん！」って。

博士　そうなんだよな。本にときめくんだよ‼　この前、うちにHey！Say！JUMPがロケに来るっていうんで、部屋が古本屋の圧縮陳列みたいになってたから小綺麗に片づけたんだけど、衝動的に隣のビルに大きな部屋を借りて、雑誌やDVDや古本はそこに避難させたんだ。

伊賀　片づけてから3カ月ぐらいはどこにあるかがすぐわかるんだけど、わからなくなってからは、それはそれでまた面白いですよね。セレンディピティっていうか、これを探そうと思って別のもっと面白い本を見つけちゃうとか（笑）。

博士　俺の場合、フレーズをピンポイントで探したりするんですよ。あのときあの雑誌で見たあのフレーズとか。『藝人春秋』を書いていたときなんて特にそうだけど、田原総一朗さんがあの雑誌でこう言っていたという記憶はあって、その資料を探していくっていう世界だから、すごい大変。今はネットがあって良かったけど。あと、確信はないんだけど、この作家はこういうことを言っていないとおかしいから、ってまだ読んでない本を捲って、「やっぱりこういうフレーズを言っている！」というのを確認することもある。作家の作品、一冊だけでなく長く読んでいると、文脈上、絶対言っているフレーズがあるのよ。（笑）

伊賀　僕はそのページだけ切り抜いて取っておくんです。例えば博士とまだ小さかった武くんが本棚にずらりと並んだＤＶＤの前で撮った写真が載っている記事とか、嫁に見せましたもん。これ、すごくいいねって。

博士　ありがたいね。

伊賀　『藝人春秋』といえば、この前、久しぶりに『水道橋博士の異常な愛情』を読み返したんですけど、通じるものがあるなと思ったんです。『異常な愛情』は、博士が前から言っている、何も隠さないという部分が出ていてスゴイ。『藝人春秋』のほうがちょっと哀しいというか、ペーソスがありますけど、表裏一体のような気がする。

博士　書いている人間は一緒だから。言われてみれば似ているかもしれないね。『異常な愛情』はまだ独身だし若いから性そのものが神秘だし、肉体的ストリップを笑いとして描写しているけど、『藝人春秋』は大人に成るための通過儀礼を経てからの精神的ストリップなの。でも、誰よりも「さらけだしてやる！」って気概は一緒だね。

伊賀　『メンズノンノ』は主に20代が読んでいるんですけど、その年代におすすめしたい本ってありますか？

博士　宮崎学の『突破者』なんか好きだね。グリコ森永犯のキツネ目の男と思われていた男の評伝なんだけど、読みだしたら止まらない。大槻ケンヂも殿もお薦めしたら徹夜して読んだって。おすすめといえば、うちの子どもたちに将来絶対に読んでほしい本だけを並べた本棚があるんだよ。『突破者』ももちろん並べてある。しかも俺がその本の筆者に会ったときに、一緒に写真を撮って、しおりにして挟んであるの。「武くんへ」とサインもしてもらって。いつか武や娘の文が親父が言っていた本はこれかとページをめくると、ツーショットの写真が出てきて、この人がとわかる。そういう仕掛けは今から作ってますね。

伊賀　本はタイムマシンですね。

博士　そう。自分がいつか死んでも、輪廻転生がないとしても魂は残っていくと思いたいじゃない？　本はその乗り物だよ。それは芸も同じなの。

（『メンズノンノ』集英社　２０１３年5月号）

〈書評〉
坂口恭平
『幻年時代』（幻冬舎）
「生まれ直しの時間旅行 幼年時代の先に見た光とは」

坂口恭平の『幻年時代』を文字で語るために、今、まさに「現年時代」のボクと坂口恭平について語っておきたい。

２０１３年7月11日――。

娘の文《ふみ》の7回目の誕生日に、この文を記している。

一昨日、各地で梅雨明けし、いきなり夏が来た。

蝉の鳴き声の代わりに日本中で参院選の選挙カーのウグイス嬢が喚いている。

ボクは、この猛暑と選挙の狂騒のなかで政治には何も期待していない。

何故ならボクは「新しい政府」を既に幻視しているからなのだ。

ボクが坂口恭平を知ったのは２０１２年の5月に出版された『独立国家のつくりかた』（講談

社現代新書）だった。
この本の中には１９７８年生まれの若い建築家志望の青年が「子供の時からの質問――に答えてくれない大人」に疑問を抱いたまま隅田川の路上生活者の「ゼロ円生活」の観察を始め、以後、「ゼロ円ハウス」を発想し、不動産は不要だという考えのもとに移動出来る「モバイルハウス」を製作し「建てない建築家」として注目を集めていく過程が書かれている。

そして３・11以降の現政府の現状は無政府状態として、２０１１年5月10日に地元の熊本に新政府を設立し初代内閣総理大臣に就任した。
インタビューではこんな風な言い方もしている――。
「狂った世界を正常に戻さなきゃいけない。でも、今や普通選挙によって世界を変えるのはほとんど不可能です。だから、現状の世界を無視して行動するしかない。世界を変えるのではなく、世界を増やすんです」（週刊朝日）
痺れる‼

そして、この時期、ようやく彼の言動に焦点が合ったボクは、自分が司会をつとめる生放送に新政府総理大臣として招聘した。
２０１２年7月4日――。

MXテレビのスタジオで初対面を果たした。躁と鬱が繰り返す坂口恭平の人生の四季の中で、彼が最も熱くエネルギッシュに燃えていた夏だった。

一方、丁度50年の半生の中で一番の鬱期であったボクは、その夜の邂逅から躁に反転し、彼の熱に急き立てられ夢中で彼を追いかけた。

8月3日――。

ボクが本業の漫才師の本場所としている新宿紀伊國屋ホールで、冒険家・石川直樹とのトークショーへ誘われた。

此処でボクは坂口恭平が客席に巻き起こした「竜巻」を目の当たりにした。

彼は、まるで楽器を奏でるかのように話し、瞬時にインスピレーションを脳内に描き、その絵を言霊で伝える術を持ち、そこに笑うしかない滑稽さも共存した。

同じ舞台に立つ演者として、その才能に確信を持ち、嫉妬を感じたほどだった。

以降、坂口恭平はボクの夜空に仰ぐ「お笑い男の星座」の一等星のひとつだ。

ボクの幻年時代でもある思春期、その闇から救い出した師匠・ビートたけしを起点とする、幾重にも折り重なった綺羅星《きらぼし》の如くの星座群のなかでも、坂口恭平はひときわ若い超新星であり、今も輝度が高いままなのだ。

だからこそ、この『星星峡』にボクが一文を寄せるのも全てが星座のように偶然のように見えても必然的に意味を持っている。

しかし、この邂逅以降、狂ったのは世界ではなく彼本人であった。

モバイルハウスの建築家として、現代アーティストとして、さらには新政府の総理として、世界に認識された彼は欧州外遊中に鬱々とした冬の時を迎えてしまった。

帰国後、活動の拠点も東京から熊本へ移った。

そして、この生地で静養の時にこの本も生まれたのだ。


この本は彼の呻き声と同時進行に産声で書かれている。

鳥のさえずり——ホオジロの聞きなし「一筆啓上仕候」——のように彼はツイッターに記録を残した。

『坂口恭平の幼年時代』というタイトルのみで一行も書かれていなかった文が1月25日に「幼」という文字から一角を抜くと「幻」であると気がついた瞬間、この本は生みの親から『幻年時代』と名付けられストーリーが零《こぼ》れ出した。

過去への時間旅行を繰り返し、まるで鬱から躁へと反転し、生まれ直すような瞬間をボクは星の点滅のように見た。

超新星爆発は、星の終わりでもあり、始まりでもある。

それは幻のようでいて現《うつつ》であった。

そして『幻年時代』は書き下ろし作品として現れた。

この物語を読みながら何度も自分を投影した。

ボク自身も幼少の時から人も社会も多様であることはわかった。その難解さに自分をすり寄せるために「芸人」となり、更には「大人」になるためには文字通り幼年時代が過ぎ去るために多大な時間を要した。

しかし、目の前に広がる光景は多様であるばかりでなく、もっと多層であること、そこには記憶の時間軸すら添えられることを想起し、原始、子供だけが持っていた、あの空間を取り戻した。

その認識は「小説」の中だけではなく、「現年時代」である今も「子供」のように振る舞う彼の行動と文字で刷り込まれていたはずだ。

自分の宇宙へ寄り添う人を選ぶためには「手」の中に「鍵」の概念があると子供の頃から気がついていた少年は「幼年時代」というひとりの例外なく体験する煌めくような時間、そこに共存する閉じられた闇の刻に潜入する。

そして感受性の扉を次々と開け、「暗号」を解読していく。

その軌跡に『幻年時代』を建築し、文学を手にした。

「建てない建築家」は読書という「ゼロ円ハウス」を読者ひとりひとりの意識に幻のように建て

ている。

坂口恭平は狂ってこその花であり、幻を見るだけでなく幻を生きている。そして文に残した幻の先に光はあるはずだ。

いや、幻とは点滅している光なのだ。


（『星星峡』187号　幻冬舎　2013年8月号より）

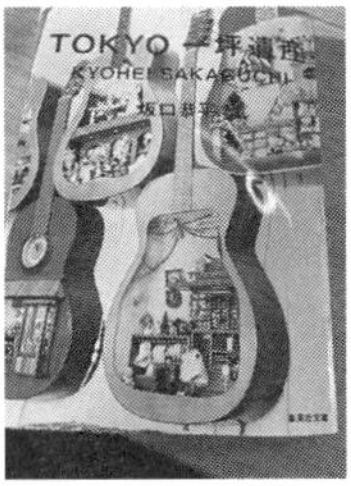

〈文庫解説〉坂口恭平『TOKYO一坪遺産』（集英社）

坂口恭平は影響する。

一例を挙げたい。

今年の夏、我が家の子供たち10歳、7歳、4歳の三人が熱帯魚を飼い始めた。

熱帯魚を飼うスペースは横45センチ×縦22センチの小さな水槽だ。

熱帯魚の性質上、「直射日光が当たらない地下のほうがいいから」という理由で設置する場所がボクの仕事部屋がある地下室のベッドの枕元となった。

以来、毎朝のように子供たち三人が熱帯魚の様子を見に訪れ、毎夕のように餌をやるために大騒ぎする。

我が家は杉並区の19坪の敷地に立った一戸建ての狭小住宅で、ボクの仕事場は地下室、家族の生活スペースは上階にして一線を引いていたが、この熱帯魚の飼育を通じて仕事とプライベートの区割りがなくなった。

たったひとつの小さな水槽が部屋に入っただけで、それまでの日常の光景が歪み、生活習慣が変質していくことを体感した。

水槽の中にはボクが名前も知らない四種類の熱帯魚が飼われていたが、それぞれにカタカナの名称があり、特性があり、性格が違うことがわかってきた。

興味のなかったときは、一括りで熱帯魚は小さく綺羅びやかな観賞用の魚群にしか見えなかったのに。

ある日、仕事から家に帰ると熱帯魚の小さな水槽に、さらに小ぶりの「サテライト」と呼ばれる外掛け式のコンパクトな水槽が取り付けられていた。

子供たちは、この新しい水槽を「熱帯魚の刑務所」と呼んでいた。

本来はグッピーなどの産卵飼育ボックスとして区分けするようだが、その水槽に隔離されたのは性格が獰猛な他の熱帯魚を齧る習性があるアベニー・パファーという種だ。

しかし、ボクから見ると、この超小型の淡水フグは四種の中で最も可愛らしい顔をしている。

そんな見た目と違い「乱暴者」と別の水槽に隔離されてしまった寂しい熱帯魚だ。

熱帯魚を飼う人には、このサテライトの話はかなりの常識であるとのことだが、51年も生きてきたボクが初めて知ることであり、人の観賞用の生物すらも与えられた仕切りに住まわされ多層に多様に多重に棲んでいることを自覚させられた。

人為的に各生息地から日本に運ばれ、繁殖させられ、小売された熱帯魚たちは飼い主の趣向で選ばれ、区分けされ、混ぜられ、水槽という限りある空間の中で生物の本意とは別の形で暮らしている。

その事実は、この本の逸話の幾つかを想起してしまう。

水槽を観察する子供たちの想像力の中で水槽はその小さな枠を失う。

「見えない『広さ』を創造的に感知する能力」を使って、魚同士を親子や兄弟や友人、敵味方に設定しながら、「立体飼育」を行っているはずの子供たちを、ボクはまるで熱帯魚のように観察してしまう。

では翻って家族と別に隔離した仕事部屋を区画し、家族と呼ばれている妻、子供三人四種の人を仕切るボクは何なのか？　という意識にまで行き着く。

いったいこれは、なんという発見なのだろう。

今、書いていることは、我が家のこの20日間での出来事だ。

たぶん坂口恭平を知らなければ、この水槽に気を取られることも、こうした意味や意識の連鎖すらも気づかなかったであろう。

それだけで思考は止まらない。

そもそも、では何故、ボクはこの住居、地下室に居るのだろうか?

10年前に建築し35年ローンで住んでいる鉄筋コンクリートの4階建ての箱である、このスペースに今まで何ら疑問をもってこなかったのは何故だろうか?


繰り返して書く。

坂口恭平は影響する。

ボクが彼を知ったのは、つい最近、昨年2012年の5月のことだ。

ディベートに強い社会学者の宮台真司をして「初めて負けた!」そして「感動した!」と言わしめた対談をネットの映像で見つけてしまったことからだ。

それまでは、彼の存在を全く知らなかった。

そして、旧知の編集者が奨めてくれていた『独立国家のつくりかた』(講談社現代新書)を手にした。

その本には彼の経歴も書かれている。

ボクよりはるかに若い1978年熊本生まれ。建築家志望の青年は幼少期より土地と建物と空間へ関心と疑問を持っていた。

上京し路上生活者の観察を始め、都会の生活スペース「0円ハウス」を発想し、不動産は不要だという考えのもとに自由に移動出来る「モバイルハウス」を制作。

「建てない建築家」として世間の注目を集めていく。


そして3・11を迎える。

彼は3・11以降の日本を無政府状態と捉え、2011年5月10日、地元の熊本に新政府を設立し独立国家の初代内閣総理大臣に就任した。

「総理大臣を名乗る人がいる！」

この時期、ようやく彼のトチ狂った言動に焦点が合ったボクは、自分が司会をつとめる生放送に「新政府総理大臣」を名乗るゲストとして招聘した。

2012年7月4日。半蔵門のMXテレビのスタジオで本人に会った。

躁と鬱を繰り返す、坂口恭平の振り幅の大きい人生で最も躁的に輝いていた時期だ。


一方、ちょうど50年の半生の中で、3・11を経て低迷期であったボクは、その夜の邂逅から彼の熱に急き立てられ夢中で彼の言動を追っかけるようになった。

彼のツイッターを追っかけ、過去の言動を探り、彼のトークライブを見て、彼の過去の著書を漁った。

現代の硬直したシステムに疑問符を投げかける思想家、扇動家、行動家としての彼そのものへの疑問は幾つか浮かび上がったが、本書『ＴＯＫＹＯ一坪遺産』を読んで文章家としての彼を同時代人のなかでも特別にロマンチックに感じるようになった。

彼の持つ「視線」、レイヤー（階層）を意識する特性を自分にトレースさせると、変わり映えしなかったのっぺりとした日常が多層に見えてきて、自分が目の前に見ている世界が明らかに変容した。

２０１２年7月21日。

子供たちの夏休みの初日。代官山の「ギャラリー・オン・ザ・ヒル」へ向かった。

坂口恭平と、たまたま彼がシンガポールで出会ったという23歳の女性Ｓｔｅｐｈとの二人展が開催されているのだ。


道中、兄弟で最も観察的な当時9歳の長男が、「パパ、これからどこ行くの？」と聞いてきた。

「これから総理のところ！」

「え？　パパ、ノダソウリによばれてるの？」

「野田総理ではない」と説明しているうちに会場へ到着した。

坂口総理は不在かと思ったら現場でにこやかに接客中だった。

約二週間ぶりの再会だった。

「博士、ホントに来てくださったんですか？」

「あ、この人が坂口総理だから」と子供たちに教える。

「え、このひとソウリなの？？」と懐疑的になってしまった娘が目をシロクロさせる。

ボクは「総理」と呼んでいるが、子供には今は「画家」に見えるはずの人物を家族ひとりひとりに紹介しつつ、彼の絵を生で初めて見た。

ボクが総理と話し込んでいる間に妻は初対面のＳｔｅｐｈと親しくなった。今も交流が続いている。

さらに総理からレーモン・ルーセル『アフリカの印象』の挿絵を絵本にした「ＡＩＲ ＡＦＲＩＣＡ」を頂いた。

この本は七年前に総理が手作りで作ったものだ。

『アフリカの印象』を読んではいなかったが、いとうせいこうさんが、たびたび「最も影響を受けた本」として挙げている印象がある。

その自分解釈の挿絵絵本を手にした時、この本に出てくる「芸術的豆本作家」や「立体読書」を連想した。

個展会場で頂いた坂口恭平のデビューアルバムを、その日の帰り道に車中でカーステレオで聴いた。

「これってソウリがうたっているの？」

子供たちは不思議そうだ。

「あのひと、かしゅなの？」研究肌の末っ子が訊いた。

アルバムはカバー曲が多いが、運転手をつとめていたスズキ秘書はブルーハーツの「ＴＲＡＩＮ－ＴＲＡＩＮ」に、子供たちは聞き馴染んでいる少女時代の「Ｇｅｅ」に、俺は電気グルーヴの「虹」に反応して上機嫌に歌った。

アルバムの曲で最も異色な一曲「魔子よ魔子よ」（作詞：大杉栄・坂口恭平、作曲：坂口恭平）を聴くと田原総一朗を想い出した。

「ＢＲＵＴＵＳ」誌での田原総一朗との対談企画で「坂口恭平は思想家ながら歌手デビューしていてこんな曲も歌っている」と知らせた瞬間、「『魔子よ魔子よ』ってあの大杉栄の『日本脱出記』の⁉」と聞き返し絶句した。

この日の就寝前に、

「きょうソウリダイジンにあったってニッキにかいてイイ？」と長男が聞いてきた。

「それは学校の先生にはいったいなんのことやらだね」とボクは答えた。

夏休みの初日から、子どもたちが「異人」に会った素晴らしい一日だった。

初めて書くが、あの日、ギャラリーで坂口恭平が描いた絵を買った。

手を大きく広げた怪獣が小さな場所から空へとまるで建物のように逆円錐状に広がる様子をドローイングして一部分をパステル調に彩色したものだ。

視点を変えれば孔雀にもシマウマにもマオリ族タトゥーにも、いや我が家のサテライト水槽に隔離された淡水フグの模様にも見えるかも知れない。

当時、自らが描いた絵を「一坂口」という貨幣の単位として呼称し、その交換を「態度経済」と表明していた彼にボクから希望して然るべきお金で頒布してもらった。


これはボクが生まれて初めて買った絵だ。

しかし、毎日、赤裸々に長期に渡って記している自分のブログの日記でも、絵を買ったことはしばらく秘した。

影響されやすいボクの性質、あるいは、ボクの彼への偏愛をまるで「広告塔」のように世間に誤解されても仕方がないからだ。

ボクは絵を買うのではなく態度を表明したかっただけなのだから。

そして、今年の夏、この『ＴＯＫＹＯ一坪遺産』の解説を書くことになった。

この本を読み返すと一瞬にしてあの日を想い出した。

梱包された段ボールから取り出して、この額装された絵を部屋に飾った。

いつの日か、子供たちは家族五人でこの家に住み、この絵を描いた「ソウリ」と呼ばれた男が実存し、あの日の想い出を共有し、彼が何を描き、何を残し何を記し何を伝えようとして、そして父が何を受け取ったのかを知ることになるだろう。

わずか一坪にも満たない平面の絵の中にある彼の思考と行動の夢幻の境地と立体的な無限の広がりを。

この絵を小さな我が家のさらに小さな「一坪遺産」に認定した。

（すいどうばしはかせ　漫才師）

【注】この家は2022年参議院選挙出馬と共に売却してしまいました。

（2013年10月15日刊行より）

3年に『幻年時代』で熊日出版文化賞を受賞。また、路上生活者の視線から暮らしの原点を問う一連の活動で第2回吉阪隆正賞を受賞。他の作品に『徘徊タクシー』（新潮社）、『躁鬱大学――気分の波で悩んでいるのは、あなただけではありません』（新潮社）など多数。09年からコロナが始まるまでの10年間、ＡＮＡの機内誌で連載していた近代建築旅行記『ＢＡＵをめぐる冒険』が24年内に書籍にまとまる予定。

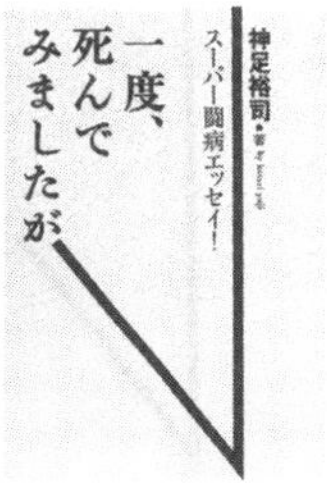

〈書評〉

神足裕司『一度、死んでみましたが』（集英社）

２０１３年12月13日――。

新宿の文壇バー「風花」で「神足《こうたり》裕司《ゆうじ》の出版を祝う会」が開かれ、生きている神足さんと再会した。

11年に、突然、くも膜下出血で倒れて以来のことだ。

以前、神足さんをボクの指名でインタビューしたことがある。『ＳＰＡ！』に連載されていた『これは事件だ』をテーマにした対談だった。それが初対面だ。

このコラムは毎週、凄惨な事件現場に出向き、社会時評を繰り広げていた長期連載だったが、単行本化も途絶え、ファンだったボクは切り抜きをして自作のファイルを作ってまで目を通していた。

初めて会った時、「労多くして効足りん（コウタリン）」と労をねぎらい、「あの連載、よく精神的に平気ですね？」と問うと「モノカキをやっていると、だんだんと人と話が合わなくなり離人症になってくる」と答えた。

「祝う会」の当日、神足さんは車椅子姿で家族に付き添われ、何度もマイクを向けられたが、それでも一言も言葉を発することはなかった。

しかし、その表情に言葉が脳裏に浮かび、発したい衝動に駆られても、途中で行き詰り、出ていかないのが読み取れる。その内なる言葉は、見守る者が、それぞれに自分で斟酌し、心に音を響かせ仕舞い込む。

同じ体験がある。

ボクの父は12年前、脳溢血で倒れ、言葉を失い、寝たきりの生活のまま5年後に逝った。

寡黙で仕事人間だった父と家出同然で芸人になったボクは生涯で延べ一時間も話したことがなかったため、父の失われた言葉を永く探し続けた。

神足さんが、出版界でフリーのライター業の最前線で過酷な戦場に長く居たことは周知の通りだ。

そこで書き、生き残り、倒れ、そして死に損なう。

この本は損傷を受けた脳が、回復の途中に自らの記憶と人生を振り返る。

ボクは、父の失われた言葉が語りかけてくる錯覚に陥り、何度も絶句した。

ここには、膨大な文字を書き続けた物書きが、人生に書き忘れたことを綴った文字がある。

つつがなく生きていると誰もが気がつかないが、人生とは遺された人たちに誰もが大いなる遺書を書くいとなみだ。

あの日、「離人症になる」と言っていたライターの生き直しに、多くの仕事仲間が集まった。神足さんは神の見えざる手で生かされ、自らの足跡を、生涯で最も拙劣な、しかも最も魂込めた文字で記した。

神足裕司は二度死ぬ。カッコイイ。

（『週刊現代』講談社　２０１４年１月25日・２月１日号より）

11年9月3日、仕事先の広島から東京に戻る飛行機の中、重度くも膜下出血に倒れ、退院後は自宅でリハビリを続けながら執筆活動を再開した神足氏。14年刊行の妻・神足明子との共著『生きていくための食事　神足裕司は甘いで目覚めた』（主婦の友社）には応援コラムで吉川晃司氏、小島慶子氏、堀江貴文氏、テリー伊藤氏、髙山文彦氏、えのきどいちろう氏らが参加。『ＳＰＡ！』12年5月1・8日号～14年4月22日号の連載をまとめた『父と息子の大闘病日記』（扶桑社）は、24歳でケアの当事者となった長男・神足祐太郎氏との共著。18年には朝日新聞に連載の『コータリンは要介護5車椅子の上から見た６３１日』（朝日新聞出版）、20年にはベストセラー『恨ミシュラン』以来の相棒である西原理恵子との『コータリン＆サイバラの 介護の絵本』（文藝春秋）が刊行されている。

〈書評〉

みうらじゅん

『人生エロエロ』（文藝春秋）

「新刊を読む エロとバカの丸出し」

ボクが20代の頃にテレビで初共演した時、みうらじゅんは女装していた。

その異形を見て唖然とするボクに対して、みうらさんは目を合わせず語気鋭く言い放った。

「これ今、マイブームだから……」

あの日から四半世紀が経ち、マイブームは次々と趣味嗜好を変え、コレクションを増やしつつも、今もブレないコアな部分がある。それが「エロ」だ。

「エロはエロスみたいに高尚じゃないし、エロティックなオシャレ感もない。卑猥という文学的香りもないし、スケベみたいに軽々しくもない」

――という、本書の前書きの箴言に語り尽くされる、エロとバカ丸出しの連載が80本分、一冊にまとまった。

由緒正しき『文藝春秋』には似つかわしくない、低俗語りのエロ本に、改めて真面目な解説も必要あるまい。

しかし、ボクが毎週『週刊文春』を買って、最初にパックリと開帳するのは、老舗エロ頁の「淑女の雑誌から」ではなく、みうらさんの連載頁だ。

昨今、男性週刊誌の主流は即物的、かつ物量作戦的な〝死ぬまでセックス特集〟である。

これに抗うようにエロ妄想的エッセイを単騎で書き続けるみうらさんは、まさに〝サブカル界の渡辺淳一〟。

その孤軍チン闘ぶりを最後の一滴まで見届けざるを得えないのだ。

糸井重里を上に仰ぎ、町山智浩を「バカの町山」と下に扱うほど、その業界歴は長い。

〝忠臣はクンニ使えず〟(忠臣は二君に仕えず)とは言うものの、ボクにとってビートたけしは芸の師匠であり、そしてみうらじゅんさんも、またエロの師匠とも言うべき絶対的存在なのだ。

しかしながら、当の本人は、入国カードの職業記載に毎回困るという、年季の入った「分泌業」者でもある。

特筆すべきは「言葉を約《つづ》める」という糸井流コピーの真髄をエロ方面に新釈したかのような、「言葉の霜降り部分を削ぎ一般化させる」センスだろう。

これこそ神業にして下衆の極み。

みうらさんとは折々に接してきたが、印象深いのは本書では熟女として登場している、高級ダッチワイフの「ひとみちゃん」だ。

新妻だった当時、ボクはラジオのゲストにみうらさんを招き、日々の営みや彼女の将来、さらに最期について、根掘り葉掘り質問した。

みうらさんは赤裸々にすべてを答えると、黒メガネの奥の揺らぎを押し隠して、こう呟いた。

「やっぱバラバラかな……」

その後、素材がソフビからシリコンへと進化し、ラブドール時代になると、昨年、みうらさんは「絵梨花」と重婚した。

盟友・リリー・フランキーに至っては、ラブドールの彼女「理々香」を同伴して『笑っていいとも！』のテレフォンショッキングに登場し、新宿アルタを凍てつかせている。（ちなみに前日の電話紹介で、「噂の彼女を連れて来てくださいよ！」とリリーさんにお願いしたのは、実はボクだ。）


結果的には「エロ・テロ事件」を誘発させた責任を感じなくもないが、かつてはボクだって、みうらさんのおかげで「エロ災難」に遭ったことがある。

あれはボクが30代の頃、みうらじゅん原作『やりにげ』のポルノ系Vシネマの主演に抜擢され、

AV女優と次々と濡れ場を演じたときのことだ。

初めてのベッドシーンに挑む際に助監督から〝前バリの流儀〟を聞かされた。それは、「勃たない自信があるなら下向き、そうでないなら最初から上向き」というポール・ポジションのコツであった。「まさか擬似セックスでは勃ちませんよ！」と豪語し下向きに貼ってもらったが……本番は（擬似だけど）ギン勃ち‼　テープは剥がれモロ出しとなり、即NG。しかも、前バリに大きなシミを残すという人生の汚点を残した――。

「童貞を喪失したからって何もアマからプロになれたわけじゃない」

本書にもあった言葉が、今となっては天から啓示のようにボクに響くのだ。

そういえば以前、高田文夫先生がラジオでこんなことを喋っていた。

「この間、みうらじゅんが、四谷で乳母車を押してるところ見かけたんだよ！　長髪でサングラスの怪しい初老の男だろ。あれ、誰が見ても変態の誘拐犯だよ！」

この話を聞いた時、ボクは大笑いしながら改めて、みうらさんにもまともな家庭生活があることを思い知った。

なにしろ「人生の3分の2はいやらしいことを考えてきた」事実を毎週、むき出しで書き綴っている人だ。むしろ、残りの3分の1のエロ以外の部分の方が、他人からは異常に見えるのだから不思議なものである。

みうらさんは、包み隠した秘部（プライベート）を知られると羞恥心に駆られてしまうのだろうか？　いや何も怖くないはずだ。

この本に書かれている、あのお経さえ唱えていれば――。

《想像してごらん、
天国のない世界、地獄のない世界を。
想像してごらん、
ジョン・レノンすら包茎だったことを。》

古来、エロと笑いは隣に同衾《どうきん》している。
本書は、老いも若きも枕頭に置くべき、いやチン頭に置くべきエロ経典だ。

（『文藝春秋』文藝春秋　２０１４年６月号より）

〈文庫解説〉
春日太一
『あかんやつら』
（文藝春秋）


本書の表紙写真は東映三角マークでお馴染みの「荒磯に波」――。

書影に押され、たまさか、この文庫を手に取り、解説から目を通す手練の読書家に、この一文を本編上映の予告編として捧げ、最初に言葉を荒げて惹句を掲げておきたい。

「貴方の眼前に拡がる、飛沫を立て怒涛逆巻く波に、迷うことなく今すぐ跳び込め！

立ち上がっては崩れ落ち、打ち寄せては砕け散る、波瀾曲折の物語に巻き込まれろ！」

文字通り十年一剣を磨くが如く書き上げた、著者渾身の一作は、頁をめくった刹那、目眩く群集劇、男騒ぎの止まらないカツドウ屋の歴史絵巻が一気呵成に続く。

本書は「これは東映実録路線の再現か!?」と見紛うほど、侠気と狂気が行き交い、銀幕に内幕が絡み合い、映像と活字が切り結び、映画的興奮と読書の快楽が相伴う！

「ヤマ場からヤマ場へ」、息もつかせぬ大衆娯楽活劇にして圧巻の血風録。

まさに巻を措く能わず――。

ボクが、春日太一氏を初めて知ったのは2010年、1月――。氏の2冊目となる著書、文春新書『天才 勝新太郎』からだった。

勝新太郎の人物像、底知れぬ奥行きについては、特殊漫画家・根本敬らが「勝新大陸」と名付けた概念規定を成しており、ファンの間でも再評価は繰り返し行われていた。

その一方で、没後、巷間語られる勝新伝説は、大酒豪ぶり、借金王などの豪放磊落《ごうほうらいらく》伝、「もうパンツははかない」のコカイン事件の顛末など、私生活の破天荒さばかりが語られ、本来、撮影所に聳えていたはずの勝新山脈は蜃気楼のように曖昧になっていた。

そんな折、この本は、役者バカ・勝新太郎ではなく、監督・勝新太郎に焦点を置いた評伝として描かれ、他の類似書にはない強烈な個性を放って、突如、世に出現した。

とはいえ、当初は、この本が勝新の同時代を生きた業界人ではなく、77年生まれ、出版当時まだ33歳、アムラー世代に属する「時代劇研究家」によって書かれたノンフィクションであることを訝しんだ。無論、生前の勝新太郎と知遇を得る世代ではない。後追い取材の若書きの一冊に、リアリティなど望むべくもないと、高を括っていた。

然るに読後、ボクの浅薄な先入観は、ものの見事に打ち砕かれた。

著者は映像京都（旧大映京都撮影所）に東京から単身通い詰め、勝新と時代を共にした、脚本家、撮影監督、スクリプター、照明、美術、小道具……。映画の裏方スタッフの声なき声を証言として拾い集める手法により、亡くなって久しい、監督・勝新太郎の輪郭を新たに太く深く鋭利に刻みこんだ。

既に著された評伝や自叙伝、周囲に語り継がれている伝説と不即不離の軌道を保ちつつも、手にした新事実の数々が従来よりもスケールの大きな人物像を再構築していく。

言わば〝勝新山脈〟が裾野を広げ、天才の孤高の頂きと稜線を、より明瞭に浮かび上がらせ、読者の脳内スクリーンに圧倒的な景観として映し出してみせた。

ボクは、この予期せぬ大傑作ぶりに大興奮し、まさに不意討ちに遭ったかのような、若き侍の太刀筋を、ＳＮＳに何度も綴り、会う人誰彼構わず喧伝し、新書を手渡しで配りまくるほど強く思い入れた。

次第に作品は口コミで評判を呼び、無名の新人ながら、第42回大宅壮一ノンフィクション賞にノミネートされたが、惜しくも受賞には至らなかった。

その後、２０１２年10月、秋葉原で開催された「ビブリオバトル首都決戦」で、書評のデモンストレーター役として呼ばれたボクは、迷うことなく『天才・勝新太郎』を持参した。丁度、同席した、イベントの審査員でもあり、大宅賞選考委員であった猪瀬直樹副知事に「なぜ、受賞できなかったのか？」と不躾にも問うてみた。

猪瀬氏は「高水準の作品だが受賞となると、まだ書き足らない。作品に描かれたことは氷山の一角であり、書き手の積み重ねた経験、入念な取材と膨大な時間を想起させるものを埋もれた氷山の中に必要とする」という趣旨の言葉を早口に残し立ち去った。

そして2013年の12月、本書『あかんやつら』は上梓された。

ボクは冒頭に書いた通り、一気読みの興奮冷めやらぬまま、あの日の猪瀬氏の言葉を反芻し、ツイッターに「今度こそ膨大なる埋もれた氷山、その裾野まで描いている！」と綴った。その日、直ぐに春日氏から返信があった。

「処女作の『時代劇は死なず』が開高健ノンフィクション賞にノミネートされた際に、審査員の崔洋一監督に『東映京都の話はこんなに甘くない！』と酷評された悔しさが、その後の原動力の一つでもあったので、できるだけ『裾野』を描き尽くすことを心がけて執筆しました。それだけに、とても嬉しいお言葉です！」と。

この返信を機に、ボクは尚のこと興味を抱き、春日太一という書き手本人の裾野を巡るべく、まずは未読であった第一作、『時代劇は死なず！　京都太秦の「職人」たち』（集英社新書2008年初出、現・河出文庫に完全版を所収）を取り寄せた。

『時代劇は死なず！』は、かつて京都太秦に在った東映、大映、松竹の3つの撮影所が時代劇全盛期を経て、映画からテレビへ主戦場をシフトしていく過程を描き『撮影所版プロジェクトX』というべき、誇り高き映画職人たちの仕事ぶりを描いている。

読書の順番は前後したが、筆者が26歳の大学院生時代に書かれたと云うこの処女作には、春日太一氏の原点、源流、起点があり、その後の著作、研究に一貫する「映像の作り手は温故知新でなければばならない」という主題が明記されていた。

京都太秦は、単なる映像スタジオとは割り切れない雅俗混交の結界である。長き伝統が培った現場に揺蕩《たゆた》う、殺気、技術、プロ意識に、若き春日太一氏は慄きつつも、通い詰め、どっぷりと浸かり、その価値を再認識し、次世代へ継承する記録を残した。

しかし、このデビュー作は、字数制限のタイトな新書の形であり、半分は映画だが、半分はテレビ時代劇の話で、その分、見聞きしたひとつひとつの逸話は断片的になる。

そこで次作『天才 勝新太郎』は、再び旧・大映撮影所のスタッフを訪ね、新証言を引き出し、資料を漁り、勝新という尋常ならざる「個性」にフォーカスを定め、かつ大映京都らしい格調高い芸術的な深度を再現する趣向で新たに描き直した。

一方、『あかんやつら』は、十年の歳月を費やし、再取材を重ね、東映京都撮影所という共同体の歴史と「集団的個性」を掘り下げ、かつ東映京都らしい、血湧き肉踊る「不良感度」の高い物語を再現する試みに挑戦した。

この3作は、それぞれ周縁部を重ね合わせながら、各社の映像的社風を反響させた、補完関係にある3部作とも言える。加えて、東宝と東映の戦後史を対峙させ、論述した『仁義なき日本沈没』（新潮新書2012）をも合わせると4部作ともなろう。

この本に沿って言えば、良い意味で「柳の下には泥鰌は二匹でも三匹でもおるわい！」の東映イズムを体現している。

蛇足ながら、『あかんやつら』は「斜陽期にテレビに行かず映画界に残った京都太秦の映画職人たちの物語」であり、その一方では「新天地のテレビへ、戦いながら向かった職人たち」も並列的に存在する。春日氏は映画史研究と表裏一体でテレビ時代劇史にも入念な取材を重ねており、師匠、能見庸輔（フジテレビ・時代劇専任プロデューサー）の導きと共に『時代劇の作り方』（辰巳出版2011）など一連の著作がある。

本作『あかんやつら』は、東映の京都撮影所（京撮）だけに的を絞っているにもかかわらず、65年を超える歴史を遡るとなると、その作品数、情報量は膨大であり、しかも先行の書籍は数々ある。

そこで、筆者は、これまでの静謐《せいひつ》な筆致から一転して、史書の群像劇の筋運びを倣い、喧騒な筆捌きを見せる。さらに、東映時代劇の鉄則「泣く・笑う・（手に汗）握る」、「痛快・明朗・スピーディー」、さらに実録モノの異界を「覗く」、京撮の大衆娯楽の方程式を読者に説明しながら、そのまま換骨奪胎して、本書の文章に取り入れている。

新たなる武器は文中に何度も現れる、（○○・談）。

カギ括弧《かっこ》証言の後に付される、この〝談〟の符号が、突拍子もない逸話への猜疑心を打ち消す護符となり、現代から俯瞰した昔語りのテンポを軽快に作っていく。

証言者は、経営サイド、監督、助監督、プロデューサー、脚本家、殺陣師、記録、そして、制作進行、元企画部長といった縁の下の功労者まで入れ替わり立ち変わる。

まず序章の「小指のない門番」で語られるのは、全身にくりからもんもんの刺青を背負い、左の小指がない様相で撮影所に睨みを利かす東映京都の老門番・並河正男氏。

復員兵から任侠の道に入り、その後、１９５０年代に若手時代劇スター中村錦之助と懇意になり東映入り。昼は制作進行、夜は錦之助の用心棒をつとめあげ、第一線を退いた後も撮影所で余生を送り、09年冬、86歳で亡くなった老人の一生が端的に語られる。

冒頭から、読者の多くが落涙するだろう。この本が華々しい表舞台の裏で、無名のままに映画作りに奉仕した裏方たちへの鎮魂歌であり、狂気と侠気と心意気の物語であるという著者の視座が宣言され、いきなりガッチリと摑まれる。

銀幕に輝く大スターは数多の脇役、端役の存在によって精彩を放つのと同じく、映画の光輝とは、見えざる陰の仕事の濃密さによって鮮烈に浮かび上がるものだ。

そして東映黎明期のスタッフとは、やくざあがりや、満州からの引き揚げ者、レッド・パージで働き口を失ったインテリくずれなど、皆、不良品の溜まり場に吹き寄せられた、「あかんやつら」であった。

彼らは戦後「日本映画の父」牧野省三の息子であるマキノ光雄の下へ集う。1947年、東映の前身、東横映画は、わずか3棟の木造スタジオとオンボロの撮影所からスタートする。後に映画会社の統廃合を経て、時代劇映画ブームで鉱脈を得て、東映は弱小後発ながら、量産体制に入り、短期間で「東洋一の撮影所」へ成り上がる。

隆盛期の撮影現場は過剰にエネルギッシュで躍動感に満ちている。「走らなアカンで！　走って目立とうや！」の怒号に煽られ、馬車馬の如く働き詰め、「いつも客のことを忘れたらアカンで。暇があったら小屋に行って客の顔を見てみい」というマキノイズムの浸透と共に、大衆娯楽に徹した東映の社風が確立されていく。

一冊を通じてカルチャーショックに病むのは、かつての京撮の現場が、お上との共犯関係や薬物汚染ありありの〝グレー〟で〝ブラック〟なことだ。「ピストルは警察からブローニガンを借りた。そのため美術スタッフの多くはいつの間にか銃の扱いができるようになっていた」

「『疲れた人！』その掛け声を合図に看護師の前に一列に並ぶと、看護師は次々とヒロポンを打っていく。これで頭をスッキリさせ、朝までの仕事をやり遂げるのだった」

こんな記述は頻出する。また、京都の土地柄もあり、任侠路線、実録路線の時代も、そのリアリティを巡って、ヤクザ組織との密接ぶりも今では想像も及ばないほどだ。

初期の東映を支えた英傑、マキノ光雄が48歳で早逝し、東映中興の祖「鬼の岡田茂」の時代になる。「東大経済学部出身のエリート」でありながら「やくざを投げた男」として数々の修羅場を潜り、若くして「日本映画の首領」となる一大物伝が語られる。

この時代、出鱈目で香ばしい逸話、濃くのある武勇伝は数限りない。

しかしながら、この本には（岡田茂・談）は一箇所もない。岡田茂の自伝、評伝の類は既に数々あり、もちろん、東映史を描くには、その豪腕、巨魁ぶりは外せないが、従来の岡田茂史観を避け、周囲の証言から人物の輪郭を描くことで、晩年の神通力の衰えと失策にも斬り込み、一人の英傑の興廃と盛衰の儚い無常感までを描破した。


東映の歴史とは、すなわち、成功と蹉跌とが糾《あざな》う、生き残りの歴史である。

「撮影所」という組織、映画という斜陽産業が路線変更を繰り返し、いかに「作り続けること」でサバイバルしてきたか。そして、世に送り出した作品は、失敗作を含めて全てに秘めたるドラマがある。ゆえにこの本を書き終える難しさは計り知れない。膨大な作品を時系列で取り上げるだけでも字数は増え続けるだろう。筆者とて最も語りたいところの役者論と作品論を脇に置き、引き算を繰り返しながら、冷徹に興行成績だけで作品の雌雄を決し、それに伴う経営判断の変遷を追ってゆく……。

しかし、それでも抑え切れない筆者の衝動が、時折、頁一杯に炸裂する。マキノ光雄の侠気、東映が忠臣蔵を作り続ける意味、岡田茂の人間力、若手監督やプロデューサーの台頭、脚本家・編集マンの独自の技術力などに言及するばかりか、殺陣師・谷明憲の証言から、近衛十四郎の役者魂に筆が走り、若山富三郎と鶴田浩二の確執から「若山一家」の逸話に興が乗り、12年ぶりに京都へ帰ってきた萬屋錦之介の涙を活写し、『仁義なき戦い』のカメラマン助手の知られざる役割を新たに明かし、他社、松竹製作であったが実態は東映京都そのものの『蒲田行進曲』の撮影風景に長々と頁を費やす。また、興隆するテレビから斜陽期の映画へ転身を遂げた五社英雄監督への語り口調は一際、熱を帯びている。(実際、春日氏は、この大冊でも書き足らず、河出書房で丸ごと一冊五社英雄のムックを責任編集、現在、新たに書き下ろしの評伝を執筆中だ)

事ほど左様に、活動屋魂が迸《ほとばし》る、熱き血潮の挿話は数限りない……。

昔日を振り返り、春日氏は「東京から京都へ、足を運んでいくら取材しても、その成果を発表させてくれる媒体がない時代が長く、毎晩トイレで便器に顔を突っ込んで泣いていた」と云う。どころか、取材だけでは飽きたらず、思い余って、自ら映画の世界へ跳び込み、怒涛の物語に巻き込まれようと、東映の「芸術職採用」の入社試験まで受けたが、最終面接で落とされる無念と喪失の時間を過ごしている。

京都太秦の撮影所は、ひとりの青年に対し、過去と未来を見据える座標を授けつつも、峻烈な試練をも与えた。しかし、それは若き時代劇研究家を生む羊水ともなった。

撮影所とは、この本に描かれる全ての映画人の通過儀礼の地となっている。

本書が、これほどまでに我々ボンクラの胸を打つのは背景に、筆者が青年から大人へと成長を辿る物語でもあり、著者にとって未完では終われない物語であったからだ。

春日太一氏は十年の歳月を経て、この〝紙のフィルム〟の編集作業を完遂した。

「この世で始まったことはこの世で終わるやろ！」――。


波打つ物語を一気に読み終え、本を閉じると「完」の文字が虚空に浮かぶ。

秀逸なる映画本の読後感は、一遍の映画を見終えた感慨に一致すると言われる。

確かに、この豊穣なる読書体験は、在りし日の東映作品の興趣を彷彿する。

だからこそ、ボクは夢想する――。


この本が何時か東映三角マークの下に実写化され、京都撮影所の「あかんやつら」が、白い牙を立てて巌を噛む荒波の如く暴れまくる、あの「熱き日」が蘇る日を！

（２０１６年6月10日刊行より）

春日氏は14年、『あかんやつら』で第26回尾崎秀樹記念・大衆文学研究賞を受賞。その後も『市川崑と『犬神家の一族』』（新潮社）、『鬼才 五社英雄の生涯』（文藝春秋）、『すべての道は役者に通ず』（小学館）、『時代劇入門』（角川新書）、『時代劇聖地巡礼』（ミシマ社）など自身の足で稼いだ時代劇研究の成果を精力的に発表。23年11月には『羅生門』『七人の侍』『砂の器』『八甲田山』『幻の湖』など傑作・怪作シナリオを生み出した戦後最大の脚本家・橋本忍の決定版評伝『鬼の筆』（文藝春秋）を上梓。

〈特別寄稿〉
『いとうせいこうって何者？』

★いとうせいこうの作ってきた作品、彼の今に至る道程について、もはや若い人たちにとっては何なのか正確に把握している人は少ないだろう。
そして、知らず知らずのうちに乗っかっていることも多い。

9月30日、10月1日の2日間にわたって開催される「いとうせいこうフェス」。タレントから文化人、お笑い芸人からアーティストなど、登場人物を見てその活動の広さにますますわからなくなる。いとうせいこう、あなたは一体何者ですか⁉（編集部）

評論「ひらがな」のひとである。（水道橋博士）

いとうせいこうは「ひらがな」のひとである。

本名「伊藤正幸」の漢字の閉じられたイメージ、その象形性、表意性を破棄し、名前を表音文字に開くことによって、あらゆることを受け入れ、しかも、そこに意味を持たせないよう意識している人だ。

つまりは入り口から属性を決めない。

言葉を生業としているが、司会者でもミュージシャンでも作家でも芸人でも役者でも文化人でも編集者でも俳人でもＤＪでもないのに図らずもそれらの仕事を第一線でつとめあげている。

それでいて、その地位に長く居続け、本業として定め極めることもない。

だからこそ、その仕事ぶりを振り返り、説明するのは「難解」そのものだ。


Ｓｉｎｃｅ１９８６、来る9月30日、デビューアルバム30周年の祝賀会「いとうせいこうフェス」が開催されるが、その期に合わせて、ボクは誰に頼まれるでもなく「いとうせいこう年表」の作成をはじめた。

今も途中経過のままだが、現在進行形で文字は膨れ上がっている。

62年生まれのボクは、61年生まれのいとうせいこうを、先に生まれた「先生」として、いつの間にか、その背中を追いかけていたことに改めて気がつく。

柴又方面の生まれながら浅草に居を移し永らく暮らしている、リアル浅草キッドでもあり、早大生時代からピン芸人として活躍していたので芸人としても先輩格だ。

「師匠」とは呼べないものの、まさに先に生きる人、「先生」そのものではないか。

そして、この感覚はボクだけに限らない。

いとうせいこうの足跡は様々なジャンルを横断し、それぞれに人脈の裾野を広げ、その結果、ポジションは隆起し、存在は山脈の如く屹立しながらも、山水画の如く朧げにしか見えない！
この現象は年表を通じて理解できた。

それでも、ＴＶ芸能界のセンタースポットにしか興味のない中高年やお年寄り、そして平成生まれの若者たちにも、いとうせいこうを説明するのは難しい。「何の人？　何をしてる人？」と。「貴方は何をされている人？」がテレビでゲストを招聘《しょうへい》する際の常套句である芸能界の御大・和田アキ子曰く「貴方は何をされていない人なの？」

世代ごとに疑問符が浮かぶだろう。
「早稲田の学生時代『タモリライフ研究会』に所属し、ＴＶ番組荒らしだった素人」／「新卒で入社した元・講談社の社員」／「バブル期に『業界くん物語』の編集で大当たりした業界人」／「日本語ラップの創始者のひとり」／「ナンシー関の名付け親」／「ラジカル・ガジベリビンバ・システムの一員」／「小説『ノーライフキング』のベストセラー作家」／「湾岸戦争に際しメッセージを出した文化人」／「マルクス兄弟やモンティパイソンを日本に広めたひとり」／「ネッスルの朝ごはんのＣＭの声の人」／「ＴＢＳ『未来日記』の監修」／「テレ朝『虎ノ門』でうんちく王を仕切る人」／「小説『想像ラジオ』で茶川賞候補になった作家」／「テレ朝『シルシルミシル』に出ているシルヒトゾシル謎の人」／『したまちコメディ映画祭』で世界のコメディを紹介し、日本の喜劇人を表彰する人」／「テレ朝『フリースタイルダンジョン』の審査員長」……。

それぞれの世代のパブリックイメージは数々あるのだが、どれもが、いとうせいこうの代名詞として決定打に欠けるのだ。

しかし、今回の「いとうせいこうフェス」に集う人々の多種多様性を鑑みれば、その影響力、及び、後進への救いの手の広がりは枚挙に暇がない。


もともと、盟友・みうらじゅんと共に「見仏記」で全国の仏像を見て廻るほどの仏教徒だ。いとうせいこうの導師、あるいはメンター（師匠）筋であるタモリは、あらゆる後進を拒否することのない芸能界の大乗仏教の高僧になぞらえられるわけだが、いつの間にか、いとうせいこうも徳の高い位置へと登りつめていたのである。

しかし、何故にこれほど一筋の道を行かず、遠回りを続けたのだろうか？

「いとうさんは常に心配がいっぱいある心配人《しんぱいにん》なんだよね」。

それは、みうらじゅんの評言どおり、TVタレントとして、いや求道者として〝成功〟を目指すことに、すごく心配をしていたからなのだと思う。

それがゆえ、失敗を恐れ、立ち止まり、文字の上では自らを内省し、失敗を刻んだ。

「マイブーム（成功）」と「ナイブーム（失敗）」を糾える縄のごとく仕掛け続けてきた、みうらじゅんは、いとうせいこうのパイオニア精神を「失敗はいとうせいこうのもと」と評している。

であるがゆえ、芸能界、出版界、音楽業界、演芸界、古典芸能界、あらゆるジャンルに、あらゆる細部に、いとうせいこうの成功と失敗によって切り開いてくれた轍がある。

さて、「いとうせいこうとは何者か」という命題で、鍵となる一冊がある。

90年に出版された『難解な絵本』だ。

「本来、わかりやすいよう子供向きに書かれた絵本が実はいかに難解か」をテーマに置いたこの本には、あの表現の原点がある。

改めて、いとうせいこうは子どもの読む絵本のように難解だ。

こうして論述するに適さない。

だからこそ、この本の帯にかれたことばをもじれば——。

「最も詩から遠く、最も愛に近い人であり、最も愛から遠く、最も詩に近い人」なのだろう。

そして、この意味を、ひらがなで書くと「いとうせいこう」になる。

（『クイック・ジャパンｖｏｌ．１２７』太田出版２０１６年９月号より）

多岐にわたり精力的な活動を続ける、いとう氏。近作に世界の現場を訪ねたルポルタージュ『「国境なき医師

団」を見に行く』（講談社・17年）、ディストピア小説『小説禁止令に賛同する』（集英社・18年）、ベストセラー『想像ラジオ』のスピンオフともいえる『夢七日夜を昼の國』（文藝春秋・20年）、忘れの天才がしたためた9年間の記録『ど忘れ書道』（ミシマ社・20年）などを発表。24年2月、『福島モノローグ』に続く『東北モノローグ』（河出書房新社）を上梓。俳優として、23年放送のＮＨＫ連続テレビ小説『らんまん』に「日本の博物館の父」として知られる田中芳男がモデルの里中芳生役で出演。

〈対談〉

武田砂鉄

『芸能人寛容論』

水道橋博士×武田砂鉄対談載録【不寛容不可視社会の寛容論】

笑い生れ！　対話生れ！

注目のライター、武田砂鉄氏が『紋切型社会』につづき、2冊目の単著『芸能人寛容論――テレビの中のわだかまり』（青弓社）を上梓した。「ｃａｋｅｓ」の人気連載「ワダアキ考」の一部に加筆した一冊である。この刊行を記念して、10月6日文禄堂高円寺店でコメンテーター、ライター、編集者としての活躍も鮮やかな、お笑い芸人・浅草キッドの水道橋博士とトークイベントが行われた。自らがテレビタレントであり、『本業』『藝人春秋』等の芸能人に関する著書を持つ水道橋博士と、テレビを見つめて30数年、お茶の間代表武田砂鉄の舌戦の一部を、載録させていただいた。（編集部）

博士　ここ文禄堂高円寺店には近所なのでよく来ます。先日、作家引退を表明した樋口毅宏さんのサイン本が何時も置かれる、いい品揃えの書店です。

武田　西加奈子さんへの「果し状」と宣言されていたプロレス小説『太陽がいっぱい』ですね。で、樋口さん、本当に引退されるんですかね？

博士　全然しない、するわけない（笑）。大仁田ごっこやって、出来の悪いプロレスを広げて回収するのが難しくなった例で、あれは笑って済ませましょう（笑）。でも、樋口さんにしても、極端に言えば、長谷川豊氏にしても「もうこの業界から出て行け！」という極論は僕にはないんですよね。長谷川氏については武田さんも、ＷＥＢ連載で怒ってましたね。

武田　彼は人工透析患者に対する暴言で番組を降板になりましたが、その後も懲りずにブログを更新し続けました。

博士　それも、炎上を煽《あお》る内容でしたよね。

武田　自分の発言が曲解されているとブログで弁明し続けたわけですが、「そのまま殺せ！」とタイトルに記した後に「『長谷川が透析患者は死ねと言ってる！』などと乱暴なことを拡散するとまでは夢にも思っていなかったのです」と書く。これで通るはずがない。

博士　ネット上には同じ症状が蔓延しています。賛同者はよし、批判に対してはブロックか退場するまでの罵倒しかない。長谷川氏が例の記事をブログに投稿して炎上中、僕はＭＸテレビの彼が司会をする『バラいろダンディ』の曜日替えゲストで一緒になった。それで、前日に彼の著書を読んでいきましたが……。

武田　彼の『テレビの裏側がとにかく分かる「メディアリテラシー」の教科書』を僕も読みました。当然、メディアリテラシーを学ぶべきはそちらだろう、と突っ込みながら。

博士　僕は『報道ステーションは正義か不実か』を読みましたが、プロローグで「〜日本人はバカばっかりだ」と書き出し、終始、「バカ」を連発します（笑）。何かと「お約束」的なことを「プロレス」と例えるのも気になるし、「百田尚樹は悪くない」という一節もありました。

武田　「バカ」を連発する人ほどバカという気が。長谷川豊についても書いているWEB連載「ワダアキ考テレビの中のわだかまり」の一部を大幅に加筆修正してまとめたのが『芸能人寛容論』です。僕は二年前にフリーになりましたが、出版社の編集者時代に『道の手帖 竹中労』という特集本を作りました。その本で水道橋さんにインタビュー取材をさせてもらったのが初対面でした。

博士　「竹中労の話を聞かせてください」とやって来た時、はじめに何歳ですか？　と尋ねましたよね。

武田　当時は28歳でしたかね。

博士　20代で竹中労を分かる人がいるのか、と驚きました。僕は著書には引用しているけれど、メディアで竹中労の話を深くしたことはなかったので、思わず話し込んだ印象です。

武田　インタビュー日は、東日本大震災から1カ月後の2011年4月11日でした。3・11の後、原発のPR広告に出ていた文化人を列挙し袋叩きにする流れが起こりましたが、水道橋さんは以前そうした記事に出ていたことを自問自答していると、竹中労の話から繋げつつインタビューの中で語ってくださった。

博士　元「噂の真相」編集部の神林広恵さんが、僕について批判的な記事を書いたのはその後だったのかな？

武田　その記事が出たのは4月末だったのでインタビューでの言及の方が少し早かったかと思います。水道橋さんもよく引用されている、竹中労『ルポライター事始』の一節、「人は、無力だから群れるのではない。あべこべに、群れるから無力なのだ」を『芸能人寛容論』でも引いているのですが、3・11以降のメディア環境を振り返りつつぶつけてみると、改めて鋭い示唆となる象徴的な言葉です。

博士　まさに今、その言葉を痛感します。僕が安倍批判者だと、連日ネトウヨに叩かれて、蠅取紙になったような心境です。それに対し、「応援します」「援軍します」的な支援、コメントもくれるのですが……。絶対量が違います。

武田　火に油を注ぐ結果になるだけでは？

博士　いや逆に「群れるから無力なのだ」って。僕は思想を闘わせたいわけではないし。僕が津田大介に洗脳されているとか、根も葉もないこともいろいろ言われていてね。「博士がパヨられた」とか言われます。僕はもともと「パヨク」という言葉も知らなかったから、先日、後学のために『さよならパヨク』を読みながら、地方ロケへ行きました。

武田　青林堂が出した千葉麗子の本ですね。

博士　僕がその本を読む姿を見た人から「博士は、やっぱり洗脳されているんだ！」と指摘されて（笑）。

武田　むしろ彼らにネタを与えてしまった（笑）。

博士　例えば『永遠の0』の読者はいいんですよ。でも百田先生のツイートにくっついて一斉に他人を罵り始めて、他者を攻撃する感情に煽られている人々に、自分がいかに普通のコミュニケーションをとれず、罵詈雑言で人を威圧しているかに気づいてほしいだけ。関わらない方がいいと言われるけれど、そこで口を噤むから、またネットの暴言がまかり通ってしまう。テレビ朝日の『しくじり先生』の放映に合わせて、世間の耳目が集まる内に、このことをオープンにしたいと思っただけです。

武田　あれはプロモーションの一環だったんですか。KKベストセラーズのサイトで、九月の間じゅう、毎日一問ずつ質問に答える企画をやられていましたね。SMAP解散や安倍政権の暴走についてなどにも言及されていた。

博士　「感情を揺さぶる30問30答」、これが毎日のサイト内更新とは別に、数日後にネットニュース全てに配信されるんですよ。だから、30日間連続炎上（笑）。安倍政権についての一答は、『しくじり先生』放映の直後に配信するようにしたんですけどね。

武田 計算づくだったんですね。しかし安倍政権への批判は、ごく常識的な意見で、炎上するほどのものとは思いませんでした。芸能人が批判した、という点で怒り出したにすぎない。

博士 「トリクルダウンは起きてない」とか、「2020年まで首相任期を延長するなんてありえない」とか、ごくごく真っ当なことを言っただけですよね。

武田 あれでダメならば、芸能人は政治について語れないことになる。ネット住人を中心に「芸能人の政治的発言」に過剰に反応し過ぎです。NEWSの加藤シゲアキさんが「朝日ジャーナル」で「SEALDsに賛同する」と言っただけで「アイドルの政治発言」と話題になったし、昨年、僕が長渕剛さんにインタビューした中で、SEALDs奥田さんの国会答弁について「静かな取り込みでした」と高く評価したことがすぐに取り上げられて、「左傾化」だの叩かれている。稚拙です。

博士 長渕さんは映画『男たちの大和』の主題歌を歌っていて、今までは、むしろ右寄りって言われていたのに……。

武田 手早く左右の位置づけをされ、暴言を投げる対象に設定する。作家の宮崎学さんが「右翼でも左翼でもなく、混翼だ」と言っていましたが、そういう混交を理解してはくれない。

博士 竹中労ふうに言えば「左右を弁別すべからざる情況」を望んでいます。でも僕は芸人だから間違ったかたちで権力をふるう人がいたら笑い飛ばす、王様を笑う道化役ですよ。それを徹底しているつもりですけどね。思想もなく。でも、そういうことをしていると、「デモの先頭で旗振の役をやってください！」などと言われるんですよ。

武田　つまり、石田純一的な方向に？

博士　そうならないよう、ネットで僕の唯一の冠番組『水道橋博士のムラっとびんびんテレビ』をやっているんですけど（笑）。

武田　ＡＶ男優のしみけんさんとの番組ですね。

博士　セクシー女優を並べてね、両手をまっすぐ上げて「僕は右でも左でもないんです」という映像をアイコンにしてね（笑）。

武田　解決策として正しいとは思えませんが（笑）。

博士　こんな破廉恥な人間は思想的なリーダーになどなれません、という証拠です（笑）。まぁ誤解する人には誤解してもらっていていいとも思っていますけどね。忌野清志郎さんが『ＣＯＶＥＲＳ』を出したとき、世間はずっと批判的だった。反原発の歌などを作っていますが、そのたびにいろいろ言われた。でも清志郎さんは別にどう思われてもいい、という自分のスタンスを変えなかった。僕も別にどう思われてもいいから、想うこと、言うべきことを「自解」すべきじゃないし、是々非々で政権批判もする。それが「真面目かっ！」って思われないよう、その裏で最近は「おねえターーン」も仕込んでいるんで（笑）。

武田　ここでもまた、解決策を間違っているような気が（笑）。

博士　これは、みうらじゅんさんにも称賛されて「あ、博士、そうきた？　俺もねぇ、若い時に女装をやってたけど中途半端だと駄目なんだよね。まずは作ったブローチつけて、スカーフ巻いて、美熟女になってさぁ、その後で今は、佐良直美目指して男するとか、それぐらいしたいとね」と応援されたのでこれからやります（笑）。

武田　水道橋さんが竹中労の文章に出合ったのは、映画評論からですよね。

博士　そうです。キネマ旬報の連載、「日本映画横断」と「日本映画縦断」。

武田　水道橋さんの文章からは「竹中×映画」の影響を感じます。自分は「竹中×芸能」です。竹中の作品に『芸能人別帳』があります。これは大御所芸能人を斬りまくる『スター36人斬り』を再編集した一冊です。

博士　竹中労の噛みつき方がすごいんですよね。

武田　粘着質に絡み付いていく竹中のアプローチ。竹中独特の言い回しですが、冒頭で「〝民衆の民衆的執念〟を文筆活動の拠点として権威を斬る作業を、それが可能な限り今後もつづけていきたいと考えている」と宣言しています。今、芸能評論は本人以上に本人に詳しいかのような、一人の芸能人を丸ごと網羅する書き方が多い。無論それにも圧倒されますが、民衆の目線をテレビの前からぶつけたいと思っています。

博士　それは、ナンシー関イズムでもある？

武田　……と、よく言われるのですが、ナンシー関さんを尊敬しているからこそ比べられるのは恐れ多いというか、芸能人評への評価がいつまでもナンシー関との比較で済まされる感じはいただけない。

博士　『藝人春秋』を刊行したときに菊地成孔さんが、ナンシー関は頑なにテレビを見ることによって得られる情報しか用いずに、芸能人を評したけれど、博士はインサイダーで取材してテレビの裏側まで書いている、と。菊地さんもナンシー派なんだけど、芸能界を描く方法は大きく二つに分かれるという話ですよね。僕の周囲でも「てれびのスキマ」くんも取材をしないという前提です。それを春日太一さんは本人にあてるべき派だし同じ世代の作家でも、拠って立つところが違うんですよ。

武田　僕は芸能人について書くときに、その人の書いた本を数冊またがって読むようにしているのですが、それは水道橋さんの『本業』に影響を受けているなと感じました。『本業』はタレント本の書評を柱に、周囲に様々な事象や思考を肉付けしていきますね。

博士　書評ではあるんだけど、加えて、実際にその人に会った時にどう感じたかも書いています。これはスタイルですが僕の自分語りも入れるようにしています。

武田　僕は日頃から楽屋にノックするわけではないので、世間の目線やそれが集積したイメージとは何かを見定めて肉付けしていく。水道橋さんは、『本業』のように、本を中心に据えて対象から距離を取ることもできるし、『藝人春秋』のように相手の懐に入り込んで書くこともできる。それを選択できる強さをいつも感じています。

博士　しかし、『藝人春秋』が売れた！　と言っても文庫と合わせて10万部です。秋元康さんに薦められてAKB時代に前田敦子さんが「生まれて初めて本を最後まで読んだ」とツイートしてくれて「これはイケる！」と思ったけど、そうでもなかった。

武田　日めくりカレンダーを出すしかないですね。

博士　作家とタレントとの両立だと「効率が悪い」そういう哀しさを感じてしまうんです、文筆に対して。

武田　今はSNSやブログなどによって、黙っていても芸能人の側から僕らの方に近づいてきてくれる。ナンシー関さんがテレビの前で構えていたときと、距離感が全く変わっていますよね。その状況、つまり、あっちから近づいて来ようとする働きかけを避けて、距離を保った上で書こうとする。すると、何故わざわざひねくれた視点から書く必要があるんだ、と指摘される。近付いてくるものをひとまず避ける行為が「皮肉」とされるのは、見る側が恐ろしく素直だからなのでしょうね。まどろっこしい自分の芸能評よりも、芸能人と視聴者を繋いでくれる人気番組のプロデューサーが書いた本の方が求められている。「内情」は詳しく知りたいが、「見解」に密度はいらない。密度、と言えば、今年のベストセラーの石原慎太郎著『天才』は、開いて見ると『ズッコケ三人組』ぐらいのQ数（文字の大きさ）でしたね。

博士　老眼にはやさしい本でした（笑）。

武田　でも書籍や文章は、読者に対してある種の負荷をかけてナンボ、と思っています。水道橋さんがやっているメールマガジンも、読み手にかなりの負荷をかけていますよね。ボリュームがありすぎる。このスクロールは一体いつ終わるんだろう、と（笑）。でも、その負荷を欲しています。

博士　無料アプリで、読みにくさは解消できていますが……『メルマ旬報』は、月五百円でクオリティの高い読み物がぎっしり読めるよう作っています。

武田　僕はノンフィクションが好きで、出版社にいたときも、その手の本を多く作っていました。でもこの数年でますますノンフィクションの媒体が減り、佐野眞一氏の「ハシシタ」連載などの影響もあり、作家や支える編集者の力がすり減る厳しい局面に突き当たっています。水道橋さんは長らく「エンターテインメントノンフィクション」というジャンルを提唱してきましたが、ノンフィクションにどのような道が残されていると感じますか。

博士　『メルマ旬報』でもノンフィクションを連載していて、細田昌志《まさし》「格闘技をつくった男 野口修評伝」は本格的で骨太な作品です。これは新潮社に僕が持ち込みました。『つかこうへい正伝』や『大山倍達正伝』、などを作っているチームに書籍化を承諾いただいて、資料収集なども手助けして欲しいと。ノンフイクションの未来は語れないけれど、自分が良質なノンフィクションを読みたいから、僕の立場でできることを続けています。

武田　優等生的な返しになりますが、コツコツ積み重ねていくしかないんですよね。竹中労は

「ルポルタージュは主観である」と言っています。しかしその言葉とは違う意味で、例えば百田尚樹『殉愛』のように、思い込みを自由気まま暴走させた、ルポルタージュの前提を逸脱し、恫喝《どうかつ》するように事実だと言い張る本が出回った。そのことへの嫌悪も水道橋さんは訴えていますよね。

博士　あれは、本来のノンフィクション作家への「侮蔑」だと思います。今も謝罪、訂正を求めています。

武田　竹中労が言う「ルポルタージュは主観である」とは、一つ一つ丹念な取材に基づいていても、何時も取材者の主観が入り込むものだという意味です。「行動しつつ記録していくこと、主観と客観はかくて合一します」と書いています。

博士　僕は『殉愛』への反証本の『百田尚樹『殉愛』の真実』に対して、幻冬舎の見城徹社長が、なぜ文において答えないのかと疑問です。見城徹の『編集者という病い』にどれだけ鼓舞され、出版界に飛び込んだ若者がいるか。それに対して、「売れる本がすべて」「顰蹙《ひんしゅく》は金を出してでも買え」「作家を守り切れ」、みたいな語録を悪解釈したまま放置するのはひどいと思う。週刊誌も『殉愛』騒動について極力、報道しませんでしたしね。百田先生や上杉隆氏はツイッター上で暴言の限りを尽くすのに、「それはおかしい」、という反論をなぜ、こちらが自粛しなければいけないのか？　不思議です。

武田　自粛によって暴言がのさばり続けるという構図が平然と進行してしまっていますね。

博士　ＭＸテレビの『週刊リテラシー』を上杉隆氏が降板した、その翌週のゲストが百田先生だったんです。どの辺がリテラシーなのかと（笑）。でも、その時の共演者が、憲法学者の木村草太さんだった。百田先生がいろいろ憲法の解釈の自説を述べるわけです。それに対して木村さんが、「いいですか、それはここが違います」と冷静に修正し続けて、最終的に、えらくリテラシーがある番組になっていました（笑）。プロデューサーの大川さんに「番組見ました、結果的にリテラシーがある番組でしたね」と言ったら、「博士、百田尚樹さんって何か問題があるんですか？」って……もはや漫画みたいな展開でしたが（笑）。

武田　すっかりリテラシーが崩壊している（笑）。

博士　大川さんという人は、体育会系で情が厚くて、長谷川さんのことも最後まで守ろうとしていました。僕らは出演者なので、大川さんの気持ちを立てて言葉を控えて、その中で番組を作っていきます。大川監督がプレイヤーを信頼している試合で、「ベンチがアホやから野球がでけへん！」と、試合を放り出す。かつての江本（孟紀）みたいには言えないものですよ。

（『週刊読書人』２０１６年11月4日号より）

〈書評〉

大川貴史

『視聴率ゼロ！』（新潮社）

「永遠のゼロ」ではない！——大川貴史『視聴率ゼロ！　弱小テレビ局の帯番組「5時に夢中！」の過激で自由な挑戦』

「貴方ぁー、くれぐれも大川をよろしくー。あいつはバカなんだけど、ホントに悪いヤツではないのよぉー。見捨てないでチョウダイねぇー！　お願いぃー！」

２０１３年12月21日——。

六本木・テレビ朝日で『ビートたけしのいかがなもの会』の収録が行われたこの日、ボクはマツコ・デラックスの楽屋へ自著『藝人春秋』を持参して挨拶に出向いた。初対面だった。

楽屋のドアをノックして「どうぞー」の返事と共に扉を開けると、マツコは丁度メーク中だったが本を渡すと「まー。ワザワザ、ご丁寧に申し訳ないわー。ワタシ、もうこの本は読ませて頂いていますけど、そんなことより……」と大きな体を折り曲げてボクの手を握り、冒頭の言葉を告げた。

この頃、本書の著者、大川貴史プロデューサーは『5時に夢中！』の出演者の降板事件を抱えて、その是非や責任を問われていた。

一方、マツコはテレビ界の寵児として飛ぶ鳥を落とす勢い、次々に各局にレギュラー番組を射止めていた。

大川がマツコを発掘したのは、この本にあるとおり、11年も前のことだ。

マツコは年々、右肩上がりに増えていく超多忙なスケジュールを背負い込みながらも『5時に夢中！』の不動のレギュラーとして大川への報恩を2016年の今も貫いている。

本書で描かれるように『5時に夢中！』を放送する、TOKYOMXテレビは1995年に東京ローカルの地上波最後発のテレビ局として設立されながら永らく視聴率ゼロ地帯を歩んだ。

そこに登場したのが95年入社の「新卒一期生」の大川貴史であった。大川は立教大学野球部上がりで、文化系の素養も教養もない、テレビのことは何も知らない、無知の無手勝流で番組制作に挑むことになる。

東京都がブランド豚「TOKYO X」を売り込むなら「TOKYO MX」はマツコの巨躯をブランド化して売り出す。東京都が美味しい水道水をPRするなら『5時に夢中！』は言葉の洪水、美味しい下水を垂れ流しているかのように、水脈、鉱脈を当ててみせたのだ。

さて、ボクが大川プロデューサーに初めて会ったのは今から4年前。２０１２年3月26日。それ以来、ＭＸテレビの大川プロデュースの生放送に毎週出演している。現在は『バラいろダンディ』の番組開始以来のレギュラー出演者だ。

初対面の印象は、本人のルックスが藤子不二雄の描く「ジャイアン」そのもので驚いた。二の腕が丸太ん棒のように飛び出したＴシャツ姿で、大声で話し、大声で無邪気に笑う。

これほど漫画のキャラクターと相似形なリアルは、松尾スズキが、かつて「テリー伊藤は赤塚不二夫漫画のキャラクターにしか見えない」と書いて以来だ。「友達の家に行ってご飯をいっぱい食べて、大きい声で笑って……食べて、飲んで、笑っていると、不思議と人間関係が良好になる。これもプロデューサーとしての立派な『武器』だと思うようにしています（笑）」と書く大らかさ。「社長になるのは俺しかいないだろう」と嘯《うそぶ》く「東十条のジャイアン」は、見た目性格を含めて、例えそのものなのだ。

この頃、既に『5時に夢中！』の特異な番組作りが注目されており、「大川＝ＭＸテレビのテリー伊藤」と云う評価もあったのだが、実際に会ってみると、その才能は全く別種であった。

敏感に最先端の世間の空気や流行を感じ取り、自らをプレイヤーになるのも辞さず、笑いに変換させてみせるテリー伊藤に対し、大川は、驚異的な鈍感力で、結果、最先端の空気や流行を尊拝することなく、全ての事象を笑い飛ばすことに長けている。

それは本書にあるようにコメンテーターの力量頼りであり、彼らの持つ、毒や危険因子を深く考えることなく、大胆に発掘、起用するから生まれることだ。

本書の中で「『5時に夢中！』の面白さの大きな柱は、一つの物事に対して『いろいろな角度からの意見が聞けること』、つまり『意見の多様性』だと思っています」と書き、その結論に至る過程として大川は食事会の重要性を説く。「出演者の皆さんは、一緒にご飯を食べても、僕とは全く感想が違います。味を細かく表現したり、食材の産地に触れたり、盛り付けや器の話をしたり……。一方、僕らみたいな人間は、何を食べても、感想は『うまい』か『まずい』の二択。まぁ、大体腹が減っているから、ほぼ『うまい』一択です」と書かれているが、なんというジャイアン世界観であることか。爆笑と共に強く共感した。


この本には触れられていないが、ボクはＭＸテレビを「半蔵門の火薬庫」と呼ぶほど、実は連日、出演者の舌禍事件、衝突、降板事件が相次いでいる。

言葉を変えれば、それだけ地上波テレビの極地に、物騒な出演者を生放送で起用し、彼ら、彼女らの忌憚のない意見を語る場を用意しているということだ。

その番組作り、キャスティングは他局には真似できないだけに大胆不敵とも言えよう。

最近も、大川が手がける政治政策バラエティ『淳と隆の週刊リテラシー』が都知事選出馬後の上杉隆の番組降板騒動に見舞われた。もともと、番組が立ち上がる際も、ボクの番組に出演する映画評論家の町山智浩が、そのキャスティングを巡って事前に異議を唱えていた。

果たして、今や、ＭＸテレビと訴訟騒ぎになるほど連日の対応に追われる中、上杉隆は降板した。大川はスタジオでボクを見つけると「町山さんの予告通りでしたー！」と頭を掻いた。そして、上杉隆降板、翌週の『リテラシー』のコメンテーター席に座ったのは……なんと百田尚樹先生だった！

思わず「どこがリテラシーなんだよ！」と突っ込んだが、この日のもう一人のゲストは、若き憲法学者の木村草太氏！

そして、番組が始まると、百田尚樹の繰り出す素人解釈の憲法論に逐次、木村草太が学者の立場から、反論、訂正を施し、番組終了時には、見事な両論併記な理想的なバランスを保つ奇跡を叶えていたのである。翌週、大川に会うとボクは「先週の『リテラシー』は理想的でしたねー」と声をかけた。大川は声を潜めてボクに問うた。「スイマセン。よくわかってないんですけど……百田さんって何か問題がある人なんですか？……」――こんなことが日常茶飯事だ。

そして、今、人工透析患者に対しての問題発言をブログに綴った長谷川豊アナウンサーのレギュラー番組降板騒動も勃発。長谷川が次々と各局で降板を決める中、『バラいろダンディ』の月～木の司会者である長谷川豊を最後まで守ろうとしたのは大川だった。

舌禍筆禍アナ、脛に傷持つ前科モン、下ネタ女流作家、そして毒舌女装家……。魑魅魍魎たちを放し飼いにする大川の心境は常に白装束。いつでも自ら腹を切る覚悟はあるだろう。来る日も来る日も、自らスタッフの先頭に立って、用意し、片付けるセットの椅子も彼の断頭台でもあるのだろう。

予告をすれば、今後も問題は数々起こるべくして起こる。そしてMXテレビと大川を知らない論客からは謗《そし》られることも続くだろう。しかし、それらの人に対しボクもまた冒頭のマツコ・デラックスのように言うのだ――。

「くれぐれも大川をよろしく……」と。

「智に働けば角が立つ情に棹させば流される」――。

テレビ番組という日々流れ続ける世界の中で、筋を通してこそ一角の人間であり、仲間を守るものこそが仲間を率いることができるというひとつの真理が、この本を読めばわかる。

この本は、ビジネス書として類書にない。

人間関係という急流の大川を泳ぐ際、愚直なまでに真っ当なクロールを教える一冊の教科書であると断言できる。

（『波』新潮社　2016年11月号より）

大川氏の現職はTOKYO MX常務取締役営業本部長兼編成制作本部長（24年3月時点）。『5時に夢中！』（05年4月放送開始）はメインMCに垣花正（月曜～金曜）、大島由香里（月曜～木曜）、アシスタントにミッツ・マングローブ（金曜）、コメンテーターに月曜・マツコ・デラックス&若林史江、火曜・岩下尚史&北斗晶&リンドウ、水曜・松田ゆう姫&ヒコロヒー&小原ブラス、木曜・岩井志麻子&中瀬ゆかりジョナサン、金曜・中尾ミエ&ライアン。『バラいろダンディ』（14年4月放送開始）はMCにふかわりょう（月~木曜）、原田龍二（金曜）、コメンテーターに月曜・梅沢富美男&小山慶一郎／苫米地英人&武井壮、火曜・ロバートキャンベル&ダイアナ・エクストラバガンザ／金子恵美&中島健太、水曜・杉村太蔵／遠野なぎこ&橋本マナミ、木曜・金村義明&前園真聖／安東弘樹&ナジャ・グランディーバ&小宮山雄飛、金曜・宇多丸&玉袋筋太郎／デーブ・スペクターと錚々たる顔ぶれが並ぶ。

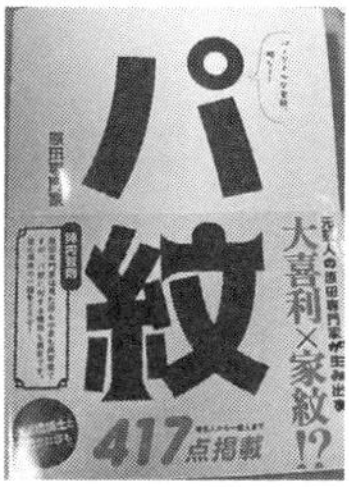

〈書籍内対談〉
原田専門家
『パ紋』（グラフィック社）

水道橋博士（以下博士）　突然ツイッターでDMが届いたの。原田専門家っていう怪しい名前と、「パ紋」というこれまた得体の知れないモノがね。２０１２年1月24日、今でもそのときのことをよく覚えてるよ。

原田専門家（以下原田）　そうですね。水道橋博士と原田専門家は同じ5文字やし、なんか一緒に楽しいことできませんかねって、博士さんのパ紋を勝手に作って送ったんですよ。でも全然響いてなくて。それから何回かトライしましたね。

博士　でもオレも気になって、原田君のことをいろいろ調べたんだよ。1年くらいかけてツイッターとかで徐々に原田君の情報がわかってきて。そんなとき個展やるって「言われたけど、場所が家のすぐ近くなわけ。ストーカーでしょ（笑）。でもいざパ紋を見てみるとすばらしい。この人すごいやつじゃんって思ったよ。

原田　当時の髪の毛、モヒカンだったんで、そりゃ怪しまれますよね。でもパ紋に興味を持ってもらえてうれしかったです。

博士　自分の名前と好きなモノを題材に、家紋みたいなモノを作ってくれると言うんでね。携帯ケースにいつも自分の名前入れてたりするし、サインにつけるハンコも欲しいと思ってたし、ちょうどいいから「作ってよ」って頼んだの。そしたらオレの好きな瀬戸大橋とか「武」の文字がどどんと入ってて、カッコいいじゃない。すごい気に入ってるんだよ。

原田　パ紋をきっかけに博士さんといろいろな話をして、夢が膨らみました。おもしろかったのは、卓球バーですね。

博士　昔あった自分の倉庫部屋に卓球台があってね、そこに招待したわけ。聞いたら卓球部だって言うじゃない？　やってみたらうまいわけよ。それから盛り上がっちゃって。あのころは毎日のように卓球をしに来てたよね。その流れで、ピンポンパンからのピンポンバーってことで、卓球ができるバーを始めようじゃないかと。

原田　ピンポン外交ですよね（笑）。ボクも絶対叶えたいなと思って、バーを開く街の交通量調査までしたんですよ。店を開くための専門書も読みましたし。

博士　怪しいよね、こんな怪しい風貌のやつが同じ場所でずっと交通量調査してるんだよ（笑）。でも原田君が真剣に応えてくれるし、オレもぜひ実現したいと思ったよ。卓球のラケットにお客さんそれぞれのパ紋を付けて、それを店にディスプレイする。それだけでおもしろいと思うんだけど。まあ、実現はしなかったけどね……。

原田 そうっすね。現実は厳しかったです。

博士 それより、原田君って結婚してたんだよね。信じられる（笑）？　出会って4年以上も経つのに、知ったのがほんの1週間ほど前だからね。

原田 すみません。言う機会なくて（笑）。

博士 卓球バーが実現できなかったことに、ずっと申し訳ないという気持ちがあって。
そこで誘ったのが、オレがやってるメルマ旬報での「Tシャツ連載」。

原田 ありがたいお話でしたね。二人でTシャツ長者になろうって言ってくれて。今日ボクたちが着てるのがそのTシャツなんです。博士さんがTシャツデザインのイメージ案を伝えてきてくれるので、ボクが具現化するんです。

博士 イメージ像とかも写メで送ったりするんだけど、原田君は、それだけでわかってくれるんだよね。連載の中では、そんなスゴイTシャツを読者プレゼントにしているけど、応募が何通だっけ？

原田 10通ですね（笑）。

博士 信じられないでしょう？　読者は何しているんだろうね（笑）。

原田 いや次のデザインをがんばりましょう。でもデザインって、作る側だけの思い入れではダメなのかもしれないですね。やっぱり使う人のことを考えてデザインしないと。

博士　そういった意味では、パ紋は依頼者からお題もらって作るもんね。

原田　デザインは自分のエゴが出たらあかんと思ってて。頼んでくれた人の意向に沿う。そこの中でいかに自分らしさを出していくかっていうのが勝負なんですが、それに対してパ紋は、自分の我も出してます。それでダメだと思われても、「俺に頼んだ罰だ！」っていう感覚です。

博士　原田君のデザインは、企画から作品ができるまでの過程がしっかりしているからね。みんなデザインっていうのを直感でしか言わないけど、直感にいたるまでの思考が大切で、それらは文字で表現できるとオレは思ってる。それが原田君はできる人なんだよね。あらゆることをデザインにして、紋に落とし込む。これは、お笑いの大喜利もそうなんだけど、そこまでの量をこなしてきた人だからこそできる「技」だよね。

原田　（照れて無言）。

博士　もともと家紋はすばらしいデザイン。パ紋はそこにパーソナルな要素が入って、また違った魅力が生まれている。

原田　ボクはお題をもらうと、それを正面からだけでなく、ちがった角度からも連想しようとします。たとえば、温泉好きって言われて、パ紋に牛乳瓶をメインに入れちゃうとか。温泉好きなら、湯上がりの牛乳も好きでしょ？　って、いう感じです。物事を立体的に見て、伝えたいんですよ。

博士　なぞかけでもあるよね。絵でダジャレを表す感じも、江戸時代の判じ絵と通ずるところがある。それが驚きになるんだろうね。それにファッションブランドのロゴみたいに目立つから、一瞬何だろうって思って目につくし、使ってるとだんだん愛着が湧いてくるよね。

原田　目立って、なおかつ「何それ？」ってコミュニケーションが広がる。また、それがその人の好きなモノだって言うと、話がさらに膨らみますよね。

博士　実際、撮影の現場でもオレのパ紋を見て、「これ何ですか？」って言われるよ。この前、女子アナの二人が欲しいって言ってたよ。

原田　そうなんですか。ぜひ！

博士　パ紋の知名度を上げるためには、原田君は一回捕まったほうがいいんじゃないの？　ものすごいビッグな芸能人のパ紋を勝手に作って、訴えられればいいんだよ。

原田　作って勝手に送るとかはしてるんですけどねー、いまいち反応ないですね。

博士　でもそういうので有名になって、イギリスのバンクシーみたいに、「オリジナリティー」って何ですかって世界に問いかけるみたいなさ。

原田　そしたら、オリジナルのパ紋にすごい値段が付いちゃったりなんかしますかね。

博士　そうそう。なんか10年くらい刑務所に入ってるんだけど、パ紋が20億円ぐらいになるみたいなさ。そして奥さんは旦那の留守中に、豪遊してたりなんかして（笑）。

原田　そういうのおもしろいっすね。

博士　それより今度、記号のみで表現したパ紋作ってよ。まずはそこからね。

（2017年1月10日刊行より）

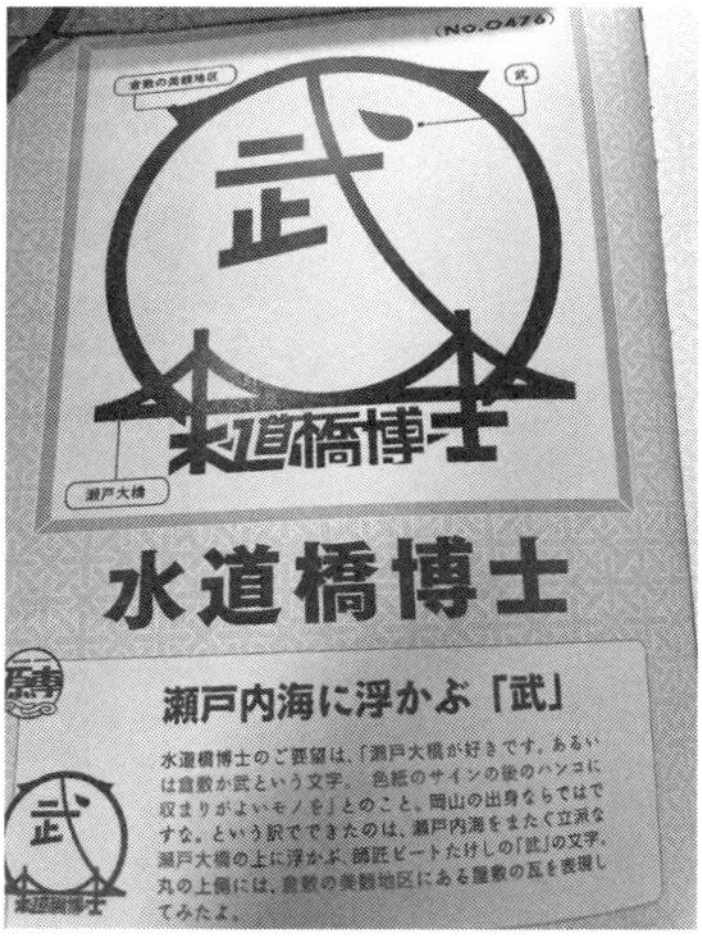

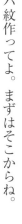

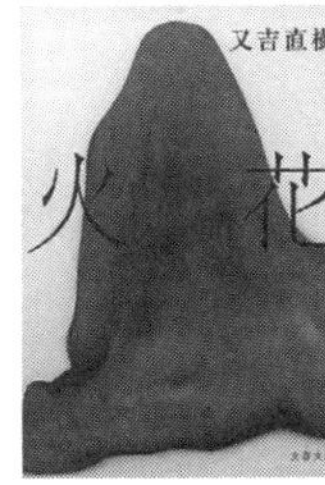

〈書評〉
又吉直樹『火花』
（文藝春秋）

『火花』は『文學界』に掲載された時に手に取ったが文字通り巻を措く能わず、流麗な文藝の風が吹き抜けた。

それがわずか２年前のこと、既にＮｅｔｆｌｉｘで実写化され決定版とも言える長尺のドラマがあり、このほど映画版（こちらも傑作と断言できる！）も公開されたので、既にボクの心象風景は３通りの「火花」の残像が息衝いている。

特に１本目（１回目）、読書によって封切られたボクひとりの脳内スクリーン上映版は登場人物の顔も声も動作も情景も、そこに纏う音楽も生活の音色も曖昧で、全てが輪郭すらもない陽炎のように揺蕩《たゆた》い、まるで夢のなかのできごとのようであったが、登場人物の言動の全てに既視感があった。

それはボクが主人公と同じく漫才師であるからに他ならない。

あの日の舞台、あの時の日常、あの人にあのようなことをしたこと。

小説で描かれる出来事の全てがまるで自分の体験に思えるようなことばかりだった。

そして、芸の道に題をとった小説の多くは物語の骨子に「師匠と弟子」の徒弟制度、その疑似家族性と主人公の成長譚を描くが、この作品は「先輩と後輩」に「師匠と弟子」のテーマを位相させたところが旧来にない物語を創造していると感じた。

常日頃から師匠（ビートたけし）の伝記を何時か記したいと公言しているボクにとっても、〝先輩と師匠が同居したひと〟の伝説を伝記に記そうとする主人公の設定にもグイと惹かれた。


我々、浅草キッドの後輩に「〆さばヒカル」という芸人がいた。彼は山形出身の漫才師のボケだった。80年代末、殿（ビートたけし）に弟子入りの際に路上で「直訴でござる！」と青竹に挟んだ訴状を差し出し、自らのコンビを「水呑百姓」と名乗った。

その奇を衒った志願ぶりが「殿」の気に留められ、晴れてたけし軍団入りしたのだが、事務所からコンビ名に難を付けられ、新たにコンビ名を「北枕」と自称した。

当然のことながら、その名前も縁起が悪いと厭われ改名させられた。そして殿の思い付きで「ダウソタウソ」「ウッチャソナソチャソ」「ダッチョ倶楽部」などなど何度も変えたが、結局「雨空トッポライポ」（この名前も実在する大御所「青空トップライト」のパロディ）の名前で定着し、しばらく活動を続けた。

当時、我々の所属するオフィス北野で正統的な漫才をしているのは浅草キッドと雨空トッポライポの2組しかない状態が長く続いたので、必然的に彼らと同じ舞台に何度も立った。

言わば彼らは我々の弟分だった。

何度も仕事を共にして、時には地方営業にも連れ立ち、夜を徹して作劇の苦悩を語り合い、兄貴分であるボクは、当時、自分たちが先行して得られたと思えるような漫才創作に於ける発想や技術は随時彼らに伝授していた。

言わば、そこにあると思える奥義を求め同じ道を修行していたのだ。

やがて浅草キッドは世に出た。しかし彼らは売れるタイミングを逸した。そこから親密な関係は失われ、互いの生活圏には居なくなり、やがて疑似兄弟関係の紐帯を失くし、芸人道の齟齬は広がった。

それでも彼らは腐ることなく漫才師を続けた。

ある夜、下北沢の劇場で開催された若手のコンテストで下馬評を覆して彼らが優勝した時は、ボクはひとり2階の隅の客席に紛れて快挙を見届けて、人知れず嗚咽した。

しかし、このチャンスにも飛躍はなかった。

まさに「雨空」という名前は暗雲を象徴していた。

再び彼らはコンビ名を変えることにした。今度は「〆さばアタルヒカル」と命名された。

師匠から「いつか〆鯖のように当たるだろう」と初めて芸名に前向き（だが不吉な）メッセージを託された。

その後、小さなライブで精進を重ねた。漫才は上手くなったが処世は下手なままだった。

やがて仕事は減り、酒量は増えた。

そしてヒカル（ライポ）は飲酒過多の内臓疾患をこじらせて入院。退院後、若くして逝った。

２００６年、享年37才だった。

彼の故郷の山形の実家で催された葬式は一門の弟子が集結した。

式後、軍団全員が宿泊したのは鶴岡の和風旅館だった。

怒涛逆巻く日本海を真向かいにした風光明媚なガラス張りの一室での宴会。酒席は荒れた。

喪の席すらも笑い飛ばそうと振る舞う「芸人の性」のなか、ひとりの先輩が酔って暴れた。

「オマエら、仲間が死んだのに本当に哀しんでいるのか！」と同僚、後輩に詰めより泣きながら次々と殴った。

誰にも収拾がつかない修羅場だった。

先輩たちの行き場のない狂乱ぶりを、相棒に先立たれ、ひとり遺された、〆さばアタルは畳敷きの片隅に居て眺めながら、沈黙して耐えた。

翌朝、昨晩は何もなかったように我々は芸人としての日常に戻った。

それでも、ボクはあの夜のことは今も思い出す。

ボクらは一門の伝統芸「熱湯風呂」のように、リアルに「楽しい地獄」に浸かっていたのだ。時折り、聞きたくなる。

芥川賞作家になった又吉直樹が、まだ「線香花火」と言う名のコンビのひとりだったとき、正体が見えない将来というどす黒い夜に花火のような晴れがましすぎる閃光が輝く日を想像しただろうか――。

『火花』は、お笑いを目指したすべての敗れざるものたちへの心優しき鎮魂歌だ。

（『別冊カドカワ』ＫＡＤＯＫＡＷＡ　２０１７年11月22日号より）


平成カルチャーの最後を飾った「火花」のメディアミックス展開を記録しておく。初掲載は『文學界』15年2月号（文藝春秋）。同年7月16日、本職・お笑いタレントとして初の芥川賞受賞。11月には堤真一による朗読ＣＤ４枚組が発売（文藝春秋）。翌16年6月、Ｎｅｔｆｌｉｘにてドラマ全10話が一挙配信。廣木隆一総監督のもと白石和彌、沖田修一らが監督を手がけ、徳永役を林遣都、神谷役を波岡一喜が演じた。17年2月より同作の再編集版がＮＨＫ総合でも放送されている。同時期、武富健治による漫画が『週刊ビッグコミックスピリッツ』（小学館）16年53号から17年39号まで連載。さらに17年11月には板尾創路監督の映画が公開。徳永役を菅田将暉、神谷役を桐谷健太がW主演で演じ、菅田・桐谷が歌う主題歌は「浅草キッド」も話題に。18年3月には『火花～Ghost of the Novelist～』のタイトルで舞台化。小松純也脚本・演出、観月ありさ主演で、又吉直樹も本人役で出演している。

〈書評〉

笹山敬輔

『興行師列伝』（新潮社）

愛と裏切りの近代芸能史

この本の著者・笹山敬輔は新進の演劇研究者であるが、個人的には前作『昭和芸人 七人の最期』（文春文庫・２０１６）で初めて著者の存在を知ったのだが、そのずば抜けた面白さには風呂の桶がひっくり返るほど驚いた。

続く、本作では芸人を扱う興行師を取り上げた。

明治大正昭和の立志伝中の人物、十二代目守田勘弥（新富座）、大谷竹次郎（松竹）、吉本せい（吉本）、永田雅一（大映）、小林一三（東宝）ら近代芸能界揺籃期の五人が興行師として生きた様を一人一章ずつに書き分けた。

しかし、例えば生きた時代が一年と重ならない、明治期の守田勘弥と昭和期の永田雅一は「政治家とのコネが時代を乗り切る鍵である」ことを察知すると、共に政官接待に精を出し、あまつさえ永田はGHQをも賄賂で籠絡するなど、章を隔てながらも興行師たちの破天荒、同異点を縦読みしてゆく面白さが本書にはある。

まずもって興行師とは「大ぼら一代」なのだ。


金に対する哲学は相違する。

勘弥は「身銭を遣うのは愚」と借金経営を基本とし、大谷は対照的に「興行を博打から経営にした」とその黒字経営ぶりを高く評された。

役者の引き抜きの歴史でもある興行は、その抑止なり報復部隊としてヤクザと分離不能な関係性を築く。

筆者は、興行会社など所詮「テキヤ稼業の巨大化したもん」と言い放った現代を生きる怪芸人・中田カウスの開けっ広げな言葉をも引きながら、吉本せいの物語を紡ぐ。


西南戦争から第二次大戦まで五人は戦争に翻弄され、大火や震災により全てを失い、そしてまた立ち上がる。

まさに朝ドラの『わろてんか』に描かれる以上にドラマチックな現実を生き抜いているのだ。

江戸文化への予備知識のいらない民衆娯楽の確立が共通テーマとなり、その代表格、漫才をもって吉本は覇者となる。

松竹・大谷の歌舞伎への情熱、小林の宝塚歌劇団への情熱。

それぞれの後継者は赤字事業であるこれらを排除しようとしたが、結果は現在のとおりだ。

松竹は歌舞伎興行を独占し、「阪急のお荷物」宝塚は、小林の死から15年後、大化けした。

「大衆の半歩先を行け」

という情熱の博打に苛まれた者たちの会計数字だけでは計り得ない人間味の収支決算が、これほど血湧き肉躍る物語を生んでいるのだ。

興行師の人生の方が、本人が仕掛ける興行より、より面白いのは、世界中の常識なのかも知れない。


余談ながら、個人的には読後、猿人・オリバー君を連れてきた〝虚業家〟の康芳夫や、猪木vsアリ戦の〝過激な仕掛け人〟の新間寿など、後世、テレビ全盛時代に登場した興行師たちとの同異点に思いが広がった。

次回作を一刻も早く読みたい。


（『週刊現代』講談社　２０２０年2月22・29日号）

笹山敬輔氏は１９７９年、富山県生まれ。筑波大学大学院博士課程人文社会科学研究科文芸・言語専攻修了。

博士（文学）。専門は日本近代演劇。著書に『演技術の日本近代』（森話社）、『幻の近代アイドル史—明治・大正・昭和の大衆芸能盛衰記』（彩流社）、『昭和芸人七人の最期』（文春文庫）など。22年にはザ・ドリフターズを舞台・演劇の視点から読み解く本格評伝『ドリフターズとその時代』（文春新書）、24年5月には初舞台から60年を越え、現在86歳の喜劇俳優・伊東四朗氏の足跡に迫る『笑いの正解—東京喜劇と伊東四朗』（文藝春秋）を上梓。

〈書評〉

細田昌志

『沢村忠に真空を飛ばせた男 昭和のプロモーター・野口修評伝』（新潮社）

著者とボクの出会いは、テレビ番組のタレントと放送作家の間柄だった。

収録の合間の雑談で、彼が芸能史、格闘技史を細部まで年代、固有名詞を広く知悉して、それだけには飽き足らず自発的に取材しウラを取るルポライター体質の書き手でもあることを知った。

そして、４年前の２０１６年、ボクが主宰するメールマガジン『水道橋博士のメルマ旬報』の書き手に加わった。

ボクからの依頼は芸能界実録ものの軽めのエッセーだったが彼が書き始めたのは重厚すぎるほどの本格的ノンフィクション作品だったのだ。

しかも、６年前から本人取材を続けている現在進行形の作品であり序章を読むだけで、たったひとりでこの規模のノンフィクションを書くのは稀有であり難関だと感じた。

１９７０年代にキックボクサー沢村忠で日本プロスポーツ大賞を、五木ひろしで日本レコード大賞を制した、二刀流のプロモーター・野口修の人生を辿る評伝。

確かに調べてみるとこれほどの実績をあげた人物についての文献、そしてネット上の資料も皆無に等しい状態だった。また関係者は高齢者ばかりで、物故者も相次ぎ、取材拒否も続いていた。

やがて彼は、この執筆にのめり込み放送作家の仕事も絞りだした。果たしてボクが編集長として、この作品を最後まで支えていけるのか疑問だったが、ツテを辿り、新潮社のノンフィクション編集部に知己を得て、出版の確約を得たのだ。新人の作品で、これほどまでの大著を任されるのも異例なことだろう。

そして、今、取材開始から10年の月日をかけ巻を措く能わずの畢生の大作が上梓された。


改めて本書、プロモーター野口修の評伝ノンフィクションである。

父親、野口進は元プロボクシング日本王者で野口ボクシングジム創始者。弟の野口恭は、元ボクシング日本フライ級王者。ボクシング界日本人初の親子王者。野口ジムは、後に世界戦を何度も開催する日本ボクシング界の超強豪ジムとなる。

そして本人、野口修は「タイ式ボクシングと大山道場の他流試合をプロモートした」「キックボクシングの名付け親」「沢村忠を世に出した」「五木ひろしを世に出した」……人物。

著者に当初、予備知識としてあったのはこの程度であった。その後、10年に及ぶウラ取りが続く。あとがきの取材者リストを見るにその数、人脈、リンケージに圧倒される。

野口修の功績を語る上で欠かせないのが、後のキックボクシング創設に至る、彼が企画したタイ式ボクシングvs大山道場（後の極真会館）の対抗戦である。タイ国で開催されたこの戦いは、「日本の格闘技の歴史で一番のターニングポイント」（K－1創始者・石井和義）と評されるほど意義深い。大山道場の中村忠と藤平昭雄が勝利し、3対3マッチを見事に制した。ここから、中村忠をエースに据える野口の青写真どおり、キックボクシング団体旗揚げとなれば、歴史は変わっていただろうが、総裁・大山倍達と野口修の関係は金銭問題で崩れはじめ、極真会館との関係は切れた。


どんなノンフィクションの執筆過程に於いても障壁はつきものであるが、殊、マット史を取材する上で最大の障壁となるのは、それが〝真剣勝負〟であったのかどうかだ。

真実に近づこうとすればするほど、関係者が健在であっても、「墓場まで持っていく」と、徹底した拒絶に阻まれるのが常である。著者に待ち構えていたのは、中村忠の代わりにブームの頂点、国民的なスターとなった沢村忠、その〝沢村忠と真剣勝負〟という、日本格闘技史における最大の難所だった。

いや格闘技関係者の間ではすでに決着済みかも知れないこの議論に、著者は、当事者、野口修から絶対的な言質を取ろうと挑み掛かる……。

さらに沢村の当時の対戦相手から言質を取るためにタイにも飛ぶ……。

ＴＢＳと野口ジムは〝無敵〟沢村忠の存在によりキックボクシング人気を総取りしていたが、日テレ、ＮＥＴ、東京12チャンネルが相次いで中継を開始、熾烈な競争となった。

他局・他団体では参議院議員・石原慎太郎に「八百長を絶対に許さないのが大原則」と就任挨拶をさせてコミッショナーに担ぎ上げたりと、当時のキックバブルが如何《いか》ばかりであったかが窺《うかが》える。

「野口修を書くということは、野口家について書くということです」と、取材した安部譲二からは、その行為が抜き差しならない覚悟を必要とすることも著者は突きつけられた。

父の野口進は、戦前、日本一の拳闘士でありながら、若槻礼次郎民政党総裁暗殺未遂事件で懲役5年を喰らった国士＝テロリストでもあった。

その父の代から続く児玉誉士夫らとの関係は、長男、野口修にも受け継がれたが、プロモーターとしては、その存在は軛《くびき》とも言えるものでもあった。

戦前から続く、政財界と裏社会の繋がりで群雄割拠するこのファミリー・ヒストリーが波乱万丈なこと。及び、往時のボクシング世界戦興行を巡る数々の権謀術数は本書の前半の読みどころである。

沢村忠問題の他にも、長年、内縁であったとされる作詞家山口洋子との関係に迫るため、著者は彼女への取材を申し込んだが、決して野口修は許可をしなかった。

本書後半の数章は格闘技の世界から趣を変えて、五木ひろしとその山口洋子について割かれた。

１９７０年11月、『全日本歌謡選手権』に突如現れた売れないプロ歌手。名前は三谷謙（後の五木ひろし）。絶対的歌唱力で10週を勝ち抜く。

審査員でもあり、銀座「姫」のママでもあった山口洋子は、この逸材を自分の手で「今までにない」歌手に是が非でもプロデュースするべく、店の顧客の渡辺晋や堀威夫《たけお》といった業界の大物ではなく、大人気の沢村忠がいる事務所の社長である野口修に託するのだ。

「この瞬間、野口プロモーションに、ボクシング部門、キックボクシング部門に次いで、芸能部門が誕生した」

１９７３年は野口修は人生最良の年となる。五木ひろしが「夜空」で「日本レコード大賞」を受賞した。

しかしその実態は「賞レースは『運動』をしないと、絶対に獲れないものです」という、業界の掟、要は審査員に対する露骨な金銭買収だ。

74年1月には「日本プロスポーツ大賞」は荒れた。

三冠王になり通算本塁打記録を更新した王貞治を抑えて沢村忠が受賞したのだ。読売新聞は激怒した。

王国の絶頂から崩壊へ。やがて五木ひろしと山口洋子の関係はこじれ、五木は野口プロから独立。さらに沢村忠の引退、野口修の競走馬投資への傾倒、悪循環は走り出すと早かった……。晩年、著者が期せずして見掛けた野口修の姿は、車椅子の山口洋子を押す姿、老老介護の姿だった。

この内縁関係に真に迫ることはできなかったが、著者は気づく。野口修はインタビュー中に吸っていた煙草を消すとき〝折って〟揉み消す癖があった……。それはまさに、山口洋子が作詞した中条きよしのヒット曲「うそ」の歌詞ではなかったか。山口が唯一、野口修に寄せた曲ではなかったか。

著者は「話の辻褄の合わないものや彼の記憶違い、意図的な作り話については、精査した上で割愛」する主義を貫きながら執筆にあたった。たとえそれが野口修に「これを書き残してほしい」と哀願された話であったにしても、その原理原則を貫いた。

しかし、沢村忠の試合を裁いたタイ人レフェリー、ウクリッド・サラサスの言をこうも引いている。

「沢ちゃんのことをよく言わない人はいました。でも、その人だって判っていました。『沢ちゃんがいなければ、キックは続かない』ということを。選手だけじゃない。記者の人もそう。みんな判っていました」「彼が弱い選手なら、苦しまなかったかもしれない。でも、私から見て彼は弱い選手ではなかった。彼自身も弱くないことを判っていたと思う。だから苦しかったのかもしれません」

沢村忠の高視聴率に沸き狂ったテレビ局、裏金が横行する芸能界・スポーツ界の賞レース、そして真実と沈黙とリップサービスを綯《な》い交ぜにして著者を迂遠な時空旅行の徒労に追い込んだ、晩年の野口修。虚実の皮膜に生きた希代のプロモーターは本書の誕生を待つことなく、２０１６年、享年82で没する。携帯電話の着信記録に残る最後の話し相手は著者であった。

著者が鬼気迫る執念でノンフィクションという「真実」を追い求めた先に辿り着いたのは、大衆がそう信じていたいだけの「うそ」ではなかったのではないか。

（『波』新潮社 ２０２０年11月号より）

※この記事の内容は掲載当時のものです。

『水道橋博士のメルマ旬報』連載後、書籍された細田氏の大作『沢村忠に真空を飛ばせた男昭和のプロモーター・野口修評伝』（新潮社）は21年7月15日、第43回「講談社 本田靖春ノンフィクション賞」を受賞（選考委員／魚住 昭、後藤正治、最相葉月、中沢新一）。さらに23年12月18日、『力道山未亡人』（24年5月刊行予定）が第30回「小学館ノンフィクション大賞」を受賞。戦後復興のシンボルといわれたプロレスラー力道山の妻・田中敬子氏が死別後なぜ再婚しなかったのか。５つの会社の社長に就任し、30億円もの負債を背負い、莫大な相続税を払い続けることになった一人の女性の数奇な半生。「力道山没後60年、さらに来年（24年）には、生誕１００年という節目の年にこんな大きい賞をいただけて本当にうれしいです。天国の力道山が手を回してくれたと信じています」。日刊ゲンダイで連載中の『「テレビと格闘技」２００３年大晦日の真実』にも期待がかかる。

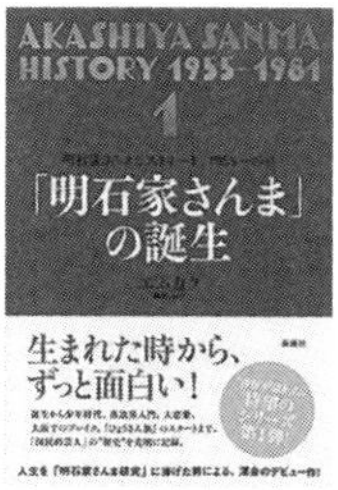

〈書評〉

エムカク『「明石家さんま」の誕生』（新潮社）

２カ月連続の『波』での書評になる。

先月に紹介した、細田昌志著『沢村忠に真空を飛ばせた男―昭和のプロモーター・野口修 評伝』（新潮社）に続き、この本もまたボクが主宰するメールマガジン『水道橋博士のメルマ旬報』の長期連載の書籍化である。

本書は日本一有名な芸人を日本一深く研究する偏執狂（マニア）が描く、現在進行形で唯一無二、前代未聞のシリーズ評伝本の一巻目である。

著者との出会いは２０１３年８月21日になる。

大阪の書店でボクが書いた『藝人春秋』（文藝春秋）のサイン会を開催した際に「ツイッターでフォローしていただいているエムカクです」と突如声をかけられた。

一度も面識のないまま闇の中から現れたのだ。

「エムカク」とは当時、マニアックな明石家さんま情報だけを大量に呟く謎のアカウントで個人情報は一切なく、しかも年齢不詳、正体不明——。

ここで『メルマ旬報』の特殊性を語っておくと、8年前、2012年に創刊した日本最大のメールマガジンで執筆者は60人を超えている。

ここに集う執筆者には互いに「演芸男子」と呼ぶことになる好事家が多い。

広義の芸能界、細部の音楽・演芸・芸人通で、しかも年代や事実のウラ取りに固執するマニアックな〝史家〟の集まりである。

エムカクは彼らの間で俄然、話題になった。

そのあまりの詳しさに、身内親戚説／業界関係者説／複数人説などいろいろ憶測が出た。それがこの日、実在する関西在住の青年であることが初めて判明したのだ。

しかも、ボクが本の販促用に配っていた『水道橋博士の半世紀Life年表』を手にして「僕もこの年表を参考にして明石家さんま年表を作りたいです！」と唐突に申し出た。

この年表も我ながらどうかしている10万字超えの新聞大4頁びっちりの冊子であり、『メルマ旬報』の年表職人・相沢直くんとの共作だった（彼もまた過去に、いとうせいこう年表、高田文夫年表、坂上忍年表などを作成した演芸男子である）。

出会いの3日後にメールで執筆をお願いし、連載陣に加入してもらった。

それから7年間にわたり、毎回、最低でも1万字を超える、あまりにも膨大な文字量の「さんまヒストリー」が次々と綴られ、しかも、その超ド級の面白さに毎回、圧倒されることになる。

1973年生まれの著者は思春期にもとりたてて、さんまファンではなかったものの、20歳（1993年）のときに、ふと見た『痛快！ 明石家電視台』の面白さに衝撃を受け、その後、深夜ラジオの『MBSヤングタウン』を知ると、毎週の出来事をつぶさに語るさんまさんを知り、その情報を自分のために手書きで書き尽くす日々を送ってきた。

見上げる巨星の引力に吸い込まれ、魅入られ、頼まれたわけでもないのに、市井の民が何か実態のわからない無償の奉仕を強いられる体験、ボクもまた、ビートたけしに入門する前、19歳から23歳までラジオ『オールナイトニッポン』の殿の喋りをそのまま手書きで写経していた時代があるので、その癖は理解できる。

そして運命の1996年3月23日、さんまさんがラジオで放った爆弾発言、

「言っときましょう。私は、しゃべる商売なんですよ。本を売る商売じゃないんですよ。しゃべって伝えられる間は、できる限りしゃべりたい。本で自分の気持ちを訴えるほど、俺はヤワじゃない」

を聞くと、真の意味で〝啓示〟を受け、本格的に明石家さんまの全歴史を発掘、調査し、整合性を持って記録していく――自分の人生での役割を知る。

いわば、さんまを神と讃え、信徒として「イエスはかく語りき」と伝道する「聖書」、さんまを仏とするならば、その教えを「如是我聞（私はこう聞いた）」と記す「仏典」の作り手となったのだ。

そして、その後は信徒としての使命感と共に20年以上にわたって、世間への公表を前提としないまま、テレビ、ラジオ、雑誌、舞台などのさんま発言を、過去に遡りながらノートに残し続けていたのだ（さんま研究の初期にはパソコンを使っていない）。

後にボクもノートの実物を見たが、単なるメモ書きではなく、綺麗な楷書の手書きで、日付ごとに整理整頓され、冊数も１００冊を優に超えており、一種、アウトサイダーアート的な凄みと狂気を感じた。

連載開始と共に著者を囲み、在阪のさんま研究の好事家が集まるライブ企画が何度も催され、新たな事実発掘、ウラ取りは、集合知として年表の完全版に随時補足されていった。

また、ある頃から取材はさんまさん本人にも及んでおり、大阪から東京の移動日に、新幹線の新大阪―京都間のみの同席を許され、年表の不明部分についてピンポイントで質問を当てている。新幹線の隣席に同行していた松尾伴内とさんまという、たった二人の読者のためだけに、小冊子「本日も明石家さんまさんでございます」を作り続けた。

更には半世紀近く前の寄席の香盤表やラテ欄を確認、網羅するまでの拘り、執着はもはや学術研究の域であった。

書籍化の打診は早い段階で多くの出版社から編集長のボクにもあったが難航した。とにかく、さんまさん本人が現役の超売れっ子であり、次々とお喋りは更新されていく。決して追いつくことがない終わりの見えない作業である。

しかも、これまでに書かれた文字数だけでも書籍に纏めれば2千ページを超えるであろう文字量なのだ（実際、書籍化でもかなりカットしている）。

最終的にボクと旧知の新潮社の編集者・金寿煥がシリーズ化のアイデアを提案、数年間の作業を進めるうちに、さんまさん本人から「それはおまえのやろ！」と書籍化の許可を得たことが最大の転機となった。

連載はテレビ関係者の目にも留まった。本書にある高校生時代の「人生で一番ウケた日」「奈良商のヒーロー」、そして弟子修行をやめ東京へ彼女と駆け落ちした「芸をとるか、愛をとるか」などなどの逸話は、日本テレビ『誰も知らない明石家さんま』特番でドラマ化もされている。

これらの土台のストーリーはエムカク発。なんと著者は、この連載を通じて番組にリサーチャーとして起用されたのだ。

つまり神と信徒は今、番組を通じて同じ仕事をしているのだ。

本書では、1955年の生誕から81年の東京進出までが描かれる。

途中、途中にコラムは挟むが、本編に著者の視点は極力挟まず、基本、さんまさんの発言、回想を繋いでいく手法だが、どこを読んでも滅法面白い（なにしろ主人公が日本一の語り部なのだから）。

ここから内容に踏み込む考察を――（これより敬称略）。

杉本高文は県立奈良商3年の1973年秋、京都花月で笑福亭松之助に弟子入り志願する。「師匠はセンスがありますんで」と松之助を呵々大笑させ、晴れて「笑福亭さんま」となる。修行は順風満帆、だが、幼なじみの愛（仮名）と再会してから狂い始める。1974年の晩夏、師匠に弟子を辞めると電話すると「女か？」と。松之助はすべてお見通しだった。

ちなみに、今から48年前、新宿のジャズ喫茶のバイトなどを経た北野武が、台東区・浅草のストリップ小屋で深見千三郎に弟子入りしたのが1972年8月。

その2年後の1974年、長嶋引退の秋、上京するはずの愛を待ちながら、江戸川区・小岩で暮らしていたさんまは、浅草の演芸場や千葉・船橋のストリップ劇場の門を叩くも叶わなかった。

それでも小岩の喫茶店に拾われ、情に厚い同僚や、閉店間際の客を相手に芸と前歯（キバ）を磨き始めていた……。

そしてその頃、二人は浅草ですれ違っていた――。

このボクの想像上の〝日本演芸史上最大のニアミス〟から約5年で異なる登山道から両者はトップに到達、役者・アイドルと芸人の階層を転覆させ、テレビで観ない日はないスターとなるのだが、本書はその二人が『ひょうきん族』で相まみえる前夜までの話だ。

上京しても「半年程度で帰ってくるからよろしく」と松之助による関係者への挨拶も抜かりなく、案の定、さんまは半年余りで帰阪した。

件の女性、愛とのラストシーンは痺れるような格好良さなのだが、ともかく、その半年の東京下町でのどん底生活は、芸人としての背水の限界値を高めた。

また後に、女性問題に厳しい『MBSヤンタン』から降板宣告を受けた際などでも、「大阪がダメでも東京がある」と泰然自若と構えられる余裕をさんまに身につけさせた。

そんな、さんまの女性関係にも項が割かれる。

そのMBSの渡邊Pを呆れさせた、「10万人のファンよりひとりのエッチ」騒動や、さらに喫茶店「ラ・シャンブル」の保護観察中の美女、難波高島屋デパガの光子、小岩時代の愛、奈良商の慶子ちゃん（いずれも仮名）……まったく面目躍如の数多さだ。

本書の肝は、さんまのピン芸人志向への至りだ。

再婚した父の〝訳アリの三兄弟〟の次男坊に欠く、親類からの愛情の飢えがまず原点であり、また、奈良商時代、新歓説明会でサッカー部への〝勧誘漫談〟がウケ、代弁依頼が殺到、結局全21クラブを紹介した「人生で一番ウケた」経験。

さらに、なんば花月で観た「笑いの爆弾男」笑福亭仁鶴の衝撃、先輩・桂三枝による愛とムチの王道への誘導……等々にその要因を見る。

吉本から兄弟子・小禄と正式にコンビ活動せよとの命に逆らうと、花月の舞台を干されたが平気の平左、漫才ブーム中も鉄板芸、小林繁の形態模写を既に必要としないほど。

吉本のマネージャー・木村政雄はさんまを「漫才師ではないのに、漫才ブームに乗った唯一のタレントである」と断じた。

そして、さんま史を語る上で欠かせない同期入門の終生のライバル・島田紳助。

世間の見立ては「努力の紳助、天才のさんま」であるが、サッカー部だったさんまの奈良商時代の憧れは、当時のトッププレイヤー、マンチェスター・ユナイテッドのジョージ・ベストと西ドイツ代表のベルティ・フォクツ。ベストは容姿プレー共に人を魅了するタイプ。「人は7人のミス・ワールドと寝たというが、4人だけだ」とキザを吐くあたりは、いかにも、さんま然としている。

しかし、質実剛健なフォクツは「才能のない私は人一倍の努力が必要だった」というタイプ。つまり、明石家さんまとは、ベストのなりをしたフォクツ、「人並み以上に努力しているのに、天才だと感じさせてしまう」のが正体だ——と思わせる。

紳助は、「将来の展望」をノートにグラフ化していた戦略家、さらに、完全無比な漫才論を記した漫才ノートを作成するも、相方に望んださんまが、ピンに向かう様に抗えず、廃業まで決意する。しかし、さんまに紹介された松本竜介を相方として漫才ブームに羽ばたき、後にピンのテレビタレントとしてさんまと切磋琢磨の時代が訪れるわけだが……。

ふたりの天才の若き修行期間の交流、対比は芸論としても実に興味深い。

そして1980年の漫才ブームの台風に襲われながらもピン芸人として生き残り東京進出へ。いよいよ、これから「ビッグ3誕生」「盟友・木村拓哉」「大竹しのぶとの出会い」などが描かれていくだろう。

当然、読後、一刻も早く続編を読みたくなる。

本書の最後に第2巻目が予告されている。そこには「1982〜1985」と付記されている。2巻目で1985年まで？　目を疑った。新潮社は、塩野七生『ローマ人の物語』（単行本で15巻、文庫で43巻）を覚悟しているのか？

2020年、サンマの漁獲量は過去最低を更新したが、新潮社はこの一冊で、脂の乗った〝さんま〟の豊漁になるのは間違いない。

（『波』新潮社　2020年12月号より）

エムカク氏は1973年福岡県生まれ、大阪府在住。96年より「明石家さんま研究」を開始。以降、ラジオやテレビ、雑誌などでの明石家さんまの発言をすべて記録し始める。その活動が水道橋博士の目に留まり、13年9月より『水道橋博士のメルマ旬報』にて「明石家さんまヒストリー」を連載開始。『誰も知らない明石家さんま』（日本テレビ系）などテレビ特番のリサーチャーも務める。20年、デビュー作『明石家さんまヒストリー1　1955～1981「明石家さんま」の誕生』、21年に『明石家さんまヒストリー2　1982～1985生きてるだけで丸もうけ』（ともに新潮社）を上梓。なお、明石家さんま氏は24年、フジテレビ開局65周年企画スペシャルドラマ『心はロンリー気持ちは「・・・」FINAL』に主演。前作から20年ぶり、通算12作目でついに完結。シリーズを支えてきた三宅恵介が総合演出、君塚良一が脚本を担当。ギャグ考案に放送作家の大岩賞介と藤沢めぐみ、さんま自ら本名の杉本高文の名義で参加している。

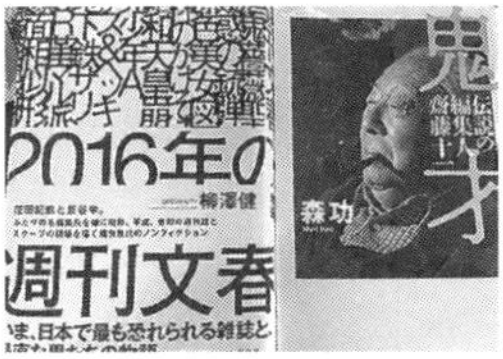

〈書評〉
編集者の評伝読み比べ書評
柳澤健『２０１６年の週刊文春』（光文社）
森功『鬼才 伝説の編集人　齋藤十一』（幻冬舎）

２０２０年年末から２０２１年年始にかけ、日本の二大週刊誌をめぐる骨太のノンフィクションが相次いで刊行された。

- 柳澤健『２０１６年の週刊文春』（光文社）
- 森功《いさお》『鬼才伝説の編集人　齋藤十一《じゅういち》』（幻冬舎）

それぞれの著者は共に『週刊文春』と『週刊新潮』の元デスクであり、今や手練れの日本最高峰のノンフィクション作家である。その両者が、わずか15日差で古巣を題材にノンフィクション作品を上梓したのは必然か、はたまた偶然なのか⁉

互いの化かし合いこそ週刊誌の競合ルールだ。よもやどちらかの出版社が〝トーハンの中吊りを盗み見〟したわけでもあるまい……。

新潮・文春、長く両誌を愛読するボクが初めて週刊誌に触れたのは12歳の時だ。父が買ってきた『週刊新潮』を手にしたのが、その始まりだった。

爾来45年間、ライバル誌である『週刊文春』共々生涯の愛読誌として欠かさず読んできた。今でこそ芸歴だけは重ねてきたベテラン芸人の職業だが、もし他の職業につけるならルポライターと編集者にはなってみたかった。

故に、若い頃から出版社や編集者について書かれた本は大好物だ。例えばこの分野でボクが強く影響を受けたものを挙げれば、『ルポライター事始』（竹中労著、ちくま文庫）、『マガジン青春譜川端康成と大宅壮一』（猪瀬直樹著、文春文庫）、『週刊誌風雲録』（高橋呉郎著、ちくま文庫）、『夢の始末書』（村松友視著、ちくま文庫）、『編集者という病い』（見城徹著、集英社文庫）などなど。このジャンルの名著は数多あるが、そこに新たな傑作2作が加わったわけだ。

今回、この2冊の重厚なるノンフィクションを書評しながら、そこから見えてくる両誌・両出版社のカラーやスタイルについて、門外漢ながら比較してみたい。

『鬼才伝説の編集人　齋藤十一』（以下、『鬼才』）は、老舗出版社・新潮社に在籍した稀代の編集者でありながら、その人となりの多くが謎に包まれたまま逝った「新潮社の天皇」こと、齋藤十一の生涯を追った。著者の森功は、１９９０年から２００３年まで『週刊新潮』に籍を置いたが、ついぞ齋藤と言葉を交わすことはなかったという。幻冬舎の依頼から本書執筆を思い立ち、古巣の関係者に取材を重ね、本書を書き上げた。

一方、『2016年の週刊文春』は、同誌の社員記者であった柳澤健が『週刊新潮』のライバル誌である『週刊文春』の洛陽の紙価を高らしめた、花田紀凱《かずよし》と新谷学という2大スター編集者を軸に、チームワークと競争原理に則った雑誌作りをする様を詳《つまび》らかにした。

奇跡的に同時に上梓された2冊は、様々な点で対照的であり、両雑誌・両出版社を比較するのに絶好の尺度を持っている。

また、それぞれの〝社史〟が語られるのに、『週刊新潮』を描いた作品が幻冬舎から、『週刊文春』を描いた作品が光文社から出版されたのも興味深い。

両書の比較を通して、2冊の傑作のほどを、今から検証していきたい。


新潮社の社風について「社員は礼儀正しく、人事異動も少ないから、文芸編集者は作家と長く深い関係を築き、熱心にサービスする。極めてプロフェッショナルな出版社なのだ。だが、社内の空気はどこか陰鬱だ。社屋に窓は少なく、社内はシーンとしている。別館にある『週刊新潮』編集部でさえ、話し声はごく小さい。スーツとネクタイは必須である」（『2016年の週刊文春』、P83）と、元文春の柳澤健は対岸から指摘する。

対して、「文藝春秋は家族的で明るい会社だ。ライバルの新潮社と比べても圧倒的に明るい。受付の雰囲気からして違う。新潮社の受付嬢は制服を着た若い女性だが、文春は元編集者や元業務のベテラン女性社員が私服でニコニコしながら応対する。評判は極めていい」(『2016年の週刊文春』、P7)と、まるっきり正反対、対照的な社風が描かれる。

実際、オーナー一族が経営権を握る多くの出版社と違い、文藝春秋は社員の持株会社として、極めて民主的に経営されているのには出版界を知らない読者の誰もが驚くはずだ。

一方、新潮社について柳澤は、「齋藤十一は『週刊新潮』の陰の天皇であり独裁者だった」(同上、P76)と表現しており、『週刊新潮』は、半世紀にわたり〃独裁体制〃の手法で雑誌が作られていたと同書で示唆している。

いや、それは示唆することしかできなかったのかもしれない。それほど謎が多く、長期にわたって〃出版界のアンタッチャブル〃として扱われてきたのが齋藤十一であった。

「新潮社の天皇」であり、「日本の週刊誌のスタイルを作った男」である齋藤十一について、出版界では伝説のみが独り歩きし、写真ひとつ公にならなかった。

しかし1999年、『AERA』誌の連載「現代の肖像」でノンフィクション作家の重鎮・佐野眞一が、当時85歳の齋藤の人物ルポをまとめている(現在、ちくま文庫『人を覗にいく』に所収)。ボクは、当時掲載されたヒッチコック風の齋藤の貴重な写真を明確に覚えていた(その写真は『鬼才』のカバーにも採用されている)。取材を許されたのが、申請から1年後だったことからも、この取材がいかに異例のものだったかが窺える。

しかし、佐野眞一は、これほど絶好の人物評伝の素材でありながら、このインタビューを極めて淡白な記述にとどめている。

そこでは「出版界最後の怪物」と題され、「その風貌姿勢から最初に連想したのは、深海に棲息する古代魚のシーラカンスだった。シーラカンスは煮ても焼いても食えないという」と書いている通り、佐野眞一にしては珍しく、この記事以外では取材対象として齋藤十一に迫ることはなかったのだ。


生涯1冊の自著を遺さずシニシズムと自己韜晦《とうかい》を貫き、黒子に徹した怪物編集者に迫ったのが、『鬼才』である。著者の森功は、齋藤の没後20年経って、ようやく〝伝説の古代魚〟を見事に釣り上げ、その素顔を世間に晒したと言える。

齋藤は1935年の新潮社入社以来、60有余年もの間、同社の実力者として、文字通りに牛耳り、文芸誌の『新潮』を軌道に乗せただけではなく、戦後、『芸術新潮』、『週刊新潮』を創刊、そして、1981年には『FOCUS』を立ち上げ、写真週刊誌ブームに火を付けながらも、『新潮』以外では編集長の任につくことはなく、最高権力者の「天の声」として「俗人が興味を持つのはカネと女と権力」を旗印に、同社の雑誌群を統率した。

『芸術新潮』を創刊するなど、芸術、とりわけ音楽に造詣が深かった齋藤は品性を重んじ「いくらスケベェでも構わないが、下品になるな」が信条でもあった。

反面、『FOCUS』創刊時には「おまえら、人殺しの面を見たくないのか――」と語ったとされる（森は確証していない）伝説が流布されているが、『週刊新潮』において齋藤は、あくまで自分自身の俗物的な部分を肯定しながら、ノブレスなものへの憧れを抱きつづけた。

「書き物は教養に裏打ちされた俗物根性を満たさなければならない」

齋藤は、この言葉を常に誌面に反映した。

一方、『2016年の週刊文春』の主人公の一人である花田紀凱は、1966年に文藝春秋に入社。『週刊文春』『文藝春秋』『Emma』編集部などを経て、天才的な企画力と見出しのコピーライティング・センスで頭角を現し、1988年『週刊文春』の編集長に就任。

スター編集者としてメディアに出まくり、それまで男性読者がメインだった同誌を改革し、女性読者層を開拓した。特集記事の充実のみならず、豪華なコラム連載陣を揃えて部数を飛躍的に伸ばした。編集長就任からわずか半年で、実売部数を40000部伸ばし、それまで雲の上の存在だった『週刊新潮』の部数を僅差で上回った。

雑誌作りを天職とする花田紀凱は、文春退社後に朝日新聞に転職する右から左への転向を経て、78歳の現在も「編集長」を続け、右寄りなスタンスで部数を保持している。

今の花田紀凱からは想像できないほど、反骨心溢れ、人としてチャーミングすぎる雑誌編集長としての全盛時代を元・部下の柳澤は思い入れたっぷりに描いている。

その22年後、2016年には同書のもうひとりの主人公・新谷学率いる週刊文春編集部は「文春砲」と名付けられた数々のスクープを連発、流行語大賞にもノミネートされるなど、スキャンダリズムとジャーナリズムの二重奏で、社会現象となるほど一世を風靡した。

その新谷は、１９８９年に文藝春秋に入社。『Ｎｕｍｂｅｒ』『マルコポーロ』編集部などを経て、２０１２年より『週刊文春』の編集長に就任している。「親しきなかにもスキャンダルあり」を標榜し、記者の本分である〝スクープ・ドッグ〟として尋常ではない人脈と冷酷さを併せ持った傑物として描かれる。

柳澤は、このふたりをドラマの主人公に据え、英雄として劇的に描いてみせた。読者は、この清濁併せ呑む両義的な人物を好きにならざるをえない。

日本の週刊誌は、新聞社系の『サンデー毎日』『週刊朝日』が大正11年創刊の歴史を持っていたところに、１９５６年（昭和31年）2月、出版社系初の週刊誌として『週刊新潮』が創刊された。遅れること3年、１９５９年4月に『週刊文春』が誕生した。両誌は以降50年以上に及ぶライバル誌として、文字通りスクープの抜きつ抜かれつ、販売部数の抜きつ抜かれつで競い合うこととなる。

文芸出版社の新潮社には、事件報道のノウハウがなかった。そこで齋藤は、読売新聞の名記者などを専属記者として雇い、報道記事作成の雛形を作った。

「齋藤は従来の強みである人気作家の連載小説のほか、時事問題を扱う特集記事を掲載し、週刊新潮誌面の二本柱に据えようとした」

「特集記事を想定し、創刊号から『週間新潮欄』をつくり、そこに五～六本の政治、経済、社会、などの記事を並べた」（いずれも『鬼才』、P115）

このように齋藤は週刊誌のスタイルを形作っただけでなく、「記事のラインナップや執筆陣の選定、表紙や各記事のタイトルにいたるまで、すべてを手掛けたといっていい」（『鬼才』、P108）とあるように、その全てを齋藤は〝統治〟していたのだ。このことこそが、齋藤が「陰の天皇」「独裁者」と評されるゆえんだ。

同時に、文藝編集者の肩書を捨てることなく、小林秀雄、川端康成、大岡昇平、太宰治、井伏鱒二、松本清張、五味康祐、柴田錬三郎、山口瞳、筒井康隆などといった大御所との関係を続け、また本書では山崎豊子、瀬戸内寂聴という二大国民的女流作家との交友にも深く触れられている。しかも描かれるのは、これら名だたる高名な作家に齋藤が懐くのでなく、高圧的に接する姿。権威ある作家が一編集者にひれ伏す姿は、ある種、壮観でもある。

齋藤十一の「陰の天皇」を象徴するのが「御前会議」と呼ばれる『週刊新潮』の編集会議だ。

「『御前会議』――。かつて週刊新潮の編集部員がそう呼んだ編集会議がある。そのために齋藤は毎週金曜日に新潮社別館に出社した。（中略）御前会議と諷された編集会議では、次の号に掲載する六つの特集記事のテーマを選ぶ。といっても、議論が交わされるわけではない。（中略）

編集部員の書いた20枚近い企画案を齋藤の前のテーブルに置くだけだ。すると、齋藤がそれをめくりながら、○×と印をつけていく。編集会議とは名ばかりで、決めるのは齋藤一人だ。テーマの打ち合わせには、総勢60人いる編集部員はもとより、特集記事やグラビアを束ねる４人の編集次長でさえ、参加できない」（『鬼才』、Ｐ12〜13）

　このように齋藤が『週刊新潮』に君臨し、今にも続く週刊誌の型をつくる一方で、アンカーマンとして参加していた作家・井上光晴らによって、新たな叙述のスタイルが生まれた。それが「藪の中スタイル」と呼ばれるもので、取材コメントをつないで物語化していく手法だ。これが週刊新潮の特集記事の原型になったという。

「これが世にいう週刊新潮の『藪の中』記事スタイルとなる。資料や物証がなければ、当事者の証言でそれを補い、それでも裏どりが難しければ、怪しさや疑いを匂わせながら書き手の捉え方を読者にぶつけて考えさせる。文字どおり真相は藪の中に消え、はっきりとは見えない」（『鬼才』、Ｐ１４２）

「新潮ジャーナリズム」と呼ばれる、その独特な叙述のスタイルは、後発の週刊誌にも取り入れられていく。しかし、その是非については、今も多くの議論がある。憶測や関係者のコメントだけで書かれた記事が粗製乱造されることで、泣かされた著名人や芸能人、事件関係者は数知れず（後に袂を分かつことになる、ビートたけしと齋藤十一の蜜月時代も個人的には読みどころだった）。その怒りの矛先が、名誉を毀損されたと訴訟に向けられるケースも多く、その結果、雑誌側が敗訴し、多額の損害賠償金を請求されたことをニュースとして知るのも日常茶飯となった。このあたりは「週刊誌ジャーナリズム」の功罪にもつながる論点だろう。

やがて『週刊新潮』はスタイルを摑むと発行部数を増やし、先発の新聞社系週刊誌を抜き去る。「金と女と名誉、すなわち人間の欲望を中心テーマに据え、新聞記者を遥かに凌駕する圧倒的な取材力と巧みな文章力によって『週刊新潮』は読者の心をつかみ、『週刊朝日』その他の新聞社系週刊誌をたちまち抜き去ってしまった」（『２０１６年の週刊文春』、Ｐ77）

『週刊新潮』の3年後に創刊された『週刊文春』だが、正社員プロパーとフリーランスの混成チームで雑誌づくりが行われたことは、新潮と文春で一見、変わらない。

違うのは、新潮には〝奥の院〟があり、民主的な風土の文春にはそれがなかったことだ。だからこそ、文春は「チームリーダー（編集長）」の力に左右される。

人事異動の多い会社としても知られる文春は、トップに立つ人間によってその組織力にはバラつきが生じ、それがダイレクトに部数に結びつくこともあったという。

創刊に3年のアドバンテージがある『週刊新潮』を、後発の『週刊文春』が追っかけてきたのが、両誌の基本的な歴史である。それをついに逆転したのが１９８８年、花田紀凱編集長時代であり創刊から30年経ってからのことである。

両週刊誌のスクープをめぐる攻防戦、そしてトラブルやスキャンダルなどについては、一つ一つを書き起こしたいほどだが、ぜひ両書を実際に手に取って確認してみてほしい。

柳澤健は『週刊文春』の作り方を歴代編集長がキャプテンシーを発揮する団体競技のスポーツノンフィクション、まるで『Ｎｕｍｂｅｒ』の珠玉作を読むが如く描いてみせた。

一方で森功は、通常の編集者が文字や文章、写真に重きをおくなか、クラッシックとオーディオを趣味にした齋藤が終生「音」に拘ったということに注目し、週刊誌などの編集を通じて、市井の民の声を「音」として捉えていたのだろうかと推察する。

『週刊新潮』は、齋藤十一という人目に触れない指揮者が「俗性」というテーマで、まるで美しい協奏曲を半世紀にわたって奏でた、一大芸術であるかのように描いている。

『鬼才』は３２０ページあまり。〝主役〟の存在が重厚であるのとは対照的に、文句なくスピーディーに読める手練の作の評伝だ。ここまで隠し通された、ひとりの人間の多面性を目の当たりにすると、筆者はあれも書きたいこれも書きたいという欲に引っ張られがちだが、情報の取捨選択を徹底し、齋藤の人物像とそれを取り巻く事件史を見事に〝週刊誌的〟に描きつつ、かつ人物探求の妙をも叶えた。

一方で『２０１６年の週刊文春』は、５００ページ超えでボリュームたっぷり重厚である。「週刊文春」の歴史をほぼ網羅的に鑑賞できるだけでなく、デジタル時代に移行した、出版社の今を捉えている。「文春」とゆかりの深い、立花隆の人物像などの描写は迫真に迫り、花田紀凱、新谷学はじめ数々の歴代編集長の証言は、当時の意思決定や思惑などをすべて、こちらの好奇心のままに補強し尽くしてくれた。

はたして経営とは、権力とリスクの一元集中か。それとも、人々の知恵と資本の結集か――。そんなテーマすら行間から浮かび上がる「文春vs新潮」の組織論として読めるはずだ。

2冊共に出版界のノスタルジーに浸りたい向きにも、これから出版マスコミを志望する学生にも、つまり老いも若きにもベストな指南書として大推薦できる内容だ。

（『考える人』新潮社2021年4月19日号より）

〈書評〉

斉加尚代

『何が記者を殺すのか　大阪発ドキュメンタリーの現場から』（集英社）

著者の斎加尚代は大阪のＭＢＳテレビの女性記者だ。

それだけではない。

今年５月公開のドキュメンタリー映画『愛国と教育』では映画初監督をつとめている。

この映画では、教育問題、なかでも教科書検定を巡った長き取材を２時間弱の映像で世に問うている。

ドキュメンタリーとは地道な取材の積み重ねであり、この本にもその製作の過程は詳述されている。

そして、この本の中では彼女が関西のテレビ局に籍を置き、２０１５年からテレビドキュメンタリー作品として４本を監督した、それぞれの作品の製作秘話が興味深く書き残されている。

タイトルを書いておくと――。

①『映像15　何故ペンをとるのか～沖縄の新聞記者立ち』
②『映像17　沖縄　さまよう木霊～基地反対運動の素顔』
③『映像17『教育と愛国～教科書でいま何が起きているのか』
④『映像18　バッシング～その発信源の背後に』

の4本だ。

映画は、タイトルで解る通りに彼女の3本目の作品をブラッシュアップ、アップデートしたものである。しかし、4本の作品が互いに作品が内容を補完し、批評仕合い、時代を経て培われる熟慮した思考や視点をミックスして観客に投げかける。

本書は、この映像のさらなる補助線となっている。

映画のなかで省かれた話を――極めて重大な事実なので――書いておくと、彼女はかつてテレビやYouTubeで取り沙汰されたニュース映像の切り取りの大炎上経験者だ。

2012年5月、当時、大阪の風雲児として人気絶頂の橋下徹大阪市長の「君が代斉唱問題」の囲み記者会見で、市長に質問を繰り返し、市長から「勉強不足!」「ふざけた取材すんなよ!」

と面罵され、30分近く吊るし上げられて話題になったあの女性記者が、この本の筆者なのだ。

今でも、この光景はYouTubeで遡れるが、当時の書き込みを見れば、一般視聴者がこの映像に対していかに「橋下、よくやった!!」と喝采しているかがよくわかる。

逆にボクは権力者による言論封殺が露呈した、あのシーンは今でも忘れられない。ある種のトラウマになっている。

それどころか2013年に橋下知事と共演したテレビ大阪の番組『たかじんNOマネー』で橋下氏の「小銭稼ぎのコメンテーター」発言を契機にした生放送降板事件を起こす、その引き金になったと言っても過言ではないのだ。

その後、ボクも降板事件の真意と本質が伝わるよう4年の裏取りを重ねて、あの日を『藝人春秋』文庫版2・3のなかで再現した。

あの本に書いたことの真相としては、関西のテレビ番組が維新のプロパガンダ放送へと舵を切る様を告発している。

維新と現・自公政権による教育による思想の強化やテレビを使った洗脳問題は今も続いている。

それどころか現状、ボクはツイッターの引用だけで、松井大阪市長に訴えられ、近々に名誉毀損裁判で法廷に向かう過程にいる。

予想もしなかったことだが、ボク自身が彼らの手によって見せしめになろうとしている。

ボクと同じくツイッターをRTした4000人の市民も同じように「訴える」と宣言している

大阪市長。

本当に「訴える」ことよりも、このような「俺と違う意見は言わせない」趣旨の発言をしてしまうことが問題であることにまるで無自覚なのだ。

「権力による言論弾圧」――。

本質的には、この本と同じテーマを抱えながら、今、本書を読み、貴方も当事者である「そこにある危機」を共有して欲しい。

（『青春と読書』550号 集英社 2022年5月号より）

MBSの「映像」シリーズは1980年4月に『映像'80』のタイトルでスタートした関西初のローカル・ドキュメンタリー番組。23年7月21日、斉加氏は鈴木エイト氏とともに日本外国特派員協会より「報道の自由賞」を受賞。24年3月には琉球新報記者の明真南斗氏、元毎日新聞記者の小山美砂氏、神奈川新聞記者の石橋学氏の仕事を追った『映像24 記者たち～多数になびく社会のなかで～』が放送。日本の新聞の発行部数が20年前の半分近くに激減。PV数など過剰な数字主義に走り、取材に時間をかけた調査報道よりも炎上狙いのお手軽なコンテンツがネット言論で大量拡散されるなか、隠される情報を掘り起こし、理不尽なことに真正面から闘って記者本来の仕事から撤退しない人たちにスポットを当てている。

〈解説〉

有田芳生

『北朝鮮拉致問題 極秘文書から見える真実』（集英社）

今、読者は、令和の時代を生きながら「拉致問題」の進捗状況を考えることがあるだろうか?

はっきり書くが、ボクは、ほぼない。

2018年の立憲民主党の有田芳生議員の国会質疑に登場したときに語られたのが「拉致問題極秘文書」だ——。

日本政府が公式には認めない、拉致の瞬間の記憶、北朝鮮での暮らし、そして被害者総数を推測させる管理番号などが記された聞き取り調書だ。

この本はこの調書を巡る拉致問題進捗状況の報告書だ。

しかし、この新書の解説を引き受けなかったらボクがこの本を手に取ることもなかっただろう。

それほど今、拉致問題は世間の耳目を集めることがない、埒が明かない深刻な、いや深すぎて一般大衆が見ることすら出来ない問題なのだ。

だからこそ、偶然目をこのページに止めてしまった、読者よ‼

せめて、この解説文だけでも目を通して欲しい。


この本で語られている「極秘文書」こそ、横田めぐみさんの消息に関する北朝鮮側の発表の杜撰《ずさん》さ、矛盾を突く手がかりとなった日本外交の歴史を変えた一冊なのだ。

だからこそ「極秘文書」の詳細な解析が読みどころだ。

１９７０年の〝よど号〟から始まる北朝鮮との歪《いびつ》な関係は74～78年の連続拉致、80～83年欧州経由の拉致といった形で派生する。

新聞がようやく報じるのは80年、国会に至っては88年のこと。

拉致は、事の発端から愛国的な執念がなければ見出されなかった問題でありつつ、リベラルなチャンネルを持たなければ糸口を摑めず、そして沸騰する排外主義を封じなければ運動の継続性を維持し得なかった
つまりは思想を超えた難問である。そして被害者、関係者は高齢であり、近い将来、鬼籍に入る運命だ。

この解決には、拉致と核の問題を解決した後に国交正常化をする「入り口論」と、国交正常化

と並走し拉致について調査をしてゆく「出口論」とがある――ということがまず基礎知識だ。

特に交渉相手が金正恩総書記に代替わりしてから、政府は「対話と圧力」から「圧力」一辺倒となり、進展は暗礁に乗りあげている。

有田氏は、2014年の日朝ストックホルム合意と、横田夫妻がめぐみさんの娘と面会したことを評価するも、第二次安倍内閣の〝官邸外交〟に総じて厳しい批判を展開する。

特に小泉訪朝時、外務審議官の田中均氏が北の〝ミスターX〟と年30回という頻度で地ならしに尽力したことに比べると雲泥の差。

外交とは「結果、妥協、落とし所」。

だからこそ外務省にもっと権限委譲すべきだと説く。

そこには具体的な対北朝鮮「政策」を持つ政治家が必要だ。この問題に政治家生命をかけて問題発生の前から、長くウォッチを続け、終始関わる有田先生はその適任に決まっている。

いかんせん有田芳生先生が「選挙」に強いとは言い切れないからこそ「政策」は持続されるのかどうか?

今後の「政局」を含めて我々は注目していかなければならないのだ。

世の印象は野党の有田芳生先生は反・安倍晋三の急先鋒である。

だが本書は単なる凡百の「アベガー」本とは異なる。

ゆえに民主党政権下の失敗も俎上《そじょう》にのせている。
さらに安倍昭恵元首相夫人、横田早紀江さんと李雪主《リソルチュ》・金正恩夫人との会談計画まで具体的に提案している。
拉致問題の解決を心から願う、あらゆる政治思想の人、そして日本人同胞すべてに知られるべき一冊だろう。

【付記】この一文をしたためた1カ月後には、ボクが有田芳生さんと参議院の比例区の選挙を戦い、安倍晋三氏は不慮の死を遂げ、有田さんが落選、苦杯を舐め、ボクが当選し、議員になっているとは夢にも思わなかった。
党派を超えて、ボクは有田派だ。

（2022年6月17日刊行より）

23年4月23日、安倍晋三元首相の死去（22年7月8日）による欠員補充に伴う衆議院山口4区の補欠選挙に立憲民主党公認で立候補。自民党公認の吉田真次氏との事実上の一騎打ちとなったが、安倍氏の妻・昭恵氏の厚いサポートを受けるなど圧倒的な地盤力を持つ「安倍王国」に敗れ落選。同年6月、区割り変更に伴って誕生する衆院山口新3区に次の選挙では立候補しない考えを明らかにした。有田氏は「僕は（吉田氏が所属する）安倍派との戦い。吉田さんが安倍派として無所属で戦うんだったら、やろうじゃないかと思っていた。国会議員になることが目的ではない」と語っている。著述家としても22年に序章を2万4000字書き下ろしの「統一教会と政治の関係はどう築かれてきたか」に変更した『改訂新版統一教会とは何か』（大月書店）、23年に小林よしのり氏との共著『統一協会問題の闇国家を蝕んでいたカルトの正体』（扶桑社新書）を刊行している。

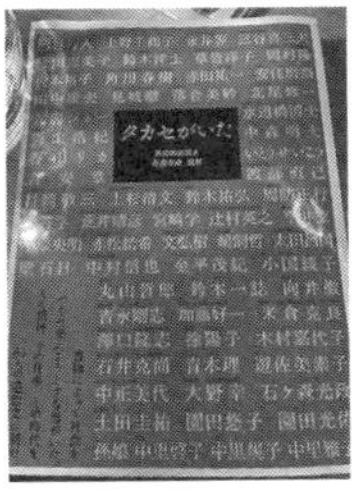

〈特別寄稿〉『タカセがいた』編集者・高瀬幸途さんを偲んで。

生前に、故人とそれほど懇意ではなかったボクが、一筆書くのは場違いであることは承知の上で書かせて下さい。

本来、黒子である編集者の高瀬さんの存在は、殿（ビートたけし）が80年代に一世風靡したニッポン放送の深夜番組ＡＮＮ（オールナイトニッポン）で知りました。

ふたりの関係は、超売れっ子毒舌芸人と一編集者との関係で始まりました。

殿は長いタレント生活のなかで既に２００冊以上の著作がありますが、そのなかでも80年代に飛鳥新社で出版した『たけし吠える』（１９８４）『みんなゴミだった』（１９８６）の連作は明らかに一連の殿の本とは異質のエッセー集（喋り書きを起こしたもの）になっています。

まるでデモ隊の投石かのように全方向に向けた悪意の言葉の礫《つぶて》は、毒舌を越したカウンター、時代のエネルギーの塊として読者に刺さります。

現代のポリコレ基準では、復刻することもありえない内容です。

当時、ビートたけしはお笑い界の天下取りの真っ最中であり、テレビでブレークする前に本が大ベストセラーになっていました。

『ツービートのわッ毒ガスだ―ただ今、バカウケの本』（1980年・ワニの本）の売上が100万部を超え、その続編も大ヒットして、ラジオ番組本の『三国一の幸せ者』（扶桑社）も順調に売れていました。

それでも殿は「もっと過激な本を出したいんだよ！」と再々おっしゃられ、ラジオのなかで「学生運動上がりでさー、高瀬さんってのがいてよ、昔、ゲバ棒を持って暴れ廻ってたヤツなんだよ。そいつと今、毎日会ってさ、新しい本を作ってんだけど、これは出来がいいぜ！」と、その武闘派のプロフィールを面白おかしく語り、数々いる座付き編集者のなかでも一人頭角を現してくる様子がリスナーにも逐次わかりました。

そして、ラジオを通じた声つきだけで、殿が高瀬さんのことを「腹心」として気に入っている様が伝わってきます。（作家になる前の伊集院静さんの話しをしていた時もこの口調でした）

その後、何時の間にか太田プロの副社長にスカウトされ、高瀬さんを社長に据えた太田出版が設立されます。

以降、人気絶頂期のたけし&たけし軍団の書籍は太田出版が独占します。例えば、そのまんま東さん原作の『ビートたけし殺人事件』は高瀬さんが編集担当で後にドラマ化され、共演者のかとうかずこさんとの結婚にまで至りました。

またその頃、四谷荒木町の割烹「北野屋」ではＡＮＮ終わりの宴会が毎週、行われていましたが、その場は、いっとき高瀬さん仕切りの文化人サロン化していました。

それ以前は、新宿ゴールデン街や四谷の「ホワイト」で飲んでいた殿の文化人人脈に加えて、高瀬さんが連れてくる思想家、哲学家などが、群れをなして夜な夜な「北野屋」で鍋を囲んでいました。

まだ、そのときは坊や＝新弟子であり発言権もない透明人間の存在のボクは、厨房のなかで皿洗いをしながら、その語らいの様子をじっと眺めていました。

普段、テレビで見ることがない人、例えば、中上健次や柄谷行人、中森明夫、泉麻人……などの存在には心ときめきました。

あの頃、殿の初の小説集となった『あのひと』も飛鳥新社から出版されており、高瀬さんとのタッグで意欲的に小説を語り下ろすことに取り組んでいました。

『教祖誕生』（１９９０・太田出版）という後に映画化された小説は出だしの描写から殿が語り始めるのを横でテープを廻して聞き入る高瀬さんの表情まで覚えています。

少年が育てた山鳩がイヌ鷲に食べられてしまう自然の摂理の残酷さを殿が語ります。

その後、その導入部の描写を高瀬さんが紙に書いてきました。

「巨きな山塊が平野に接する斜面に町は広がっていた。等高線に沿って走る鉄道がトンネルを抜けて町に近づくと列車は警笛を鳴らした」

文章を音読すると殿が「こういうの、俺、書けねぇんだよ」と感心していました。ゴーストライターというようなお任せではなく、まさにふたりの共作で小説が生まれる瞬間をボクは食い入るように眺めていました。

1986年のフライデー事件のときは、まだ殿は太田プロ在籍のままだったので、殿と軍団の隠遁先であった伊豆の双葉荘にたびたび高瀬さんが現れ長居しています。

ふたりは頻繁にゴルフに興じており、あの時期のおりおりのインタビューもとっていたはずです。その成果が『フライデー事件──怒りと響き』（1987・太田出版）であり、今や都市伝説のように語られることが多い、この事件の第一級の資料となっています。

今だからこそ書けますが、殿が、太田プロからオフィス北野に移籍後は、森社長のマネージメントで意図的に高瀬さんが外されていきます。

文藝春秋、新潮社、ロッキング・オンに、ビートたけし本は出版社ごと移籍し、太田出版とは疎遠となります。

幻冬舎の見城徹さんの『編集者という病』（2011・太田出版）の担当編集者として高瀬さんの名を発見したときには、お二人の長い関係を知らないままだったので、まるでジェフリー・

アーチャーの『ケインとアベル』を読んでいるような因縁めいた物語に深い感銘を受けました。その後、見城さんは自ら政界と「癒着」していき、言わば業界の首領、フィクサーの道を歩みます。

一方、高瀬さんは、その頃、太田プロの社長の座を辞したことを風のたよりで聞いておりました。そして、２０１9年の訃報は突然でした。

高瀬さんが亡くなられた後、兄弟子のダンカンさんからこんな話しを聞きました。

3・11以降、ダンカンさんが講演先で訪れた福島で呼び止められたそうです。「ダンカンさん！」と泥だらけの男に声をかけられ振り返ると、そこにはヘルメットをかぶって幟を持った活動家のなりをした高瀬さんが微笑みを浮かべて立っていたとのこと。

ダンカンさんからその話を聞いてボクは痺れました――。

星雲の志を持った若き活動家の心根のままに高瀬さんは逝ったのだと思いました。俚諺《りげん》に「山から遠ざかればますますその本当の姿を見ることができる。友人にしてもこれと同じである」と言いますが、殿と高瀬さんには蜜月の時代があり、その後の距離の遠さがふたりを夢見させたことでしょう。

ふたりの友情の間に何冊もの本が遺されたことがなによりです。

（非売品２０２２年9月1日刊行）遺族、担当編集者によって編まれた本です。

〈文庫解説〉柳澤健『2000年の桜庭和志』（文藝春秋）

本書は文藝春秋から上梓された『1976年のアントニオ猪木』『1984年のUWF』に続くプロレス格闘技三部作の最終巻『2000年の桜庭和志』の文庫化である。

2007年に出版された『1976年のアントニオ猪木』は、文藝春秋で『スポーツ・グラフィックナンバー』の社員編集者であった柳澤健がフリーとなり、47歳にして作家デビューを果たした作品だ。

1998年4月の猪木引退試合以来、熱心な猪木信者であるボクは『アントニオ猪木自伝』（新潮文庫）を大量に買い込み、ホテルへ泊まるたびに引き出しの『聖書』とすり替えるという急進的な布教活動に励んでいたのだが、『1976年のアントニオ猪木』の登場は猪木信者にとっての『新約聖書』を思わせるほど衝撃的で、ボクにとっては生涯のベストノンフィクションとなった。

『1976年のアントニオ猪木』は、猪木が70年代に闘った一連の異種格闘技戦のファーストシーズンである「1976年」に開催された4試合に焦点を当てている。

猪木はなぜ、純然たるプロレスを離れて格闘技路線に走ったのか？　その根本的動機とは終生の敵であるジャイアント馬場を打倒するためだった。

そのため「プロレスとは最強のキングオブスポーツだ！」「いつ何時、誰の挑戦でも受ける！」という教義＝猪木イズムを掲げ、仮想敵、外敵をプロレスのリングで迎え撃つという構図を作り上げた。

〈2月・ミュンヘン五輪、柔道無差別級と重量級の優勝者・ウィリエム・ルスカ戦〉
〈6月・プロボクシング世界ヘビー級チャンピオン・モハメド・アリ戦〉
〈10月・アメリカで活躍中の韓国人プロレスラー・パク・ソンナン戦〉
〈12月・パキスタンで最も有名な英雄でプロレスラー・アクラム・ペールワン戦〉

普通の書き手ならば、誰もがボクシング現役ヘビー級世界王者・モハメド・アリ戦が行われた6月の「格闘技世界一決定戦」を本筋にすることだろう。なにしろ、世界格闘技史の特異点として、今なお内外で再評価されている一戦なのだから。しかし、柳澤は違った。アリ戦だけではなくアリ戦前後の海外試合の舞台裏を、アメリカ、韓国、オランダ、そしてパキスタンにまで足を延ばして、関係者に徹底取材したのだ。

猪木はプロレスをリアルファイトと思い込んでいた世界最強の柔道王のルスカには契約書通り

にプロレスを履行させ、異国、東京での負け役を強いることに成功した。

次にモハメド・アリとの世紀の一戦は、エキシビションと思って来日したアリ陣営に対し、猪木ひとりだけが最後までリアルファイトに固執した。ルールは試合当日まで紛糾し、リング上では「猪木―アリ状態」と呼ばれる退屈な膠着状態が続き、15Rを経て消化不良の引き分けに終わる。当時は世紀の大凡戦、茶番劇として世界で嘲笑され、しかも10億円を超える莫大な借金を背負う羽目に陥った。

韓国遠征では、プロレスのつもりで挑んできた格下の韓国のプロレス王、パク・ソンナンに、猪木が負け役になるという筋書きを拒否。掟破りのガチンコ（リアルファイト）を仕掛け、相手の目に指を入れるほどの死闘の末に勝利。結局、エースを木端微塵に潰された韓国プロレス界は崩壊に追い込まれてしまう。

観光気分で妻・倍賞美津子と訪れたパキスタン遠征では、逆に地元の英雄・ペールワンから急遽リアルファイトを挑まれることとなった。猪木は実力で大きく上回るにもかかわらず、再び相手の目に指を入れる反則技まで繰り出し、相手に噛みつかれると、ついに腕を脱臼させるという凄惨な試合の末に勝利を収めた――。

オランダと日本のプロレス界を結ぶ柔道界の猛者、ルスカ、ヘーシンク、ドールマンの三竦みの人間関係、日本の力道山時代を彷彿させる官民一体となった韓国プロレス史の変遷、まるでアラビアンナイトの怪人かのようなパキスタンのプロレス一族の流転など、現地取材はそれぞれが各国の比較文化論として一冊の本になるほど濃密だ。

共通するのは「自国開催の選手が勝つ」というプロレスの不文律を猪木が破棄したことだ。

本来、プロレスとは、肉体の強靭さや華麗な技を競い合いながらも、勝敗だけは予め決められている、ただし選ばれしプロフェッショナルによる命懸けのショービジネスなのだ。

この前提のなか、ルスカ戦を除く1976年の3試合だけが、長い猪木の現役生活のなかでリアルファイトであったと著者は断言する——。

『1976年のアントニオ猪木』は、村松友視の著書『私、プロレスの味方です』(1980)という始発駅から旅立ち、井上義啓《よしひろ》編集長の『週刊ファイト』、ターザン山本編集長の『週刊プロレス』と乗り継いで「活字プロレス」という巨大な幻想空間の中を、車窓に聳え立つ猪木山脈、いや蜃気楼を追い続けた昭和のプロレス者にとっては因果鉄道の終着駅でもあった。

中央公論社で文学誌の編集者であり、後の直木賞作家となる村松友視が文藝の香り漂う演劇論的手法で、その虚像の輪郭を作った猪木という名のイリュージョン。その幻想をライターのキャリアの初期に『ぱふ』という雑誌名のファンタジーの匂い漂うマンガ批評誌の編集者であった柳澤健が『ナンバー』編集部に転じ、調査報道に徹し、地を這う取材を経てルポライティングという手法で幻想の実像を検証してみせたのだ。

それは「底が丸見えの底なし沼」「虚実の被膜」「闘いのメビウスの輪」などなど……修辞を練

り尽くし、メタファーを駆使して、勝負論だけは曖昧模糊にしてきた活字プロレスの向こう側だった。

最強は短い、人生は長い――。裸一貫で世界を渡り歩き、現役を退いても虚像も実像も世間に晒して、あらゆる毀誉褒貶に受け身を取り、リアルもフェイクも織り交ぜながら人生の力比べを続けるプロレスラーの儚さ、そして強さに我々は惹きつけられるのだ。

単行本出版後、文庫版の『完本1976年のアントニオ猪木』（2009）では、ボーナストラックとして猪木本人が著者のインタビューに応じている。猪木は単行本執筆時には取材依頼を受けることはなかったのだが……。

さて、百戦錬磨のプロレスラーは気鋭のルポライターにどう対峙したのだろうか――。

その後、ボクは著者と面識を得たが、会うたびに「次回作には前田日明《あきら》を！」というリクエストをぶつけたから、2017年に刊行された『1984年のUWF』は、ボクにとって待望久しい作品だった。

だが、タイトルは個人名ではなく団体名のUWF。UWFの中心人物は前田日明だが、著者はUWF関係者のなかで前田にだけはあえて話を聞かないまま、この作品を完成させた。もちろん雑誌連載時から論議を呼んだのは言うまでもない。著者曰く、「UWF史は今までに前田が語ってきた前田史観で確立してきたから、そこは避けて描く」と。この人物ルポライティングの手法は、かつてゲイ・タリーズが描いたフランク・シナトラやデイヴィッド・ハルバースタムが描いたマイケル・ジョーダンなどニュージャーナリズムのジャンルを切り開いてきた成功例はあるのだが……。前田は無類の読書家として知られ、強烈なエゴイズムと誇り高きダンディズムが共存する名うての論客だ。かつて沢木耕太郎、村松友視をこき下ろした過去もあるだけに著者のその大胆不敵さに驚いた（ちなみにボクは前田の兵隊〈マニア〉なのでこの作品は、私見では反前田史観過ぎるところがあるのも前田の名誉のためにあえて付記しておきたい）。

『1984年のUWF』は「プロレスは最強の格闘技である」との教義を最初に猪木に授けたプロレスの神様・カール・ゴッチの逸話から始まる。このゴッチ直伝の猪木イズムに最も影響を受けたのは佐山聡だった。結論として、佐山聡《さとる》は猪木を越えるプロレスの天才であり、そして格闘家としても日本の総合格闘技のプロ化の先端を走っていた。ただし、長年に渡って正当な評価を得ることはなかったのだが……。

1981年に新日本プロレスに登場したタイガーマスク（佐山聡）は、たちまち4次元殺法で日本中を熱狂させたが、わずか2年4カ月で引退。その佐山がスーパータイガーとして復帰したリングこそが旗揚げ間もない「1984年のUWF」＝「第一次UWF」であった。若き前田日明をエースとする猪木の使徒（弟子）たちが旗揚げした新団体は教祖・猪木に「捨てられて」迷走していたが、佐山が考え出した脱プロレスの先鋭的なルール、格闘技を重視した過激なスタイルによって一部に熱狂的なファンを生んだ。だがまもなく、すでにシューティング（のちの修斗）を構想してプロレスの完全格闘技化を目指す佐山と、選手およびスタッフの生活、団体の運営を最優先する前田との対立がリング上でも表面化する。やがて佐山が団体離脱すると、資金繰りに行き詰まり一度は母体・新日本に吸収されたものの、１９８８年、再び新生ＵＷＦとして旗揚げし、格闘プロレスを謳って一躍大ブームを作り出す。ところが１９９１年、人気絶頂時に団体は内部分裂、三派に分かれて歩むことになる。Ｕ系団体はそれぞれに「最強」を標榜した。だが１９９３年にＵＦＣ、Ｋ－１、パンクラスが誕生したことでマット界全域の相転移が起こり、フェイズは一気に変わった。

「最強」の最前線にブラジルのグレイシー柔術が名乗りを上げると、猪木の使徒たちは実力の証明を迫られる。

髙田延彦ｖｓヒクソン戦のためＰＲＩＤＥが誕生、やがてＭＭＡ（総合格闘技）＝真剣勝負が隆盛を誇るようになる。猪木の直弟子である髙田がヒクソンに連敗、船木誠勝《まさかつ》もヒクソンに敗れた。プロレスラーは次々と格闘技の生贄となったのだが、世界の格闘技シーンをリードし、興行の人気を支え続けたのが日本のプロレスラーであることも紛れもない事実であった。やがてプロレスを引退した、アントニオ猪木も髙田延彦も前田日明も総合格闘技団体のアイコンとなり、リング上の要職をつとめるようになる。

ＰＲＩＤＥで「元気ですか‼　１２３ダー‼」と御託宣を唱えるだけで、会場に大熱狂を呼びおこす猪木は、プロレスと格闘技という、本来、異教の教義と競技を串刺しにする、新時代のコロシアムを司祭するシャーマンそのものであった。

Uの時代——。ファンはこの小さな団体の見果てぬ夢に想いを馳せ、共同幻想に酔った。ボクが上京した年が1981年、以降、旧、新生、分裂後のU系団体には足繁く通い、ファン同士、『週刊プロレス』を握り締め、熱く議論を闘わせたものだ。約束の地を求め、傷つけ合いながら集合離散の挫折を繰り返す若武者たちの姿の虜になったからだ。

この一冊は佐山聡の弟子で柔術家の中井祐樹の最後の言葉で締めくくられる。

「日本の格闘技はプロレスから生まれた。（中略）過去を否定するべきではないと思います」

虎のマスクを被り、グローブを嵌めた悲運の天才・佐山聡の表紙を手に取るたびに、感傷的な気分に浸る——。

そして三部作の最後が2020年に出版された『2000年の桜庭和志』。本書である。

荒涼たるプロレスの大地に現れた新たなる救世主の物語だから、三部作で一番作風が明るい。

だが、そもそも「プロレスは最強の格闘技」という猪木イズムの十字架をUWFインターナショナルの桜庭和志が背負うとは、専門筋でも想定外だったと思う。

UWFインターナショナルでは前座レスラーに過ぎなかった桜庭が、一際輝き出すのは1997年の12月のアルティメットジャパン大会である。この日、代役で出場し、レフリーの誤審もありつつ優勝した桜庭がリングで発した「プロレスラーは本当は強いんです！」は今なおプロレス史に残る名言として語り継がれている。しかし、その最終証明でもあるホイス・グレイシー戦に至るまでには3年の月日と9試合の無敗街道が必要だった。その間、体重差を無視した理不尽なマッチメイクも拒まず、無差別級でリアルに勝ち続けることがどれほど奇跡的なことであったか、本書で仔細に辿れば自明だろう。

しかし、なぜ、日本人ファイターで桜庭だけがいち早くMMAファイターとして仕上っていたのか？　じつは桜庭のバックグラウンドはプロレスばかりではなかった。

学生時代のアマチュアレスリング／プロレス道場でカール・ゴッチ由来のサブミッション／Uインターでのムエタイのキック／出稽古に来たエンセン井上から学んだブラジリアン柔術／桜庭はこれらを組み合わせて自分のファイティングスタイルをほぼ独力で構築した。しかも、桜庭が「僕はアスリートであると同時にプロレスラーです」と語るように、格闘家として勝負に結果を出すだけでなく、プロレスラーの矜持で、対観客を意識して魅せる試合を毎回、披露することで世界でも他に類のない総合ファイターになったのである。

猪木の第二の故郷ブラジルから来航し、日本の格闘技界の黒船となったグレイシー柔術は、元を正せば日本を起源とする武道である。1951年、ブラジル遠征に訪れた柔道の鬼・木村政彦のキムラロック（後の桜庭の必勝技）で御大・エリオ・グレイシーが敗れた、その手痛い教訓がグレイシーたちの柔術をさらに進化させた。猪木一家がブラジルに移住する6年前のことである。20世紀半ばに日本発祥の柔術をブラジルで発展させた一族が、20世紀末にブラジル移民である猪木のプロレスの弟子たちをリングで葬り続けた。この因果がなければ、ここまで文脈のある大河ドラマは生まれなかったであろう。半世紀を経て因果は巡るのだ。

グレイシーはルールの押しつけや銭ゲバ交渉ぶりで日本では憎まれ役にもなっていたのだが、著者は、セルフディフェンスという哲学、地球の裏側で密かに発展を遂げた秘伝の武道の歴史を丁寧に紐解き、自らも柔術道場に入門し、いにしえの誇り高き剣豪一門を描くかのように深い敬意を払っている。

桜庭もホイスも、それぞれが一門の若大将として、実力で舞台の主役となったのだ。

当時、ボクは『ＳＲＳ』という格闘技番組のレギュラー出演者だったおかげで、幸いにもＰＲＩＤＥのほぼ全試合をリングサイドで生観戦することができた。ボクの史上最高のベストバウトも２０００年の桜庭ｖｓホイス一択だ。トーナメントにも関わらず、この試合だけ特例で15分×無制限ラウンドルールが採用され、実際に我々もカブトならぬオシメを締めて試合を見守った。グレイシー・トレインｖｓ桜庭マシーン軍団のファンタスティック過ぎる入場のプロレス的圧倒的高揚感から魂を鷲掴みにされ、計１０７分、いつ果てることのない射精中絶が続く官能的な緊張感、背後には歴史的格闘ロマンを秘めた美しき運命の一騎打ちは史上最高の一大スペクタクルであった。

試合中には幾度も「猪木―アリ状態」が出現した。寝た猪木と立ったアリが対峙するという見慣れぬ状態を観客は退屈とみなしてブーイングを浴びせ、メディアは膠着だと酷評した。だがボクの目の前では、「猪木―アリ状態」のホイスと桜庭が東京ドームを興奮のるつぼに叩き込んでいるのだ。１９７６年から綿々と流れる総合格闘技の変遷、ＭＭＡの技術の向上、そこへ挑み続けた選手たちの試行錯誤の姿が頭の中に次々に浮かび、想い出が波のように押し寄せてきた。

本書を読めば、あの歴史的な試合の興奮を追体験できるだろう。

２０００年代のＰＲＩＤＥは格闘技の中心地である日本に、世界中から最強の戦士を集め、世界に向けて発信するという世界最高のプロモーションであった。

そして、このＰＲＩＤＥという異種格闘技戦の源流、大河の一滴となったのはあの日のアントニオ猪木であり、過渡期のバトンを繋いだのが在りし日のＵＷＦの戦士たちだ。

プロレスのリングでリアルファイトを望んだアントニオ猪木。リアルファイトのリングで観客に向けてのプロレスを提供した桜庭和志。ともに時代を超えリスペクトされる勇者であるのは間違いない。

２０２３年、54歳を迎えた桜庭和志は、今も現役のプロレスラーとして戦っている。

本書でも紹介された桜庭が考案した寝技イベントのグラップリング大会「ＱＵＩＮＴＥＴ」は、今年9月に5年ぶりに開催が決まり、桜庭の長男の出場が発表された。大会のスーパーバイザーに就任したのは前田日明だった。

日本のプロレス格闘技は旧世代から新世代へと確実に受け継がれていく。

２０２２年10月１日、アントニオ猪木の訃報が世界を巡った。

柳澤健が書き綴った三部作には「アントニオ猪木」というモチーフとテーマが鎮魂歌のように繰り返されている。

時代を経て書物で追体験する読者にとって、猪木の残した膨大な功績のなかのひとつは「２００７年の柳澤健」というノンフィクション・ライターを生み出したことだ。


（２０２３年９月５日刊行より）

「○年の〜」と冠し、対象となる人物や団体がひときわ輝きを放った１年に焦点を当て読者の記憶を喚起させるスタイルは、柳澤氏の天才的発明といっても過言ではない。『１９７６年のアントニオ猪木』以降の著作は『１９９３年の女子プロレス』（双葉社・11年）、『１９８５年のクラッシュ・ギャルズ』（文藝春秋・11年）、『１９６４年のジャイアント馬場』（双葉社・14年）、『１９７４年のサマークリスマス林美雄とパックインミュージックの時代』（集英社・16年）、『１９８４年のＵＷＦ』（文藝春秋・17年）、『２０１１年の棚橋弘至と中邑真輔』（文藝春秋・17年）、『２０００年の桜庭和志』（文藝春秋・20年）。『２０１６年の週刊文春』（光文社・20年）がある。

〈寄稿〉『人間臨終図巻』〜『死にたいと思う病』

山田風太郎『人間臨終図巻』はボクの人生を共に並走しています。

ボクは物心ついた時から、執拗なほど「死」について考えてしまう子供でした。

死ぬのが怖いのです。

そして怖いからこそ、その恐怖を忘れるために、いっそ「死にたい」とすら思うパラドックスに陥りました。

この生来の性質は古来より「死恐怖症」＝「タナトフォビア」と病名がついています。

一部の性格の人には、多感な時期に、心に打ち込まれる「生きにくさ」を象徴する楔《くさび》だと思います。

今回、この「死にたい」と思ってしまうような「病」を、ボクが60年間の人生を通して、どう解消していったのか？

この雑誌を手に取る読者、患者さんとその家族のために書いてみたいと思います。

死を意識すること――。

振り返ると9歳の時には、母の枕元に行って「死ぬのが怖いから眠れない」と言ったことがあります。

「眠ったらそのまま知らない間に、死んでいるかもしれないから眠りたくない」と、母の枕元で泣きながらグズっていたのを記憶しています。

小学校の高学年時代は、全国的にオカルトの漫画が大流行していました。つのだじろう先生の『うしろの百太郎』や『恐怖新聞』の廻し読みが日常風景でした。そして教室の隅では「コックリさん」という心霊を呼び出す遊びが、子供心に死後の世界の恐怖に拍車をかけました。

やがて中学校は県下随一の国立の進学校である、岡山大学教育学部付属へ進むと、勉学に落ちこぼれてしまいました。同時に自我の芽生えと共に、多くの若者と同じく、作家・太宰治にもハマりました。

『走れメロス』のような生命の歓喜を描く作家ですら、現実の日常の内面世界は陰鬱です。何度も自殺未遂を繰り返し、最終的に自死を遂げている!

――その「事実」が子供心にも重くのしかかりました。

そして、気がつけば『人間失格』を何度も読み直してしまう奇妙な癖《へき》もありました。太宰の享年38の数字を覚えて、子供の頃からその年齢を意識したものです。

ドストエフスキーの『罪と罰』を読んだのもこの頃でした。

主人公のラスコーリニコフの如くに「生」を軽視して、「死」すら超越する、まるで人生をゲームのように見る、僻《ゆが》んだ思考すら芽生えていました。


少年時代は「この『死の予感』から逃れる方法はないだろうか?」

そして「どうしてボク以外の他者の多くの人は、何故そう思わないだろうか?」と悩んだものです。

その意味では最終的には死ぬのだから自分で自分の死を意思を持って決めたい、という思想を持っていました。

つまりは、「ナチュラルボーン・マイ・キラー」だったと思います。

こころのなかの「自殺願望」は常に死滅することがなく、こころに何時も生きるものでした。

『人間臨終図鑑』を読んだのは中学から高校時代にかけてです。

この本は、戦後を代表する大衆小説の大家・山田風太郎の著作です。

歴史に名を残す有名人(英雄・武将・政治家・作家・芸術家・芸能人・犯罪者などなど)の死にざまを、享年と共に辞典的に切りとった名著です。

今も徳間文庫で新装版全4巻を買うことが出来ます。帯文、解説が素晴らしいのです。それぞれの帯文を列挙しておきます。


《「死を初めて思う。それを青春という」

「自分の死は地球より重い。他人の死は犬の死より軽い。」

「生は有限の道づれ旅死は無限のひとり旅」

「人間には早すぎる死か、遅すぎる死しかない」》

この本を思春期に何度も読み返しました。

有名人が何歳で亡くなり、その死因は何かを繰り返し確認していました。

高校生になると
「なぜ自分は生きているのだろう?」

という虚無感と将来のレールが決まった「終わりなき日常」に厭世観が日に日に増して、学校へ登校することすらも出来なくなります。

親に相談することもなく、日がな一日、図書館や映画館で過ごす時間が多くなっていきました。

最終的には出席日数が足らなくなり、高校1年を留年してしまいます。

二度目の高校時代は物理的に、ボクがクラスメート全員の「先輩」であるが故、同級生の友達もほとんどいませんでした。

毎日、日記に自問自答を繰り返し、やがて生きている意味、つまりは「ミーニング・オブ・ライフ」が見えなくなりました。

そんな精神の暗黒期に現れたのが、ボクの師匠「ビートたけし」です。

たけしさんのラジオは深夜にボクにだけ話しかけているように、ボクのこころに忍び込みました。生きることへの悩みや憂いを、笑い話にして恥すらも平気の平左で晒け出します。


死の「入り口」は笑い飛ばせば良い！

売れないことや貧乏ですら笑いのネタになる！

『お笑い』という職業の概念には負けがない！


そう耳元で囁やいてくれるようでした。

それはボクの暗闇を照らす一隅の光であり、まるで「脱出口」に思えました。

そして「あのひと」のところへ行ったら、自分が死の瀬戸際をひとりで歩くような人生をやり直せる――そう確信しました。

そのためには田舎の親元を離れて上京するしかありません。

そう決めると、それまで一切、手を付けていなかった受験勉強をはじめました。ビートたけしと同じ道を辿るために連日、勉学に励み、明治大学に進学しました。

それでも、いざ上京してからは都会の若者の明るさに怖気づき、いざ弟子志願までは踏み込めず、大学に通うこともないモラトリアムな期間を送ります。結局、大学に登校したのは4日間のみ。取得単位はゼロのまま中退しています。

(それなのに芸名は水道橋博士なんて、学歴詐称の極みです)

20代の初め、新宿歌舞伎町でオーダーワイシャツの営業のバイトを見つけ、最低賃金のその日暮らしを何年も続けました。

その頃、将来に膨れ上がる不安を抱えつつも、毎日、パチンコと麻雀、そして「小銭稼ぎのバイト」を辞められないままでした。

人生にシフトチェンジがないのです。そして、その転機すら見えないのです。

ある日、自分がバイクで通う歌舞伎町全体が、巨大なゴキブリホイホイに見えました。ボクはこのネバネバシートのなかで足踏みを繰り返し、永久に脱出できないのだ!――とそう思えたのです。

その頃の、自分の生きているのか死んでいるかわからないような毎日は、真綿で首を絞められているようで、おのずと「緩慢なる自殺」という言葉を想起していました。

そして4年の歳月が過ぎ同級生たちが就職の時期を迎えました。

友が皆、新たな新天地に向かって行く時、「自分はなんのために上京したのか？」と思い返しました。

そして85年8月29日――。

ひとりで、たけしさんがラジオ『オールナイトニッポン』の生放送をしている有楽町のニッポン放送へ弟子志願の直談判に向かいます。

その頃は、既にビートたけしは16人もの弟子を抱えていて、もう新入りを取ることはなく、たけし軍団への門は閉じられていました。

そして、ボクが弟子志願として自分の死んだような人生を生き直そうとした、その同じ時です。

ボクが通う、たけしさんのマンションの隣にあった、四谷三丁目のマンションの屋上から人気絶頂のアイドルが飛び降り自殺をはかりました。

その日の深夜、アスファルトに死体を模《かたど》ったチョークの跡を見つめて「死」という現実が体中を突き抜けていきました。

それはまるで、ボクのような「クズ」の人生と眩《まばゆ》い「アイドル」が、生死の境ですれ違うような錯覚を起こしました。

芸能界は決して安息の地でも安住の地ではない、むしろ星の瞬きのような儚《はかな》い世界なのです。

それでも毎週、深夜3時にラジオ局の出待ちを繰り返し、弟子志願という不安定で不安な毎日を送りました。

そして7カ月後、TBSで『風雲たけし城』が始まります。

素人の挑戦者を迎え撃つため、たけし軍団の増兵が急務となり、ようやく開かずの門が開かれ、憧れの「あのひと」への弟子入りが叶います。

あのとき、本名の「小野正芳」の生が死に、芸人の「水道橋博士」が生まれ、この生と死の交叉によって、人生が変わったのだと思います。

その意味でボクは、弟子志願のその後の人生はすべてが「余生」とすら思っています。


芸人になってからは下宿先の全財産を清算して、裸一貫で浅草のストリップ小屋『フランス座』に住み込みの修行をします。

当然、この行動は、親には内緒であったので、親と子は互いに「勘当と家出」という認識に相成ります。

小屋の住み込み暮らしは、たけしさんの修行時代と同じく日給1000円のみで、夜に小屋の社長が経営するスナック勤務を含めて16時間労働を強いられました。

あの頃、時給60円で食うや食わずの極貧を経験しました。

営業後の小屋掃除の際に、客席の床に撒き散らされた観客の精液の処理をしている時、「自分は人生のどん底に居るのだ」という自覚をしました。

これは「生と死を見つめて」ならぬ「精と子を見つめて」だ――と感じ入りました。

芸人になってからは、古き因習の残る昭和の芸能界のなかでも、特別に厳しい徒弟制度に揉まれました。

何度も理不尽な鉄拳制裁にも遭遇しましたが、それでも、もし、この道でこぼれ落ちたら「死のう!」と本気で思い詰めていました。

さらには、たけし軍団である限りは「武闘派の芸人であるべし」という魔法にかかり、人生で初めてケンカデビューしました。

飢えた野良犬のような目つきをして、周囲を睨みつけ酒席でも暴れまわる日々が続きました。

最終的に損害賠償に600万円を支払う暴力事件を起こすまで、その魔法は溶けませんでした。

たけし軍団は80年代後半から90年代にかけて花開いた、パワハラとセクハラを中心とした芸能でした。

「軍団」の名の通り、その振る舞いは、荒々しいマチズモに貫かれています。

弟子入り後、何年か過ぎた時には、芸人社会のルールに馴れ、そこそこに売れていく一方で、プライベートでは毎日を破天荒で野放図に暮らしました。「風俗ジャンキー」を自称しながら、日夜、遊び歩いていました。

そして、いつしか「明日死んでも良い！」という刹那的に享楽を求めて、「芸人らしく生きる！」脅迫観念に囚われていきました。

当時の芸人の世界は、非常識を尊ぶ特殊な生き方、芸人は「行き急ぐ」のが正しいという死生観に満ちています。

それは、たけしイズムが問うた「人生に期待するな！」であり、「野垂れ死」を前提にした生き方だからだと思います。

２０１２年にボクが書いた本に、『藝人春秋』と題され、今はシリーズ化している著作があります。

この本の第1巻目は、文字通り芸人の「死生観」をテーマに書いたものです。

この本の書き出しを引用します。


《この世のものとは思えぬあの世――。

かつての『ビートたけしのオールナイトニッポン』のワンコーナーのタイトルだ。

田舎の少年だった頃はテレビの世界は現実と地続きには見えなかった。

15歳の頃に漫才ブームの笑いと共に降臨したビートたけしは深夜ラジオからボクの心に忍び込んだ。

速射砲のような言葉の洪水と過激な物言いの語り部は同じこの世の住人とは思えなかった。

19歳の時に上京してバイト先で偶然にも現れたビートたけしはホログラムのように揺蕩い身を焦がすほどの憧憬の果て夢の端に浮かび上がった幻影にも思えた。

ボクはこの世では生きているか死んでいるかわからないのっぺらぼうの日々に見切りをつけた。

23歳で出家同然にたけしに弟子入りしボクもあの世の登場人物のひとりに相成った。

名も無く過ごす平凡で安全な日々とは違いテレビに出ることを生業とする芸人は日常から隔絶されている。

人目に晒されることで望まずとも物語を強要され息をひそめていてもその佇まいは覗かれる。

言うまでもなく市井の人々のあらゆる人生もあらゆる異なる物語を描く。

しかし芸人のそれは匂やかなほゝ笑みに包まれている。

今のボクは非日常への渇望から小説世界に耽溺した素人時代のほうこそ既に現実感が無くテレビの収録現場にいるだけでフィクションへの渇望から解放されている。

そう「文藝」以上に「藝人」の存在は過剰なる意味を湛え芸人という業のなかで芸人という病に罹《かか》っている。

それでも芸人という旅を続けている。

あるものは見果てぬ山の頂を目指して歩む。

あるものは物語の波が逆巻く海へ船を漕ぐ。

行き交う人や過ぎゆく人は数限りない。

彼らの残像はテレビに映るフラットな輪郭ではなく陰影を持って彫り刻まれる。

おもいでは過ぎ去るものではなく積み重なるものだ。

『藝人春秋』と名付けた本書はこの世から来た「ボク」があの世で目にした現実を「小説」のように騙る――お笑いという名の仮面の物語だ。》

この書き出しの如く、芸人とは彼岸から此岸《しがん》に渡った黄泉の国の住人だと思っています。

しかし、この世界にも「死」の概念は追いかけてきます。

師匠・ビートたけしは二度の芸人としての「死」を体験しています。

1986年のフライデー襲撃事件と1994年のバイク事故です。

師匠は、二度の長期に渡る謹慎&休養期間を経て、そのたびに生き返っているのです。

そして映画監督・北野武の作品は「死」と戯れることが基本のテーマです。

1993年の『ソナチネ』のなかに、このような台詞があります。

沖縄に逃れた主人公のヤクザ・村田（ビートたけし）と連れている若い女性との会話です。

《「平気で人撃っちゃうのすごいよね。平気で人殺しちゃうってことは平気で死ねるってことだよね。強いのね。私、強い人大好きなの」

「強かったら拳銃なんか持ってないよ」

「でも平気で撃っちゃうじゃん」

「怖いから撃っちゃうんだよ」

「でも死ぬの怖くないでしょ？」

最後に村田（たけし）が言います。

「あんまり死ぬの怖がるとな、死にたくなっちゃうんだよ！」》

この台詞には痺れました——。

そして、ボクが芸人になっても「死」は常に身近に感じながらも、歳を重ねていきました。

太宰治の38歳を超えて、夏目漱石の享年49を通過した時に「吾輩は長生きである！」と日記で宣言しました。

芸能生活が順風満帆なときでも「死」や「破滅」への誘惑は消えません。

「お笑い第三世代」と呼ばれる人たちよりも、もっと「社会彫刻的な笑い」はないのか？

なんとか芸人のまま獄中生活が出来ないか？

獄中日記をベストセラーに出来ないか？

そんなことを考えながら、被害者のいない完全犯罪を夢見ていました。

そして、その思惑通りに1996年、通称「変装免許証事件」を起こすことになります。免許証を落としたと偽証しては、新たな免許証を作り続けていました。警察から自宅のガサ入れにあい「道路交通法違反」の罪で書類送検され前科一犯の前科者になります。

捜査中にも取調べを受けながらも、内心、事件が世間にあらわになれば、この写真が話題になりワイドショーや新聞一面ジャックが出来ると思っていました。

しかし、書類送検の際にも模倣犯が現れるおそれから、マスコミに警察の指導が入り、日本中が爆笑したであろう証明写真が報道されることがありませんでした。

そして、無期限謹慎期間を強いられます。

あのころ、マンションの11Fでひとり暮らしをしながら、明日が見えないまま、何度も「死のう！」と思い詰める日々を送りました。

だからこそ、事件の4カ月後、『東京スポーツ』の一面を、この写真が飾ったことは芸人冥利に尽きることでした。

「何時か自分で死ぬかも」

と思い続けていた、そんなボクの劇的な人生観の変化は、2001年の結婚を経て、2003

年の8月8日、第一子である長男の誕生の瞬間です。

あのとき、滂沱《ぼうだ》しながら、止まらない涙と共に、自分が取り憑かれていた「死の棘」が抜けていくのをはっきりと感じたのです。

そして、2006年の7月11日に生まれた第二子は女の子でした。

自分がふたり兄弟で育ったため、女の子を親として育てる体験は、新しい人生の意味を何度も感じさせてくれました。

男だけが思い浮かべて、かっこいいと信じている人生観はいかに狭義なことか——女の子の子育てを通して痛感しました。

大きく言えば、異性と共に暮らし「親」となり家庭を持つこと、そのものが人生のなかの「後半の学校」＝「学び直し」なのだと思います。

自著では晒していますが、ボクは芸人生活のなかで3度に渡る「うつ病」も経験しています。

それほど芸人生活は激しい競争社会です。

弱肉強食の世界で、さまざまなことを考えすぎて、何度も脳の容量を超えた過積載になったのです。

うつは「死」に直結する病であることは広く知られていますが、体験的には、こころの病というよりは脳の機能障害だと思います。

しかし、子供を得てからのボクには、うつに罹患しているときも、一切の「希死念慮」はありませんでした。

そういう風に思えるようになったのは、たとえ自分の体が潰えても、自分の「生」そのものである「バトン」を子に託せたという意識が常にあるからです。「芸」そのものが「命」のように、人から人へと受け継いでいく「バトン」そのものなのです。

ボクは芸と子供を通して、このような確信を持ちえたのだと思います。


45才のときに父を亡くしました。

父はボクが40歳のときに脳溢血で倒れたまま、長く要介護5の寝たきり状態でありました。自力で立つことも出来ず、話をすることすらままならない病状でした。

思春期に父と会話を持たないまま「家出」をして「勘当」されていたので、時を経て、孫の顔を見せることが出来るほどに親子関係を持ち直し、やっと父子が打ち解けたと思った矢先のことでした。

父の死は、介護を田舎の兄に任せっきりであったので、親不孝な人生を送った罪悪感と喪失感が激しく襲い、テレビの本番中にも突然涙が止まらなくなるほど、しばらくはこころを取り乱し苦しみました。

あのころ、父の死を契機に「人間は全て余命80年の末期ガン患者だ」というテーマに『博士の異常な健康』というアンチエイジの実践と思想の本を書いています。

「人生はゴールのないマラソンである」というプロレスラー武藤敬司の言葉に触発され、筋肉を鍛えて、フルマラソンや5才児を連れての富士山登頂の体験を本にしました。

父を忘れるためにもボク自身が質実剛健な父になろうとしていたのだと思います。

そして昨年、58才で母も逝きました。

これで両親を共に亡くしました。

父や母を順番に失うのは自然の摂理です。

人生を通して「死」が順番に巡りくることがわかりました。

人間に「不死」はなくても、自分には「命」のバトンを渡した子供がいます。

そして「芸」や「物語」を引き継ぐ、弟子や後輩、そして読者がいます。それがどれほどの支えとなることか。

――そして、もうひとつの確信。

たけしさんと、もうひとりの師匠である高田文夫先生に授けられた、数々の修羅場のような漫才の舞台の経験を通して職業的な「使命」を感じられるようになりました。

使う命と書いて「使命」です。

そのことを実感した時に長く見失っていた「ミーニング・オブ・ライフ」を見つけたように思えました。

それでも、まだ試練は続きます――。

2012年には、橋下徹知事と大阪のテレビ局のプロパガンダ化に抗議するつもりで「小銭稼ぎのコメンテーター」事件を起こし、生放送中に自ら降板するという事態を起こしました。「生」放送を「降りる」のですから、それは「自死」＝「芸人の死」そのものです。

この事件の顛末はボクがライフワークとして書き綴る『藝人春秋』シリーズの文庫「2」「3」に描いています。

副題に「死ぬのは奴らだ」とありますが、「人生讃歌」しか著書に描かないと決めていたボクの文章活動のなかの唯一の例外です。

57歳のときには百田尚樹著『殉愛』（幻冬舎）の「自称・ノンフィクション」の虚偽に対して抗議する目的で「HATASHIAI」というイベントに出場します。

出版業界で、ベストセラー作家に対して「忖度」と「ウソ」がまかり通るのに誰も異議を唱えないことに、どうしても我慢がならなかったのです。

20歳以上も若く、30キロ近く重い、猛き編集者とリングの上で、真剣勝負の殴り合いをしました。

一撃で前歯が4本折れ、試合後は話すことができなくなり、うつ病が再発してしまいました。

このときはドクターストップで、初めての芸人生活で病気による長期休養、入院生活も体験しました。

病院の個室の天井の白い壁を終日見つめていました。

しかし、そのときも「希死念慮」はなく「生きたい！」と思えていました。なにより自分が憧れ続けた師匠のように自分も必ず芸人として「生き返る」と信じていました。

復帰に際しては、自分の著書で最も分厚い本を仕上げることを「ケジメ」にしました。

この本もまた「人生讃歌」の一冊です。

度重なる病気の体験で得たことを書いておきます。


人生の生きづらさを自己責任にすることは、人生で声を上げたくても上げられない人、追い込まれた状況や弱い小さな他者に対する思いやりと優しさの無さである——。

そのことの「気づき」を与えられました。

そして、ボクは一生を抗って生きてきたけど、本当は人と争うこと無く、安らかに静かに生きるべきだ——。

その静かな生き方の効用も痛感したのです。

ボクのような若いころから精神的な基本性能が壊れていて、根源的な厭世観の持ち主が人生という旅を通して、こうして静かに寿命をまっとうすることを望むようにもなるのです。

もし自らの「死」を望む人がいるならば、ボクの書き連ねた例も是非参考にしてください。

人生は、誰でも失敗し、挫折を繰り返しますが、その都度に誰もが軌道修正や生き直しが出来ることを想像して下さい。
ある日、あなたと共に歩んでいる仲間や家族が人生を通して「かけがえのないもの」であることに気が付きます。

今年、8月18日にボクは60歳の還暦を迎えます。
そのときは暦が還り、また新しい「生」を授かるのだと思っています。
新生児のボクには昔のボクからこう言ってやりたいです――。

「あんまり死ぬの怖がるとな、死にたくなくなっちゃうんだよ！」

（『統合失調症の広場』2022年春号）

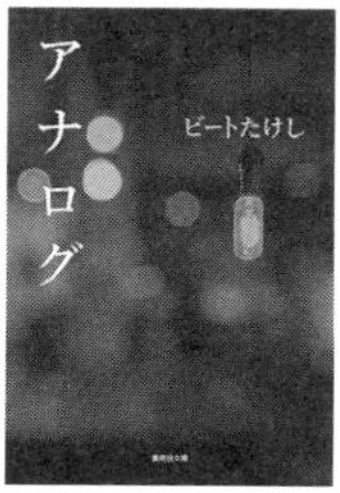

〈書評〉ビートたけし『アナログ』（集英社）に寄せて
英雄のB面

ビートたけしは英雄なんですよ、国民的にも個人的にとっても俺の人生のなかで最も余人をもって替えがたい唯一無比の人だから。だから最初にたけしさんから「恋愛小説書いてるんだ」って聞いたとき、思わず「お言葉ですが、殿、今から小説を書いて得る賞賛より、遥かに超えた世界レベルで賞賛されることを殿は成し遂げてますよ」って言っちゃいましたよ。

無論、又吉くんは快挙だけど芥川賞作家も直木賞作家も半年ごとに出てきますから（笑）、ビートたけしは百年にひとりでしょう（笑）。

ジャングルで狩りをしていれば良い百獣の王のライオンが、何故か小川のせせらぎで草を摘んで花束作ってるみたいな感じがして（笑）。だけど、たけしさんって若手のお笑いコンテストですら、見てるだけじゃ嫌だから自分でも出たいって言う人なんですよね。「だったら自分でやってみろ!」ってやってしまうのが最大のたけしイズムだと思います。今回、又吉(直樹)くんの芥川賞に感化されて自分で書いたというのも、まさにその美学ですよね。殿にとって批評は実践のなかにある。

『アナログ』は文体も含めて、ビートたけしの純度100パーセントな小説でした。嗚呼《ああ》、本当にたけしさんが書いた文章だなって。俺はいつかたけしさんの「正史」を書き残したいと表明している人間だから、小説の本筋より細かいディティルが気になっちゃうんですけどね。「わりかし」なんて頻出する表現は殿の口癖だし、なんでここにエルトン・ジョンが出てくるんだろう?好きなのかなとか、固有名詞ひとつひとつに拘《こだわ》るし、テキストクリティークに走ってしまう(笑)。

北野映画もそうなんですが、たけしさんって想像力の翼で書くというより、自分の実体験をトレースしながら一度笑いのフィルターを通して書くタイプだと思うんですよ。実際に自分が見た風景の写真記憶と意識を再生させて描写してる。だから小説のシーンも限りなく一枚の「絵」の連続に見える。

漫才師のワンフレーズを積み重ねてオチを回収していくような言葉の使い方も、たけしさんならではの表現ですよね。主人公と悪友たちの焼き鳥屋での会話は、ビートたけしの日常的な笑いの延長上でもあると思います。

たけしさんの鉄板のネタで、「喫茶店代とか映画代とかデートにかかる金は全部今払うから、とりあえずヤラせてくれよ」っていうのがありますよね。

愛をぶっとばせじゃないですけど、恋愛の過程はいらないっていう英雄としてクールさがあるんです。その一方、女の子にフラれたり恋人がいなくなったりすることへの感傷は、すごく大きい人だと思います。

1986年の詩集『キッドリターン』にもそういうセンチメンタリズムが出てきます。俺たち弟子はオフで殿のそんなパーソナルな哀愁を背負うようなシーンや呟きも見聞きしている（笑）。ビートたけしって意外と純情なのねっていうのを、実は何度も垣間見てるんですよね。芸人として建前の上品さに唾を吐きかけても、絶対自身が下品には堕せないパーソナリティを持ち合わせていて、そういう内なる純粋なひたむきさ恋愛衝動こそが人間を人間たらしめていることをもともと知っているから、『アナログ』みたいな純愛が書けたんじゃないかなと思います。

しかも今回は一度もセックスのない恋愛を描いてますよね。もうこれは、英雄のB面ですよ。たけしさんの振り子理論で言うと「とりあえずやらせてくれよ！」の正反対じゃないですか。

性というものがグロテスクであるがゆえに笑いの対象ではあっても、美化したり文学に昇華するのは抵抗がある。だからこそ、たけしさんが築く世界って基本的にホモソーシャルだけど、「そんなオイラが真正面から男と女を書いたらどうだい？　面白いだろ？」っていう狙いがあったと思いますね。

「世の中を裏切る」「パブリック・イメージを壊す」っていうのもたけしイズムそのものですから。


最近のたけしさんは、以前にも増して死を意識してるなと感じます。

昔から「一度死んでみてえよ」なんて言う人だし、有名な『ソナチネ』の台詞で言うと「あんまり死ぬの怖がるとな、死にたくなっちゃうんだよ」ではないけど、今は迫りくる死を迎え撃つために、膨大な創作をしているように見える。映画を撮り、小説を書き、テレビ番組に出て、恋愛を温め、死を乞う。いわば「晩年と青春の同居」ですよね。

たけしさんにとって新しいジャンルでの創作は、「俺、死を恐れてねえよ！」ってファイティングポーズなんだと思っています。英雄としてそうであってほしい、という願望もありますけどね。俺たちは「より凶暴でより優しい」妄想の鏡の中に映るビートたけしをずっと見ていたいんです。


（『ＢｏｏｋＢａｎｇ』２０１７年11月11日掲載）

〈帯文〉

酒井若菜

『心がおぼつかない夜に』（青志社）

本における帯文とはお召し物であり逆に着物における帯は書物における紐帯だと思っています。

今まで数々の単行本、文庫本に依頼されボクも魂を込めて書いてきました。

しかし、本文ではないのですから多くは残ることも少ないものです。

その中から、一冊だけボクのお気に入りの帯文をご紹介して、「締め」の言葉に替えさせていただきます。


「くよくよしたって始まる！」

（2012年5月22日初版発行）

『本業2024』のあとがき

2009年にロッキング・オン社から単行本とし上梓された『本業』は2013年に文春文庫から文庫として4年分の書き溜めた書評を加え、さらにボーナストラックを積み込み、長尺の文庫本として生まれ変わって世を生き延びてきました。

2024年、参議院議員を辞職したボクは路頭に迷っていました。

テレビ・ラジオのレギュラーがゼロになり正直、食い詰めていました。

YouTubeのスタッフからメンバーシップの会員を募るサービスがあると聞き、毎日昼1時間、夜2時間の配信を毎日始めました。

これだけ長時間だとフリートークも話すこともなくなっていきます。そこでボクは自著の朗読コーナーを始めました。

最も好評だったのが『本業』の朗読でした。

ひとつひとつ短く話がまとまっており、主にタレント本を対象としたため描かれたタレントの境遇は月日の経過と共に変わっており、当時の模様と現実の比較は好評を博した。

しかもボクには旧版以外にも、その後に膨大な書評や映画・テレビ評、プロレス評を書いてきています。

この配信を見ていたフリーライターの臼井正己さんが「本にしてみてはどうですか?」と「青志社」に企画を持ち込むと、とんとん拍子で話が決まりました。

青志社の阿蘇品社長は芸能本を長く手掛ける第一人者であり、実際、この本で取り上げたタレント本数冊の編集者でもありました。

驚いたことは、偶然にも青志社が、今、ボクの所属するTAP（旧オフィス北野）と同じ赤坂の雑居ビルの6F、7Fに同居するお隣さんであることでした。

こちらの縁も運命の扉と考えて新企画が動き出しました。

編集作業はボクがさまざまな雑誌や媒体に書き散らした原稿の発掘が主でした。

幸いにも「ちくま文庫」で同じ企画が10年前に立ち上がり、ある程度の資料を作っていたので比較的早めに集める事ができました。

「その後の話」は文庫版と同じく、フリーライターの秦野邦彦さんにお願いしました。

秦野さんは10年前のお仕事の焼き直しながら「一度それらを没にして新たに書き下ろしたい！」と意欲的に申し出てくださり、ボクもそれには大いにやる気を頂きました。

本が売れない時代に、ここまで重厚な、そしてページ数が嵩《かさ》む本を上梓するのは無茶に決まっています。

しかし、無茶で無駄で無理を通してこそ、ボクの本だと思っています。

編集作業が佳境になり、最後の一冊を何を選ぶのかを考えている時に「書評や解説文だけではなく帯文もありにしたら？」というアイデアが降りてきました。

帯文は数限りなく書いてきました。

しかし、個人的にはベストだと思っている一冊、酒井若菜さんへギフトした一文があります。

しかし、久方ぶりにその本を手に取った時、出版社の名前を見て思わず声が出ました。

「青志社！！！！」

そして編集人、発行人は阿蘇品蔵とあります‼

これは本当にボクの大好きな概念である「星座」が結ばれたと確信しました。


阿蘇品社長、青志社のスタッフ、TAPのマネージャー諸子、秦野邦彦さん、表紙絵を描いてくださったフランス在住の村中誠さん、旧作のボクの朗読を映像にしてくださり書籍化のきっかけを作ってくださった福井秀策さんと臼井正己さん、そして装丁他、さまざまにアシストしてくれた原田専門家さんに感謝します。

さらに先人の書評家の方々に心より敬意を評します。

毎回、恒例のことですが本書もまたボクの妻と子どもたちに捧げます。ボクにとって本は我が子です。

此の子もまたボクの築いてきた家族の一員に入れてあげてください。

今年の元旦に下血が続き救急車で東京医大のERに運ばれ死の淵を覗いてきて、幸いにも引き返した父はあなたたちへの「遺書」だと思ってこの本を全身全霊で編みました。

本は時を越え人の生の輝きと響きを継ぐバトンです。

何時でも誰でも良いのでこのバトンを受け取ったら最後まで読んでください。

そして誰かにバトンを繋いでください。

２０２４年3月31日　水道橋博士

追記。

とうとう書評だけでもここまでの厚さの本になりました。文字通りの大著です。

本来、同じ一冊に編まれるはずだった、その他の時評、映画評、テレビ評他、随想は分冊され『文業２０２４』として上梓されることが急遽、決まりました。

桜の満開宣言が各地で発表された今日、今度は桜が散った後に、また「文」を通じて読者の貴方や貴方とお会いしましょう。

水道橋博士　すいどうばしはかせ

1962年岡山県生まれ。ビートたけしに憧れ上京するも、進学した明治大学を4日で中退。弟子入り後、浅草フランス座での地獄の住み込み生活を経て、1987年に玉袋筋太郎と漫才コンビ・浅草キッドを結成。1990年のテレビ朝日『ザ・テレビ演芸』で10週連続勝ち抜き、1992年テレビ東京『浅草橋ヤング洋品店』で人気を博す。2001年から始まった深夜番組、TBS『アサ秘ジャーナル』では5年間に渡り、毎週、与野党政治家200人近くのインタビューを行った。幅広い見識と行動力は芸能界にとどまらず、守備範囲はスポーツ界・政界・財界にまで及ぶ。

主な著書に『藝人春秋3 死ぬのは奴らだ』『藝人春秋2 ハカセより愛をこめて』『藝人春秋』（文春文庫）、『はかせのはなし』（KADOKAWA）、『藝人春秋Diary』（スモール出版）ほか。

浅草キッドとしても『お笑い 男の星座2 私情最強編』『お笑い 男の星座 芸能私闘編』（文春文庫）などの著書がある。

2022年参議院議員選挙に当選。2023年鬱病罹患のため辞任。

装丁：原田専門家
装画：村中 誠
本文デザイン：足立友幸
協力：秦野邦彦
株式会社TAP

進行：三浦一郎
久保木侑里
歌田哲哉

本業2024

二〇二四年六月　二　日　第一刷発行
二〇二四年七月二十九日　第二刷発行

著　者　水道橋博士

編集人
発行人　阿蘇品 蔵

発行所　株式会社青志社
〒一〇七-〇〇五二 東京都港区赤坂5-5-9 赤坂スバルビル6階
（編集・営業） Tel：〇三-五五七四-八五一一 Fax：〇三-五五七四-八五一二
http://www.seishisha.co.jp/

印刷・製本　信毎書籍印刷株式会社

ISBN 978-4-86590-173-3 C0095